O SEGUNDO CÍRCULO

André Singer
Bernardo Ricupero
Cicero Araujo
Fernando Rugitsky
(org.)

O segundo círculo

Centro e periferia em tempos de guerra

Editora Unicamp

FICHA CATALOGRÁFICA ELABORADA PELO
SISTEMA DE BIBLIOTECAS DA UNICAMP
DIVISÃO DE TRATAMENTO DA INFORMAÇÃO
BIBLIOTECÁRIA: MARIA LÚCIA NERY DUTRA DE CASTRO – CRB-8ª / 1724

SE39 O segundo círculo: centro e periferia em tempos de guerra / organização : André Singer...[et al.] – Campinas, SP : Editora da Unicamp, 2024.

1. Democracia. 2. Capitalismo. 3. Guerra. 4. Brasil – Condições sociais. 5. América Latina – Condições sociais. I. Singer, André.

CDD – 321.8
– 330.122
– 355.02
– 309.181
– 309.18

ISBN 978-85-268-1656-5

Foi feito o depósito legal.

Editora da Unicamp
Rua Sérgio Buarque de Holanda, 421 – 3º andar
Campus Unicamp
CEP 13083-859 – Campinas – SP – Brasil
Tel.: (19) 3521-7718 / 7728
www.editoraunicamp.com.br – vendas@editora.unicamp.br

SÉRIE

DISCUTINDO O BRASIL E O MUNDO

Esta Série pretende alinhavar, por meio de um conjunto de obras nacionais e traduzidas, discussões recentes em torno da crise da democracia no Brasil e dos impactos da ascensão do fascismo no mundo, cujo centenário se rememorou em 2022. As obras versam sobre o avanço da direita autoritária, a crise do neoliberalismo e os rumos do capitalismo na era digital, o conflito na Ucrânia e o embaralhamento da política internacional.

Produtos de reflexões e pesquisas rigorosas e abrangentes, os títulos reunidos procuram, por meio de uma linguagem acessível, contribuir com a revitalização do debate em torno de temas de grande interesse contemporâneo e de alternativas que se colocam no âmbito das políticas públicas, sociais e educacionais.

Com a Série Discutindo o Brasil e o Mundo, a Editora da Unicamp reafirma seu compromisso com a dinamização da agenda científica, política e cultural do século XXI, cujos desafios passam pelo aumento da circulação do conhecimento e da informação qualificada, contribuindo, assim, com o debate sobre os rumos do Brasil e do mundo a partir da análise de situações políticas e socioculturais concretas.

E descemos ao Círculo segundo,
Que área menor que o outro compreendia;
Maior, porém, na dor que punge fundo.

Dante Alighieri, *A divina comédia*, Canto V.

Sumário

PARTE 2 – PERSPECTIVAS LATINO-AMERICANAS

PARTE 3 – PENSAMENTO CRÍTICO

ÍNDICE DE GRÁFICOS E TABELA

GRÁFICOS

TABELA

INTRODUÇÃO
MARGENS ESTREITAS NO INFERNO GLOBAL

André Singer, Bernardo Ricupero, Cicero Araujo e *Fernando Rugitsky*

O inferno dantesco possui a forma de um cone invertido, cujos nove andares descendentes vão, a cada passo, ficando menores e mais aterradores. A imagem vem a calhar. O *crash* financeiro de 2008 abriu os portões demoníacos, e, sobretudo depois da eleição de Donald Trump em 2016, vagamos pelo limbo, caracterizado pelo descarrilamento do capitalismo e da democracia.[1] Nos últimos anos, o interregno ingressou em nova fase, descendo um pavimento. Nele, a deriva reinante parece ter-se aprofundado, como efeito da bipartição global que se estrutura em torno do conflito entre Estados Unidos e China. Tal como Dante quando adentra o segundo círculo, pensamos que a presente polarização aumenta os flagelos e, em linguagem contemporânea, diminui as chances de saída pacífica. A hipótese será exposta a seguir, de forma a oferecer um pano de fundo para as diversas análises elaboradas nos capítulos desta coletânea.

A polaridade foi explicitada pelo G-7 em maio de 2023 na simbólica cidade de Hiroshima. Quando o conclave entre EUA, Alemanha, Reino Unido, França, Itália, Canadá e Japão decidiu reduzir a "'excessiva dependência' da China em cadeias de fornecimento críticas",[2] a dura reação de Pequim deixou claro o significado da decisão ocidental (considerando-se o Japão como braço asiático do Ocidente). O governo Xi Jinping denunciou a intenção de isolar e enfraquecer o seu país, chamou o embaixador em Tóquio e baniu das fronteiras chinesas a Micron, única empresa norte-americana a fabricar *chips* do tipo Dram (Dynamic Random-Access Memory).[3] Segundo Nouriel Roubini, relações que estavam frias tornaram-se glaciais.[4]

Se 2008 causava a fenda que levava Pequim a lentamente se afastar de Washington,[5] a cúpula de Hiroshima atestava a disputa como hegemônica.

Significativamente, três meses após o encontro do G-7, por iniciativa da China, eram incluídos quatro membros no grupo dos Brics (Egito, Etiópia, Irã e Emirados Árabes Unidos), o antigo Império do Meio candidatando-se a liderar o Sul Global.[6] A Casa Branca unificava os ricos, e Xi retrucava pretendendo vocalizar os pobres. Para nós, que habitamos a periferia, a divisão mundial ficava clara, implicando uma rearrumação das condições em que transcorre o interregno.

Em primeiro lugar, com o retorno das trincheiras internacionais, a política encarnada no que tem de pior – a contagem da capacidade bélica em cada trincheira – retoma o comando. O avanço das forças destrutivas dá o tom da dança. Basta ver o rearmamento da Alemanha e do Japão, uma clara mudança no padrão que prevaleceu desde o fim da Segunda Guerra Mundial. Entrevistado para este livro em junho de 2023, o sociólogo Wolfgang Streeck ressaltou que "40% dos gastos militares globais são feitos nos Estados Unidos", e lá "existem essas enormes burocracias militares, com pessoas pensando, livremente, sobre como usá-los".[7] No outro polo, o regime chinês promove desde 2012 um endurecimento repressivo, com evidente teor de ordem unida contra o inimigo externo.[8]

Em segundo lugar, alguma coisa, ainda nebulosa, que remete aos tempos da Guerra Fria voltou a crispar o ambiente. Olhando em retrospectiva, vale lembrar que, quando a nação da Grande Muralha decidiu, no início da década de 1960, sair da sombra soviética e assumir o papel de "farol" do socialismo realmente existente, já refletia o impulso incontível, que a própria revolução de 1949 ensejou, de um dos Estados Nacionais mais populosos do planeta destacar-se no cenário geopolítico.[9] Meio século depois, a China talvez tenha substituído a Rússia no ringue em que decidirá contra os EUA quem vai comandar a saída, quando houver, do interregno.

Pode-se argumentar que o modo de produção chinês é também capitalista, o que retira o conteúdo ideológico do conflito. No entanto, não é o que propagandeia a República Popular, que se define como "economia de mercado socialista" e, contraditoriamente, usa da centralização e da planificação estatal para tirar proveito da ordem neoliberal, contrapondo o seu modelo híbrido ao que prevalece no Ocidente. O Tio Sam, em contrapartida, gosta de se apresentar como defensor da democracia contra tiranos que usam punho de ferro para sufocar as liberdades dos povos.

A cobertura ideológica, portanto, serve aos dois contendores, com a espiral armamentista unificando os povos em torno dos respectivos governantes. Na prática, representa uma solução para os impasses criados pelos conflitos internos e pelas contradições econômicas. Tanto nos EUA como na China, os tambores da guerra encobrem o sofrimento das classes subalternas. Assim, o retorno da política, que poderia ser considerado auspicioso, ao assumir a forma de acirramento geopolítico, estreita as alternativas disponíveis. Em particular, a opção efetivamente democrática, ângulo privilegiado pelas autoras e pelos autores reunidos(as) nesta coletânea, vê-se apertada entre condicionantes que empurram cada país ou bloco de países para a *ordem unida*.

A militarização das relações internacionais começa a ter efeitos perniciosos sobre as liberdades domésticas. Além da restrição dos direitos políticos e da repressão na Alemanha e nos Estados Unidos, para dar dois exemplos notáveis, a escalada israelo-palestina, somada aos vigorosos protestos estudantis em território norte-americano, divide as bases do Partido Democrata nos Estados Unidos e poderá custar-lhe a continuidade na Casa Branca.[10] Uma eventual vitória de Trump em novembro dará novo impulso à extrema-direita, reforçando a onda de autocratização planetária notada pelo projeto "Variedades da Democracia" ("Varieties of Democracy" – V-Dem).[11]

Os elos entre regressão autoritária e bipolarização são, todavia, mais complexos. Se o afastamento entre EUA e China veio à tona em 2008, a rivalidade ampliou-se com a hostilidade comercial e tecnológica a partir de Trump. É que a crise do capitalismo e da democracia, em curso no Ocidente desde a eclosão financeira, abriu espaço para a ascensão da extrema-direita, que aposta seu futuro no "choque de civilizações". O duplo descarrilamento desembocou, assim, na bipartição do mundo que, por sua vez, requalifica o interregno.

O avanço da extrema-direita, vale lembrar, foi o resultado de um terremoto cujo epicentro está nos países ricos. A partir da crise financeira, emergiu um descontentamento que se espalhou até a periferia, gerando, com o auxílio da mobilização digital, uma onda de protestos no início da década de 2010: a Primavera Árabe, o Movimento dos Indignados na Espanha, o "Occupy Wall Street" nos Estados Unidos, os protestos do Parque Gezi na Turquia etc. Em poucos anos, a pressão de baixo forçou a renovação da esquerda. Do Syriza a Bernie Sanders, passando pelo Podemos, por Jean-Luc Mélenchon e por Jeremy Corbyn, todos ascenderam de posições até ali marginais.[12] Significativamente, no mesmo ano em que Donald Trump foi eleito presidente, o único senador que se autodeclarava socialista nos EUA – e que permanecera isolado durante seus mais de dez anos na Câmara Alta – desafiou quase com sucesso, nas primárias do Partido Democrata, a secretária de Estado Hilary Clinton, convertida, ao longo dos anos, numa espécie de símbolo do agora chamado "neoliberalismo progressista".

Mas veio o balde de água fria. Incapaz de construir blocos eleitorais sólidos ou de superar obstáculos interpostos pelas elites, o sopro de ar fresco da esquerda não logrou implementar uma direção alternativa. As esperanças mobilizadas por Tsipras, Iglesias e Corbyn parecem, vistas de hoje, ter sido pouco mais que miragem. Por motivos diversos, não conseguiram reunir força suficiente para viabilizar uma saída para a crise democrática. Ao fim e ao cabo, o único caso desviante é fornecido pela nação mais poderosa do planeta, os Estados Unidos, onde um mandatário de centro adotou medidas oriundas da esquerda do Partido Democrata, resultando em um modelo novo, que será analisado adiante.

Na sequência do fracasso da esquerda, o outro polo do espectro ideológico foi ocupado pela extrema-direita.[13] Em alguns casos, velhos partidos de centro-direita foram reduzidos à irrelevância e abriram espaço para novas agremiações, com discursos e práticas ao mesmo tempo autoritários e voltados contra o *establishment*. Em outros, agremiações conservadoras tradicionais realizaram notável guinada, arrastando consigo os termos do debate público. Não está claro, a esta altura, se há um conjunto coerente de políticas de extrema-direita e, por trás delas, forças sociais capazes de sustentá-lo.

Seja como for, o desequilíbrio da renovação, com o pêndulo enviesado para a destra e os experimentos à esquerda mostrando-se fugazes, pode ser interpretado estruturalmente. A reconfiguração do capitalismo com o deslocamento de parte expressiva da produção de mercadorias para a Ásia, desde os anos 1980, fragmentou as classes trabalhadoras do centro desenvolvido e enfraqueceu as suas organizações. No vácuo que se seguiu, com empregos industriais e densidade sindical cadentes, criaram-se oportunidades para produzir cizânia entre as camadas populares. Abria-se, assim, uma avenida para que o sofrimento social fosse canalizado contra falsos adversários.[14] Na Europa, especialmente, o processo foi ao paroxismo quando a Primavera Árabe se converteu em guerras civis que levaram ao chão as estruturas estatais implicadas, resultando numa tragédia humanitária e migratória. Ao chegar na outra margem do Mediterrâneo, destampou uma histeria xenofóbica, bem ao gosto da extrema-direita em ascensão.

Se o deslocamento conservador ocidental criava as condições para a bipolarização, a China não assistia a tudo passivamente. Segundo Margareth Pearson e coautores, o governo chinês, por volta de 2013, começou a aumentar a intervenção do Estado-partido na governança das empresas, sobretudo das de tecnologia, estabelecendo linhas vermelhas que os atores econômicos não poderiam cruzar.[15] Como se sabe, tecnologia e armamento andam juntos, e os Estados Unidos entenderam a mudança como ameaça securitária, começando a tomar medidas que contribuíram para pôr fim à globalização. Nos bastidores da atual batalha dos *chips* entre Biden e Xi estão os respectivos aparatos militares nacionais, sabendo-se que a potência de cada força armada passa hoje por semicondutores.[16] Em suma, a corrida armamentista, cujo fim definitivo se esperava com a dissolução da União Soviética, foi reiniciada.

No Ocidente, o acirramento da disputa geopolítica e a escalada militar alimentam o sectarismo nacionalista, contribuindo para soldar a unidade interna defensiva. Na terra da Cidade Proibida, o endurecimento de Xi Jinping tirou do horizonte próximo qualquer chance de democratização. Em toda parte, a mobilização pacifista defronta-se com repressão estatal desinibida, além da dificuldade de cativar apoio popular expressivo. Por fim, convém não menosprezar os efeitos que essa reviravolta causa sobre os conflitos internos na periferia em geral.

Durante as primeiras décadas da velha Guerra Fria, abriu-se espaço para concessões, por parte das grandes potências, ao então Terceiro Mundo. Mas os latino-americanos sabem que alternativas que puseram em xeque os privilégios dos capitais do Norte foram violentamente contidas, muitas vezes por golpes militares. Na região, a guerra fria assumiu predominantemente a forma de guerra suja. Em uma etapa de bipolarização militarizada, seria de espantar se a intransigência dos programas de ajuste do Fundo Monetário Internacional viesse a ser combinada com retrocesso autoritário?

Mesmo na ausência de bloqueios de fora, os desafios para as economias latino-americanas atenuarem a condição de dependência são enormes. Vinte anos atrás, no auge dos movimentos críticos à globalização, as condições materiais para blindar as nações da ciranda financeira global talvez fossem maiores. Hoje, no entanto, com a produção de mercadorias fragmentada entre inúmeros países e as classes trabalhadoras enredadas nos circuitos globais de consumo e dívida, abrir uma trilha paralela de desenvolvimento, à margem dos fluxos financeiros e comerciais predominantes, parece mais difícil. Mesmo que a globalização neoliberal esteja chegando ao fim, ela deixou como legado o aprofundamento da dependência latino-americana – tanto no que se refere à vulnerabilidade externa e tecnológica quanto ao estreitamento do vínculo das classes capitalistas domésticas com os interesses hegemônicos no centro do sistema.

Fica aqui, no entanto, o registro de uma situação ambígua. Por mais estreita que seja a possibilidade, há que não descartar o encontro de saídas favoráveis à periferia. O acirramento do conflito geopolítico deve intensificar a disputa por zonas de influência, o que pode abrir à América Latina brechas para renegociar os termos de inserção no circuito mundial produtor de mercadorias. Para o Brasil, em vista da posição destacada como potência regional e do pragmatismo de sua política externa, pode surgir margem de manobra, no sentido de costurar alianças tópicas – sem ferir o compromisso com a democracia, a paz e o multilateralismo – que ofereçam novos horizontes econômicos.

Tempos de guerra

Os cientistas políticos (e um sociólogo) e os economistas aqui reunidos iniciaram seu trabalho quando os russos atravessaram a fronteira ucraniana, em fevereiro de 2022, e o terminaram sob o horror da catástrofe humanitária causada pelo Estado de Israel em Gaza. Debateram e escreveram a respeito dos temas a seguir sob a nítida percepção de que algo se contraía no espaço mundial. Pela primeira vez, desde a configuração que emergiu da queda do Muro de Berlim, uma potência decadente – mas ainda detentora do segundo maior arsenal nuclear do planeta – realizou um desafio aberto, insofismável, ao *establishment*, através do recurso extremo da força armada contra um país europeu. A audácia de Moscou, sustentada de certa maneira por Pequim, não pode ser desvinculada da bipolarização.

A gravidade da espiral bélica nos obriga a uma breve reflexão a respeito. Detenhamo-nos, primeiramente, na situação da ex-União Soviética. Vencido na Guerra Fria, o antigo *superpower* viu a população diminuir, com o território reduzido em cerca de 25%. Perdera o controle sobre os antigos "satélites" do Leste Europeu e, em vista da intervenção da Otan no final dos anos 1990, a influência sobre os Bálcãs. No plano interno, a economia havia piorado nos anos imediatamente posteriores à dissolução da União Soviética, graças à terapia de choque recomendada por economistas ultraliberais, com o PIB caindo à metade e efeitos óbvios no padrão de vida da população. A derrocada econômica somava-se a uma profunda ferida do orgulho nacional, tocando as cordas daquilo que Lênin chamava de "chauvinismo grão-russo".

A história, porém, não chegara ao fim. Na aurora dos anos 2000, Boris Yeltsin terminava melancolicamente o mandato presidencial, com a fama de preferir os confortos da garrafa ao exercício do poder, tendo como sucessor um ex-agente da KGB, antes seu principal ministro e, como o planeta aos poucos iria descobrir, com vício bem diverso. Hábil na costura de acordos entre os novos magnatas da economia e das Forças Armadas, Putin iniciava a ascensão a chefe inconteste do Estado russo. Segurando as alavancas do Poder Executivo com mão de ferro, a brutalidade com que reprimia os opositores – prisões arbitrárias, assassinatos, envenenamentos, "acidentes" fatais etc. – logo se refletiu na política externa. Prova-o o invariável tratamento *manu militari* dado aos países do Cáucaso. É certo, por outro lado, que o desmedido avanço da Otan sobre o Leste Europeu nos últimos anos só fez atiçar o antigo desejo russo, por ele encarnado, de restabelecer a autoridade perdida naquela região. Daí para a guerra aberta contra o Ocidente, via Ucrânia, faltava apenas a aliança com a China, formalizada no início de 2022.

Essa guerra europeia logo dividiria o palco com outra, dessa vez no Oriente Médio. O conflito em Gaza, embora de origens mais remotas, reforçava a divergência entre EUA e China e a militarização do espaço partido. O cruel e sanguinário atentado realizado pelo Hamas em outubro de 2023, matando mais de 1.200 cidadãos israelenses e estrangeiros, a maior parte civis, entre os quais se contavam crianças, além da captura de 200 reféns, desencadeou uma reação absurda da parte de Israel, não por acaso governado pela extrema-direita. O Estado israelita ceifou até agora (maio de 2024) mais de 35 mil vidas palestinas, segundo o Escritório para a Coordenação de Assuntos Humanitários da ONU.[17] Somado às baixas na Ucrânia, o morticínio das duas frentes já abateu algo entre 150 mil e 200 mil pessoas.[18]

Diante do panorama desolador, respeitada a natural diversidade intelectual, disciplinar e metodológica que caracteriza o Grupo de Pesquisa Pensamento e Política no Brasil, associado ao Centro de Estudos dos Direitos da Cidadania (Cenedic-USP), buscou-se localizar pontos nevrálgicos da situação, tarefa à qual se somaram colegas de outras instituições, aos quais agradecemos a significativa colaboração. Além de traçarem os contornos gerais do quadro contemporâneo, os artigos dão ênfase às consequências que trazem para as democracias latino-americanas (Parte 2) e aos instrumentos teóricos forjados na região para entender o complexo entrelaçamento entre política e economia, geopolítica e luta de classes (Parte 3), cuja compreensão torna-se cada vez mais urgente.

A empreitada contou com o apoio da Reitoria e da Editora da Universidade Estadual de Campinas (Unicamp), que publica a obra, possibilitando que dois pesquisadores viajassem aos Estados Unidos entre fevereiro e abril de 2024 de modo a observar *in loco* os desdobramentos do chamado Plano Biden. Agradecemos, igualmente, à Fundação de Amparo à Pesquisa do Estado de São Paulo (Fapesp), que concedeu Bolsa de Pesquisa no Exterior a um dos pesquisadores, André Singer, para que realizasse levantamento em Londres, durante o primeiro semestre de 2023. Por fim, somos gratos à Faculdade de Filosofia, Letras e Ciências Humanas da Universidade de São Paulo (FFLCH/USP), onde está sediado o Cenedic, a qual forneceu a infraestrutura básica para o funcionamento do grupo.

O volume abre com a tentativa de estabelecer balizas teóricas para a compreensão do rumo oferecido pelo governo Biden aos EUA a partir de 2021. Escrito pelos cientistas políticos André Singer e Hugo Fanton, o capítulo 1 levanta a hipótese de que a Casa Branca tenha se esforçado por construir o que os autores chamam, utilizando terminologia de inspiração gramsciana, de "novo americanismo". Consiste em modelo inédito, que envolve reindustrialização com transição energética, apontando para a reconstrução da antiga classe trabalhadora, criando as bases de um Estado que, se não é de bem-estar social, procura dar conta das reivindicações mais imediatas das camadas médias e populares. Trata-se, segundo Riley e Brenner, de um "neoprogressivismo", orientação distinta da que dominava o Partido Democrata até Barack Obama.[19]

No mencionado encontro do G-7, o programa norte-americano foi ampliado para os aliados da OCDE, isto é, o clube dos ricos. Se a convocação dos aliados dará certo ou não, só o tempo dirá. Seja como for, o novo americanismo não possui o reformismo denso que marcou o *New Deal*. Segundo Hugo Fanton, um dos que viajaram aos EUA com apoio da Unicamp, visitando diversas cidades e realizando dezenas de entrevistas, o Plano Biden se caracteriza por três dimensões: expansionismo fiscal em favor da produção manufatureira em setores considerados estratégicos, atuação incisiva para conter o crescimento chinês e medidas de proteção laboral, com pleno emprego e estímulo à ação sindical.

No capítulo 2, em que apresenta a análise do trabalho de campo, Fanton, entretanto, busca mostrar que a política fiscal ficou aquém das reais necessidades; que a divisão interna do Partido Democrata resultou na desidratação da dimensão social do programa; que o peso da oposição trumpista, em aliança com setores conservadores do Partido Democrata, travou as tentativas de elevação tributária sobre o capital; e que o mercado financeiro conseguiu impor limites estruturais ao alcance do programa. Por outro lado, houve avanço na organização sindical, indicando uma abertura por onde poderia passar a reconstrução, de baixo para cima, de força opositora à extrema-direita.

O capítulo 3, assinado pelos economistas Carlos Raul Etulain, professor da Unicamp e igualmente beneficiado pelo financiamento daquela instituição, e Jorge López Arévalo, professor da Universidade Autônoma de Chiapas (México), ressalta que a conduta anticíclica de Biden foi uma das "mais importantes da [...] história e a maior do mundo", abandonando a austeridade orçamentária. Retomou-se a orientação keynesiana, ao menos em termos de orientação fiscal. Houve, também, reforço do protecionismo, marcado pela adoção frequente de tarifas punitivas, restrições à importação e encomendas de conteúdo nacional. Em outras áreas, todavia, como é o caso da imigração, o programa não alterou a maré conservadora excludente, sem falar nas relações exteriores.

Se a viagem dos pesquisadores aos Estados Unidos identificou contradições relevantes, as postas ao Partido Comunista da China, desde que se separou dos EUA, tampouco são negligenciáveis. Ao produzir, a partir de si mesmo, uma classe burguesa independente, a conversão ao capitalismo não foi, nem é, acontecimento suave. Está repleto de tensões inéditas, em especial no mercado de trabalho e nas relações entre o campo e a cidade, como indica o capítulo 4, elaborado pelos economistas Isabela Nogueira e Iderley Colombini.

A decisão estratégica de saltar para a alta esfera do capitalismo desenvolvido fez da China o país que mais se beneficiou da globalização neoliberal, porém praticando, internamente, orientações que não se assemelhavam às receitas neoliberais. Exceto por um aspecto decisivo: disponibilizar a imensa força de trabalho para a acumulação, no início com predomínio de firmas estrangeiras, em seguida, e cada vez mais, de empreendimentos chineses.

As contradições localizadas pelos três capítulos no interior dos EUA e da China explicam, ao menos em parte, a movimentação dos dois gigantes no sentido da militarização. No capítulo 5, Wolfgang Streeck, professor emérito do Instituto Max Planck, em Colônia, em entrevista concedida em junho de 2023, afirma que estamos vendo uma nova etapa do interregno, "que eu chamaria, de forma provisória, de economia bipolar global: uma economia de guerra, dividida em duas metades, China e Estados Unidos".[20] Para ele, isso seria "inimaginável" meia década antes e poderá "se cristalizar como uma ordem estável por 30, 40 anos, como no pós-guerra".

Mesmo que a hipótese não se confirme, há um bom número de evidências para dizer que o período unipolar terminou. No capítulo 6, que encerra a primeira parte do volume, o cientista político Sebastião Velasco e Cruz analisa fatores de médio e longo prazos que levaram ao desfazimento da ordenação dirigida pelos EUA. A desastrada saída do Afeganistão (agosto de 2021), seguida pela Guerra da Ucrânia e a inefetividade da resposta norte-americana – embargo econômico, financiamento de Zelensky, estímulo à desestabilização de Putin –, e, por fim, o ataque do Hamas e o apoio à resposta de Israel confirmam, para Velasco e Cruz, o progressivo "fim da *Pax Americana*".

Perspectivas latino-americanas

A segunda parte do livro procura mapear as opções latino-americanas no contexto bipartido. Os economistas Carlos Aguiar de Medeiros e Esther Majerowicz projetam, no capítulo 7, as chances de retomada do estímulo industrial na América do Sul e no Brasil. Após análise dos impulsos à manufatura nos EUA e na Europa, como reação aos desafios representados pela China e pelo agravamento do problema ambiental, os autores voltam-se para o caso sul-americano. A ênfase é colocada em oportunidades nos setores energético e de transportes, bem como na Floresta Amazônica. Ainda que o compromisso sempre renovado, mas pouco promissor, com a austeridade fiscal represente evidente obstáculo, Medeiros e Majerowicz entendem que a intervenção do Estado seria capaz de reverter a fragilidade industrial revelada nas décadas recentes.

O capítulo 8, escrito pelos economistas Fernando Rugitsky e Pedro Mendes Loureiro, contudo, mostra as dificuldades de encontrar um modelo soberano de desenvolvimento por aqui. Os governos da chamada Maré Rosa, que se espalharam pela América do Sul nos anos 2000, beneficiaram-se do *boom* de *commodities* que temporariamente atenuou a vulnerabilidade externa de suas economias. Pela primeira vez desde os anos 1970, a América Latina cresceu mais rapidamente do que os países ricos. Porém, o alívio teve vida curta. Quando os preços dos produtos exportados começaram a cair, na década seguinte, os custos do engate na locomotiva chinesa ficaram claros. As dificuldades materiais – recessão, pressão por austeridade, volatilidade cambial – somaram-se, em muitos casos, a um notável deslocamento político. As regiões responsáveis pela geração dos produtos primários de exportação, como o Centro-Oeste brasileiro (soja e gado) ou a Media Luna boliviana (gás natural), consolidaram-se como bases territoriais de blocos políticos que importaram para a América Latina as últimas tendências da extrema-direita vinda do Norte.

A economista Lena Lavinas e o sociólogo Guilherme Leite Gonçalves examinam, no capítulo 9, a situação brasileira por outro ângulo. Após hábil reconstituição das origens da financeirização em massa no Brasil, os autores descrevem a onda de sobre-expropriações que se seguiu ao alijamento do Partido dos Trabalhadores (PT) do Planalto, com o *impeachment* de Dilma Rousseff em 2016. Em seguida, avaliam como o atual mandato de Lula é entrecortado por tensões, buscando reverter o desmonte herdado e, simultaneamente, dar continuidade a certa financeirização dos programas sociais. Se a segunda tendência prevalecer, não apenas o modelo constitucional terá sido erodido, mas a possibilidade mesma de sustentar um rumo alternativo ficará fragilizada pela expansão da dinâmica financeira.

Em outras palavras, a tenra planta democrática brasileira aguarda uma perspectiva econômica capaz de abrir horizontes a uma população ainda premida por necessidades básicas como renda, moradia, saúde, educação e segurança. Caso não aconteça, deve-se considerar a chance de que venhamos a assistir, em 2026, a uma disputa parecida com a de Trump e Kamala Harris, que hoje mantém suspensa a respiração dos que apostam na democracia. Seria mais um caso de mimetismo da política nacional diante da sua homóloga norte-americana, como o analisado pelos cientistas políticos André Singer, Cicero Araujo e Leonardo Belinelli no capítulo 10. Eles mostram que as duas sociedades possuem muitas diferenças, mas também contam com semelhanças significativas. Ambas enfrentaram o problema da desindustrialização que, a seu modo, contribuiu para minar as bases da democracia lá e cá. Paralelamente, as igrejas evangélicas, boa parte delas originária dos Estados Unidos, garantem apoio a pautas conservadoras no Brasil. Em sentido mais profundo, cultural, o neossertanejo do interior verde-amarelo procura imitar o *country* norte-americano, criando universo simbólico relativamente comum.

Pensamento crítico

Diante dos problemas postos nos capítulos precedentes, a retomada de um estilo de pensamento histórico-estrutural, cultivado na América Latina e tema da última seção desta coletânea, ganha especial interesse. O debate entre Fernando Henrique Cardoso, Francisco de Oliveira e Florestan Fernandes, para o qual o cientista político Bernardo Ricupero chama atenção no capítulo 11, a respeito de até que ponto o golpe de 1964 poderia ser entendido como equivalendo a uma revolução burguesa, é um bom exemplo. Para além das diferentes posições – Cardoso defendendo que o movimento politicamente reacionário teria consequências econômicas revolucionárias, Oliveira que corresponderia a uma contrarrevolução e Fernandes que a forma da revolução burguesa no Brasil e na periferia em geral seria de uma contrarrevolução –, vale a pena destacar como a discussão realizada há cerca de meio século se revela útil hoje.

Tal como no presente, Cardoso, Oliveira e Fernandes indicam que a política teria ganhado centralidade no tipo de capitalismo posto em marcha pela ditadura militar. Em outras palavras, não se deve pensar a economia como espaço no qual capitalistas e trabalhadores livremente estabelecem trocas, mas como dimensão na qual o recurso à força, próprio do Estado, é sempre decisivo. Se isso ficou evidente com o golpe que pôs fim à República de 1946, atualmente mesmo pensadores próximos da perspectiva do marxismo clássico, como Riley e Brenner, precisam reconhecer o imbricamento de política e economia, cunhando um termo como "capitalismo político".[21]

Mas é possível dizer também que o pensamento brasileiro, mais do que fornecer um repertório de perguntas e respostas hipotéticas para tratarmos dos problemas que enfrentamos – como normalmente se imagina –, é constitutivo da maneira mesma como entendemos as questões. Esse é o exercício que faz o economista Alexandre de Freitas Barbosa no capítulo 12. Ao tratar os conceitos de "subdesenvolvimento" e "dependência" na longa duração, identifica um "estilo de análise" histórico-estrutural, cultivado por autores brasileiros durante quase meio século. Barbosa enxerga, em especial, uma problemática comum, que continuaria de Caio Prado Jr. a Florestan Fernandes e discípulos, passando por Celso Furtado e Ignácio Rangel.

Tais observações têm notável afinidade com as de Karl Mannheim. O sociólogo do conhecimento, ao recorrer às considerações de um historiador da arte, Johann Eishner, nota que "identificamos um trabalho sem data precisa ao traçar a presença nele de características do estilo de um período particular; em compensação, o nosso conhecimento do estilo desse período será aprofundado em outros pontos pela obra específica".[22] Portanto, nos dois campos, mais que o conteúdo, interessa identificar a forma, artística ou de pensar, subjacente a eles. Percebe-se, desse modo, o estilo de pensamento presente nas diversas visões de mundo menos pelas respostas a variados problemas do que pela maneira como apresentam as indagações. Seria necessário trabalhar com um conjunto de autores para que se pudesse notar o "estilo" comum pressuposto em seus pensamentos. É precisamente o que ocorre com o "estilo histórico-estrutural", capaz de enquadrar os dilemas do capitalismo praticado na periferia.

Resgatando uma maneira diferente de entender o fenômeno da dependência, dentre aquelas do estilo de pensamento discutidas aqui, a economista Leda Paulani, no capítulo 13, aponta em que sentido se poderia dizer que estamos ingressando em nova fase do processo, que ela chama de "dependência 4.0". Ao oferecer leitura detalhada de uma vertente da teoria dependentista e revisá-la à luz das formulações contemporâneas sobre a financeirização, Paulani ilustra o potencial crítico de recuperar debates e categorias clássicas para investigar dilemas contemporâneos. Em sua interpretação, o caso brasileiro é exemplar da forma de subordinação da periferia a um capitalismo global dominado pelo rentismo.

Por fim, a cientista política Camila Goes, autora do capítulo 14 que encerra o volume, explora como Francisco de Oliveira procurou decifrar a maneira pela qual, no Brasil, o neoliberalismo fornece a chave para entender a hegemonia em sentido gramsciano. A presidência Fernando Henrique Cardoso poderia, segundo o sociólogo pernambucano, tanto ser interpretada como a realização de uma hegemonia burguesa como identificada com um "totalitarismo neoliberal". Radicalizando tal perspectiva, com a primeira eleição de Lula se teria chegado a uma situação de "hegemonia às avessas", na qual a direção moral exercida pelas classes subalternas se combinaria com a dominação burguesa escancarada, tornando a categoria de Gramsci, talvez, ultrapassada. Em movimento complementar, entretanto, Góes indica a afinidade da análise de Oliveira sobre o que chamara de "era da indeterminação" com as interpretações de Boaventura de Sousa Santos, Chantal Mouffe, Nancy Fraser e Wolfgang Streeck da quadra atual, que explicam, numa inspiração gramsciana, em termos de "interregno".

Alcances e limites

A despeito da abrangência do livro, temas relevantes ficaram fora do escopo alcançado pela coletânea. Entre eles, cabe destacar, dadas a gravidade e a urgência, o da pressão ecológica. Mesmo que mencionada aqui e ali, não logramos lhe dar um tratamento à parte, para o que necessitaremos, talvez, de arcabouço teórico mais amplo.

Entretanto, cremos haver trazido um diagnóstico geral para debate. De acordo com ele, estaríamos diante de um círculo de alternativas mais estreito que o da etapa anterior do interregno, incrementando a ameaça autoritária. O acirramento da disputa pela direção geopolítica, no plano internacional, assim como nos seus desdobramentos regionais, implica a intensificação da violência estatal, para fora e, potencialmente, para dentro, o que poderá vir a fazer parte do panorama trazido pela militarização.

Contudo, do ponto de vista da articulação produtiva do capitalismo, a "desglobalização", que é consequência mais direta da briga geopolítica, pode abrir espaço para reverter, mesmo que parcialmente, o processo que está na origem do enfraquecimento da classe trabalhadora. Com a reversão, uma resistência acrescida surgiria. A tentativa dos EUA e da Europa de atrair de volta parte das cadeias de valor favorece espaços de negociação entre as classes, o que significaria a volta da política no sentido emancipador.

No caso dos EUA, em particular, a promoção de um mercado de trabalho aquecido pela administração democrata contribuiu para a retomada do conflito trabalhista, com greves e esforços heroicos de sindicalização, como nos casos das lojas Starbucks e dos galpões da Amazon. Todavia, longe de reverterem décadas de desmonte, tais lutas ilustram as brechas estreitas a que nos referimos no início. Em suma, deve-se considerar a tenacidade das forças que, das mais diversas maneiras, tanto no centro quanto na periferia, buscam conter o avanço do autoritarismo e do militarismo.

Até aqui, mesmo quando à frente de Estados, os líderes da extrema-direita, salvo as exceções conhecidas, não conseguiram eliminar o jogo democrático. É cedo para dizer se os fatores elencados neste livro serão suficientes, no conjunto, para brecar a marcha regressiva e retirar as diversas sociedades do pântano em que se encontram. A porta da história tende a se fechar, mas permanece entreaberta. Como atravessá-la? A pergunta remete à política não na forma cinzenta e militarizada que adquire na arena das grandes potências, mas, ao contrário, no sentido da reconexão dos de baixo com a perspectiva transformadora. As diversas interpretações coletadas nestas páginas não têm, claro, a pretensão de apontar soluções. Se trouxerem pistas de onde pode estar a "porta estreita", já terão oferecido alguma contribuição para interromper o descenso infernal.[23]

São Paulo, outono de 2024

Referências bibliográficas

BAKER, P. & SANGER, D. "Biden sees coming 'thaw', even as he rallies allies against Beijing". *New York Times*, 22/5/2023.

BENJAMIN, W. *Magia e técnica, arte e política*. São Paulo, Brasiliense, 1994 [1940].

HOCHSCHILD, A. R. *Strangers in their own land: Anger and mourning on the American Right*. New York/London, The New Press, 2016.

KENNEDY, P. *The Rise and Fall of the Great Powers*. New York, Randon House, 1987.

LÜHRMANN, A. & LINDBERG, S. I. "A third wave of autocratization is here: what is new about it?". *Democratization*, vol. 26, n. 7, 2019, pp. 1.095-1.113.

MANNHEIM, K. *Conservatism: a contribution to the sociology of knowledge*. London, Routledge, 1999.

MILLER, Ch. *A guerra dos chips*. Rio de Janeiro, Globo Livros, 2023.

PEARSON, M.; RITHMIRE, M. & TSAI, K. "China's party-state capitalism and International backlash". *International Security*, 47, n. 2, Fall 2022.

RAJAN, R. G. "The Gospel of Deglobalization: What's the Cost of a Fractured World Economy?". *Foreign Affairs, Review Essay*, January/February 2023. Disponível em <https://www.foreignaffairs.com/reviews/gospel-deglobalization-fractured-world-economy>. Acesso em 14/5/2024.

RILEY, D. & BRENNER, R. "Nine thesis about the American politics". *New Left Review*, November/December 2022.

ROUBINI, N. "Relações glaciais". *A Terra é redonda*, 1/6/2023. Disponível em <https://aterraeredonda.com.br/relacoes-glaciais>. Acesso em 18/8/2023.

SCHOSSLER, A. "As principais decisões do G7 em Hiroshima". *DW*, 22/5/2023.

SINGER, A.; ARAUJO, C. & RUGITSKY, F. (org.). *O Brasil no inferno global: capitalismo e democracia fora dos trilhos*. São Paulo, FFLCH-USP, 2022.

TOOZE, A. *Crashed: how a decade of financial crisis changed the world*. New York, Viking, 2018.

YANG, W. "How Xi Jinpings 10 years in power changed China". *DW*, 14/11/2022.

Notas

1 Ver Singer; Araujo & Rugitsky, 2022.

2 Schossler, 2023.

3 Baker & Sanger, 2023.

4 Roubini, 2023.

5 Ver, a respeito, Tooze, 2018.

6 Argentina e Arábia Saudita também tiveram suas candidaturas à incorporação aceitas, mas acabaram recuando posteriormente. No caso argentino, por decisão do governo de Javier Milei.

7 Ver capítulo 5 deste livro.

8 Yang, 2022.

9 Cf. Kennedy, 1987, p. 397 e ss.

10 Mais sobre a repressão aos protestos nos *campi* dos EUA, disponível em <https://adamtooze.substack.com/p/chartbook-280-the-state-as-blunt?utm_source=profile&utm_medium=reader2>. Acesso em 6/5/2024. Sobre o caso alemão, vale mencionar o banimento de Yannis Varoufakis, disponível em <https://www.newstatesman.com/diary/2024/04/cancelled-germany-yanis-varoufakis-israel-palestine>. Acesso em 6/5/2024. A respeito do cancelamento da visita acadêmica de Nancy Fraser à Universidade de Colônia, disponível em <https://jacobin.com/2024/04/nancy-fraser-germany-palestine-letter>. Acesso em 6/5/2024.

11 Cf. Lührmann & Lindberg, 2019.

12 Disponível em <https://newleftreview.org/issues/ii98/articles/susan-watkins-oppositions>. Acesso em 6/5/2024.

[13] Disponível em <https://www.newstatesman.com/international-politics/2023/02/strange-death-centre-right-moderate-conservatism>. Acesso em 6/5/2024.

[14] Hochschild, 2016.

[15] Pearson *et al.*, 2022.

[16] Miller, 2023.

[17] Dados atualizados disponíveis em <https://www.ochaopt.org/>. Acesso em 7/5/2024.

[18] No momento em que escrevemos (maio de 2024), estimativas apontam que as mortes de soldados na guerra na Ucrânia já devem ter ultrapassado a marca dos cem mil, e as mortes de civis são estimadas em mais de dez mil ucranianos. Para as mortes de civis, ver o último relatório da ONU a respeito, disponível em <https://www.ohchr.org/sites/default/files/documents/countries/ukraine/2024/report-human-rights-situation-ukraine-1-dec-2023-29-feb-2024.pdf>. Acesso em 6/5/2024. Para as estimativas sobre as mortes de soldados, ver *The Economist*, disponível em <https://www-economist-com.ezproxy.uwe.ac.uk/graphic-detail/2024/02/24/how-many-russian-soldiers-have-died-in-ukraine>. Acesso em 6/5/2024; bem como a reportagem do *The New York Times*, disponível em <https://www.nytimes.com/2024/02/25/world/europe/ukraine-war-toll-zelensky.html>. Acesso em 6/5/2024.

[19] Riley & Brenner, 2022.

[20] Convém esclarecer que, de nossa parte, o uso das noções de interregno e bipolarização sugeridas por Streeck não guarda qualquer relação com recentes acontecimentos no plano da política partidária alemã. Ver, a respeito, <https://www.dissentmagazine.org/article/pop-up-populism-the-failure-of-left-wing-nationalism-in-germany/>. Acesso em 6/5/2024

[21] Riley & Brenner, 2022.

[22] Johann Eishner *apud* Mannheim, 1999, p. 43.

[23] Benjamin, 1994 [1940], p. 232: "Mas nem por isso o futuro se converteu para os judeus num tempo homogêneo e vazio. Pois nele cada segundo era a porta estreita pela qual podia penetrar o Messias".

PARTE 1
TEMPOS DE GUERRA

CAPÍTULO 1

A EVOLUÇÃO DO INTERREGNO: NOVO AMERICANISMO E BIPOLARIZAÇÃO DO MUNDO

André Singer e *Hugo Fanton*

A mobilização contra o inimigo age como poderoso estímulo da produção e do emprego, mantendo, assim, o elevado padrão de vida.
(Herbert Marcuse, *Ideologia da sociedade industrial*)

Há cerca de dez anos, começou a circular um diagnóstico abrangente a respeito do presente período histórico. O *crash* de 2008 teria significado a passagem para uma situação mundial marcada pela falta de direção. Em cada país, a impossibilidade de continuar "comprando tempo" retirou das classes dominantes os instrumentos para legitimarem um processo de acumulação capitalista cada vez menos inclusivo.[1] No plano geopolítico, o curto-circuito financeiro abalou a hegemonia dos Estados Unidos.[2] Como não apareceu força opositora capaz de instituir rumo diferente, ainda que não se devam subestimar as lutas travadas entre 2011 e 2015, o quadro trouxe à tona a frase de Gramsci, segundo a qual, quando "o velho morre e o novo não pode nascer", há um "interregno", em que se verificam "os fenômenos patológicos mais variados". Em uma síntese rápida, esse foi o esquema interpretativo apresentado por Wolfgang Streeck ao longo da última década, transformando o sociólogo alemão em uma das estrelas do debate contemporâneo.[3]

Desde que a situação se agravou, com pandemia, guerras e emergência ambiental, outros vocábulos apareceram. O termo "ingovernabilidade" foi lembrado para "diagnosticar um tumor cerebral da classe dominante: uma incapacidade crescente de alcançar qualquer entendimento coerente da mudança global como base para definir interesses comuns e formular estratégias de larga escala".[4] Falou-se, igualmente, em "policrise", com referência a processos simultâneos que se retroalimentam: tensões geopolíticas, mudanças climáticas, aparecimento de doenças inéditas, estagnação econômica e enfraquecimento das democracias.[5] Outros preferiram "crise multidimensional", para relacionar dificuldades tanto na reprodução social quanto derivadas das mudanças climáticas.[6]

Diante disso, o propósito deste capítulo é triplo. Primeiro, argumentar em favor da palavra interregno, desde que se atribua a ela o conteúdo especificamente político que lhe dá Gramsci. Em segundo, mostrar que os escritos de Streeck de dez anos para cá se deslocaram da economia política para a teoria política, ou seja, no sentido que entendemos adequado aos desdobramentos da realidade. Sem desconsiderar o aspecto material, núcleo de *Gekaufte Zeit*, foi concedida progressiva centralidade aos fenômenos políticos, chegando, em *Zwischen Globalismus und Demokratie*,[7] a privilegiar uma análise da "estatalidade". Em terceiro, sugerir que a visão atual de Streeck traz elementos de grande interesse sobre a relação entre Estados, mas subestima a dinâmica dos conflitos de classe no interior das nações.

Para sustentar este último ponto, buscamos mostrar que, desde a vitória de Joe Biden em 2020, a coalizão vinculada ao Partido Democrata se rearticulou nos EUA, propondo medidas que visam estabelecer uma direção distinta da que prevaleceu até Clinton-Obama. O programa adotado quem sabe pretenda até reeditar o americanismo da década de 1930, estabelecendo uma conexão entre medidas domésticas progressistas e belicismo externo. Mesmo que ninguém possa predizer se a aposta vai dar certo, a China, por precaução compreensível, acelerou as medidas de resposta, levando o quadro a uma polaridade do tipo Guerra Fria, como apontou o próprio Streeck na entrevista que realizamos em junho de 2023 (ver, adiante, neste livro). Não se trata (nunca é demais esclarecer) de ensaiar uma defesa do governo Biden, cujas características profundas ainda carecem de compreensão e cujo aspecto de política externa é por completo condenável. O que nos levou ao apontamento que conclui esta reflexão foi a hipótese de estarmos diante de um cenário diferente dentro do interregno, exigindo instrumentos de análise correspondentes.

A EVOLUÇÃO DO VELHO INTERREGNO

Para introduzirmos a definição gramsciana de interregno, vamos nos permitir uma pequena digressão, pois, do mesmo modo que desejamos identificar mudança na atual etapa, poder-se-ia dizer que, nos anos 1920 e 1930, houve análoga transformação. De início, faltava direção à Itália, uma vez que a burguesia perdera as rédeas da situação, e os partidos da classe trabalhadora (Partido Socialista Italiano – PSI – e Partido Comunista Italiano – PCI) haviam sido silenciados à força. A "direção" é uma forma de produção consensual de poder, exercida pelo Estado e pelo partido. Segundo Gramsci, "Estado significa especialmente direção consciente das grandes multidões nacionais",[8] e são os partidos que formam os dirigentes.[9] Na "dupla perspectiva" das ações estatal e política, correspondentes à "natureza dúplice do Centauro maquiavélico, ferina e humana, da força e do consenso, da autoridade e da hegemonia",[10] a direção cria um consenso ativo, uma relação entre governantes e governados "determinada pelo fato de que os governantes representam os interesses dos governados e, portanto, devem ter o consentimento destes".[11] A falta de direção, por sua vez, cria o interregno, levando a uma proliferação de fenômenos doentios, no sentido de não terem uma perspectiva de futuro.

A crise do entreguerras remete a esse momento, em que os dominantes não logram mais produzir consenso. A perda de capacidade representativa "abre espaço aos homens providenciais ou carismáticos",[12] como Benito Mussolini. Diante do vácuo após a Primeira Guerra, Mussolini chega ao poder em nome de um vago projeto nacionalista. Sem programa definido, o *Duce* aos poucos concentra o poder, convertendo, devagar, o regime de democracia em ditadura. Cremos que até o começo da década de 1930, Gramsci pensava nos moldes acima. Mas, a partir de certo momento, começa a se perguntar se "o fascismo pode politicamente, ideologicamente, economicamente realizar uma forma italiana de americanização, de taylorismo".[13]

Não por acaso, o trecho relativo aos fenômenos patológicos encontra-se no Caderno número 3, escrito em 1930, portanto, antes talvez de Gramsci iniciar o percurso teórico aludido. No parágrafo 34 daquele Caderno, menciona aspectos da "crise de autoridade" que aparecem quando "a classe dominante perde o consenso" e, simultaneamente, há um "veto [...] a quem poderia dirigir".[14] O raciocínio que leva ao interregno, como dissemos, está, portanto, vinculado à ausência de direção. Preso aos 35 anos, em 1926, Gramsci começou a escrever os Cadernos em 1929, ano que culmina no *crack* da Bolsa de Nova York. Em 1934, quando a saúde do prisioneiro piorou, fazendo-o interromper a escrita, ele já percebera que o fascismo quiçá tivesse encontrado um caminho para estabelecer-se como direção, ou seja, mudar de fenômeno mórbido para "normal", ainda que regressivo, podendo superar a crise e dar seguimento à ordem capitalista.[15]

Libertado em 1936, Gramsci expirou em uma clínica privada de Roma em abril do ano seguinte, deixando a referida percepção em *Americanismo e fordismo*, o último dos Cadernos especiais redigidos na prisão. O sociólogo Ruy Braga indica que, embora a expressão fordismo anteceda a Gramsci,[16] o dirigente comunista deu a ela a dimensão de um "modelo de desenvolvimento". Vale a pena reproduzir o raciocínio por inteiro:

> Após Gramsci, essa noção [fordismo] deixou de ser uma espécie de sinônimo de trabalho taylorizado – um processo que cria uma camada de administradores-supervisores e de engenheiros destinada a dirigir a produção em seu conjunto, fragmentando-a em uma série de tarefas repetitivas que o trabalhador deve executar disciplinadamente com máxima eficiência – e passou a representar um novo modo de vida – chamado, posteriormente, de modo de regulação ou mesmo de modelo de desenvolvimento – que, partindo do chão de fábrica, açambarca as dimensões mais íntimas da condição operária.[17]

O *New Deal*, anunciado por Franklin Delano Roosevelt ao receber a indicação para ser candidato a presidente da República pelo Partido Democrata em 1932, pode ser considerado uma tradução do fordismo em "modelo de desenvolvimento", de modo que o "americanismo exprimiria a forma histórica de concreção da estratégia de pacificação", contida no fordismo como racionalização do trabalho.[18] A instituição de um mercado de consumo de massas, no qual a prosperidade oriunda das linhas de montagem desaguava em um alargamento da base chamada a compartilhar os frutos do avanço técnico, representaria uma alternativa tanto aos desafios postos pelo socialismo real da URSS como pela *débâcle* de 1929. No americanismo, a classe operária seria incorporada a padrões superiores de consumo, o que faria surgir a classe média expandida típica dos EUA.

A opção de Henry Ford, ainda em meados da década de 1910, por baratear o preço dos produtos e pagar melhor os operários abria caminho para que os trabalhadores pudessem comprar as mercadorias que produziam e mudar o capitalismo, conduzindo-o à etapa do mercado de massa. Consciente de que tinha uma alternativa de direção, Ford elaborou uma orientação moral para os empregados. O trabalhador era estimulado a se entregar à produção, deixando de lado a bebida, a promiscuidade sexual e a preguiça. Tratava-se de uma *Weltanschauung* adequada aos tempos de massificação, onde quer que eles se apresentassem, tanto é que o nazismo a adotou, para o que contribuiu o fato de Ford ser antissemita e, pessoalmente, próximo de Adolf Hitler.

As anotações de Gramsci sobre a Lei Seca, a sexualidade e a filosofia da ação em *Americanismo e fordismo* colocam, até segunda ordem, o italiano na mesma faixa de onda da teoria crítica, quando o Instituto de Pesquisa Social de Frankfurt emigrou para os Estados Unidos. Embora a avaliação de Gramsci seja menos ácida que a dos teóricos alemães, uns e outros percebem o alcance das soluções encontradas pelo americanismo, uma "modalidade de revolução passiva" que ganhava materialidade nos EUA.[19]

Gramsci registrou que Mussolini começava a se apropriar do americanismo, transplantando-o para as condições mediterrâneas. O chefe fascista havia fechado uma aliança com a Fiat para disseminar os preceitos americanos numa sociedade marcada pelo predomínio do "parasitismo", isto é, a presença de camadas que não trabalhavam, limitando-se a viver de rendas fornecidas tanto pelos explorados como pelo Estado. Desse ponto de vista, o movimento comandado pelo *Duce* deixaria de ser "patológico", passando a representar uma orientação efetiva, desde que soubesse enfrentar as difíceis questões do parasitismo.

Americanismo e fordismo, ao contrário do que se poderia intuir, soa, por vezes, até bastante elogioso, provavelmente porque a indústria, em si, era vista, no ambiente da Terceira Internacional, como salto adiante. O próprio Leon Trotsky, que no começo dos anos 1920 ainda participava da alta direção da URSS, chegara a propor a militarização dos sindicatos de modo a acelerar a industrialização do nascente socialismo. A eficiência representada pelo taylorismo é saudada por Gramsci, dispondo-se a extrair dela as melhores consequências (se é que existem) para a luta dos trabalhadores, sem distinguir o grau extremo de alienação que significava.

O que importa, contudo, é que, ao compreender o interregno como momento de ausência de direção, Gramsci trilhou uma trajetória capaz de reconhecer a transformação do fascismo de fenômeno desprovido de futuro a portador de uma orientação, ainda que, insistimos, bastante regressiva. Em análise complementar, Leon Trotsky deu-se conta de que o nazismo, uma vez alçado ao poder, em 1933, possuía direção, mesmo que catastrófica, pois levaria à Segunda Grande Guerra.

A evolução do interregno no século XXI

Na década transcorrida de 2013 a 2023, o modelo interpretativo de Streeck evoluiu no rumo do Estado, com a política ocupando, gradativamente, o centro da cena.[20] Em *Tempo comprado*, a instabilidade compõe o núcleo da abordagem. O pensamento é mobilizado para discutir como o capital, enquanto sujeito, foi exitoso nas quatro décadas da contrarrevolução representada pelo neoliberalismo, voltada a libertar a economia das intervenções que teriam tornado democrático o capitalismo dos países da Organização para a Cooperação e o Desenvolvimento Econômico (OCDE) no pós-1945.

A obra é definida pelo próprio Streeck como "economia política contemporânea seletiva e, muitas vezes, eclética, [...], seguindo as teorias clássicas do capitalismo".[21] Como se sabe, a linha condutora do diagnóstico é a sequência de inflexões marcadas pela inflação nos anos 1970, endividamento estatal nos anos 1980 e endividamento privado entre 1990 e a década de 2000. A cada um dos momentos, argumenta, houve correspondente mecanismo de "compra de tempo" para dar legitimidade ao avanço neoliberal. No plano do Estado, ocorreram processos correlatos: a passagem de "Estado fiscal" a "Estado endividado", em que a perda de arrecadação tributária é compensada pelo aumento da dívida pública, e, depois, a "Estado de Consolidação", quando ocorre o violento corte dos gastos públicos dos anos 1990. Viu-se, então, um "contínuo deslocamento da arena do conflito de classes para cima". Do mercado de trabalho ao orçamento público; deste aos mercados de capitais, chegando à "área sigilosa dos bancos centrais" e da "diplomacia financeira internacional".[22]

A noção de Estado de Consolidação indicava algum grau de estabilidade para o avanço do capital, na medida em que vinculava os Estados Nacionais aos princípios da justiça de mercado com suporte no Direito Internacional e Constitucional, garantindo "imunização duradoura" a "intervenções políticas discricionárias".[23] A perda de soberania do Estado-nação e a conformação supranacional que o submete a instituições internacionais e regulamentações transfronteiriças "tornam-se instrumentos não só para garantir depósitos e para cobrar dívidas em nome dos investidores financeiros, como também instrumentos de desdemocratização do capitalismo", o que significou a suspensão de qualquer limite que pudesse ser democraticamente imposto a seu avanço.[24]

Por outro lado, o sociólogo colocava em dúvida a capacidade do capitalismo neoliberal para seguir legitimando-se. Os mecanismos de compra de tempo – frouxidão anti-inflacionária, endividamento público e endividamento privado – teriam se esgotado, questionando se seria possível continuar, após o *crash* de 2008, com "a ajuda da magia do dinheiro moderno".[25] A resposta, naquele momento, foi hesitante, pois talvez o dinheiro viesse dos bancos centrais, "detentores dos meios para reanimar os bancos e aqueles que dependem de seus lucros, por meio de injeções cada vez mais refinadas de dinheiro produzido por eles próprios, e para permitir aos Estados o seu refinanciamento". Esses "truques" poderiam dar sobrevida ao "capitalismo a crédito fracassado em 2008".[26]

Quando, um biênio mais tarde, Streeck começou a falar em interregno, a dubiedade foi abandonada. Em artigos e entrevistas publicados desde 2015,[27] argumentou que as forças estabilizadoras estavam falidas, pois o modelo político não funcionava, seja nacional ou internacionalmente: "Creio que estamos começando a viver um período de anarquia global. Isso não significa que todos os dias vá estalar uma bomba, mas é possível sim que isso ocorra a cada semana".[28] Outras expressões significativas do aumento da indeterminação foram os fenômenos Brexit-Trump em 2016, as recorrentes ameaças de variados Estados romperem com a União Europeia, e o colapso de sistemas partidários, em nações como França e Itália. "O denominador comum é essa perda de controle. Não foi um acidente que, no referendo do Brexit, o *slogan* fosse 'recuperemos o controle'", sintetizou Streeck.[29]

O interregno, como expressão da desordem, ganha cores vivas em *How will capitalism end?*, no qual é descrito como fase de entropia, de "radical incerteza e indeterminação, em que a sociedade é essencialmente ingovernável e nenhuma nova ordem mundial aguarda nos bastidores".[30] O eixo analítico passa para o campo da sociologia e tem fundamentação em Lockwood,[31] como "colapso na integração sistêmica". Com a dissolução institucional do "capitalismo democrático", o ônus de garantir segurança e estabilidade recai sobre as relações individuais, em "uma sociedade desinstitucionalizada ou infrainstitucionalizada, na qual as expectativas só podem ser estabilizadas por um curto período de tempo por meio da improvisação local e que, por essa razão, é essencialmente ingovernável".[32]

Ainda que a abordagem sociológica da noção de interregno sobressaia, já existe em *How will capitalism end?* maior ênfase na política e no "déficit sistêmico de governança", sobretudo com o "fracasso pós-1989 do principal país capitalista, os Estados Unidos, em construir e manter uma ordem global estável".[33] A referência aos EUA passa a ser decisiva na ausência de direção, pois, historicamente, o avanço do capitalismo foi impulsionado pela "proteção de um Estado forte e hegemônico, que abriu e preparou novos cenários para o crescimento por meio da força militar, do livre-comércio ou, geralmente, de uma combinação de ambos".[34] Os Estados Unidos tinham liderado a formação de um "sistema global de estados seculares". Em consequência, diz, seguindo Wallerstein, o "enfraquecimento da posição dos Estados Unidos como a armadura política da expansão capitalista global" tornou-se a "fonte da entropia sistêmica".[35]

À medida que a competição entre Estados Unidos e China foi se acirrando ao longo da década de 2010 e cresceram as dúvidas sobre a capacidade de o Atlântico Norte se manter como centro dinâmico do processo de acumulação, elementos geopolíticos, cuja especificidade está pouco presente em *Gekaufte Zeit*, ganharam espaço. A última obra extensa de Streeck – *Zwischen globalismus und demokratie* (Entre globalismo e democracia), publicada na Alemanha em 2021 – afirma que "uma teoria do capitalismo requer necessariamente uma teoria do Estado". Dedica-se, em seguida, à análise da "estatalidade".[36]

Aí, o passo substantivo. A doutrina neoliberal de inspiração hayekiana – que em *Tempo comprado* é retratada como garantidora de um longo processo de transformação das economias e dos projetos nacionais em favor dos interesses de mercado[37]– estaria, agora, enfrentando dificuldades para sobreviver. Isso teria sido "dramaticamente evidenciado nas sociedades ocidentais na crise de 2008 e nas demandas populares" mobilizadas para restaurar "o controle político sobre o desenvolvimento social e econômico" por meio do "povo".[38]

Enquanto não houver um regime sucessor do "internacionalismo neoliberal", o "interregno" segue, agora com sentido nitidamente político.[39] *Zwischen globalismus und demokratie* define a situação como de "crise de legitimidade política, na qual começa uma luta obstinada por nada menos que os fundamentos constituintes da política".[40] Justamente por isso, "a estrutura, a constituição e a arquitetura do Estado" tornam-se "objeto de uma teoria política do capitalismo, e a economia política deve abrir-se a uma teoria institucional", que verse sobre "Estados historicamente reais em sistemas estatais historicamente reais".[41] Para definir Estado, Streeck recorre a Edward Gibbon (1737-1794)[42] e Karl Polanyi (1886-1964), afirmando que "Estados não existem sozinhos ou como tais", mas são sempre "membros de sistemas estatais", que consistem nas relações entre os Estados, fundamentadas "na lei, na força" ou em ambas, bem como na estrutura interna de cada Estado e na configuração dos territórios.[43]

O Brexit no Reino Unido e a ascensão de Donald Trump nos EUA expressariam a existência de um "cabo de guerra entre as elites da coalizão neoliberal e novos populismos". Os fatores econômicos e de Estado "se unem numa complexa crise de estagnação. Enquanto a economia capitalista anda ofegante há décadas", mobilizada apenas pela criação de dinheiro e pela compra de tempo, "o projeto neoliberal de substituir os Estados-nação pela governança global" passou a ser "bloqueado por um contramovimento plebeu-populista, tanto nacional quanto internacionalmente".[44] Haveria, então, um "empate provisório" entre dois blocos, as "elites da coalizão neoliberal, que procuram uma ruptura 'para cima', em direção a uma economia mundial unificada e governada uniformemente", e as camadas que se encontram "perturbadas" pelas tentativas de imposição dessa ordem, "representadas pelos novos 'populistas' – separatistas, nacionalistas, etc. – que esperam ter mais voz em sua vida presente e futura", na busca de uma "fuga para baixo".[45]

Streeck argumenta que a própria acumulação pós-2008 ficou bloqueada ante a resistência das sociedades.

> O neoliberalismo pode ser hoje a única maneira de dar novo fôlego ao capitalismo em escala global ou continental; no entanto, a democracia não pode ser centralizada global ou continentalmente, nem, como se mostrou, pode ser abolida localmente em favor da integração global.[46]

Por isso, a questão central é o "papel do Estado Nacional no contexto do sistema internacional de Estados",[47] pois é nele que se desenvolve a luta decisiva. A saída do interregno estaria na defesa do "Estado-nação soberano, não muito grande, inserido numa ordem internacional de paz". Esta é "a única entidade política que pode ser democratizada, ou seja, que pode ser obrigada a afirmar os interesses de maiorias não elitistas da população, reinserindo a economia política na sociedade que a sustenta".[48]

Onde estão as classes?

Como vimos, a obra de Streeck foi se politizando à medida que o interregno progredia. A razão parece clara: quando os mecanismos reguladores pararam de funcionar, os Estados foram sendo chamados a resolver o que mais ninguém conseguia encaminhar. Com isso, a agência ganha centralidade na dialética existente com a estrutura. O problema é que, para compreender a agência, Streeck adota a obra de Polanyi como principal fonte teórica.[49] Apoiado nela, afirma que "a lógica das instituições sociais não pode fornecer o que a lógica de acumulação de capital econômico exige".[50] No atual contexto, isso se expressa, como vimos, por entraves político-sociais às tentativas do capital de revitalizar o processo de acumulação por meio da contínua desregulamentação econômica. A ordem que o capitalismo neoliberal exige para avançar no processo de acumulação é a de um mundo único, para o qual devem convergir as diferentes ordens e formas de vida locais. No entanto, isso não pode ser simplesmente imposto, especialmente se o capitalista "pretende substituir valores particularistas por preços de mercado universalistas".[51]

A fundamentação polanyiana, já presente em *How will capitalism end?*, faz com que a substância da política no capitalismo contemporâneo apareça como a "batalha quase maniqueísta entre um 'movimento' em direção à liberalização e 'contramovimentos' de estabilização social ou controle político coletivo dos mercados e da direção da mudança social".[52] Streeck lembra que, por vias ilegais ou por brechas na legislação, investidores buscam caminhos mais lucrativos e "se opõem rotineiramente às regulamentações que limitam a liberdade de comércio".[53] Pelo controle que dispõem do negócio em que estão envolvidas, dos recursos econômicos e pelo poder substancial que acumulam, as empresas "geralmente agem mais rápido do que os órgãos públicos encarregados de regulamentá-las, especialmente quando os negócios atravessam as fronteiras de diferentes jurisdições, como os Estados-Nação".[54] O lado de baixo, dos cidadãos, passa a exigir "que sua existência social seja estabilizada em face das pressões do mercado para um ajuste permanente".[55]

No livro mais recente, o impasse é exemplificado com a Alemanha, que tem necessidade de financiamento da indústria exportadora por meio de recursos fiscais. Estes se tornam escassos, em razão do compromisso que os alemães assumiram, enquanto força hegemônica europeia, com os princípios de austeridade que orientam o bloco transnacional. Apesar de haver interesse interno na "expansão das despesas estatais alemãs financiadas por dívidas",[56] algo defendido até por economistas liberais como Carl Christian von Weizsäcker, não há no Parlamento "maioria de dois terços para abolir a regra do teto de gastos". Isso porque a União Monetária Europeia limita a expansão de gastos, e tais empecilhos foram ao longo das últimas décadas uma imposição germânica.[57, 58] Se, por um lado, interessa o expansionismo, por outro, a Alemanha "teria motivos para temer um relaxamento do Pacto Fiscal, pois isso poderia levar a novas ondas de endividamento em outros países europeus já altamente endividados".[59] Berlim ocupa, então, uma posição intermediária, pressionado tanto pelas necessidades de estímulo, em face da desindustrialização, quanto pelos compromissos assumidos no curso neoliberal. Traduz-se, assim, em termos particulares, o "impasse entre internacionalização e renacionalização".[60]

Interessante observar que o caso alemão poderia suscitar uma abordagem dos interesses de classe envolvidos no impasse. Mas o caminho analítico de Streeck foi outro, opondo o "povo de mercado" (a constelação financeira) ao "povo do Estado", composto dos indivíduos integrados por direitos civis em uma comunidade nacional. "A única ligação que existe entre os membros do povo de mercado e os Estados Nacionais é a dos contratos: estão ligados como investidores, e não como cidadãos."[61] Os direitos do "povo de mercado" perante o Estado são privados e submetidos à regulação privada, sobrepostos ao direito e à regulação públicos.

Na obra mais recente, os termos do embate mudam, mas o conteúdo é o mesmo. Trata-se de um impasse entre "globalismo" e "democracia", entre "os esforços no sentido de uma maior centralização neoliberal" e as "exigências de autodeterminação local, ora de esquerda, ora de direita, difíceis de resolver". As exigências de autodeterminação vêm sempre "desde baixo", postas por uma resistência popular organizada "em torno da defesa do Estado-nação e das potenciais oportunidades de influência popular-democrática no seu seio".[62]

A opção pelo pensador húngaro não poderia deixar de trazer consequências à análise de Streeck.[63] Em *A grande transformação*, Polanyi afirma que

> [...] os interesses de classe oferecem apenas uma explicação limitada dos movimentos de longo prazo na sociedade. O destino das classes é mais frequentemente determinado pelas necessidades da sociedade do que o destino da sociedade é determinado pelas necessidades das classes.[64]

Como explica o sociólogo Michael Burawoy, "Polanyi refere-se frequentemente à sociedade como tendo uma realidade própria, atuando em seu próprio nome, enquanto Gramsci entende a sociedade civil como um terreno de luta".[65] O "duplo movimento" de expansão do mercado e reação da sociedade seria a contrapartida, na estrutura do pensamento polanyiano, da luta de classes em Marx.[66]

Com isso, a articulação de interesses (e os conflitos) entre distintas frações de classe, bem como as relações de produção e o processo de acumulação, como definidores do capitalismo, desaparecem da interpretação. Deixa-se de considerar que as revoltas contra os excessos do mercado, quando comandadas por figuras messiânicas, podem tomar o rumo que se viu no fascismo histórico dos anos 1930, ou no ultraliberalismo de Jair Bolsonaro e Javier Milei. Podem, por outro lado, encontrar em figuras como Joe Biden e Lula certa manifestação democrática da expectativa de que o Estado volte a se ocupar das maiorias. Os desdobramentos políticos dependem das articulações e dos conflitos das classes envolvidas no processo. O risco contido no esquecimento destas implica eventual negligência dos contornos autoritários e fascistas em respostas vindas "desde baixo", bem como a desconsideração do surgimento de coalizões voltadas para salvar o "capitalismo democrático", não obstante as profundas contradições de que padeçam.

Novo americanismo e bipolaridade

Nesta última seção, oferecemos exemplo do afirmado acima. A rearticulação dos EUA a partir da eleição de 2020 tem a aspiração, mesmo que venha a fracassar, de se converter em um "novo americanismo". A China, que desde o *crash* de 2008 vem se descolando da hegemonia norte-americana, percebeu isso e acelerou os passos para firmar uma alternativa de direção planetária. Criou-se, em decorrência, uma polarização similar à da Guerra Fria, como assinalou o próprio Streeck na entrevista a nós concedida (ver adiante, neste livro).

Do mesmo modo que a análise de Gramsci se deslocou dos fenômenos patológicos para o fordismo, é preciso verificar em que medida a orientação representada pelo programa de Biden e a bipolaridade correspondente indicam a passagem para um momento diferenciado do interregno. A vitória de Donald Trump, em 2016, provocou uma tomada de consciência por parte de formuladores capitalistas das nações ricas. Abalados pelas consequências de 2008 e pela deterioração ambiental, viram que seriam necessárias mudanças de fundo para recuperar a crença democrática na base da sociedade. A janela pandêmica provocou novo salto na formulação de propostas na área da OCDE, as quais terminaram por desaguar na candidatura de Joe Biden, vitoriosa em 2020.[67]

Riley e Brenner[68] chamam de neoprogressivismo[69] o programa adotado nos EUA desde então. Por meio dele, o *hegemon* tenta retomar o volante perdido em 2008, apresentando respostas aos desafios que se arrastavam. O investimento de US$ 3 trilhões para proteger a população mais vulnerável, reconstruir a infraestrutura nacional e reindustrializar os Estados Unidos com uma matriz energética limpa em resposta ao desafio da China gerou, ao mesmo tempo, agressividade externa e coesão interna. Biden abriga um programa avançado para dentro dos EUA e, simultaneamente, belicista para fora. Embora contraditória, foi uma resposta à coalizão de extrema-direita, que tinha se mostrado capaz de lidar com as experiências de perda de controle e imprevisibilidade oriundas do mercado.

Formuladores da classe dominante como Martin Wolf[70] passaram a falar de um "novo" *New Deal*, ou seja, a retomada do governo tripartite (Estado, empresários e trabalhadores), mostrando a percepção de que aí reside o centro do problema. Ninguém sabe, nós muito menos, se o projeto vai dar certo, mas quando um político historicamente vinculado a Wall Street como Biden apoia a greve dos metalúrgicos do setor automobilístico americano a ponto de participar de piquete, como em setembro de 2023, é porque se aposta em uma coalizão entre frações burguesas e o setor ainda organizado da velha classe trabalhadora.

Os protestos liderados pelo "Black Lives Matter" (BLM) igualmente impactaram o processo eleitoral de 2020.[71] A presença de uma "população enfurecida fazendo-se ouvir em lutas trabalhistas tanto quanto nas ondas de protestos sociais"[72] resultou na coalizão entre "o grupo de centro neoliberal do *establishment*, a saber, a ala Clinton-Obama, e sua oposição populista de esquerda, representada pela ala Sanders-Warren-Alexandria Ocasio-Cortez (AOC)".[73] Do ponto de vista de classe, o governo Biden é o resultado da aliança entre as "Big Techs", as organizações existentes da classe trabalhadora e os movimentos sociais emergentes, mesmo que, como em toda coalizão, carregue significativas tensões internas.

Com o lançamento oficial do Novo Consenso de Washington na conferência de Jake Sullivan em abril de 2023, e o referendo pelo G7 no mês subsequente, a administração Biden afirma reorientar o Ocidente na perspectiva de um futuro reindustrializado e apto a reintegrar a classe trabalhadora tradicional. A atual secretária do Tesouro dos EUA e ex-presidente do Federal Reserve, Janet Yellen, fundamentou a orientação em discurso no Stanford Institute for Economic Policy Research, como "moderna economia do lado da oferta". A estratégia "prioriza a oferta de trabalho, capital humano, infraestrutura pública, pesquisa e desenvolvimento e investimentos em um ambiente sustentável", e com isso visa "aumentar o crescimento econômico e resolver problemas estruturais de longo prazo, em particular a desigualdade". A abordagem busca se contrapor ao antigo Consenso de Washington por reconhecer que "cortes significativos de impostos sobre o capital não alcançaram os ganhos prometidos. E a desregulamentação tem um histórico muito ruim em geral", em especial para as políticas ambientais.[74] Com o fracasso das medidas neoliberais em termos de promoção de estabilidade e legitimação social, seria preciso adotar outra direção para a ação estatal e das instituições supranacionais, aqui apresentada como um novo americanismo. Entre as principais expressões da novidade estão o pleno emprego, a reindustrialização, o estímulo à ação sindical e os impostos sobre grandes corporações.

De maneira contraditória, pois regressiva, na dimensão externa Biden acelerou a construção de uma liga antichinesa que, até este momento, logrou trazer a Europa consigo, por uma dose de consenso e outra de coerção, auxiliada pela invasão da Ucrânia em fevereiro de 2022. Para Tooze, o discurso de Yellen "procurou demarcar limites para a concorrência e a cooperação saudáveis, mas não deixou dúvidas de que a segurança nacional está acima de qualquer outra consideração em Washington atualmente". Por isso, "os velhos tempos de hegemonia empresarial", do que Tooze denomina "Era de Davos", teriam acabado.[75]

Escrevendo ainda em 2017, portanto, cinco anos antes de estourar a Guerra da Ucrânia, Perry Anderson assinalou que os Estados Unidos tinham se metido em um beco sem saída,[76] pois, segundo Barry Posen,[77] se tornaram incapazes de conter a própria ambição. Desde o colapso da URSS, os EUA desenharam uma estratégia expansionista, levando a Otan à fronteira da Rússia. Os EUA não entenderam que a tecnologia armamentista não resolve problemas de identidade, cultura, religião etc., e que a estratégia racional seria cortar pela metade o gasto militar no policiamento do mar, do ar e do espaço. Uma "elite de segurança nacional" sustentada tanto pelos democratas quanto pelos republicanos jamais concordaria com isso, pois nunca compreendeu Gramsci.

Criaram condições para que a China, cujos tamanho e crescimento autorizavam uma ação independente, desenvolvesse uma postura alternativa. Em consequência, surgiu o mundo bipolarizado: "Quando olhamos para o momento presente, é possível argumentar que estamos vendo uma próxima fase que eu chamaria, de forma provisória, de economia bipolar global: uma economia de guerra, dividida em duas metades, China e Estados Unidos", disse-nos Streeck (ver capítulo 5, adiante). Como notou um atento observador da cena internacional ao ler a entrevista de Streeck na *Folha de S. Paulo*, economia de guerra não é economia de mercado. Sinteticamente: a dinâmica atual dos EUA é orientada pelo interesse em "frear o desenvolvimento tecnológico da China, vista como uma séria ameaça ao seu domínio".[78]

Em Beijing, por sua vez, duas semanas depois de tomar posse para um inédito terceiro mandato como presidente da República, em março de 2023, Xi Jinping declarou, ao lado de Vladimir Putin, que, pela primeira vez em cem anos, há uma mudança mundial em curso, com o declínio do Ocidente, sendo que China e Rússia a estariam dirigindo. Nesse contexto, após uma década no poder, teto máximo pela praxe estabelecida desde Deng Xiaoping em 1978, Xi Jinping fez-se secretário-geral, por assim dizer, "permanente" do Partido Comunista Chinês (PCC) e chefe das forças militares. O seu programa, segundo Wolf,[79] orienta-se por três metas: domínio personalista, revitalização do Estado-partido leninista e expansão da influência externa do país. Trata-se de um giro concentracionista, voltado a dividir o mundo, assumindo a liderança do Sul Global.

Na etapa anterior, ao tempo em que os países ocidentais eram regidos pela doutrina neoliberal, com o processo de acumulação liderado por corporações privadas transnacionais, a China, por mecanismos de planejamento e controle, executou uma estratégia de desenvolvimento "sob liderança estatal". O Estado "manteve o controle sobre as 'posições de comando' da economia ao passar do planejamento direto para a regulamentação indireta", com participação no mercado; "a China cresceu no capitalismo global sem perder o controle sobre sua economia doméstica".[80]

Na visão de Medeiros e Majerowicz, a "característica que realmente distingue a experiência chinesa de outras economias em transição" é o não desmantelamento do poder do Estado, a manutenção de um arcabouço composto de "um Partido-Estado com grande autonomia política e forte penetração no poder econômico".[81] Com a crescente instabilidade no Ocidente pós-2008 e o avanço em áreas antes inimaginadas, de alta tecnologia e concorrência nos setores mais dinâmicos, como o dos veículos elétricos, a experiência chinesa saiu de uma posição subordinada em relação ao centro do capitalismo para se constituir como alternativa de direção. Convém lembrar, no entanto, que um país com 1,4 bilhão de habitantes também precisa equilibrar os constrangimentos externos e os elementos que conformam o jogo doméstico de classe. No caso, lidar com as dificuldades internas que determinaram uma importante redução do ritmo de crescimento pós-pandemia.

De toda maneira, a divisão do planeta em duas metades tende a organizar as alternativas estatais em todo canto. Com isso, dá-se um passo para além da superposição ou da multidimensionalidade de crises, confirmando a centralidade da política na compreensão do interregno. A reunião do G7 em Hiroshima em maio de 2023 significou a unificação do núcleo ocidental em torno do programa destinado a responder aos desafios postos pela desindustrialização, pela crise da democracia e pela urgência em realizar a transição energética. Em agosto, Beijing respondeu, incorporando Irã, Arábia Saudita, Egito, Etiópia e Emirados Árabes Unidos ao grupo dos Brics (Brasil, Rússia, Índia, China e África do Sul). Avançou, desse modo, a estratégia de liderar o Sul social da Terra.

A permanência da Guerra da Ucrânia, que completa dois anos quando este capítulo é concluído, reforça a frente entre União Europeia e Estados Unidos, de um lado, e Rússia e China, de outro. Os desdobramentos da guerra envolvendo Israel, iniciada em outubro de 2023, com o papel de pivô jogado pelo Irã, aliado à China, indicam, no Oriente Médio, os mesmos reflexos da bipolaridade que se instala. Para muitos observadores, turbulências semelhantes desaguaram na Segunda Guerra Mundial, organizando as opções que resultaram da evolução do interregno nos anos 1920 e 1930. Todos os recursos disponíveis devem ser ativados para evitar que tal desfecho se repita, porém de nada adiantará ignorar eventuais paralelos para evitar o temor que causam.

Considerações finais

Em 2008, o *crash* entendido como limite de uma época ocupou o centro das atenções e, em certa medida, de lá não saiu. Os fatores multidimensionais da situação – econômico, ecológico, cultural, social e político – têm como correspondente teórico uma variedade de termos e conceitos mobilizados para defini-la. Neste capítulo, argumentamos a existência, hoje, de um aspecto principal da desordem generalizada, que seria o político, no sentido de uma disputa pela direção mundial. Por isso, entendemos que o termo interregno, na acepção gramsciana que coloca a política no centro, ainda ajuda a compreender o período. Porém, interregno não se reduz a instabilidade e desordem. É um processo que evolui, conforme forças se colocam em movimento para a reconstrução de hegemonias.

Isso explicaria por que nos escritos de Wolfgang Streeck dos últimos dez anos a política foi progressivamente ocupando o eixo interpretativo central, o que simultaneamente ajuda a esclarecer aspectos da realidade em curso. Cremos, entretanto, ter identificado uma lacuna na análise do sociólogo alemão. Ao adotar, como inspiração da análise política, o ponto de vista de Polanyi, os conflitos de classe que influenciam as opções dentro de cada país acabam em segundo plano. Streeck percebe muito bem o jogo que se dá "entre" os Estados, mas parece dar pouca importância aos conflitos "dentro" das nações. Subestima, assim, a possibilidade de um novo americanismo nos EUA, embora identifique, corretamente, o surgimento da bipolaridade entre Estados Unidos e China, numa espécie de reencenação dos piores aspectos da Guerra Fria.

O fordismo colocou-se no interregno do entreguerras como alternativa de direção global ao capitalismo. Cremos que, de maneira similar, a *Bidenomics* objetiva constituir um modelo de desenvolvimento renovado. Sem opinarmos sobre o eventual sucesso, a envergadura da iniciativa nos obriga a levá-la em consideração. A isso se contrapõe, na esfera geopolítica, a ascendente China em aliança com a Rússia, soerguendo um modelo oriental de desenvolvimento que busca atrair o Sul social do planeta, cuja dimensão exige igual atenção de quem deseja apreender a história em fluxo.

Uma agenda de pesquisa atualizada deve contemplar, portanto, a conformação e os conflitos das variadas classes e frações de classe, como fazem Riley e Brenner para os EUA,[82] de um lado, e os ordenamentos geopolíticos que se impõem a partir da bipolaridade, de outro. Torna-se imprescindível investigar, sobretudo, as inter-relações entre as coalizões internas de classe, bem como as transformações no plano do poder entre Estados. Como se articulam as estruturas dos sistemas produtivos nacionais e transnacionais no sistema mundial produtor de mercadorias? Quais as configurações político-sociais existentes e de que maneira se entrelaçam a diferentes formações nacionais? São nexos fundamentais para definir o "nervo político"[83] da atual correlação de forças global e entre as classes nacionais. O novo americanismo e a bipolaridade que o relaciona a Beijing parecem elementos cruciais para compreender o tempo presente, obrigando-nos a refinar os instrumentos de análise se quisermos, além do mais, transformá-lo.

Referências bibliográficas

ANDERSON, P. *The H-Word: The Peripeteia of Hegemony*. New York, Verso, 2017.

BLOCK, F. "Introduction". *In*: POLANYI, K. (ed.). *The Great Transformation*. Boston, Beacon Press, 2001.

BLOCK, F. & SOMERS, M. R. "Karl Polanyi in an Age of Uncertainty". *Contemporary Sociology: A Journal of Reviews*, 46(4), 2017, pp. 379-392.

BRAGA, R. "Introdução". *In*: GRAMSCI, A. *Americanismo e fordismo*. São Paulo, Hedra, 2008.

BUCI-GLUCKSMAN, C. *Gramsci e o Estado: por uma teoria materialista da filosofia*. Rio de Janeiro, Paz e Terra, 1980.

BURAWOY, M. "For a Sociological Marxism: The Complementary Convergence of Antonio Gramsci and Karl Polanyi". *Politics and Society*, 31 (2), 2003, pp. 193-261.

CARDOSO, F. H. & FALETTO, E. *Dependência e desenvolvimento na América Latina: ensaio de interpretação sociológica*. Rio de Janeiro, Zahar Editores, 1977.

DAVIS, M. "Thanatos Triumphant". *Sidecar*, 7/3/2022. Disponível em <https://newleftreview.org/sidecar/posts/thanatos-triumphant?pc=1428>. Acesso em 26/1/2024.

DEMIROVIĆ, A. "Contextualizing Global Authoritarianism". *Rosa Luxemburg Stiftung*, 2022. Disponível em <https://www.rosalux.de/en/news/id/46509/contextualizing-global-authoritarianism>. Acesso em 14/4/2024.

DURAND, C. "1979 in Reverse". *Sidecar*, 1/6/2021.

FRASER, N. "A Triple Movement? Parsing the Politics of Crisis after Polanyi". *New Left Review*, 81, 2013, pp. 119-132.

____. "Why Two Karls are Better than One". *Working Paper DFG*. Jena, 2017.

____. "Interregno estadunidense". Entrevista de Nancy Fraser a Alessandra Spano. *Cadernos de Filosofia Alemã*, 26 (1), 2021, pp. 165-173.

GRAMSCI, A. *Quaderni del Carcere*. Org. Valentino Gerratana. Turin, Einaudi, 1977.

____. *Cadernos do Cárcere*, vol. 3. 5. ed. Rio de Janeiro, Civilização Brasileira, 2012.

HANN, C. & HART, K. (ed.). *Market and Society: The Great Transformation Today*. Cambridge, Cambridge University Press, 2009.

LOCKWOOD, D. "Social Integration and System Integration". *In*: ZOLLSCHAN, G. K. & HIRSCH, W. (ed.). *Explorations in Social Change*. London, Houghton Mifllin, 1964, pp. 244-257.

MEDEIROS, C. A. & MAJEROWICZ, E. "Developmentalism With Chinese Characteristics". *International Journal of Political Economy*, 51:3, 2022, pp. 208-228.

MACKENZIE, K. & SAHAY, T. "A New Foreign Policy". *Phenomenal World*, 18/5/2023. Disponível em <https://www.phenomenalworld.org/analysis/a-new-foreign-policy/>. Acesso em 26/1/2024.

POLANYI, K. *The Great Transformation: The Political and Economic Origins of Our Time*. Boston, Beacon Press, 2001 [1944].

POSEN, B. *Restraint: a new foundation for US Grand Strategy*. Ithaca, Cornell University Press, 2014.

PRASHAD, V. "Semicondutores: a era digital em disputa". *Outras Palavras*, 18/5/2023. Disponível em <https://outraspalavras.net/geopoliticaeguerra/semicondutores-era-digital-em-disputa/#:~:text=Os%20chips%20semicondutores%20

s%C3%A30%20os,a%20dia%20deixariam%20de%20funcionar>. Acesso em 7/2/2024.

RILEY, D. & BRENNER, R. "Seven theses on American politics". *New Left Review*, 138, November/December 2022.

RUGITSKY, F. "Jogo aberto: a economia política do interregno". *In*: SINGER, A.; ARAUJO, C. & RUGITSKY, F. *O Brasil no inferno global*. São Paulo, FFLCH-USP, 2022.

SELWYN, B. & MIYAMURA, S. "Class Struggle or Embedded Markets? Marx, Polanyi and the Meanings and Possibilities of Social Transformation". *New Political Economy*, 2013.

SILVER, B. & ARRIGHI, G. "Polanyi's 'Double Movement': The Belle Époques of British and U.S. Hegemony Compared". *Politics & Society*, 2 (3), 2003, pp. 325-355.

SINGER, A. & FANTON, H. "Pandemia e 'great reset' capitalista". *In*: SINGER, A.; ARAUJO, C. & RUGITSKY, F. *O Brasil no inferno global*. São Paulo, FFLCH-USP, 2022.

STIGLITZ, J. "Foreword". *In*: POLANYI, K. (ed.). *The Great Transformation*. Boston, MA, Beacon Press, 2001, pp. vii-xvii.

STREECK, W. "Politics in the interregnum". *ROAR Magazine*, December 23, 2015.

——. *How will capitalism end? Essays on a failing system*. London, Verso, 2016a.

——. "The Post-Capitalist Interregnum: The Old System Is Dying, But a New Social Order Cannot Yet Be Born". *Juncture*, 23 (2), 2016b, pp. 68-77.

——. "Producir ciencia social crítica en el interregno". *Revista de Actualidad Política, Social y Cultural*, 17/4/2017.

——. *Tempo comprado: a crise adiada do capitalismo democrático*. São Paulo, Boitempo, 2018a [edição original: *Gekaufte Zeit*, 2013].

——. "Marx's writing more relevant today than ever". Entrevista por J. Jipson e P. M. Jitheesh. *Monthly Review Online*, December 6, 2018b.

——. "Wolfgang Streeck: 'Los españoles nunca han dado problemas en la UE porque sus políticos no saben dónde están metidos'". Entrevista por Pablo Elorduy. *El Salto*. Madrid, 22/3/2019.

——. *Zwischen Globalismus und Demokratie*. Suhrkamp Verlag, 2021.

TOOZE, A. *Crashed: how a decade of financial crises changed the world*. New York, Viking, 2018.

——. "Polycrisis: thinking on the tightrope". *Chartbook*, 165, 2022. Disponível em <https://adamtooze.substack.com/p/chartbook-165-polycrisis-thinking?utm_source=post-email-title&publication_id=192845&post_id=70753690&isFreemail=true>. Acesso em 26/1/2024.

——. "Washington isn't listening to business on China any more". *Financial Times*, 5/5/2023. Disponível em <https://www.ft.com/content/5e38eec5-8caa-41d1-b4fd-b0ac5e8ca58a>. Acesso em 26/1/2024.

VIANA, D. "O que é a policrise, o termo que vem sendo usado para os desafios da humanidade". *Valor Econômico*, 14/4/2023. Disponível em <https://valor.globo.com/eu-e/noticia/2023/04/14/o-que-e-a-policrise-o-termo-que-vem-sendo-usado-para-os-desafios-da-humanidade.ghtml>. Acesso em 20/8/2023.

WATKINS, S. "Paradigm shifts". *New Left Review*, 128, March-April 2021.

WEBER, I. *How China Escaped Shock Therapy: The Market Reform Debate*. New York, Routledge, 2021.

WEBSTER, E. & LAMBERT, R. "Markets Against Society: Labour's Predicament in the Second Great Transformation". *In*: DENNIS, A. & KALEKIN-FISHMAN, D. (ed.). *The ISA Handbook in Contemporary Sociology*. London, Sage, 2009.

WOLF, M. *The crisis of democratic capitalism*. New York, Penguin, 2023.

Notas

1 Streeck, 2018a (edição original: *Gekaufte Zeit*, 2013).

2 Streeck, 2016a; Tooze, 2018.

3 Como veremos a seguir, o esquema de Streeck evoluiu ao longo do trajeto, incorporando ideias como a da crise da hegemonia norte-americana a partir de 2016.

4 Davis, 2022.

5 Viana, 2023; Tooze, 2022.

6 Demirović, 2022.

7 Streeck, 2021. Todos os trechos da obra aqui apresentados foram traduzidos pelos autores.

8 Gramsci, 1977, p. 1.122. Passagem do Caderno 9, parágrafo 42, disponível apenas na edição italiana organizada por Valentino Gerratana. Tradução livre dos autores.

9 Gramsci, 2012, p. 329.

10 *Idem*, p. 34.

11 *Idem*, p. 338.

12 Gramsci, 1977, p. 513. Passagem do Caderno 4, parágrafo 69, disponível apenas na edição italiana organizada por Valentino Gerratana. Tradução livre dos autores.

13 Buci-Glucksman, 1980, p. 399

14 A famosa passagem de Gramsci sobre o interregno encontra-se no parágrafo 34, intitulado "Passado e presente", do Caderno 3. Na edição organizada por Carlos Nelson Coutinho e publicada pela Civilização Brasileira, o parágrafo está no vol. 3, pp. 187-188, voltada para o "que se lamenta como 'onda de materialismo'".

15 A possibilidade de uma direção "para trás" é um dos assuntos teóricos mais interessantes dos Cadernos.

16 De acordo com Braga, a expressão havia sido largamente usada em um livro de Friedrich von Gottl-Ottlilienfled de 1924.

17 Braga, 2008, p. 16.

18 *Idem*, p. 24.

19 *Idem, ibidem*. Para Francisco de Oliveira, as reflexões de Gramsci em *Americanismo e fordismo*, "em que sintetiza os opostos da produção e da cultura, numa produção que é cultura – muito próximo dos frankfurtianos", antecipam "as novas formas de hegemonia norte-americana". Francisco de Oliveira. Orelha de *Cadernos do Cárcere*, vol. 3, *op. cit.*

[20] Streeck, 2017.
[21] Streeck, 2018a, p. 9.
[22] *Idem, ibidem.*
[23] *Idem*, p. 134.
[24] *Idem*, p. 139.
[25] *Idem*, p. 201.
[26] *Idem*, p. 202.
[27] Streeck, 2015; 2016a; 2016b; 2017; 2018b; 2019.
[28] Streeck, 2017. Tradução livre dos autores.
[29] Streeck, 2019. Tradução livre dos autores.
[30] Streeck, 2016b, p. 68. Tradução livre dos autores.
[31] Lockwood, 1964.
[32] Streeck, 2016a, p. 14. Tradução livre dos autores.
[33] *Idem*, p. 15.
[34] *Idem*, p. 35.
[35] *Idem, ibidem.*
[36] Streeck, 2021, pp. 9-10.
[37] Streeck, 2018.
[38] Streeck, 2021, p. 22.
[39] *Idem, ibidem.*
[40] *Idem*, p. 21.
[41] *Idem*, p. 8.
[42] Streeck se apoia no clássico *The History of the Decline and Fall of the Roman Empire* para discutir se o poder seria mais bem organizado na forma de grandes Estados ou pequenos Estados, tema de particular interesse pelas relações entre União Europeia e Estados-membros. "Embora eu tome a ideia de uma economia de escala política ou de uma política de escala de Estado da reflexão final de Gibbon sobre o fim do Império Romano do Ocidente e suas consequências para a Europa, encontro em Polanyi a ideia da dependência da incorporação social dos mercados na política democrática dos Estados [...]. Gibbon pergunta o que é mais vantajoso para uma região do mundo: ser governada por um único grande Estado ou por muitos pequenos Estados, e defende um mundo de Estados dividido e multicêntrico, em vez de monocêntrico" (Streeck, 2021, p. 44).
[43] Streeck, 2021, p. 44.
[44] *Idem*, p. 10.
[45] *Idem*, p. 29.
[46] *Idem*, p. 28.
[47] *Idem*, p. 94.
[48] *Idem*, p. 60.
[49] Streeck não está sozinho ao recorrer a Polanyi. Nas últimas décadas, há um ressurgimento do interesse pela teoria desse que foi um dos grandes pensadores do século XX. São exemplos: Stiglitz, 2001; Block, 2001; Silver & Arrighi, 2003; Hann & Hart, 2009; Webster & Lambert, 2009; Fraser, 2013; Selwyn & Miyamura, 2013; Block & Somers, 2017; Fraser, 2017.
[50] Streeck, 2021, p. 27.
[51] *Idem, ibidem.*
[52] Streeck, 2016a, p. 208. Tradução livre dos autores.
[53] *Idem*, p. 207.
[54] *Idem, ibidem.*

55 *Idem, ibidem.*
56 Streeck, 2021, p. 84.
57 O dilema foi recentemente abordado por reportagem do *New York Times*. A economia alemã está em declínio, e o "governo ficou quase paralisado por disputas entre os membros dos três partidos que compõem a coalizão governamental do chanceler Olaf Scholz". Muitas dessas disputas, diz a reportagem, foram sobre como "preencher uma lacuna de 17 bilhões de euros (US$ 18,5 bilhões) no orçamento depois que a mais alta corte do país, em novembro, rejeitou o plano de gastos" estipulado pelo governo. E a decisão foi motivada pelo teto de gastos, "uma lei consagrada em sua Constituição para manter baixos os déficits públicos", que o país adotou pós-crise de 2008 e passou a defender na União Europeia. Em "Germany, Once a Powerhouse, Is at an Economic 'Standstill'". *New York Times*, 18/1/2024. Disponível em <https://www.nytimes.com/2024/01/18/world/europe/german-economy-standstill.html>. Acesso em 9/2/2024.
58 Streeck, 2021, pp. 93-94.
59 *Idem*, p. 95.
60 *Idem*, p. 106.
61 Streeck, 2018a, p. 125.
62 Streeck, 2021, p. 10.
63 As consequências não são apenas teóricas, mas também políticas. Streeck, ao unificar em um único bloco o andar de baixo, passa a defender publicamente, acompanhando parte da esquerda alemã, que se dialogue com as bases da extrema-direita hoje articuladas em torno da AfD (sigla em alemão da Alternativa para a Alemanha). Isso pode levar a posicionamentos lidos como nacionalistas e anti-imigração, com os quais, evidentemente, não podemos nos identificar.
64 Polanyi, 2001[1944], p. 159. Tradução livre dos autores.
65 Burawoy, 2003, p. 198.
66 Fraser, 2017, p. 6, *apud* Polanyi, 2001 [1944], pp. 79-80, 136-140, 147, 156-157. Nancy Fraser considera isso um avanço à abordagem marxiana, pois expandiria "o conjunto de conflitos relevantes à crise para abranger lutas extraeconômicas que respondem às incursões desestabilizadoras da economia na sociedade e na natureza" (Fraser, 2017, p. 6).
67 Singer & Fanton, 2022.
68 Riley & Brenner, 2022.
69 Os autores usam o termo para distinguir a "Progressive Age" da "New Deal Age", sendo uma forma de reformismo de menor alcance, que se situaria entre o neoliberalismo e a social-democracia.
70 Wolf, 2023.
71 Fraser, 2021.
72 Watkins, 2021, p. 15.
73 Fraser, 2021, p. 169.
74 M. Roberts. "O novo consenso de Washington", 2023. Disponível em <https://aterraeredonda.com.br/novo-consenso-de-washington/>. Acesso em 17/11/ 2023.
75 Tooze, 2023.
76 Anderson, 2017, p. 157.
77 Posen, 2014.
78 Prashad, 2023.
79 Martin Wolf. "Terceiro mandato de Xi é erro trágico". *Valor Econômico*, 5/10/2022. Disponível em <https://valor.globo.com/opiniao/coluna/terceiro-mandato-de-xi-e-erro-tragico.ghtml>. Acesso em 7/2/2024.

[80] Weber, 2021, p. 152.
[81] Medeiros & Majerowicz, 2022.
[82] Riley & Brenner, 2022.
[83] Cardoso & Faletto, 1977, p. 36.

CAPÍTULO 2

PLANO BIDEN: PEÇAS DE UM MOSAICO

Hugo Fanton

A conjunção de prolongamento no tempo dos efeitos da crise de 2008[1] e ascensão dos "autocratismos de viés fascista"[2] com uma pandemia de larga duração com impacto significativo em todos os âmbitos da vida colocou em questão os rumos do capitalismo neoliberal. Ainda que as análises variem amplamente, entre caracterizar a crise como morte do neoliberalismo[3] ou relativizar o impacto das políticas adotadas sobre o padrão dominante de acumulação do capital e organização do poder,[4] a instabilidade global mantém o debate em voga e o atualiza em tempo real. Como as dinâmicas internas e externas aos países são afetadas de diferentes modos, um caso particular merece dedicada atenção, os Estados Unidos da América (EUA), por se tratar (ainda) do *hegemon* global e pela posição central que ocupam nesses fenômenos.

Disso decorre a escrita deste capítulo. Parte-se da concepção de que Joe Biden, presidente dos EUA desde o início de 2021, teve a intenção de promover políticas que reagissem aos variados aspectos que compõem a crise: o trumpismo como manifestação local do autocratismo de viés fascista, a instabilidade geopolítica, a ascensão chinesa e os efeitos econômico-sociais da pandemia. Com arrojado discurso em referência ao *New Deal* de Franklin D. Roosevelt, o democrata lançou de imediato um programa econômico que viria a ser conhecido como *Bidenomics*. Ao menos inicialmente e no âmbito do discurso, colocou em xeque alguns dos velhos pressupostos que dirigem o mundo desde os anos 1980 sob a liderança dos próprios Estados Unidos.

O plano divulgado foi ambicioso a ponto de se aventar a possibilidade de que o neoliberalismo, o Consenso de Washington e o fundamentalismo de mercado seriam substituídos "por algo muito diferente", com a entrada em cena de temas como política industrial, geração de empregos, proteção laboral, estímulo à sindicalização, tributação de transnacionais e combate aos monopólios.[5] Da magnitude e do alcance das medidas, desdobrava-se uma questão, levantada há dois anos: estaria "em curso uma verdadeira desmontagem do aparato neoliberal" ou seria apenas um reajuste de rota para assegurar a continuidade dessa fase do capitalismo?[6]

Os principais fundamentos do problema foram dados pela incorporação, por Biden, de aspectos da plataforma do líder da esquerda do Partido Democrata, o senador Bernie Sanders, assim como pela busca por congregar movimento sindical e setores patronais em uma agenda de desenvolvimento nacional. Isso adviria da percepção do declínio do país em competitividade em setores de ponta da produção industrial, com desdobramento interno, na qualidade dos empregos, e externo, na crescente e desconfortável dependência em relação à China. O Plano Biden seria então a tentativa de recuperar o terreno perdido pelos EUA, por meio de uma intervenção planejada do Estado, composta de um conjunto de políticas econômicas e sociais. E, para além disso, a referência ao *New Deal*, ainda que não fosse essa a intenção dos envolvidos, leva à comparação entre o momento atual e a posição dos EUA no entreguerras, período de "interregno" capitalista e emergência do modelo de desenvolvimento que seria dominante nas décadas subsequentes (neste livro, capítulo 1).

Este capítulo tem o objetivo de avançar nessa discussão e na construção de "um mapa do intrincado panorama presente",[7] a partir da produção de material empírico sobre o Plano Biden. A pesquisa envolveu leitura sistemática de jornais, levantamento de dados estatísticos e um trabalho de campo entre fevereiro e março de 2024 nas cidades de Nova York, Washington, Detroit e São Francisco. O material é composto de anotações de diário de campo e 33 entrevistas semiestruturadas, com acadêmicos de diferentes áreas, jornalistas, sindicalistas, membros de *think tanks*, ONGs e movimentos sociais, e com um empresário de multinacional do setor automotivo (ver quadro nas referências).

Os resultados trazem o percurso histórico do Plano Biden, as disputas em curso e os impactos percebidos nos EUA em relação às políticas efetivadas. Não se pretende apresentar respostas definitivas, sobretudo porque o texto é escrito durante o desenvolvimento dos fatos que analisa (as eleições de novembro de 2024 são, por exemplo, definidoras de rumos). Assume-se esse risco pelo entendimento de que investigar o caso estadunidense é decisivo para compreender o todo em que se insere e com que interage a realidade brasileira, bem como as tendências gerais de organização do poder e do processo de acumulação neste período de crise do capitalismo neoliberal.

Preâmbulo

A Grande Recessão que se desdobrou da quebra do Lehman Brothers produziu, no contexto global e nos EUA, significativas consequências que perfazem o preâmbulo do governo Biden. Até então, a extrema-direita existia, mas com alcance e atuação pouco significativos; no plano geopolítico, falava-se em hegemonia estadunidense duradoura e incontestável, com a China, apesar de ascendente, em posição subordinada; e a organização trabalhista era declinante, com padrão de integração social marcado por individualismo, consumismo e concorrência.

No âmbito econômico, a conjuntura pós-crise ficou marcada pela atuação conjunta dos bancos centrais, que revelou a existência de uma "matriz interligada de contas financeiras", superando o padrão insular de interação entre economias nacionais.[8] Por controlarem o dólar e sediarem o Federal Reserve (FED), banco central que comandou a provisão de liquidez pelo mecanismo que ficaria conhecido como "Quantitative easing" (QE), os EUA conseguiram garantir crescimento econômico nos anos subsequentes, sustentado principalmente pelos fluxos de capitais transferidos para Wall Street.[9] O restante do mundo entrou em estagnação secular,[10] um prenúncio das dificuldades de o neoliberalismo seguir criando "ilusões de crescimento" para manter a "fórmula de paz de um consumismo financiado a crédito".[11]

A exceção era encontrada na parte oriental do globo: a China logrou manter dinamismo econômico e crescimento em torno de 7% ao ano.[12] A economia do país, até ali voltada ao mercado externo, foi reorganizada para progressivamente se apoiar nas dinâmicas internas, sobretudo com investimentos na construção civil. Somou-se a isso o lançamento do programa "Nova Rota da Seda", que engloba a construção de redes de infraestrutura em mais de 60 países na Ásia, na Europa, no Oriente Médio e na África, o alto investimento em ciência e tecnologia para concorrer em inovação e a ampliação da presença diplomática em várias partes do mundo para se constituir como ator geopolítico central.

A aproximação com a Rússia a partir de 2014 é peça-chave nesse tabuleiro que estava em rápida transformação.[13] O resultado é conhecido: a participação da China na produção global passa de 11,76% em 2008 para 18,73% em 2023.[14]

É nesse contexto que a política interna dos EUA começa a efervescer, da esquerda à direita no espectro político. Os anos 2010 se iniciam com o "Ocupe Wall Street" ("Occupy Wall Street"), movimento originado pela ocupação por 59 dias do Zuccotti Park, no centro financeiro de Nova York, em protesto contra a desigualdade econômica, o financismo e a corrupção. O *slogan* "Nós somos os 99%" ("We are the 99%"), em referência à concentração de riqueza e ao controle da política pelas grandes corporações, foi importante para recolocar, ao longo da década, os conflitos de classe como centro da atuação política de esquerda, como será exposto adiante. Do outro lado do palco, entrou em cena o movimento "Tea Party", oferecendo caminho oposto: a prosperidade viria da redução de impostos e da austeridade fiscal. O agrupamento obteve significativo resultado com essa plataforma nas eleições de meio de mandato de 2010 e mudou a correlação de forças no governo Obama.

A evolução dessas novidades ao longo da década é decisiva para compreender a plataforma assumida por Biden. À esquerda, Sanders vocalizou, no plano institucional, as pautas evocadas pela juventude nas ruas, e com isso adquiriu forças para desestabilizar o centrismo do Partido Democrata nas primárias presidenciais de 2016 e 2020. A ideia de que classe, partido e eleições não mais importavam para uma juventude identitária em busca de reconhecimento começava a ser desafiada por um expressivo movimento eleitoral, partidário e classista. Tudo isso no centro hegemônico do capitalismo.

No extremo oposto, surgiu o fenômeno que sairia vitorioso desse conflito e transformaria a dinâmica eleitoral mundo afora: "os impactos provocados" pela austeridade e pela economia de livre mercado produziram "uma loucura paralela – raiva, nesse caso – na esfera política".[15] Das "ruínas do neoliberalismo", emerge Donald Trump como liderança de uma cultura política antidemocrática, mobilizada para legitimar a completa redução do público ao privado e, com isso, impedir qualquer forma de limitação social ao mercado.[16] Com desprezo pela verdade e construção de bodes expiatórios, a quem é direcionada a culpa imaginada pelo que, em verdade, resulta da crise neoliberal, Trump, um "autocrata de viés fascista", logra vencer as eleições de 2016 e se constitui em ameaça ao sistema político estadunidense.[17] O ápice da desestabilização seria o intento golpista de 6 de janeiro de 2021, que visava inviabilizar a ratificação da vitória eleitoral de Biden.

Compõe esse cenário outro evento extremo: a pandemia do novo coronavírus, que mudou a orientação econômica até então prevalecente. Em março de 2020, Trump assinou a "Lei de assistência, socorro e segurança econômica durante a pandemia do coronavírus" ("Coronavirus Aid, Relief, and Economic Security Act" - Cares Act), um pacote de US$ 2,3 trilhões que incluiu US$ 300 bilhões em transferências monetárias diretas a indivíduos. O governo republicano, até então comprometido com a defesa de uma agenda de restrição fiscal e redução de impostos, foi forçado, por circunstâncias comparáveis a economia de guerra, a gastar montantes sem precedentes em políticas de proteção social.

O sucesso da medida teve impacto direto na disputa pelas eleições presidenciais de 2020 e quase levou Trump à reeleição. Seu último grande pacote, de US$ 868 bilhões, foi anunciado em 28 de dezembro de 2020, poucos dias antes das eleições de segundo turno para o Senado na Geórgia. Em resposta, Biden prometeu que, se garantida maioria congressual, novos pagamentos seriam imediatos.[18] Com isso, os democratas saíram vitoriosos e deram início a um ambicioso programa econômico.

O Plano Biden

Após quase quatro anos de governo Biden, pode-se dizer, em olhar retrospectivo, que a economia política do democrata passou por três fases distintas: a primeira foi marcada pela resposta imediata à crise institucional decorrente dos quatro anos de Trump no poder e da invasão do Capitólio, bem como aos efeitos econômico-sociais da covid-19. A segunda foi de disputa interna no Partido Democrata, que resultou na desidratação do aspecto social do programa, com seguidas derrotas legislativas impostas à esquerda do partido, em temas como aumento do salário mínimo, perdão das dívidas estudantis e universalização de direitos. A terceira fase, em vigência enquanto se escreve este artigo (maio de 2024), é caracterizada por três dimensões conjugadas: (a) expansionismo fiscal em favor da produção manufatureira em setores considerados estratégicos, (b) atuação incisiva para conter o crescimento chinês e (c) medidas de proteção laboral, com pleno emprego e estímulos à atuação sindical. Ao longo dessas três fases, um aspecto foi permanente: o belicismo na política externa para reafirmar a posição dos EUA como nação hegemônica.

Ao assumir a Casa Branca, Biden anunciou o "Plano de Melhor Reconstrução" ("Build Back Better Plan"), com previsão inicial de investimentos de US$ 7 trilhões (estima-se cerca de US$ 5 trilhões aprovados), que seriam divididos em três grandes pacotes: "Plano de Resgate Americano" ("American Rescue Plan"), "Plano de Empregos Americanos" ("American Jobs Plan") e "Plano das Famílias Americanas" ("American Families Plan"). O primeiro, que corresponde à fase inicial aludida acima, foi aprovado já em março de 2021, com valor estimado em US$ 1,844 trilhão. O programa tinha ampla magnitude econômica e social, com um componente principal de transferência direta de US$ 1.400 a indivíduos elegíveis, a que se somavam medidas como US$ 21,6 bilhões em subsídios às famílias para pagamento de aluguel, investimentos em escolas públicas, subsídios às redes de transporte coletivo, e o significativo incremento de US$ 15 bilhões no "Fundo de Assistência e Desenvolvimento Infantil" ("Child Care and Development Fund"), principal fonte de subsídio para famílias de baixa renda na área da assistência infantil.[19] As ações "realmente causaram um grande impacto na pobreza. Só o auxílio a criança reduziu a pobreza infantil em quase 50% em um ano. Depois, quando o subsídio expirou, voltou a aumentar", afirma em entrevista Pavlina Tcherneva, professora de economia da Bard College e pesquisadora do Levy Economics Institute.

Esse primeiro pacote de Biden é descrito como "resultado de forças e ideias colocadas em movimento pela pandemia" (Andrew Elrod, em entrevista). O aspecto mais significativo era o retorno ao expansionismo fiscal, algo não visto no país havia muito tempo. "Tanto Trump quanto Biden adotaram na pandemia a política fiscal mais agressiva da era pós-guerra" (Tcherneva, em entrevista).

Durante a tramitação, o senador Bernie Sanders apresentou emenda para adoção de salário mínimo nacional de US$ 15 por hora trabalhada, rejeitada pelo Congresso.[20] A não aprovação anunciava o início do que denomino segunda fase do governo, de "desidratação social", pois as disputas parlamentares em torno dos planos "American Jobs" e "American Families" foram intensas e culminaram em medidas muito distintas das inicialmente previstas. "Foi progressivamente retomado o caminho neoliberal, de apoiar a economia por incentivos setoriais, numa política de segurança nacional no contexto de concorrência com a China" (Tcherneva, em entrevista).

Ainda em 31 de março de 2021, Biden apresentou o que seria o desdobramento legal do "Plano de Empregos Americanos" ("American Jobs"), que passou a ser denominado "Lei de Investimentos e Empregos em Infraestrutura" ("Infrastructure Investment and Jobs Act"),[21] aprovado pelo Senado em 10 de agosto daquele ano, mas seguido por turbulenta tramitação na Câmara, com oposição interna no próprio Partido Democrata. O plano era estimado em US$ 1 trilhão, com foco na reconstrução e na manutenção de estradas, pontes, rodovias e portos, mas em montante muito aquém dos US$ 2,3 trilhões inicialmente previstos.[22]

As disputas durante a tramitação da proposta indicam o centro do conflito político estadunidense e as dificuldades de implementar qualquer mecanismo de limitação social ao capital. A estratégia da ala progressista do Partido Democrata para fazer avançar as pautas sociais foi elaborar uma peça orçamentária complementar, de US$ 3,5 trilhões. O acréscimo financeiro adviria da reversão parcial do corte de impostos sobre as empresas adotado por Trump (o imposto corporativo passaria de 21% para 28%. Era de 35% em 2017) e da restrição da remessa de lucros para o exterior.[23]

Disso resultou o chamado "pacote de reconciliação", que travou no Senado. Em resposta, deputados da esquerda do Partido Democrata ameaçaram não aprovar o plano de infraestrutura na Câmara.[24] Em outubro daquele ano, Nancy Pelosi anunciou que as duas alas teriam chegado a um consenso: "Temos 90% do projeto de lei acordado e escrito".[25] No entanto, o ano terminaria com derrota da esquerda: foi aprovado o plano de infraestrutura na Câmara, mas o social não avançou. "Sabíamos que Manchin e o Senado não seriam confiáveis para aprovar o 'Build Back Better' quando o momento chegasse", disse na ocasião um dos seis deputados progressistas do Partido Democrata. O momento já era de alta da inflação, argumento central da oposição financista ao pacote. "Não posso votar para continuar com este texto legislativo", afirmou na mesma data o senador Joe Manchin III, democrata conservador de West Virginia.[26]

Alguns dos entrevistados explicam que o governo foi forçado a retirar a previsão de impostos adicionais que seriam destinados a investimentos sociais. "Houve gastos além do necessário no primeiro plano aprovado, muita gente que não precisava recebeu pagamentos do governo. Se os gastos tivessem sido menores, a sequência do 'Build Back Better' não seria tão assustadora", afirmou em entrevista L. Randall Wray, pesquisador do Levy Economics Institute e professor da Bard College. O erro político teria sido vincular a segunda fase do plano a aumento de impostos, o que gerou oposição em ambos os partidos. "Acho que Biden poderia ter conseguido mais. Ao vincular a aumentos de impostos, perdeu a maioria e tudo foi reduzido", complementa Wray. "Foram eliminados todos os elementos redistributivos e disciplinares. O que restou foi um presente para os capitalistas" (Vivek Chibber, professor de sociologia da New York University).

A desidratação social do plano também foi imposta pelo sistema de Justiça. Em agosto de 2022, Biden decretou perdão das dívidas estudantis, outra medida defendida pela ala progressista do partido. "As pessoas podem finalmente começar a sair de baixo da montanha de dívidas [...], pensar em comprar uma casa, começar uma família ou iniciar um negócio", afirmou Biden na ocasião.[27] O montante esteve, novamente, muito aquém do inicialmente estimado: cancelamento de US$ 10 mil em dívidas para pessoas com renda de US$ 125 mil por ano e de US$ 20 mil para pessoas de famílias de baixa renda. A proposta de Elizabeth Warren no início do mandato era de perdão de dívidas de até US$ 50 mil, mas nem sequer a medida esvaziada seguiu em vigor: em julho de 2023, a Suprema Corte a declarou inconstitucional.[28]

As pressões envolviam variados âmbitos das políticas de estímulo econômico e proteção social. Uma das principais vozes opositoras era a de Lawrence H. Summers, que servira aos governos Clinton e Obama. O tema em foco era a inflação, que logo se tornou a principal pedra no sapato de Biden.[29] Para Summers, a alta nos preços era "autoinfligida", pois o programa de estímulos teria dado "impulso excessivo aos gastos dos consumidores, num momento em que as interrupções da cadeia de suprimentos" dificultavam o consumo.[30] Biden enfrentava "uma classe empresarial que estava atribuindo a inflação histórica ao estímulo, e por isso teve de cortar todos os elementos de gastos do 'Build Back Better'" (Elrod, em entrevista).

Com a pandemia, um conjunto de eventos confluiu para a crise na cadeia global de suprimentos, entre eles a falta de contêineres marítimos, o deslocamento de gastos de serviços para bens de consumo e a acentuação das compras *on-line*, levando à disparada nos preços de logística.[31] Em meio a esse conjunto de fatores incidindo sobre a formação de preços, ao qual se soma o aumento das margens de lucro das empresas,[32] prevaleceu o argumento ortodoxo que nos é familiar de que o expansionismo fiscal teria levado à perda de controle sobre a inflação. E a reação financista veio definitivamente a partir de março de 2022, com o aumento constante das taxas de juros desde 0,25% até os atuais 5,5% (maio de 2024).

O presidente do FED, Jerome H. Powell, afirmou na ocasião que "a economia não precisa mais, ou quer, essa postura altamente acomodatícia", de modo que a expectativa era desaquecer sem causar recessão.[33] No entender de Apratim Sahay, assessor da Green New Deal Network, que participou do desenvolvimento do "Build Back Better Plan", a agenda de Biden foi reduzida pela existência de *veto players* no Congresso e no setor financeiro, que são "os bancos de Wall Street e os fundos de *hedge* que administram a dívida privada em dólares" e atuaram pelo aumento dos juros. "Isso cria uma crise da dívida no mundo, como foi na década de 1980, antecedendo o Consenso de Washington" (Sahay, em entrevista).

A adoção pelo FED de uma política monetária que restringe o alcance da política fiscal indica a persistência da dominância financeira, um contraponto ao argumento de declínio do neoliberalismo no período. "Todo mundo está preocupado com o tamanho do déficit, um problema enorme. E a paralisação do governo está se aproximando. Pode acontecer, e por causa dos juros da dívida, que devem ser hoje o maior componente de gastos do governo" (Wray, em entrevista).

O aspecto político do tema é controverso, pois

> [...] o setor mais importante para os democratas há muito tempo é o financeiro. Foi Clinton quem transformou Wall Street em um apoiador do partido. E o fez desregulamentando, o que foi um desastre, pois grande parte dos lucros nacionais vai para Wall Street, para a classe dos rentistas modernos. (Wray, em entrevista)

Por isso, é fundamental para qualquer política de fato transformativa o enfrentamento dos atuais mecanismos de endividamento público.

> Tudo foi financeirizado. Os governos locais, ao invés de emitirem títulos do tesouro, acessam *swaps* de taxas de juros e de câmbio, e pagam caro por isso, entram em dívidas com ativos financeiros muito complicados, que drenam toda receita tributária. Ela vai para Wall Street. (Wray, em entrevista)

A ressalva é que "Biden fez algumas coisas boas nessa área, com regulação e combate a fraudes no setor bancário, tentando proteger os consumidores e impedir fusões e aquisições, merece crédito por isso". Como consequência, teria havido deslocamento de parte do setor financeiro para o apoio a Trump. "O principal objetivo é se livrar das regulamentações, e nesse campo tenho certeza de que estão muito insatisfeitos com Biden" (Wray, em entrevista).

Declaração econômica de guerra

Em meio aos debates sobre política monetária e fiscal, entre julho e agosto de 2022, já sob influência das eleições de meio de mandato que dariam aos republicanos maioria na Câmara, os democratas aprovaram duas políticas de incentivo à manufatura que marcam o início do que considero a terceira fase do Plano Biden, de foco na contenção à China. A "Lei dos *Chips* e da Ciência" direcionou US$ 280 bilhões do orçamento para estimular a fabricação de *chips* nos EUA e "combater a crescente influência" chinesa.[34] Na sequência, o governo obteve maioria para aprovar um pacote de US$ 369 bilhões, com incentivos fiscais para a produção de energia solar, eólica e baterias.

A legislação ganhou o nome de "Lei de Redução da Inflação" ("Inflation Reduction Act" – IRA), "porque deveria ser neutra do ponto de vista fiscal" (Elrod, em entrevista). Garantiram-se subsídios ao consumo de veículos elétricos e obras para ganho de eficiência energética em moradias. "Esta é a ação pela qual o povo americano tem esperado", comemorou Biden. A medida surpreendeu o país, dada a reiterada oposição de Manchin III. "Por uma ampla margem, esta será a maior legislação pró-clima já aprovada pelo Congresso", afirmou o então líder da maioria democrata, senador Chuck Schumer.[35]

O avanço não parou por aí: dois meses depois, em 7 de outubro de 2022, a agência de Indústria e Segurança do Departamento de Comércio aprovou controles adicionais de exportação sobre itens de computação avançada, fabricação de semicondutores e uso de supercomputadores, com a criação de uma lista de entidades localizadas na China sobre as quais recairiam as restrições.[36] A medida foi considerada por muitos uma "declaração de guerra" econômica, que objetiva "estrangular com a intenção de matar", por parte de "um império americano que está seriamente preocupado com a sofisticação tecnológica dos sistemas de armas chineses".[37] Os controles são "muito mais ameaçadores para Pequim do que qualquer coisa que Donald Trump tenha feito".[38] Para Chris Miller, o bloqueio é "diferente de tudo o que se viu desde a Guerra Fria".[39]

Esse conjunto de medidas é de fundamental importância porque estabelece relação entre variados aspectos que confluíram para dar forma à economia política de Biden: as relações entre EUA e China, a inflação e o objetivo de recuperar competitividade em setores considerados estratégicos. Pressionado por interesses contraditórios, Biden se viu inicialmente em um dilema entre dar sequência às políticas trumpistas de contenção à China ou atender às demandas de industriais e fazendeiros dependentes da importação de suprimentos do país. São exemplos as solicitações de empresas e grupos de consumidores para "reduzir tarifas aos produtos chineses".[40] Com o objetivo de obter exceções às restrições impostas por Trump, empresários de diferentes áreas acompanharam o vice-presidente da Associação Nacional dos Produtores, Ken Monahan, nas críticas a Biden: "Os fabricantes gostariam de ver mais oportunidades para buscar alívio tarifário".[41] No entanto, a opção por manter a linha anti-China prevaleceu, com a evocação de que o país não cumprira as promessas do acordo assinado em janeiro de 2020, de elevar em US$ 200 bilhões as importações de produtos dos EUA.

Como alguns dos entrevistados lembraram, o impacto da pandemia nas cadeias globais de valor explicitou a vulnerabilidade dos EUA em setores estratégicos. E a situação piorou com a eclosão da guerra na Ucrânia e a aliança da Rússia com a China, a que os EUA se contrapuseram com novos enfrentamentos. Em abril de 2022, durante encontro entre governantes, Banco Mundial e Fundo Monetário Internacional, a secretária do Tesouro dos EUA, Janet Yellen, afirmou que a cadeia global de suprimentos se provou instável diante de eventos como a guerra e a pandemia, de modo que seria necessária a "reformulação das relações comerciais orientadas em torno de 'parceiros de confiança'", ainda que isso envolvesse custos adicionais. "Nossas cadeias de suprimentos não são seguras e não são resilientes [...]. Acho que isso é, em termos de risco a longo prazo para os EUA e para outros países, uma ameaça que precisa ser enfrentada".[42]

Há leituras de que a inflexão iniciara desde antes do governo Trump. Em entrevista, Stefan Liebich, deputado por 12 anos no Parlamento alemão e hoje diretor do escritório de Nova York da Fundação Rosa Luxemburgo, afirmou ter acompanhado os debates sobre o Acordo de Associação Transpacífico – TPP, de livre comércio entre Europa, EUA e Canadá, no final do governo Obama: "Já era possível perceber a mudança de postura". Em meio às negociações, a então secretária de Estado, Hillary Clinton, deixou de apoiar o TPP. "Isso marca a última fase da era do livre comércio neoliberal" (Liebich, em entrevista). Ele atribui o recuo à reação do movimento trabalhista nos EUA:

> Os sindicatos perceberam que era ruim, que o livre comércio estava levando os empregos embora. Com isso, cresceu no Partido Democrata a oposição ao acordo. Os alemães não souberam compreender o que estava acontecendo [...]. Trump foi eleito nesse contexto. Quando renegociou o acordo do Nafta, na verdade implementou algo que trabalhadores e sindicatos já estavam pedindo. (Liebich, em entrevista)

A situação expressaria "uma espécie de acerto de contas do movimento trabalhista americano", diz a jornalista Alex Press, pois os sindicatos do país "desempenharam um papel na promoção da globalização corporativa neoliberal, fizeram parte da destruição de sindicatos e organizações de esquerda no exterior, o que pode tê-los beneficiado no curto prazo, mas as consequências chegaram aqui" (Press, em entrevista). As medidas anti-China seriam parte dessa reversão, mas com uma importante inflexão sob Biden: "Ele percebeu que, para o capitalismo funcionar e não ser destruído por autoritários como o Trump, em alguma medida tem de atender ao povo. E está tentando fazer isso com bilhões de dólares para atrair novos investimentos". A Europa, ao contrário, "não entendeu que os ventos são outros, está esperando a volta do livre comércio" (Liebich, em entrevista).

A mudança de ares parece também confundir os organismos multilaterais. Em 2022, conta um assessor do FMI, houve muitas conversas na instituição sobre a "fragmentação geográfica da economia", fundamentada na ideia de que o ambiente internacional está em transformação, e isso implica a necessidade de outros modelos econômicos. "Não dispomos de ferramentas para calcular os impactos das mudanças", pois os modelos de previsão de política monetária e relação comercial "não são mais adequados para o mundo atual. Foi feito um documento para pensar nas implicações das sanções à Rússia em países como a Alemanha. Os números estavam muito errados, não souberam prever que ela entraria em recessão" (Assessor 1 do FMI, em entrevista).

No caso dos EUA, somam-se a isso dúvidas sobre a eficácia das medidas protecionistas, em termos de "volta à América" das plantas industriais deslocadas para o Oriente. Algumas companhias de fato indicam a intenção de deixar a China por temerem os riscos da guerra comercial, mas o destino pode estar longe do Atlântico Norte. "Uma parcela muito pequena dos últimos iPhones da Apple será feita na Índia, e parte da mais nova produção de telefones Pixel do Google será feita no Vietnã." A Amazon optou pela Índia como novo destino de componentes antes produzidos em solo chinês.[43]

Além disso, os setores em que a competitividade chinesa tem alcançado países mais avançados multiplicam-se ano a ano. Após a pandemia revelar ao mundo a dependência em relação aos semicondutores, agora a "curva de aprendizado chinês para carros elétricos" impressiona e coloca em risco "o cerne da indústria manufatureira europeia", afirma Pedro Bastos, professor de economia da Unicamp. Notícias recentes também destacam avanço na produção de energia. "A China mostrou todo o poder" ao instalar em 2023 "mais painéis solares do que os Estados Unidos em toda a história".[44] Isso perfaz o crescimento acentuado nas exportações de produtos manufaturados. "O esforço de um trilhão de dólares do presidente Biden para revigorar a manufatura americana e acelerar a transição para fontes de energia mais limpas está colidindo com uma onda de exportações baratas da China."[45]

Assim, a disputa central entre EUA e China é pela fronteira tecnológica. "Não haverá desacoplamento", disseram muitos dos entrevistados, que não acreditam em conflito bélico direto entre as potências. No entanto, "o patamar mudou, é muito dinheiro, porque tem um novo agente no mundo". A China criou instituições e mecanismos de coordenação que "aceleram muito a eficácia" e as relações entre empresas e Estado. Em contraponto, os EUA buscam garantir soberania sobre os recursos mais estratégicos do ponto de vista militar, em uma disputa pelo controle da cadeia de inovação (Bastos, em entrevista).

O sociólogo Fred Block exemplifica com a área farmacêutica, que transferiu a produção de medicamentos dos EUA para o exterior. O setor conta com uma indústria de ponta, que busca passar da produção em lote para processo contínuo, algo "extremamente complexo e difícil", do que decorre a necessidade de uma agência governamental para coordenar a inovação. "As empresas, mesmo produzindo grande parte dos produtos no exterior, obtêm ajuda considerável do governo federal" para desenvolver tecnologias de ponta. "Isso levaria ao *reshoring*, com a criação de fábricas pequenas, modulares e flexíveis que poderiam produzir vacinas rapidamente. Ou seja, o que o governo está fazendo é reduzir os riscos" na concorrência tecnológica, muito altos para que as empresas assumam sozinhas (Block, em entrevista).

Enquanto este capítulo era finalizado, em maio de 2024, o governo Biden deu nova mostra de que o conflito está longe de arrefecer, ao anunciar "um forte aumento nas tarifas sobre uma série de importações chinesas, incluindo veículos elétricos, células solares, semicondutores e baterias avançadas". As medidas são justamente uma resposta à "nova onda de concorrentes" que, na visão de Biden, seriam "injustamente subsidiados por Pequim".[46] Assim, independentemente do resultado eleitoral de novembro de 2024, a guerra econômica com a China, ao que parece, seguirá por longo período.

Uma política industrial?

Passados cerca de um ano e meio da aprovação das principais políticas de investimento no setor manufatureiro e de contenção à China, coloca-se como questão quais impactos concretos essas medidas produziram em termos econômicos e sociais. O tema é controverso, percebido de formas distintas pelas pessoas entrevistadas, mas com alguns pontos em comum, sobretudo o reconhecimento de que estamos diante de uma novidade no contexto neoliberal em termos de expansionismo fiscal e direção estatal do investimento, e de que ainda é muito cedo para mensurar os desdobramentos das políticas.

Ao contrário da retórica prevalecente, há um entendimento de que o Plano Biden não visa combater a desindustrialização, mas garantir controle sobre setores estratégicos. "Há duas maneiras de analisar: a proporção do PIB proveniente da manufatura e a proporção de empregos do setor." As políticas não afetam nenhuma dessas dimensões de modo significativo. "Estamos falando de sistemas de produção inteiros que foram para o exterior. Isso não será revertido. Acha que trarão de volta a indústria têxtil ou de calçados de baixo custo? É isso que gera emprego" (Chibber, em entrevista). As medidas são concebidas pela maioria dos entrevistados como "estratégia de subsídio gigantesca", que consolida setores corporativos já fortes. "A política fiscal não é eficaz; mesmo que seja enorme, o resultado é muito pequeno, tem como efeito ampliar lucros" (Tcherneva, em entrevista). A ideia de que "trará de volta os bons empregos" seria também equivocada:

> É uma peça ideológica muito forte. É importante para fins estratégicos, mas, se estivermos esperando que traga empregos de volta, não vai acontecer por vários motivos. O setor de tecnologia, por si só, não cria muitos empregos. Pelo contrário, está perdendo nos EUA. Apenas cerca de 8% dos empregos totais vêm da manufatura. Mesmo que aumente para 9% ou 10%, isso não é nada, não é um motor de crescimento do emprego [...]. Uma estratégia de emprego e de segurança econômica deveria olhar para o setor de serviços, em como fortalecer os salários e as condições de trabalho. (Tcherneva, em entrevista)

Essa visão é contraposta por Paul Krugman em coluna semanal no *New York Times*. Além de recorrentemente enfatizar que a escalada inflacionária já foi superada, associada aos abalos na cadeia de suprimentos durante a pandemia, o economista entende que os impactos da política de Biden são significativos na indústria. Em junho de 2023,[47] expôs dados sobre gastos com construção industrial, vinculados às políticas adotadas por Biden que, ao contrário das de Trump, produziram resultados:

Gráfico 2.1 – Gasto total em construção: indústria nos Estados Unidos

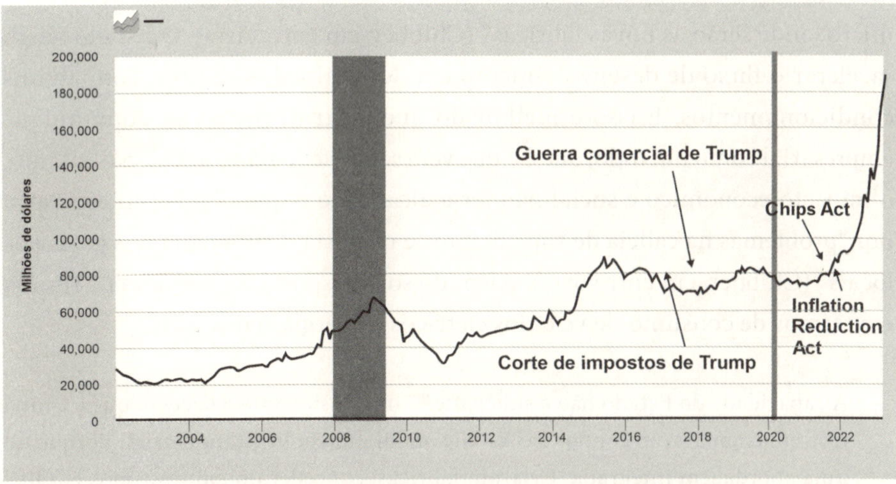

Fonte: Federal Reserve Economic Data (Fred), *in*: Krugman, 2023.

Em termos de porcentagem do PIB dos EUA, a proporção significa pouco mais de 0,7%.[48] Ou seja, apesar de significativo crescimento, o que está em jogo é o incentivo mais agressivo a setores específicos, nos quais "China, Taiwan e algumas partes da Europa são muito competitivas" (Chibber, em entrevista). Nesse caso, o impacto já é percebido: "A cadeia de suprimentos de veículos elétricos cresceu muito, com dezenas de novos projetos", afirma Jack Gross, editor da *Phenomenal World*, em entrevista.

A política prevê investimentos em território estadunidense, independentemente da origem do capital da empresa. "É hora de investir nos EUA, pois não há componente de proteção nacional no subsídio, empresas estrangeiras também podem acessar os recursos" (Assessor 2 do FMI, em entrevista). Um exemplo é a Hyundai, que recorreu aos subsídios do IRA para abrir duas novas plantas no país.

> Esse capital não é americano, mas os EUA não se importam, só querem a produção aqui, para não se preocuparem mais com cadeias de suprimentos. O interesse é estratégico, que algo como a covid-19 não volte a perturbar o dinamismo econômico interno. (Chibber, em entrevista)

O Plano Biden seria então composto de "alguns elementos de política industrial", há muitas décadas não vistos no país, com organização de setores específicos, direção de recursos e tentativa de influência do Estado no fluxo de investimentos. "Em alguns setores há até mesmo tentativa de gerenciar, em nível micro, onde serão as novas fábricas" (Chibber, em entrevista). O Estado busca "acelerar o fluxo de desenvolvimento em determinados setores, com alguns condicionamentos. E isso é melhor do que jogar dinheiro na comunidade empresarial como um todo, que é o que vem sendo feito há 30 anos". No entanto, o impacto econômico e social não teria alcançado o que o governo esperava, por "problemas na cadeia de suprimentos e resposta insuficiente dos governos locais" (Chibber, em entrevista). Além disso, a resposta da demanda é tímida em termos de consumo de veículos elétricos e energia renovável.

> A capacidade do Estado não é suficiente. É impressionante o sucesso que a China teve em comparação com os EUA. Ali sim foi uma política industrial! Porque foi uma abordagem integrada. Criaram fábricas, concederam empréstimos baratos e construíram a infraestrutura, estações de energia para que os clientes possam

> abastecer os carros por todo o país. Aqui não. A principal razão pela qual as pessoas não estão respondendo aos incentivos é não poderem carregar as baterias. Não há infraestrutura. Estão deixando isso para os agentes privados. Portanto, sem algum grau de capacidade estatal, seja para coordenar as decisões do capital ou para substituir o capital, é muito difícil ter uma política industrial bem-sucedida. (Chibber, em entrevista)

Não é por ausência de recursos que o desenvolvimento de tal infraestrutura não acontece. "É o país mais rico do mundo", mas "falta capacidade institucional", pois é a primeira vez nos últimos 40 anos que o governo tenta fazer algo, e não há estrutura administrativa, local e nacional (Chibber, em entrevista). Como o Estado foi reduzido ao longo das décadas, "há grandes pilhas de dinheiro federal, mas não há estrutura administrativa local para receber o recurso" (Block, em entrevista), do que decorre a lenta implementação da política. O governo Biden estaria atuando para resolver esse gargalo, com a construção de "ecossistemas regionais". "Eles sabem que é necessário organização de ponta que reúna as diferentes entidades, empresas, trabalhadores, universidades, finanças e assim por diante", e estão trabalhando "arduamente para desenvolver essa capacidade nos níveis subnacionais", com órgãos "há muito tempo inativos" (Block, em entrevista). Por isso, os impactos da política só poderão ser aferidos no médio e no longo prazos.

O Plano Biden e o conflito distributivo

O tema mais controverso da pesquisa é se o governo Biden, em alguma medida, logrou impor limites sociais ao capital. Alguns dos entrevistados ressaltaram como novidade nesse âmbito uma nova visão sobre como o Estado deve regular fusões e aquisições, concorrência entre as empresas e a relação capital-trabalho. "É uma grande mudança e que enfrenta muita resistência, tanto dos republicanos quanto dos democratas. Há uma ruptura com as políticas neoliberais nisso" (Assessor 1 do FMI, em entrevista). Outros, no entanto, dizem que "não há mecanismos muito fortes, por exemplo, para promover a sindicalização nas fábricas que recebem os subsídios" (Eric Blanc, professor na área de estudos do trabalho na Rutgers University, em entrevista). Os recursos tendem a ir para estados de maioria republicana, que adotam práticas antissindicais. "Fica muito difícil saber o que a medida significa politicamente para os industriais nessas regiões", pois certamente estão "felizes em receber investimento e, ao mesmo tempo, não temem os discursos pró-trabalhistas de Biden, não se sentem ameaçados". Falta para isso uma política industrial mais abrangente, com mecanismos institucionais, o que "poderia mudar a geografia política do país" (Blanc, em entrevista).

A perspectiva de proteção trabalhista teria se perdido ao longo do governo. "Havia a esperança de que alguns dos programas da época da pandemia pudessem se tornar permanentes ou que tivéssemos outra expansão do Estado de bem-estar social, mas isso em grande parte não se concretizou", afirma Nick French, editor da *Jacobin* nos EUA. Aos trabalhadores também está posto o risco de enfrentamento com a China: "Estamos aumentando nossa capacidade de fabricação de semicondutores como parte de uma nova Guerra Fria com a China. É algo muito perigoso e não deve ser bem recebido pela esquerda". Além disso, "simplesmente jogar subsídios nas empresas não é uma política progressista". Pela ausência de componentes de proteção trabalhista, a aceleração da transição para veículos elétricos pode ainda resultar na ampliação do "uso de mão de obra não sindicalizada e na dessindicalização do setor, o que contribui para o declínio contínuo da densidade sindical" (French, em entrevista).

Tal visão é contraposta por muitos entrevistados, que sintetizam a posição pela frase: "Joe Biden é o presidente mais pró-trabalhadores", seja "da história dos EUA", "desde Roosevelt" ou "desde Lyndon Johnson" (Cassey, Stanley e Reilly, entre outros entrevistados). Para além da simbólica participação em um piquete de greve da United Auto Workers (UAW) em 2023, a primeira vez que um presidente dos EUA o fez,[49] mesmo entrevistados críticos atribuem ao governo Biden a condução de uma economia aquecida, o que favorece a atuação sindical (Blanc e Press, em entrevista).

As greves e demais atividades "são, em grande parte, produto disso", afirma Press, que cobre o movimento sindical dos EUA. Ela cita Tony Falco, o primeiro diretor de organização do Trader Joe's United Union, um sindicato independente, para fundamentar o argumento: "Ele atribui o aumento no número de greves à perda de medo. Há uma sensação, entre muitos trabalhadores com quem converso, de que eles têm um pouco mais poder agora" (Press, em entrevista).

De acordo com o Bureau of Labor Statistics, a taxa de desemprego dos EUA passou de 6,4% em janeiro de 2021 para 3,9% em abril de 2024. Por outro lado, até hoje a taxa de participação da força de trabalho não recuperou níveis pré-pandêmicos. Em fevereiro de 2020, estava em 63,3%; em abril de 2024, alcançou 62,7%. O declínio vem desde a crise de 2008:

Gráfico 2.2 – Taxa de participação da força de trabalho (setor civil)

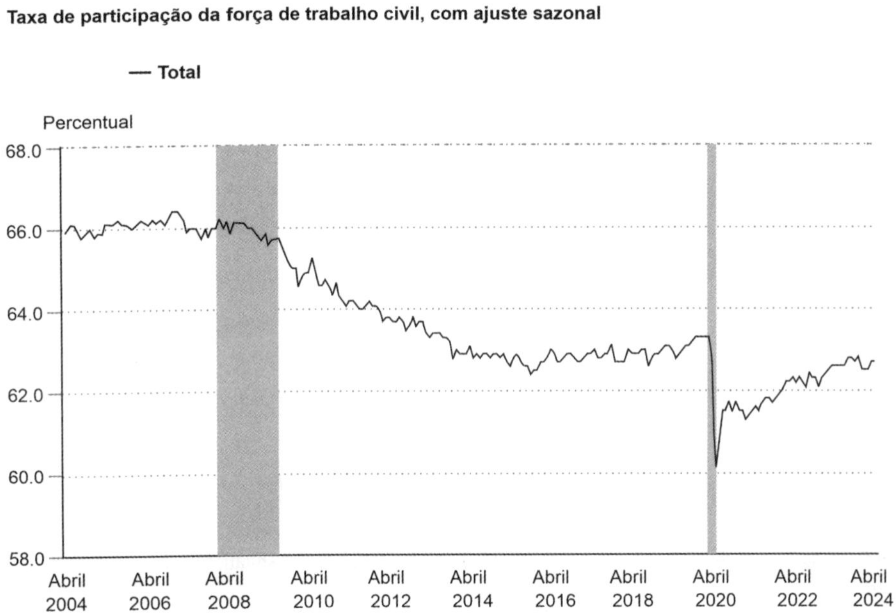

Fonte: US Bureau of Labor Statistics <https://www.bls.gov/charts/employment-situation/civilian-labor-force-participation-rate.htm>.

Outro dado significativo é a "inesperada" compressão "na distribuição salarial dos EUA", indício do aquecimento do mercado de trabalho relatado nas entrevistas. Isso decorreu de um "rápido crescimento relativo dos salários na base da distribuição", assim como do "rápido crescimento dos salários nominais", conforme o gráfico a seguir. A tendência vem desde a pandemia, que "aumentou a elasticidade da oferta de mão de obra para as empresas no mercado de trabalho de baixos salários, reduzindo o poder de mercado dos empregadores e estimulando o rápido crescimento dos salários relativos entre os jovens não universitários".[50] O gráfico mostra aumento dos ganhos salariais nos quintis mais baixos, com redução no topo:[51]

Gráfico 2.3 – Taxa de desemprego (setor civil)

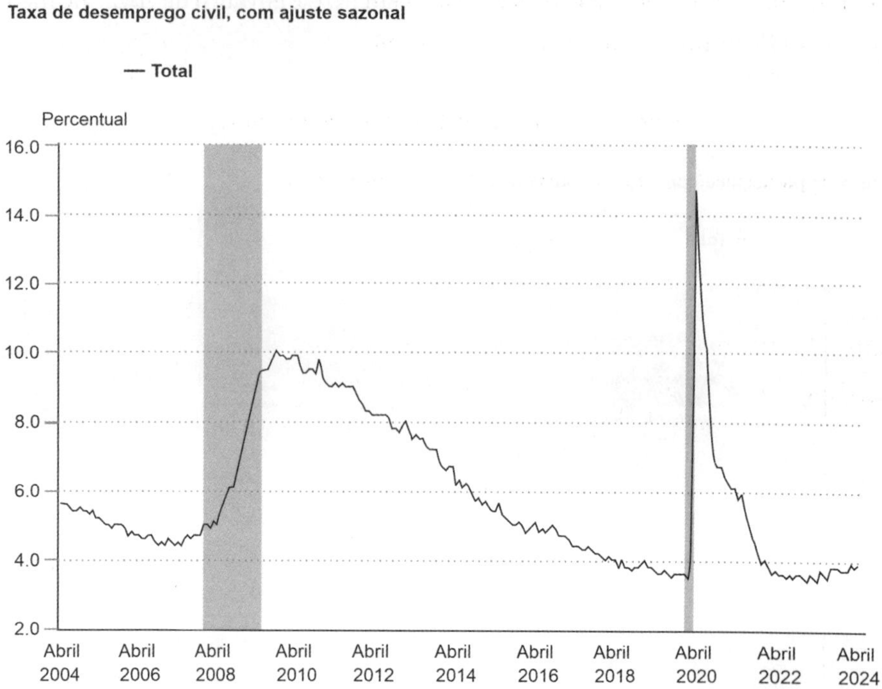

Fonte: US Bureau of Labor Statistics <https://www.bls.gov/charts/employment-situation/civilian-unemployment-rate.htm>.

O mérito de Biden teria sido o de intervir no "equilíbrio de poder entre trabalhadores e capital" (Blanc, em entrevista), sobretudo por conta do "Conselho Nacional de Relações Trabalhistas" ("National Labor Relations Board" – NLRB), responsável por regular legislação e conflitos trabalhistas nos EUA. Todos os entrevistados reconheceram que, durante o governo Biden, houve a mais forte atuação desse órgão desde a década de 1930 na defesa dos trabalhadores. "Tem sido tão importante que grandes corporações entraram com uma ação na Suprema Corte para anular a constitucionalidade da NLRB, o que nos levaria de volta à era pré-*New Deal*" (Blanc, em entrevista).

> A atuação do NLRB tem sido surpreendente para o capital, que está lutando muito contra, mas isso não significa que o capital se volte contra o governo Biden. Howard Schultz, da Starbucks, por exemplo, provavelmente seria secretário do Trabalho de Hillary Clinton. É profundamente inserido no *establishment* do

> Partido Democrata, apoiou Biden, é muito anti-Trump e, ao mesmo tempo, está movendo um processo judicial que pode derrubar o NLRB, um pilar da antiga ordem do *New Deal* e parte central do governo Biden. Ou seja, o compromisso de um empresário como esse não é com o trabalho. As alas do governo Biden mais progressistas têm uma agenda relativamente ambiciosa, mas para funcionar precisaria de um tipo de corporativismo social-democrata. É muito difícil fazer isso nos Estados Unidos porque o capital não aceita qualquer tipo de instituição coercitiva. (Blanc, em entrevista)

Apesar da atuação do NLRB, isso não teria sido suficiente para deslocar para a oposição o empresariado alinhado aos democratas. "Não estamos vendo ondas de greves como na década de 1930, ou a sindicalização ganhar essa escala. É tudo relativamente modesto", com limites na agenda que acomodam o capital dentro dela (Blanc, em entrevista).

Gráfico 2.4 – Mudança do salário real entre dezembro de 2019 e dezembro de 2023

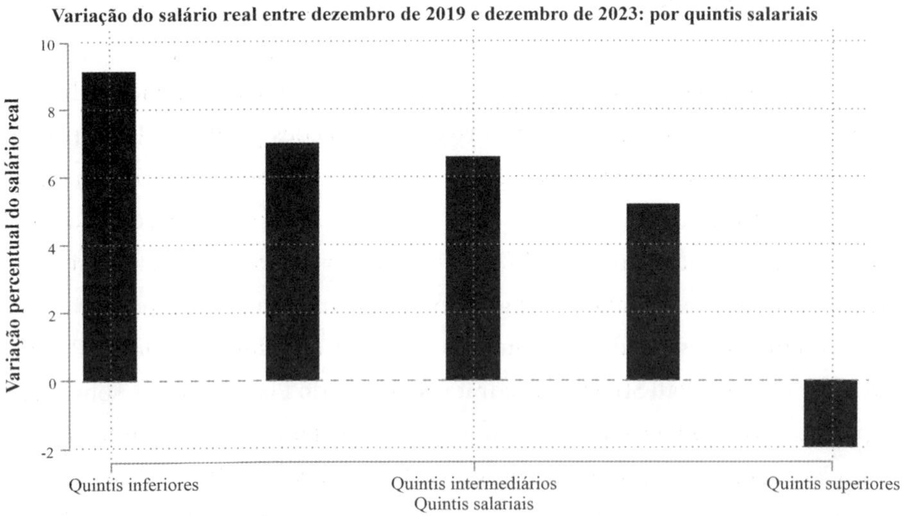

Fonte: Dube, 2024.

É importante, por fim, considerar os desdobramentos da política nos diferentes estados e municípios. A proposta de Biden é criar capacidade institucional com esferas participativas e atenção às "comunidades negligenciadas, como as reservas de nativos americanos" (Block, em entrevista).

Um exemplo de impacto institucional pode ser observado no estado de Nova York, onde os "Socialistas Democráticos da América" ("Democratic Socialists of America" – DSA) fizeram uma campanha denominada "Poder público em Nova York" ("Public Power in New York") para "forçar a autoridade pública estadual de energia a assumir o controle do serviço e garantir, financiar e construir fontes de energia renovável, para alcançarmos 100% até 2030" (Gross, em entrevista). Após cinco anos de luta, disposições do IRA permitiram que o "Build Public Renewables Act" fosse aprovado. Trata-se "provavelmente da melhor legislação climática do país, com proteções trabalhistas muito fortes" (Gross, em entrevista), algo reconhecido pela AFL-CIO, maior central de trabalhadores de EUA e Canadá. "Só conseguimos conquistar essa legislação por causa do IRA, e isso pode se tornar um padrão no estilo do 'Green New Deal', pró-desenvolvimento e pró-trabalhador" (Gross, em entrevista).

Impactos na esquerda e no movimento sindical

Os sinais apontados para direções variadas, em termos de intencionalidades e consequências do Plano Biden, tornam as posições políticas das forças de esquerda nos EUA também heterogêneas. Por um lado, os recentes movimentos grevistas com amplo alcance em termos de resultados e repercussão, com destaque para a atuação da UAW, o acirramento do conflito distributivo e o apoio permanente de Sanders ao governo indicam uma relação positiva entre governo Biden e esquerdas. Por outro, as relações do *establishment* do Partido Democrata com Wall Street, a desidratação social do Plano Biden e, sobretudo, a política externa belicosa, que tem na guerra de Israel o ápice em termos de rejeição popular, afastam setores progressistas do governo. "Pessoas de esquerda estão obviamente horrorizadas com a ideia de apoiar Biden depois do cheque em branco a Israel para fazer o que está fazendo" (French, em entrevista).

A principal expressão disso foi o voto de protesto nas primárias de Michigan em fevereiro de 2024, quando cerca de um em cada oito democratas anotou "sem compromisso" na escolha do candidato à corrida presidencial.[52] O fato é de extrema relevância pela importância do estado na corrida eleitoral (é um dos poucos *swing states* em que há disputa real entre republicanos e democratas).

Nem mesmo a ameaça trumpista, o principal fator que unifica a esquerda no país, demoveu o movimento de oposição a Biden nas urnas.

O contraponto mais significativo que joga a favor do democrata, em termos de atuação das forças de esquerda nos EUA nos últimos anos, é o ativismo laboral, que ficou em grande evidência na greve de 2023 dos trabalhadores do setor automotivo, organizados pela UAW. Estatisticamente, não há reversão no nível de sindicalização do país. No entanto, há uma percepção social cada vez mais favorável à atuação dos sindicatos, que tem se traduzido em resultados positivos de movimentos grevistas. Em agosto de 2023, pesquisa Gallup mostrou que 67% dos estadunidenses apoiam sindicatos, número acima da média histórica de 62% e significativamente acima dos 48% de 2009.

Gráfico 2.5 – Aprovação dos estadunidenses aos sindicados de trabalhadores

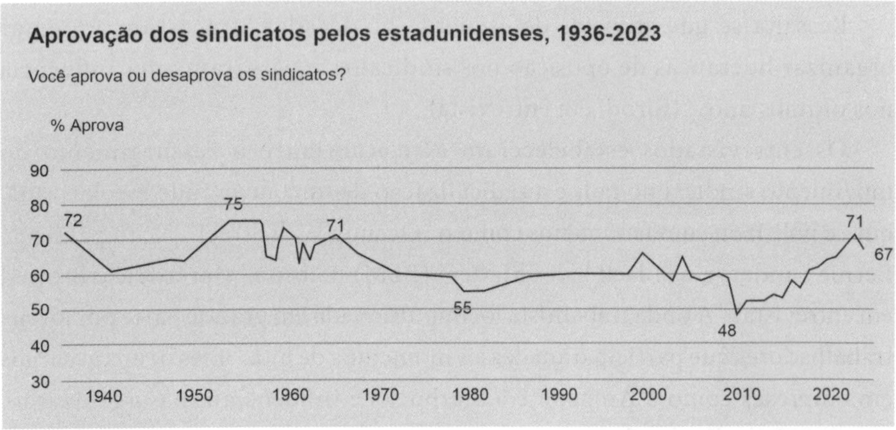

Fonte: Gallup <https://news.gallup.com/poll/12751/labor-unions.aspx#:~:text=Trend%20in%20Americans'%20approval%20and,75%25%20in%201953%20and%201957>.

Os números indicam que, "pela primeira vez em duas gerações, o movimento trabalhista viu suas demandas encontrarem simpatia no público" (Chibber, em entrevista). O impacto social das greves foi relevante, com mobilizações de professores, profissionais de Hollywood e do setor automotivo. "Não está no nível da década de 1930, mas são milhões de trabalhadores, e os sindicatos se tornaram parte do discurso público" (Blanc, em entrevista). Na visão do historiador, isso não se traduziu em aumento na taxa de sindicalização na medida em que, por existirem "muitas barreiras, o processo leva tempo. Houve uma expectativa equivocada em relação a isso" (Blanc, em entrevista).

Em estados do Sul, por exemplo, "os governadores denunciam abertamente os sindicatos", o que dificulta a sindicalização. "A UAW tenta organizar o Sul há 50 anos" (Elrod, em entrevista). E isso pode ter começado a mudar. Em abril de 2024, no Tennessee, trabalhadores da Volkswagen votaram massivamente para torná-la a primeira fábrica de automóveis a se filiar à UAW no Sul do país.[53] O fato não impacta significativamente a densidade sindical, mas tem grande importância simbólica.

> Os dois maiores sindicatos do país são o Teamsters e a UAW. Em ambos, houve uma mudança drástica na forma como se mobilizam, como negociam com os empregadores e o tipo de exigências que estão fazendo. E ambos garantiram vitórias impressionantes em 2023, como não víamos há 40 anos. (Chibber, em entrevista)

Ressalta-se que ativistas de esquerda há décadas "fracassam ao tentar organizar lideranças de oposição nos sindicatos, e passaram a ter influência nos últimos anos" (Elrod, em entrevista).

Os entrevistados estabeleceram a relação entre o ressurgimento do movimento sindical no país e a radicalização de uma juventude escolarizada, que se politizou com fenômenos como o "Occupy Wall Street", a campanha de Bernie Sanders e o "Black Lives Matter" (BLM) (Gibson, Markovčič e Brower, em entrevista). "A onda trabalhista foi impulsionada em grande parte por jovens trabalhadores que participaram desses momentos de luta." Eles ocupam cargos em empresas como a Amazon e a Starbucks e influenciam na organização. "Isso está impulsionando o movimento, e sindicatos tradicionais, como a UAW, expressam essa efervescência" (Blanc, em entrevista).

Outro exemplo pode ser encontrado em Yale, que possui um forte sindicato de trabalhadores de serviços, recentemente unificado com o sindicato dos estudantes de pós-graduação. "Eles basicamente controlam a cidade de New Haven" (Gross, em entrevista). O sindicato tornou-se uma "incubadora de organizadores, jovens radicalizados e muito dedicados", que foram direcionados a Las Vegas, para organizar trabalhadores de restaurantes e cassinos, e à Califórnia, para organizar trabalhadores de hotéis, entre outros locais e setores. "Esse fenômeno de ter uma classe intelectual bastante privilegiada, trabalhadores de colarinho branco, tornando-se militantes sindicais, foi generalizado no período pós-2008" (Gross, em entrevista).

As transformações recentes na UAW seriam parte disso. Há uma "conexão entre trabalhadores de colarinho azul e de colarinho branco" (Blanc, em entrevista), algo "decisivo na reforma do sindicato. Agora está na presidência alguém como Shawn Fain, que contrata pessoas que trabalhavam para Bernie Sanders" (Gross, em entrevista). Assim, a UAW teria trazido de volta um senso de militância combativa, "que não víamos desde os anos 1970. Isso é importante porque é uma demonstração para o restante do movimento sindical do que se pode fazer" (Chibber, em entrevista).

Pode estar em curso uma grande mudança ideológica, com importância decisiva de Bernie Sanders, por ter adotado "uma retórica de classe. Há toda uma geração de pessoas que se orientou para a política de classe, e isso está se traduzindo em atuar nos sindicatos" (Blanc, em entrevista). Essa dimensão subjetiva talvez seja um dos principais componentes da conjuntura atual dos EUA. "O neoliberalismo desmoralizou a classe trabalhadora, atomizou-a, deixou-a resignada, com sensação de derrota e impotência" (Chibber, em entrevista). Nesse contexto, Sanders mostrou "ser possível reunir pessoas em grande número, superando a sensação de isolamento, em uma mudança no equilíbrio de forças, com o surgimento de uma ala mais ativa e militante no movimento trabalhista" (Chibber, em entrevista).

Assim, o ascendente movimento sindical parece ser a novidade mais significativa da atual conjuntura interna dos EUA, e os desdobramentos em termos de capacidade organizativa e de luta representam um elemento decisivo para a maneira como evoluirá a cena política nos próximos anos. Na medida em que há indícios da relação entre tal fenômeno e mecanismos institucionais como o NLRB ou econômicos como o pleno emprego, não é exagero dizer que muito estará em jogo, também nesse âmbito, nas eleições de 2024.

Considerações finais

O cenário enfrentado por Biden mostra a extensão das dificuldades de governança macroeconômica no capitalismo neoliberal e reforça a hipótese de interregno discutida na introdução e no capítulo 1 deste livro. Neles, argumenta-se a favor do uso do termo na definição da crise contemporânea por colocar a política em foco e, mais especificamente, indicar a evolução dos acontecimentos como disputa entre distintas forças pela formação das relações de hegemonia que prevalecerão nas próximas décadas. Entendo que a análise do Plano Biden aqui exposta reforça tal hipótese, por expor uma cena "mais abertamente política", em que as forças estão "em choque e lutam até que uma delas, ou pelo menos uma combinação delas, tende a prevalecer, a se impor, a se irradiar em toda a área social" na formação de uma nova unidade intelectual e moral.[54]

O diagnóstico de Streeck[55] contribui por trazer importantes características da crise que aqui encontraram fundamentação empírica, como a desinstitucionalização, mas falha, como dissemos no capítulo 1, ao menosprezar os conflitos de classe em curso. Ainda que as mobilizações sociais e trabalhistas nos EUA não tenham no momento força suficiente para apresentar alternativas reais de poder, os acontecimentos mostram sua *presença* nas disputas pelos rumos da política. Dessa reflexão vem a imagem de peças de um mosaico referida no título do presente capítulo, pois a compreensão da história em curso requer a montagem minuciosa de um quadro político complexo, que envolve cadeias globais de valor, fluxos financeiros, instituições supranacionais e sua relação com os Estados Nacionais, níveis de produção, de investimentos público e privado e de emprego e renda, sistemas de governança, relações partidárias e movimentos sociais.

O foco da análise no Plano Biden, ao examinar a interação desses distintos aspectos da realidade, indicou acirramento do conflito distributivo, com expressões no mercado de trabalho e nas políticas monetária, fiscal, industrial e nas políticas sociais. As tensões são crescentes no conflito direto capital-trabalho, que envolve precarização acentuada e resposta dos trabalhadores por meio de tentativas de fortalecimento do movimento sindical, e no conflito redistributivo, que envolve forças variadas em disputa pelo direcionamento dos recursos arrecadados pelo Estado.

Ressalta-se que, até o momento, apesar da significativa atuação de movimentos sociais e sindicais quando comparada com o período pré-crise de 2008, tem prevalecido a dominância financeira, definidora da fase neoliberal do capitalismo. As disputas em torno do Plano Biden resultaram em restrição das ações sociais voltadas a transferências monetárias diretas para cidadãos em situação de maior vulnerabilidade, com significativa redução do alcance do "Build Back Better Plan". Isso corrobora a argumentação de que há instrumentalização da política social para a geração de novos ativos financeiros, o que ameaça "minar em vez de consolidar o cidadão".[56] Do mesmo modo que, por aqui, tentativas de passo para a frente do governo Lula são contrapostas por empurrões para trás do Banco Central, por lá os setores rentistas lograram manter as taxas de juros elevadas e atuaram para minar políticas que buscassem impor limites sociais ao capital, como medidas antitruste, regulação da relação capital-trabalho, perdão de dívidas e políticas sociais que adotem como princípio a universalização de direitos.

Há dois anos, foram identificados cinco problemas que poderiam limitar o Plano Biden,[57] e todos em alguma medida se confirmaram: a política fiscal é expansiva, mas aquém das reais necessidades; a divisão interna do Partido Democrata resultou na desidratação da dimensão social do programa; o peso da oposição trumpista, em aliança com setores conservadores do Partido Democrata, minou tentativas de elevação tributária sobre o capital; e o mercado financeiro novamente se mostrou força hegemônica, por lograr impor limites estruturais ao alcance da política. O quinto problema dizia respeito à capacidade dos setores progressistas de avançarem nas lutas trabalhistas e pela universalização de direitos. Nesse âmbito, pode-se dizer que também segue aquém das necessidades, mas o avanço na organização e na atuação sindical é relevante e será decisivo na evolução dos acontecimentos.

Este capítulo foi finalizado em julho de 2024, e em novembro haverá eleições presidenciais, que opõem a continuidade das lutas políticas nos termos aqui descritos à volta do "autocratismo de viés fascista" de Trump. O resultado é imprevisível, pois tudo indica que será definido por apenas alguns milhares de votos, em poucos estados-chave. Os dois possíveis cenários que se seguirão disso são muito distintos, mas, ao que parece, há um pano de fundo comum, em eventual novo governo democrata ou de Trump: o interregno estadunidense. A disputa pela direção interna e global seguirá aberta após as eleições, e os resultados dela definirão os rumos do capitalismo neoliberal.

Referências

Lista de entrevistas

1. Alex Press, jornalista, acompanha o movimento sindical.
2. Andrej Markovčič, militante do DSA, escreve para a *Jacobin*.
3. Andrew Yamakawa Elrod, editor assistente da *Phenomenal World*, foi membro do Teachers Union de Los Angeles.
4. Assessor 1 do FMI – solicitou anonimato.
5. Assessor 2 do FMI – solicitou anonimato.
6. Christopher Viola, trabalhador do setor automotivo em Detroit, sindicalizado da base da UAW.
7. Craig Kaplan, advogado, assessor sindical.
8. Cyn Huang, ativista estudantil da UC Berkeley e da UAW.
9. David Finkel, ativista da Jewish Voice for Peace de Detroit.
10. Dianne Feeley, sindicalista aposentada da UAW
11. Emily Lemmerman, diretora de comunicações de Zohran Mamdani, deputada da Assembleia de Nova York.
12. Empresário 1 – solicitou anonimato, empresa do setor automotivo.
13. Eric Blanc, professor na área de estudos do trabalho na Rutgers University.
14. Ernesto Castaneda, diretor do Center for Latin American and Latino Studies da American University em Washington, D.C.
15. Frances Reade, liderança da Bread & Roses e do DSA de Detroit.
16. Fred Block, professor de sociologia na UC Davis.
17. Jack Gross, militante do DSA, editor da *Phenomenal World*.
18. James Downs, jornalista do *The Nation*, Washington, D.C.
19. Jim Kessler, vice-presidente do *think tank* Third Way.
20. Keith Brower Brown, liderança do Bread & Roses e do DSA de San Francisco.
21. Kevin Reilly, assessor da North America's Building Trades Unions.
22. L. Randall Wray, pesquisador do Levy Economics Institute e professor de economia da Bard College.
23. Leo Casey, diretor executivo do Albert Shanker Institute e assessor da American Federation of Teachers.
24. Mariana Fernandez, assessora da Fundação Rosa Luxemburgo em NYC.
25. Meagan Gibson, militante do DSA.
26. Nick French, editor da *Jacobin*, EUA, e militante do DSA.
27. Pavlina R. Tcherneva, professora de economia na Bard College, diretora da Osun Economic Democracy Initiative e pesquisadora do Levy Economics Institute.

28. Pedro Paulo Zahluth Bastos, professor do Instituto de Economia da Unicamp.
29. Sofia Cutler, *Ph.D student* em Yale, foi membro do DSA's National Political Committee.
30. Stanley Gacek, assessor sênior de estratégias globais da UFCW.
31. Stefan Liebich, deputado por 12 anos no Parlamento alemão, diretor do escritório de Nova York da Fundação Rosa Luxemburgo.
32. Tim Sahay, assessor da Green New Deal Network, que participou do desenvolvimento do Build Back Better e do IRA.
33. Vivek Chibber, professor de sociologia da New York University.

Referências bibliográficas

AUTOR, D.; DUBE, A. & MCGREW, A. "The Unexpected Compression: Competition at Work in the Low Wage Labor Market". *NBER*, working paper 31010, 2023, pp. 1-78.

BOLTON, A. "Senate rejects Sanders $15 minimum wage hike". *The Hill*, 3/5/2021. Disponível em <https://thehill.com/homenews/senate/541826-senate-rejects-sanders-15-minimum-wage-hike>. Acesso em 28/9/2021.

BOUDETTE, N. "VW Workers in Tennessee Vote for Union, a Labor Milestone". *New York Times*, 19/4/2024. Disponível em <https://www.nytimes.com/2024/04/19/business/economy/volkswagen-united-automobile-workers-union.html>. Acesso em 19/4/2024.

BRADSHER, K. "How China Came to Dominate the World in Solar Energy". *New York Times*, 7/5/2024. Disponível em <https://www.nytimes.com/2024/03/07/business/china-solar-energy-exports.html>. Acesso em 25/4/2024.

BROWN, W. *In the Ruins of Neoliberalism*. New York, Columbia University Press, 2019.

CASADO, L. "Nancy Pelosi says the House won't vote on the bipartisan infrastructure deal until after the Senate passes a larger package". *Business Insider*, 25/7/2021. Disponível em <https://www.businessinsider.com/pelosi-again-says-no-vote-on-bipartisan-infrastructure-deal-2021-7>. Acesso em 9/9/2021.

COCHRANE, E. & EDMONDSON, C. "Biden Meets With Manchin and Schumer as Democrats Race to Finish Social Policy Bill". *New York Times*, 24/10/2021a. Disponível em <https://www.nytimes.com/2021/10/24/us/politics/biden-manchin-schumer-spending-bill.html>. Acesso em 16/9/2022.

______. "Manchin Pulls Support from Biden's Social Policy Bill, Imperiling Its Passage". *New York Times*, 19/12/2021b. Disponível em <https://www.nytimes.com/2021/12/19/us/politics/manchin-build-back-better.html>. Acesso em 16/9/2022.

COHN, N. "What Does the Uncommitted Vote in Michigan Mean for 2024?". *New York Times*, 28/2/2024. Disponível em <https://www.nytimes.com/2024/02/28/upshot/michigan-primary-biden-2024.html>. Acesso em 5/5/2024.

DEPARTMENT OF COMMERCE. "Implementation of Additional Export Controls: Certain Advanced Computing and Semiconductor Manufacturing Items; Supercomputer and Semiconductor End Use; Entity List Modification". *Bureau of Industry and Security, Department of Commerce*, 2022. Disponível em <https://public-inspection.federalregister.gov/2022-21658.pdf>. Acesso em 1/5/2024.

D'ERAMO, M. "Circuits of War". *Sidecar*, 14/11/2022.

DUBE, A. "Wage growth, inflation, and inequality". *Arin's Substack*, 18/1/2024. Disponível em <https://arindube.substack.com/p/wage-growth-inflation-and-inequality>. Acesso em 22/4/2024.

DURAND, C. "Forces of change". *Sidecar*, 28/7/2021.

EWING, J. "Mercedes Workers in Alabama Reject Union". *New York Times*, 17/5/2024. Disponível em <https://www.nytimes.com/2024/05/17/business/mercedes-benz-uaw-alabama-vote.html?campaign_id=4&emc=edit_dk_20240518&instance_id=123756&nl=dealbook&regi_id=173977643&segment_id=167047&te=1&user_id=421df8e7cf153b29da3733b5c94c77d2>. Acesso em 17/5/2024.

FEDOR, L. "How would Biden's infrastructure plan work?". *Financial Times*, 10/8/2021. Disponível em <https://www.ft.com/content/88293f53-9bf5-49fe-9f03-59fa3be5d9c8>. Acesso em 21/8/2021.

FREDERICK, S. "Supreme Court Strikes Down Student Loan Forgiveness Program", 2023. *NCSL*. Disponível em <https://www.ncsl.org/state-legislatures-news/details/supreme-court-strikes-down-student-loan-forgiveness-program>. Acesso em 29/4/2024.

FRIEDMAN, L. & PLUMER, B. "Surprise Deal Would Be Most Ambitious Climate Action Undertaken by U.S.". *New York Times*, 28/7/2022. Disponível em <https://www.nytimes.com/2022/07/28/climate/climate-change-deal-manchin.html>. Acesso em 30/8/2022.

GAMIO, L. & GOODMAN, P. S. "How the Supply Chain Crisis Unfolded". *New York Times*, 17/12/2021. Disponível em <https://www.nytimes.com/interactive/2021/12/05/business/economy/supply-chain.html?campaign_id=51&emc=edit_mbe_20211207&instance_id=47154&nl=m...>. Acesso em 17/12/2021.

GRAMSCI, A. *Maquiavel, a política e o Estado moderno*. Rio de Janeiro, Civilização Brasileira, 1984.

GREEN, E. L. "What to Know about Biden's New Student Debt Relief Plan". *New York Times*, 8/4/2024. Disponível em <https://www.nytimes.com/2024/04/08/us/politics/biden-student-debt-plan-explained.html>. Acesso em 22/5/2024.

HAROUN, A. & ZEBALLOS-ROIG, J. "Senate Democrats reach deal on $3.5 trillion reconciliation package". *Business Insider*, 13/7/2021. Disponível em <https://www.businessinsider.com/senate-democrats-reach-deal-reconciliation-package-2021-7>. Acesso em 9/9/2021.

HARVEY, D. *A loucura da razão econômica*. São Paulo, Boitempo, 2018.

HAYASHI, Y. & ZUMBRUN, J. "Biden's China Tariff Plan Fails to Provide Enough Relief, Businesses Say". *Wall Street Journal*, 11/10/2021. Disponível em <https://www.wsj.com/articles/tariff-relief-plan-from-biden-administration-falls-short-businesses-say-11633944601>. Acesso em 11/10/2021.

KANNO-YOUNGS, Z. "Biden Signs Industrial Policy Bill Aimed at Bolstering Competition With China". *New York Times*, 9/7/2022. Disponível em <https://www.nytimes.com/2022/08/09/us/politics/biden-semiconductor-chips-china.html>. Acesso em 29/4/2024.

KANNO-YOUNGS, Z.; COWLEY, S. & TANKERSLEY, J. "Biden to Cancel $10,000 in Student Debt; Low-Income Students Are Eligible for More". *New York Times*, 24/8/2022. Disponível em <https://www.nytimes.com/2022/08/24/us/politics/student-loan-forgiveness-biden.html> Acesso em 24/8/2022.

KNIGHT, W. "US Chip Sanctions 'Kneecap' China's Tech Industry". *Wired*, 18/10/2022. Disponível em <https://www.wired.com/story/us-chip-sanctions-kneecap-chinas-tech-industry/>. Acesso em 20/4/2024.

KRUGMAN, P. "Where Trump's trade war failed, Biden's incentives have succeeded". *New York Times*, 6/6/2023.

LAVINAS, L. "The Collateralization of Social Policy by Financial Markets in the Global South". *In*: MADER, P.; MERTENS, D. & VAN DER ZWAN, N. *The Routledge International Handbook of Financialization*. London, Routledge, 2020.

MANZI, R. H. D. & VIOLA, E. "A desaceleração da economia da China e a transição para um 'novo normal' no século 21". *Carta Internacional*, 15 (2). Belo Horizonte, 2020.

POLITI, J. "Pace of US inflation picks up again in test for Fed". *Financial Times*, 13/7/2021. Disponível em <https://www.ft.com/content/234a9b90-e4f6-4b59-9e39-c6e34ac78276>. Acesso em 1/10/2021.

RAPPEPORT, A. "Treasury Secretary Janet Yellen calls for a reshaping of global supply chains that are 'not secure'". *New York Times*, 21/4/2022. Disponível em <https://www.nytimes.com/2022/04/21/business/janet-yellen-supply-chains.html>. Acesso em 21/4/2022.

RODRIK, D. "Lições dos experimentos americanos". *Valor Econômico*, 13/9/2021. Disponível em <https://valor.globo.com/opiniao/coluna/licoes-dos-experimentos-americanos.ghtml>. Acesso em 27/9/2021.

ROGERS, K. & GREEN, L. "Biden Joins Autoworkers on Picket Line in Michigan". *New York Times*, 26/9/2023. Disponível em <https://www.nytimes.com/live/2023/09/26/us/biden-uaw-strike-detroit>. Acesso em 30/3/2024.

RUGITSKY, F. "Jogo aberto: a economia política do interregno". *In*: SINGER, A.; ARAUJO, C. & RUGITSKY, F. (org.). *O Brasil no inferno global: capitalismo e democracia fora dos trilhos*. São Paulo, FFLCH-USP, 2022, pp. 33-80.

SHIN, H. S. "Globalisation: Real and Financial". *BIS 87th Annual General Meeting*. Basel, 25/6/2017. Disponível em <https://www.bis.org/speeches/sp170625b_slides.pdf>. Acesso em 7/10/2021.

SIGALOS, M. "Biden's economic recovery plan, called Build Back Better, would spend over $7.3 trillion and invest in green infrastructure, health care and more". *CNBC*, 10/11/2020. Disponível em <https://www.cnbc.com/2020/11/10/president-elect-joe-bidens-plan-for-the-economy-jobs-and-covid-19-.html>. Acesso em 30/9/2021.

SINGER, A. "Regime autocrático e viés fascista: um roteiro exploratório". *Lua Nova*, 116, maio-agosto 2022.

SINGER, A. & FANTON, H. "Pandemia e 'great reset' capitalista". *In*: SINGER, A.; ARAUJO, C. & RUGITSKY, F. (org.). *O Brasil no inferno global: capitalismo e democracia fora dos trilhos*. São Paulo, FFLCH-USP, 2022.

SMIALEK, J. "Fed raises rates and projects six more increases in 2022". *New York Times*, 16/3/2022. Disponível em <https://www.nytimes.com/live/2022/03/16/business/fed-meeting-interest-rates>. Acesso em 3/8/2022.

STREECK, W. *How will capitalism end?*. London, Verso, 2016.

_____. *Tempo comprado: a crise adiada do capitalismo democrático*. São Paulo, Boitempo, 2018.

_____. "A nova crise no interregno capitalista". *In*: SINGER, A.; ARAUJO, C. & RUGITSKY, F. (org.). *O Brasil no inferno global: capitalismo e democracia fora dos trilhos*. São Paulo, FFLCH-USP, 2022.

SWANSON, A. "Biden's China Dilemma: How to Enforce Trump's Trade Deal". *New York Times*, 15/12/2021. Disponível em <https://www.nytimes.com/2021/12/15/business/economy/china-trump-trade-deal-biden.html>. Acesso em 15/12/2021.

TANKERSLEY, J. "Rising Prices, Once Seen as Temporary, Threaten Biden's Agenda". *New York Times*, 26/10/2021. Disponível em <https://www.nytimes.com/2021/10/26/business/economy/biden-inflation.html>. Acesso em 26/10/2021.

TANKERSLEY, J. & RAPPEPORT, A. "Chinese Exports Are Threatening Biden's Industrial Agenda". *New York Time*, 18/4/2024. Disponível em <https://www.nytimes.com/2024/04/18/us/politics/china-exports-biden-industrial-agenda.html>. Acesso em 26/4/2024.

TEXTOR, C. "China's share of global gross domestic product (GDP) 1980-2029". *Statista*. Disponível em <https://www.statista.com/statistics/270439/chinas-share-of-global-gross-domestic-product-gdp/>. Acesso em 29/4/2024.

TOOZE, A. *Crashed: how a decade of financial crises changed the world*. New York, Viking, 2018.

US CONGRESS. "H.R.1319 – American Rescue Plan Act of 2021. U.S.". *Government Publishing Office*. Disponível em <https://www.congress.gov/bill/117th-congress/house-bill/1319/text>. Acesso em 21/8/2021a.

_____. "H.R.3684 – Infrastructure Investment and Jobs Act". *Government Publishing Office*. Disponível em <https://www.congress.gov/bill/117th-congress/house-bill/3684>. Acesso em 4/9/2021b.

VAROUFAKIS, Y. *The Global Minotaur: America, the true origins of the financial crisis and the future of the world economy*. London, Zed Books, 2011.

WAKABAYASHI, D. & MICKLE, T. "Tech Companies Slowly Shift Production Away From China". *New York Times*, 1/9/2022. Disponível em <https://www.nytimes.com/2022/09/01/business/tech-companies-china.html>. Acesso em 1/9/2022.

WATKINS, S. "Paradigm shifts". *New Left Review*, 128, 2021.

WEBER, I. & WASNER, E. "Sellers' inflation, profits and conflict: why can large firms hike prices in an emergency?". *Review of Keynesian Economics*, 11 (2), 2023, pp. 183-213.

WOLF, M. "Geopolitics is the biggest threat to globalization". *Financial Times*, 1/11/2022. Disponível em <https://www.ft.com/content/8954a5f8-8f03-4044-8401-f1efefe9791b>. Acesso em 2/5/2024.

NOTAS

1 Tooze, 2018.
2 Singer, 2022.
3 Rugitsky, 2022; Durand, 2021.
4 Streeck, 2022.
5 Rodrik, 2021.
6 Singer & Fanton, 2022, p. 121.
7 *Idem*, p. 123.
8 Shin, 2017 *apud* Tooze, 2018, p. 21.
9 Varoufakis, 2011, p. 23.
10 Streeck, 2018, p. 26.
11 *Idem*, p. 92.
12 Manzi & Viola, 2020.
13 Tooze 2018, pp. 508-509.
14 Textor, 2024.

15 Harvey, 2018, p. 269.
16 Brown, 2019.
17 Singer, 2022.
18 Watkins, 2021, p. 15.
19 Sigalos, 2021; US Congress, 2021a.
20 Bolton, 2021.
21 US Congress, 2021b.
22 Fedor, 2021.
23 Haroun & Zeballos-Roig, 2021.
24 Casado, 2021.
25 Cochrane & Edmondson, 2021a.
26 Cochrane & Edmondson, 2021b.
27 Kanno-Youngs *et al*, 2022.
28 Frederick, 2023. Em 2024, Biden retomou a proposta de perdão de dívida estudantil, ao lançar um programa que busca contornar a decisão da Suprema Corte. Na nova iniciativa, em vez de oferecer um amplo perdão de empréstimos, visa-se a grupos específicos de mutuários, nos termos da Lei de Educação Superior. Ver em <https://www.nytimes.com/2024/04/08/us/politics/biden-student-debt-plan-explained.html>. Acesso em 20/5/2024.
29 Politi, 2021.
30 Tankersley, 2021.
31 Gamio & Goodman, 2021.
32 Weber & Wasner, 2023.
33 Smialek, 2022.
34 Kanno-Youngs, 2022.
35 Friedman & Plumer, 2022.
36 Department of Commerce, 2022.
37 D'Eramo, 2022.
38 Wolf, 2022.
39 Knight, 2022.
40 Swanson, 2021.
41 Hayashi & Zumbrun, 2021.
42 Rappeport, 2022.
43 Wakabayashi & Mickle, 2022.
44 Bradsher, 2024.
45 Tankersley & Rappeport, 2024.
46 Green, 2024.
47 Krugman, 2023.
48 *Idem*.
49 Rogers & Green, 2023.
50 Autor *et al.*, 2023.
51 Dube, 2024.
52 Cohn, 2024.
53 Boudette, 2024. A expectativa de que trabalhadores da Mercedes-Benz do Alabama seguiriam o mesmo caminho foi frustrada. Os trabalhadores de duas fábricas perto de Tuscaloosa votaram, em 17 de maio de 2024, contra a permissão para que a UAW os representasse. "A derrota ocorreu depois que Kay Ivey, governadora do Alabama, e outros líderes republicanos argumentaram que um voto a favor do sindicato sufocaria

o investimento que transformou o estado em um importante produtor de automóveis" (Ewing, 2024).

54 Gramsci, 1984, p. 50.

55 Streeck, 2016.

56 Lavinas, 2020, p. 320.

57 Singer & Fanton, 2022.

CAPÍTULO 3
A *BIDENOMICS* NO CONTEXTO MUNDIAL

Carlos Raul Etulain e *Jorge López Arévalo*

APRESENTAÇÃO

Este capítulo trata do programa econômico do governo de Joe Biden, relacionando-o com o programa chinês da Rota da Seda e comparando-o com a política econômica do governo antecessor de Donald Trump. A finalidade é analisar o programa de Biden num aspecto que resulta crítico para todas as economias contemporâneas que é o da criação de emprego. O programa de Biden e a Rota da Seda se caracterizam por dar importante papel aos gastos do governo como mecanismo capaz de criar empregos e abrir mercados. A partir da análise das iniciativas de gastos em saúde, educação, infraestrutura e promoção de um ambiente sustentável dos Estados Unidos, e de observações feitas em trabalho de campo realizado nesse país, tecemos considerações a respeito do perfil das políticas keynesianas e dos novos protecionismos que estão em pauta na economia política atual das potências globais.

A análise que apresentaremos é resultado do trabalho de campo realizado nos Estados Unidos em março e abril de 2024, nas cidades de Nova York e Washington, com visitas à Columbia University (NY), à George Washington University (Washington D.C.) e ao Banco Mundial (Washington D.C.), e de entrevistas com especialistas, professores e estudantes, além de representantes da organização não governamental Mulheres do Brasil, que realiza projetos sociais entre mulheres imigrantes nos Estados Unidos. Na Columbia University foram realizadas reuniões de trabalho no Center on Global Energy Policy (Cgep), da Columbia University's School of International and Public Affairs (Sipa), e no Department of Spanish & Latin American Cultures, do Barnard College. Em Washington, ocorreram reuniões de trabalho com profissionais do Banco Mundial sobre as relações Estados Unidos e China, o programa de Biden e o programa chinês da Rota da Seda. Na George Washington University, houve reuniões com professores e pesquisadores da área de Economics and International Affairs, do Institute for International Science and Technology Policy.

O Plano Biden: o "Build Back Better World" e a Lei de Redução da Inflação

Joe Biden assumiu a Presidência dos Estados Unidos em janeiro de 2021, sendo sua primeira e principal ação de governo a implementação de um plano de redenção da economia do país, a chamada "Lei do Plano de Resgate Americano" ("American Rescue Plan Act"), para enfrentar os efeitos econômicos e sociais da pandemia de covid-9. Esse plano, aprovado em março do mesmo ano, criou mecanismos de transferências de renda, seguro-desemprego e programas de saúde e de vacinação que permitiram uma rápida reação positiva da economia norte-americana. Posteriormente, Biden lançou um programa de gastos de longo prazo intitulado "Construir um mundo melhor" ("Build Back Better World" – B3W). A negociação desse programa resultou em acordos bipartidários (entre democratas e republicanos) aprovados com cortes e ajustes em sua versão original. O programa resultante se compôs de um conjunto de leis: Lei de Redução da Inflação, Lei dos *Chips* e da Ciência e Lei de Comunidades Mais Seguras. Vários projetos de gastos sociais foram cortados em relação ao B3W nas negociações legislativas, e, mesmo que Biden tivesse a ideia keynesiana de medidas distributivas na forma de dinheiro diretamente entregue às famílias e aos serviços sociais, a realidade da legislação dos Estados Unidos estabelece que o financiamento deva ser veiculado principalmente a empresas e projetos de construção; por isso, o B3W se converteu em um conjunto de gastos (ou pacotes) em vários tipos de infraestruturas com o título de "Lei de Redução da Inflação" ("Inflation Reduction Act", daqui em diante IRA).[1]

Todavia, é importante retermos para a nossa análise pontos estratégicos do programa original B3W de 2021, fundamentais para o perfil econômico e social da IRA. Observamos, por meio da análise de documentos e das entrevistas realizadas em campo nos Estados Unidos, que o B3W, quando do seu lançamento, posicionou o país diante da discussão alarmante dos problemas ambientais. Nesse sentido, os gastos previstos no programa foram projetados para ter regulamentações e condicionamentos que os colocassem em termos convergentes com os objetivos climáticos, combinados, ao mesmo tempo, com o objetivo último de criação de milhões de "empregos de qualidade" – tal como declarado por Biden –, utilizando como definição de qualidade do emprego contratos bem remunerados e sindicalizados. O programa apresentou uma pauta de gastos para o crescimento de dentro para fora (privilegiando os gastos endógenos em consumo e investimento) e de baixo para cima (assistindo a famílias de classe média e classe média-baixa com subsídios e impostos progressivos), o que o qualifica como um programa econômico de corte keynesiano, com medidas que combinam ações em educação, saúde e infraestrutura que buscam enfrentar os desafios contemporâneos dos impactos ambientais e da transição energética.

Em termos de políticas públicas, o programa direcionou às famílias de classe média e baixa a assistência pré-escolar universal e gratuita – associada à chamada "infraestrutura humana" ou "de cuidados" – a todas as crianças de três e quatro anos de idade, sendo esta a maior expansão da educação universal e gratuita desde que os estados e as comunidades de todo o país estabeleceram a escola secundária pública há cem anos. Ampliou o ingresso à educação acessível e de alta qualidade para além do ensino médio, assumindo que a educação para além do secundário resulta cada vez mais estratégica para o crescimento econômico e a competitividade do século XXI, e reconhecendo também que o ensino, especialmente o ensino superior, se tornou inacessível para muitas famílias dos Estados Unidos. O quadro de ações propostas, nesse sentido, orienta o ensino superior para as formações que permitam obter um "bom emprego".

O bom emprego anunciado pelo B3W, na tradição da economia política, é aquele que surge como resultado direto dos gastos produtivos que são decididos pelos empresários toda vez que investem. Esses gastos, por serem decisões de compra, criam pagamentos na forma de renda que expandem o circuito econômico dos negócios e aumentam o emprego. O gasto público serve, nesse contexto, como mecanismo de estímulo aos gastos em investimento.

Na perspectiva social, já no lançamento do B3W estabeleceu-se um marco de investimentos em faculdades e universidades, entre as quais as denominadas

"Historicamente Negras" (HBCUs), "Faculdades e Universidades Tribais" (TCUs) e "Instituições de Atendimento às Minorias" (MSIs), com apoio financeiro a estudantes de baixa renda. Além disso, investe-se em estágios que ajudam os estudantes a obter seu diploma ou sua credencial de ensino superior. Também se apoia o cuidado infantil, reduzindo o desembolso das famílias em mais da metade do valor desse item do orçamento familiar. O plano foi direcionado a adultos maiores e pessoas com *handicaps*, bem como a trabalhadores dedicados ao cuidado desse setor da saúde familiar.

Em entrevistas com dirigentes não governamentais do grupo Mulheres do Brasil em Nova York, que conta com representação ativa em várias regiões dos Estados Unidos e se dedica a dar apoio à inserção de imigrantes no país, foi manifestado que os setores mais vulneráveis de imigrantes que ingressaram, durante o governo Biden, na cidade de Nova York receberam apoio em moradia e saúde. Na mesma linha, em rodas de conversa com estudantes das universidades George Washington e Columbia foi relatado o investimento do Plano Biden em ações sociais com foco na população de baixa renda, grande parte dela composta de imigrantes em condições de "indocumentados". Essas formas de assistência incluem financiamentos para aluguel de moradia, acesso a saúde e educação pública iniciado no "American Rescue Plan Act" e impulsionado posteriormente pela IRA. O acesso às políticas sociais, nos Estados Unidos, geralmente é delimitado aos habitantes segundo o estado e/ou município de residência. No Brasil, e em países da América Latina, o domínio das políticas sociais geralmente é de caráter universal, ou seja, abrange toda a população em todo o território nacional.

Todavia, sobre as políticas sociais e especialmente sobre o papel do acesso aos cuidados de saúde da população mais vulnerável, estudos mostram mais de um aspecto benéfico. Pelo que se sabe dos trabalhos que avaliam as políticas de distribuição de renda, pode-se afirmar que medidas dessa natureza influenciam positivamente a saúde pública por sua eficácia na melhoria das condições em várias faixas etárias, e o fazem também por ampliar o potencial preventivo das políticas de saúde, evitando complicações das doenças sem tratamento e aumento no número de hospitalizações, custo dos tratamentos e mortes.[2]

No setor da saúde, é bem conhecido o problema dos Estados Unidos em relação ao acesso da população a tratamentos, remédios e infraestrutura hospitalar. O programa de Biden permite que o Medicare negocie os preços dos medicamentos de alto custo receitados. Isso inclui aqueles utilizados por pessoas de idade avançada, que oneram parte importante da renda de suas famílias e que são entregues no consultório médico. A política de preços cria um processo de negociação claramente definido, de tal modo que resulta justo para os fabricantes e dissuade as companhias farmacêuticas de tirar proveito das regras para expandir suas capacidades monopólicas, incentivando, ao contrário, investimentos em pesquisa e desenvolvimento de novas curas. As companhias farmacêuticas que se neguem a negociar devem pagar um imposto especial. Ademais, o programa impõe uma penalidade fiscal às empresas farmacêuticas que aumentem seus preços acima da inflação. Com o B3W, uma vez convertido em lei – o que de fato aconteceu em 2022, como dissemos, em virtude do pacote econômico da Lei de Redução da Inflação –, futuros aumentos nos preços dos medicamentos são comparados com os preços atuais. Se os preços de um medicamento aumentarem a uma taxa superior à inflação, os fabricantes terão de pagar uma penalização fiscal e manter os preços baixos. O plano prevê custos de saúde mais baixos para as famílias e preços reduzidos de produtos essenciais, como insulina para diabetes, por exemplo. Integram-se a essa política de saúde da família investimentos e ações em segurança nutricional.

Programas de corte keynesiano tradicionalmente promovem gastos em vários setores da economia. A construção civil, nesse sentido, é um setor econômico de rápida resposta por sua capacidade imediata de criação de empregos e, ao mesmo tempo, porque o setor permite melhorar e ampliar a infraestrutura do país – chamada de "infraestrutura clássica". No caso das moradias da população, a IRA fomenta a construção, a reabilitação e a melhoria de mais de um milhão de habitações acessíveis, o que impulsiona a oferta de imóveis e reduz as pressões de preços para inquilinos e proprietários. Aborda as necessidades de capital dos conjuntos de moradias públicas nas grandes cidades e comunidades rurais dos Estados Unidos com garantia não só de segurança e habitação, mas também de oferta de infraestrutura mais saudável e com maior eficiência energética. Ademais, prevê um investimento histórico em assistência para o aluguel.[3]

O sistema tributário federal dos Estados Unidos funcionava com base em impostos cobrados dos trabalhadores sem filhos e de baixos salários, que criavam desigualdade sem alterar as condições da pobreza. No marco das novas ações implementadas pela IRA, ampliou-se o crédito a trabalhadores sem filhos, beneficiando 17 milhões de empregados que recebem baixos salários. Como contempla também o enfrentamento das mudanças climáticas, o plano oferece reembolsos ao consumidor e créditos fiscais para reduzir os custos das famílias de classe média que adotam energias limpas e eletricidade. Foi criado um programa de reembolsos centrado na eletrificação, com expansão do crédito fiscal segundo a eficiência energética das moradias. Pretende-se, com isso, reduzir os custos de instalação de energia solar em aproximadamente 30%, com período de recuperação do investimento de cinco anos. O plano inclui também um crédito fiscal para veículos elétricos que reduzirá o valor de custo desses carros fabricados nos Estados Unidos com insumos estadunidenses e mão de obra sindicalizada no montante de US$ 12.500 para uma família de classe média. Incentiva, por outro lado, as comunidades rurais a incorporar energias limpas mediante subsídios e empréstimos específicos do Departamento de Agricultura do governo federal.

Sobre justiça ambiental, na IRA se propôs o chamado "Acelerador de Sustentabilidade e Energia Limpa", que busca integrar projetos em todo o país, com previsão de beneficiar, com 40% dos lucros dessa linha de investimentos, as comunidades mais vulneráveis. O plano financia também a eletrificação portuária e o uso de veículos como *autobuses* e caminhões com energia limpa, subsidia comunidades críticas em termos de justiça ambiental, cria o "Corpo Civil do Clima", constituído de 300 mil membros, para atuar como força de trabalho na preservação de terras públicas e comunidades resilientes. Disponibilizam-se recursos a agricultores, ganadeiros e proprietários de terras florestais, a fim de apoiar os esforços de redução das emissões.

O programa de Biden visa recuperar o emprego interno dos Estados Unidos, perdido como resultado do processo de globalização das cadeias de produção e do papel do país nos negócios internacionais, especialmente nas últimas décadas, com a China. A transnacionalização do setor produtivo da economia dos Estados Unidos gerou pressões adicionais de emprego na política econômica interna. Por isso, o programa de Biden apresenta uma combinação de política ambiental e política de emprego doméstico com sinal protecionista. Com a finalidade de privilegiar a produção nacional e a criação interna de empregos, inicialmente a proposta do B3W e, posteriormente, a da IRA garantem que os componentes de tecnologia das energias limpas (pás de turbinas eólicas, painéis solares, automóveis elétricos, entre outros) serão construídos nos Estados Unidos com utilização de aço e materiais fabricados no país, favorecendo, dessa forma, empregos de qualidade no território doméstico. A legislação da IRA oferece incentivos às cadeias de fornecimento de insumos nacionais nos setores das indústrias solar, eólica e de outras indústrias críticas das comunidades voltadas à transição energética. Impulsiona também a concorrência das indústrias já instaladas, como as de aço, cimento e alumínio, com subsídios, empréstimos, crédito fiscal e aquisições que permitem impelir investimentos de capital na descarbonização e na revitalização da empresa.

Por outro lado, desde a proposta do B3W, o ponto de partida para o financiamento dessas políticas é que o programa se paga a si próprio, no sentido de que as decisões de gastos produzem crescimento da renda e do emprego e com isso se obtêm maiores saldos tributários e maior capacidade financeira do Estado. A novidade tributária do plano foi que passou a exigir mais contribuição das maiores empresas e dos americanos mais ricos. As medidas tributárias de Trump tinham sido no sentido contrário; em 2017, foi eliminado o imposto às sucessões e reduzida a carga tributária dos mais ricos de 39 para 35%. Biden anunciou que ninguém que ganhe menos de US$ 400 mil pagará mais impostos – esse foi o objetivo declarado já no quadro das ações previstas pelo B3W. Ao mesmo tempo, o Plano Biden impede que grandes empresas lucrativas sejam beneficiadas com pagamento zero de tributos e que as empresas que recompram suas ações em vez de investir na própria firma sejam mais tributadas. Não há recompensa financeira às empresas que enviam lucros para o exterior ou que favorecem, com suas decisões estratégicas globais, a criação de empregos fora dos Estados Unidos. O B3W e a IRA pedem aos americanos de rendimentos mais elevados que paguem sua parte justa. O plano inclui uma nova sobretaxa sobre os rendimentos dos bilionários – 0,02% dos americanos mais ricos. São aplicadas uma taxa de 5% acima do rendimento de US$ 10 milhões e uma taxa adicional de 3% acima do rendimento de US$ 25 milhões. A apresentação do programa veio acompanhada da declaração de Biden de que as reformas tributárias buscam que os ricos paguem o que devem.

Como já apontado, a Lei de Redução da Inflação e o conjunto de leis associadas a ela, aprovadas no Congresso em 2022, decorrem do programa de Biden "Build Back Better" (B3W). Os gastos do programa original, no entanto, foram questionados no Congresso americano não somente pelos republicanos, mas mesmo por parte dos democratas. Para garantir apoio, o governo lançou a ideia de que o plano concentra, de forma estratégica, um pacote de gastos efetivos contra a inflação e que se combinam com a agenda climática e social. Após mais de um ano de debates no Congresso, com impasse entre os próprios senadores democratas, a aprovação foi obtida e considerada, assim, uma vitória do Partido Democrata.

O Plano Biden diante do programa da China

Do ponto de vista internacional, quando do seu lançamento, em 2021, pensou-se que o B3W era uma resposta ao programa "Cinturão e Rota da Seda" ("Belt and Road Initiative" – BRI) da China, já em ação e com perfil de desenvolvimento de longo prazo de infraestrutura não unicamente na China, mas ampliado para países liderados pela economia chinesa. De modo que o plano se encontrou inevitavelmente implicado no contexto internacional de disputa de domínio global, diante da vasta presença da China e de seu plano de Rota da Seda.

Em 2013, o presidente da China, Xi Jinping, contando com o poder financeiro e industrial do país, propôs melhorar a conectividade e a cooperação em escala transcontinental. O poder da China, sua capacidade de influência diplomática e sua condição internacional criaram uma versão moderna da antiga estrada do mesmo nome, Rota da Seda, agora em dimensões compatíveis com o século XXI. O plano chinês promove o comércio e as formas de conectividade diretamente atreladas às condições de desenvolvimento econômico dos países participantes.

A China concebeu a BRI como programa estratégico de sua política externa, concentrando-se nos países vizinhos do lado sul e nos ocidentais, com interesse declarado de expandi-lo para o Golfo Pérsico, a Europa e a África.[4] A BRI procura, nesse sentido, comprimir uma grande área que abrange a Índia, a região oceânica e o cinturão da Eurásia através de estradas, trilhos de ferrovias de alta velocidade e ligações de oleodutos de petróleo e gás. No contexto de concorrência desses setores e de ameaças dos centros globais de poder, o impulso chinês é visto como meio de ampliar o seu domínio global. Os objetivos declarados do programa chinês são

> [...] construir um grande mercado unificado e fazer pleno uso dos mercados internacional e doméstico, através de intercâmbio cultural e integração, para aumentar a compreensão mútua e a confiança dos países-membros, resultando em um padrão inovador de fluxos de capital, *pools* de talentos, e bancos de dados de tecnologia.[5]

Desde o início, o plano chinês foi amplo: as autoridades manifestaram que a iniciativa abrangeria 65 países (incluindo a China) e um total de população em torno dos 4,4 bilhões de pessoas.[6] Entre os tipos de investimentos em infraestrutura da BRI, incluem-se portos, arranha-céus, ferrovias, estradas, pontes, aeroportos, represas, energia movida a carvão, estações e túneis ferroviários. Na rota marítima da seda, que já é o itinerário de mais da metade de todos os contêineres no mundo, os portos de águas profundas estão sendo expandidos, centros logísticos estão sendo construídos e novas rotas de tráfego serão abertas no interior. Como resultado, a Polônia, os Estados Bálticos, o Norte da Europa e a Europa Central se integram à rota marítima organizada com logística que se vincula ao Leste da África, à Índia e à China. Em suma, os navios de conexão para transporte de contêineres entre a Ásia e a Europa serão reorganizados como resultado das ações da BRI.

Relatórios sobre a Rota da Seda da China, consultados na visita ao Banco Mundial em abril de 2024, fazem parte de uma linha de investigação empírica com uso de modelos econômicos para avaliar oportunidades e riscos dos projetos chineses da BRI. Verificamos uma série de 19 documentos de referência e o relatório "Cinturão e Rota Econômica: Oportunidades e Riscos dos Corredores de Transporte" ("Belt and Road Economics: Opportunities and Risk of Transport Corridors").[7] Os estudos fornecem uma análise dos vínculos da BRI com comércio, investimento, dívida, aquisições, ambiente, redução da pobreza e infraestrutura. Setenta e uma economias localizadas geograficamente ao longo dos corredores de transporte da BRI, incluindo a China, receberam, em 2017, 35% dos investimentos diretos estrangeiros globais e foram responsáveis por 40% das exportações globais de mercadorias.[8] Estima-se que os projetos em implementação ou planejados e os já executados em todos os setores ascendam a um total de US$ 575 bilhões. Uma vez concluídos, os projetos de transportes da BRI poderão reduzir o tempo das viagens e dos deslocamentos ao longo dos corredores econômicos em 12%, aumentar o comércio entre 2,7 e 9,7%, elevar o rendimento em até 3,4% e tirar 7,6 milhões de pessoas da pobreza extrema.

Analistas apontam riscos da BRI em relação a dívida, governança (corrupção e aquisições), infraestruturas defasadas, além de riscos ambientais e sociais. Relatórios divulgados pelo Fundo Mundial para a Natureza (WWF) e pelo Comitê de Oxford para Alívio da Fome (Oxford Committe for Famine Relief) expõem o colapso climático e a extrema desigualdade como dois dos principais desafios a enfrentar hoje no mundo.[9] Um aspecto crítico dos programas das potências globais, debatido em reuniões de trabalho com pesquisadores do Center on Global Energy Policy (Cgep), da Columbia University, diz respeito ao impacto ambiental – à degradação sofrida principalmente pelas nações mais pobres e intensificada quando os governos negam tais consequências.

Essas críticas são direcionadas principalmente à BRI, da China, muito mais do que à IRA dos Estados Unidos. Com efeito, especialistas em política externa veem a BRI pelo espectro da geopolítica, interpretando-a como uma tentativa da China de obter influência política sobre os seus vizinhos.[10] No entanto, a BRI também é vista assim por autoridades e analistas chineses que argumentam que o programa pode ser usado na perspectiva estratégica mais ampla de funcionar como ferramenta para contrabalançar a política dos Estados Unidos no mundo asiático, intensificada na administração Obama.[11] Há, inclusive, posições que defendem que a BRI aspira a realizar organicamente o sonho chinês de globalidade,[12] que muitas vezes é mal interpretado como um problema geopolítico e não como abordagem econômica.[13] Isso porque a China tem o potencial de catalisar uma mudança global no movimento de libertação dos mercados e das forças econômicas, ajudando as nações africanas e asiáticas a alcançar um crescimento em direção à independência econômica e, como consequência, um maior desenvolvimento.

Apontam-se, ademais, os volumosos recursos econômicos da China como ferramenta crítica do governo de Xi Jinping no esforço de manter a paz regional e promover a liderança da China na região[14] e em outras regiões do mundo que se tornaram importantes aliadas de sua administração em política externa.[15] A BRI exibe a liderança chinesa e a capacidade do país para iniciar um novo ciclo de gastos que buscam integrá-lo completamente na economia global e reforçar sua predominância na política e no comércio internacional.[16] Os Estados Unidos não estão mais sozinhos na superioridade global. Estima-se que a BRI continue a ser uma combinação de projetos de longa data com novas iniciativas de grande alcance, com desenvolvimento de infraestrutura, em etapas integradas de acordos comerciais conjuntos que impulsionam os negócios chineses em toda a Europa e na região do Oceano Índico.[17]

SOBRE A FINANCEIRIZAÇÃO DA ECONOMIA GLOBAL E O RETORNO DOS CAPITALISMOS NACIONAIS

A situação global do conjunto de países interconectados pelas economias capitalistas é típica da época atual de financeirização da economia, que avança sobre as relações sociais inexoravelmente e condiciona a vida econômica e social. No mundo contemporâneo, as finanças tornaram-se condição fundamental do cálculo geral que orienta as decisões de gasto – e, consequentemente, de endividamento – dos atores desse sistema. Na concorrência, que é a arena onde se processam os negócios em cada setor da economia, passa a ser fundamental o aspecto financeiro, como a rentabilidade dos bens e os juros, e isso se estabelece entre os grandes grupos empresariais que atuam em diferentes países, em diferentes esferas e em diferentes atividades.[18]

As decisões que são cruciais para a gestão da riqueza e sua distribuição, e que são tomadas pelos principais centros de poder – governos (em função de sua hierarquia no mundo globalizado), grandes empresas, Bancos Centrais, Tesouros Nacionais, investidores institucionais, grandes bancos e tesourarias das grandes corporações industriais e comerciais –, conformam a macroestrutura financeira do capitalismo contemporâneo. Disso se inferem algumas observações importantes para interpretarmos o capitalismo contemporâneo liderado por Estados Unidos e China:

a) A financeirização da economia configura um padrão sistêmico de riqueza que tem na ampliação da parcela de ativos financeiros e na composição da riqueza contemporânea seu traço distintivo em relação a períodos precedentes do capitalismo. Especificamente, a financeirização, como um padrão sistêmico de riqueza, estabelece novas formas de definição, gestão e realização da riqueza, fato que condiciona as decisões de gasto dos principais atores econômicos, as políticas econômicas e as altas e baixas do ciclo de negócios.[19]
b) Para o caso das empresas, a forma de enriquecimento e acumulação de lucros passou a incluir não mais apenas os ganhos operacionais, isto é,

as receitas derivadas da produção e da circulação de mercadorias, mas agora também, de forma expressiva, os ganhos não operacionais, isto é, aqueles derivados dos negócios especulativos com ativos financeiros.[20]

c) Não faz mais sentido, em consequência, a separação entre empresas produtivas e empresas não produtivas, ou mesmo entre "capitalistas produtivos" e "capitalistas financeiros", uma vez que a financeirização como padrão sistêmico de riqueza significa a consolidação da fusão das diferentes formas de capital sob a dominância financeira.

d) O papel dos Estados Unidos é central nesse padrão internacional financeirizado de acumulação, pois as economias capitalistas que contam com sistemas financeiros complexos podem ser concebidas como uma estrutura de balanços inter-relacionados. Nesse contexto, os atores econômicos, ao tomarem decisões de forma independente e não coordenada, acabam afetando os demais atores em todo o mundo não apenas quando realizam ganhos, mas também quando sofrem perdas.[21]

Sustenta-se aqui, dessa forma, que a financeirização é a característica predominante dos capitalismos do século XXI, liderados principalmente por Estados Unidos e China no contexto internacional globalizado e multipolar. Esse padrão financeirizado das economias contemporâneas não é simples consequência da deterioração das condições em que se processam a produção e a circulação de mercadorias no modelo atual e generalizado do capitalismo. Na verdade, é o resultado lógico-histórico de um sistema movido pela busca incessante por novos espaços de acumulação da riqueza, diante do acirramento da concorrência intercapitalista e, consequentemente, dos processos de centralização e concentração do capital. Isso, num arranjo internacional liderado pelos Estados Unidos, o qual, por um lado, se baseia na liberalização dos fluxos internacionais de capital e na desregulamentação dos mercados e, por outro, é impulsionado pelo surgimento e pelo desenvolvimento de inovações financeiras, sejam elas de produtos ou de processos, em escala global.

Em termos de fluxos financeiros internacionais, no período de reconstrução do pós-guerra no século XX, os Estados Unidos passaram a oferecer ajuda material e financeira à Europa, através do Plano Marshall, e ao Japão, por meio de um volumoso apoio direto. Além disso, complementaram tais medidas com a abertura do próprio mercado interno às exportações do Japão e com o apoio ao regionalismo econômico europeu.[22]

O dólar, que já era importante para os fluxos internacionais de capital e comércio em fins do século XIX e início do século XX, ganhou preponderância depois da Segunda Guerra Mundial. Os Estados Unidos, além de contarem com capacidade industrial renovada e projeção militar global, dispunham da vantagem de constituírem-se nos maiores credores das principais potências econômicas do século XX. Todavia, nas negociações prévias à formação do sistema financeiro internacional, não prevaleceu a recomendação de política de Keynes no sentido de que a capacidade de administrar os excedentes produzidos pelo sistema fosse acompanhada de uma "União Internacional de Compensações" ("International Compensation Union" – ICU), o que permitiria a gestão racional dos fundos entre países e daria ao sistema financeiro global certa previsibilidade necessária diante dos fluxos, das expectativas e das incertezas. Os Estados Unidos revelaram o interesse em estabelecer um sistema global baseado na acumulação ampliada de riquezas e lucros.

Nessas condições, ao darem suporte à conformação de um mercado comum europeu, por exemplo, os Estados Unidos conseguiram que as filiais de suas companhias obtivessem o mesmo tratamento que era dado às firmas locais. Em reação ao movimento de expansão dos grupos empresariais norte-americanos, as firmas da Europa e do Japão promoveram a centralização dos grandes capitais de lá originários, estabelecendo estruturas oligopólicas similares às norte-americanas,[23] o que foi possível porque encontraram suporte nas elites locais desses países. Em 1950, por exemplo, os investimentos diretos de outros países nos Estados Unidos correspondiam a 28,8% do que os americanos investiam no exterior. Esse número chega a decrescer, em 1959, para 22,1%.[24]

No processo de domínio internacional dos Estados Unidos, os gastos norte-americanos em armamentos tornaram-se convenientes no sentido de atender tanto aos objetivos de tecnocratas e militares quanto aos interesses financeiros dos grandes grupos industriais que compõem o denominado "complexo industrial-militar".[25] Inclusive, o sistema de inovação dos Estados Unidos foi implementado principalmente sob essa articulação entre a rede universitária, laboratórios das grandes empresas e instituições militares.[26] Chama atenção que o orçamento militar seja um dos pontos de maior consenso político bipartidário (democratas e republicanos) da política dos Estados Unidos.[27] Quando os republicanos defendem a redução do gasto público, fazem-no hoje especialmente com foco no orçamento destinado à área de bem-estar social;

ao contrário, o dispêndio militar é enfaticamente apoiado pelas mesmas correntes do partido e tolerado mesmo pelos setores republicanos mais avessos ao militarismo.

O Partido Democrata, por sua vez, é complacente com os interesses que passam pelo orçamento do setor de defesa. A pesquisa de campo e as entrevistas realizadas no Department of Spanish & Latin American Cultures, do Barnard College, Columbia University, sobre os problemas atuais dos Estados Unidos, mostraram as opções eleitorais de 2024 entre Kamala Harris e Donald Trump como assunto prioritário. Diante dessas opções, o Partido Democrata ganha as preferências de voto, porém não sem críticas: há forte rejeição ao apoio dos Estados Unidos à guerra de Israel em Gaza. Essa postura antibélica nos setores intelectuais e entre os estudantes sublinha o profundo mal-estar com o papel da guerra na economia dos Estados Unidos como meio de realização dos lucros do complexo industrial-militar.

Para além do complexo industrial-militar que movimenta a economia dos Estados Unidos, desde 1990, o padrão geral de crescimento foi liderado por investimentos em setores sujeitos ao processo de concentração dos grandes varejistas (o Wall Mart e a Amazon são os casos mais emblemáticos), na indústria do entretenimento (cinema, televisão, jogos eletrônicos e aplicativos) e no setor de pesquisa e desenvolvimento (P&D). No plano internacional, houve um duplo padrão de investimento dos Estados Unidos: (i) o que exerceu forte pressão pela abertura financeira na América Latina, comandado por uma lógica patrimonial que envolveu a aquisição de empresas públicas e privadas ligadas, predominantemente, a setores de serviços públicos, combinado com o discurso neoliberal de privatizações e Estado mínimo; (ii) e o outro, de direcionamento do investimento estrangeiro direto (IDE) a projetos incipientes que existem somente no papel e estão em fase de planejamento (IDE em *greenfield*) na Ásia, sobretudo para a China, fato que remodelou as antigas cadeias produtivas. A falta de competitividade das mercadorias dos Estados Unidos levou empresas a fabricar diretamente nos países orientais, compartilhando custos mais baixos.[28]

Nesse processo, a China transformou-se na etapa final de uma rede de exportações dirigidas ao mercado dos Estados Unidos e de outros países centrais, a qual, para funcionar, demanda peças e componentes dos demais países asiáticos e recursos naturais da América do Sul e da África. O resultado foi a cristalização de um novo nexo dominante na economia internacional, cujo destaque é a sinergia entre a economia dos Estados Unidos e a da China e suas externalidades. As reservas em dólar acumuladas na China pelo gasto dos americanos fecham o circuito, pois permitem o financiamento do déficit dos EUA, mediante a compra de títulos públicos e demais ativos financeiros por parte de Pequim.[29]

Entretanto, o atual mapa do capitalismo global resulta mais complexo ainda: suas orientações e tendências surpreendem, pois hoje resultam praticamente opostas ao mundo unificado com que se apresentava a globalização alguns anos atrás.[30] Sim, porque é crescente o descompasso entre o peso relativo da economia norte-americana e as obrigações políticas em um mundo cada vez mais propenso aos conflitos militares e sociais. A economia dos Estados Unidos enfrenta o desafio do crescimento global dos seus aliados-rivais, e, além disso, a transnacionalização do seu setor produtivo gera pressões adicionais na política nacional, com demandas por emprego interno bom e sindicalizado.

Hoje, o padrão financeiro global do capitalismo tem capacidade de investir pesadamente tanto em produtos como em armamentos sofisticados sem constrangimentos externos significativos, e ainda depende da centralidade de decisões de Wall Street e dos títulos públicos americanos negociados nas finanças internacionais. Esse padrão sistêmico de reprodução e distribuição da riqueza sob predominância financeira, por penetrar no interior da sociedade civil, ajuda a sustentar, de dentro para fora de cada país, o *status quo* da política internacional, amarrando um conjunto complexo de interesses privados ao dólar, que, desse modo, permanece sólido em sua dimensão tanto privada quanto pública.[31]

Não é de admirar, portanto, que as autoridades americanas e europeias, tradicionais defensoras do discurso liberal da globalização e da abertura de mercado, hoje façam referências frequentes às exportações e aos subsídios chineses, quando a China está à frente dos Estados Unidos e da Europa na rivalidade tecnológica em energia limpa. O fato é que os subsídios em grande escala proliferaram uma corrida para proteger setores estratégicos em cada país.

Em resposta aos subsídios da China, a IRA se articula com a "Lei dos *Chips*" ("Chips and Science Act"). A lei, transformada em marco da política industrial e da política de ciência e tecnologia estadunidense atual, promove a recomposição da indústria de semicondutores e *chips* eletrônicos sob proteção americana e prevê investimentos de US$ 52,7 bilhões para financiar empresas do setor, sendo US$ 11 bilhões destinados a pesquisa e desenvolvimento (P&D) e US$ 2 bilhões a aplicações militares de semicondutores. Os Estados Unidos tornaram-se, no passado, líderes em produção de tecnologia e equipamentos essenciais, *chips* e semicondutores, mas a produção em massa de semicondutores avançados passou a se localizar centralmente em Taiwan, Coreia do Sul, Japão e – no caso de equipamento de fábrica – nos Países Baixos.

A Lei dos *Chips* busca recuperar a indústria de *chips* para o território americano, integrando o laboratório à fábrica, oferecendo financiamentos consideráveis a empresas que utilizem energia limpa e equipamentos semicondutores. Com base no apoio ao investimento para combater as alterações climáticas e criar novos empregos no país, estabelecido na IRA, a Lei dos *Chips* conta com subsídios na forma de incentivos fiscais, subvenções e garantias de empréstimos para reforçar a produção e o emprego desse setor nos Estados Unidos. Se pensado do ponto de vista da economia globalizada, é marcadamente protecionista, com uma ação regional voltada a criar emprego em países parceiros, especialmente vizinhos, como o México. Nesse caso, insumos para a fabricação de baterias VE (para carros elétricos) podem ser importados de países com os quais os Estados Unidos têm algum acordo prévio de livre comércio, sempre que seu preço seja mais competitivo que o do mercado interno estadunidense. Isso teve efeitos econômicos positivos no México, como veremos adiante.

A nova lei tem um sentido geopolítico, pois busca reduzir a dependência de Taiwan em caso de crise naquele país e inclui US$ 500 milhões a serem destinados à indústria de semicondutores em países amigos e próximos dos Estados Unidos, para diminuir a dependência existente hoje das plantas localizadas na Ásia. A União Europeia manifestou-se com preocupação e com protestos contra o fortalecimento da produção interna de *chips* dos Estados Unidos, e reagiu com a criação de um Fundo de Soberania da Europa (FSE) para combater diretamente os efeitos da IRA. A Coreia do Sul e o Japão também implementaram as suas próprias respostas aos subsídios americanos. A Coreia do Sul, depois de inicialmente rejeitar fortemente os incentivos para veículos elétricos (VE) e as baterias fabricadas nos Estados Unidos, conseguiu negociar benefícios da IRA vindos do Tesouro dos Estados Unidos, que estenderam incentivos fiscais ao país. O Japão também obteve um acordo semelhante, qualificando suas baterias e componentes VE para receber incentivos da IRA.

Em atitude defensiva, as principais empresas de baterias e semicondutores de ambos os países planejam implementar novas fábricas nos Estados Unidos para garantir que continuem a receber os subsídios americanos, à medida que os requisitos de conteúdo local ao abrigo da IRA forem se tornando mais rigorosos ao longo do tempo. Todavia, tanto os sul-coreanos como os japoneses reconhecem que os subsídios dos Estados Unidos também representam uma ameaça às suas indústrias nacionais. Ambos os países evidenciam uma estratégia dupla, que abrange a captação de incentivos disponíveis no âmbito da IRA, porém, ao mesmo tempo, implementam suas próprias políticas nacionais de subsídios para proteger setores-chave de suas economias internas.

Até a Austrália, que tem um acordo de livre comércio com os Estados Unidos e pouca indústria para proteger, aprovou um programa de subsídios que procura reforçar a atividade em áreas, como baterias e processamento mineral crítico, estrategicamente significativas. O México – parceiro dos Estados Unidos através do Acordo Estados Unidos-México-Canadá e beneficiário da IRA – substituiu a China como o maior exportador para os Estados Unidos no ano passado; foi a primeira vez, desde 2006, que a China deixou de ocupar esse lugar. Existem, em consequência, um realinhamento nítido do comércio global em andamento e uma posição protecionista que contagia os centros de decisão do mundo.[32]

Ademais, há o risco de os Estados Unidos e a China ampliarem o raio de abrangência de seus setores estratégicos, desencadeando novas "guerras globais de subsídios". Para os países sem espaço fiscal nem capacidade de endividamento, não há chance de competir com setores estratégicos de ponta, o que os afasta ainda mais das possibilidades históricas de desenvolvimento e da distribuição das riquezas provenientes do progresso técnico. Os choques enfrentados pela economia global nos últimos anos abalaram o pensamento convencional sobre os ganhos da integração econômica e desencadearam apelos generalizados a políticas protecionistas. Nas nações avançadas, as medidas comerciais e políticas industriais discriminatórias contra agentes externos aumentaram na história recente. Exemplo disso, entre vários, é a adoção mais frequente de tarifas punitivas, restrições à exportação e mandatos de compra locais por parte dos Estados Unidos.[33]

Embora sejam representantes e líderes mundiais das economias de mercado, e inclusive defensores nítidos do liberalismo nas relações internacionais, quando necessário, os Estados Unidos exibem sua tradição protecionista. Alexander Hamilton, primeiro-secretário do Tesouro norte-americano entre 1789 e 1795, foi formulador de medidas protecionistas em defesa da instalação no país da indústria manufatureira. Seus "Relatórios do Secretário da Fazenda sobre Manufaturas" ("Reports of the Secretary of the Treasury on the subject of manufactures")[34] lançaram as ideias que Friedrich List utilizaria, em 1841, como argumento de defesa da proteção à indústria nascente na obra que se tornou referência do protecionismo, *The National System of Political Economy*.[35] Na época, o projeto industrialista dos estados do Norte (dos EUA) necessitava ser protegido com medidas que apoiassem a emergência e a formação do setor. No entanto, as ideias protecionistas conflitavam com o projeto liberal, associado aos interesses agrícolas mais conservadores. Atualmente, o cenário é bem diferente; o protecionismo volta ao debate da economia política enredado no problema do emprego interno das nações, o qual a globalização e a abertura econômica eliminaram.

À guisa de recapitulação histórica, a China se tornou um dos principais parceiros comerciais dos Estados Unidos, uma vez que a maior parcela das importações estadunidenses é oriunda desse país. No final dos anos 1990, as exportações chinesas para os Estados Unidos eram compostas de têxteis, partes de maquinários e eletrônicos; mas, a partir dos anos 2000, produtos eletrônicos de alto valor agregado passaram a compor a pauta exportadora. Em 2018, lideravam as importações estadunidenses produtos como computadores, telefones celulares, TVs e aparelhos para transmissão, enquanto a China consumia principalmente produtos primários dos Estados Unidos, notadamente soja. Em sua balança comercial atual, os Estados Unidos importam da China muito mais do que vendem ao país asiático. O resultado na distribuição global das cadeias de produção foi o desemprego no interior dos Estados Unidos, que provocou insatisfação em relação ao tradicional padrão de crescimento e ao modo de vida americano.

Esse contexto econômico é acompanhado, na política, pelo discurso antiglobalização, nacionalista e protecionista, emblema do lado mais radical dos conservadores americanos. Donald Trump, em 2018, anunciou taxar os produtos importados da China, encarecendo, assim, o seu valor ao consumidor final, com o objetivo de proteger o mercado interno e a indústria sob o lema de seu governo, "América primeiro" ("America First"). A contrapartida chinesa aconteceu de forma semelhante, com a imposição de tarifas sobre produtos importados dos Estados Unidos e, posteriormente, a desvalorização de sua moeda, o que barateou internamente os produtos chineses e encareceu os de origem estadunidense. Outro acontecimento crítico entre os países diz respeito ao avanço tecnológico, por parte da China, no setor das telecomunicações e às desconfianças do governo norte-americano.

Na economia política clássica, o protecionismo foi tradicionalmente defendido por interesses nacionalistas, porém sempre exposto a críticas diante de suas limitações para conceber a política e o comércio internacional, uma vez que as ações defensivas dos países costumam ser respondidas com novas ações protecionistas. Na atualidade, o protecionismo surge associado à rivalidade comercial das potências globais, em uma economia internacional de fragmentação e redistribuição das cadeias de produção causadoras de desindustrialização e desemprego, que, combinados, provocam, para a maioria das nações, novas demandas e angústias sociais vinculadas ao desemprego, enquanto a dinâmica acelerada do capitalismo financeiro dá oportunidade a discursos políticos que se baseiam em formas de determinismos (biológico ou estatístico) que ignoram a ciência e negam completamente o sentido e os valores humanos. Nesse cenário, surgem líderes que promovem sagazmente soluções de acirramento da aversão social, sem capacidade de oferecer soluções republicanas e concretas para a sociedade.[36]

Trajetória dos Estados Unidos no século XX, globalização e protecionismo

Os Estados Unidos foram artífices do sistema de Bretton Woods e líderes da liberalização comercial. Foram ainda um dos países que alavancaram a criação do Acordo Geral de Tarifas e Comércio (Gatt), em 1947, que se juntou às instituições internacionais que moldaram a economia mundial no pós-Segunda Guerra Mundial. Mais tarde, em 1995, o Gatt iria se transformar na Organização Mundial do Comércio (OMC). Enquanto o Gatt havia se dedicado ao comércio de mercadorias, a OMC iria se dedicar adicionalmente ao comércio de serviços e de propriedade intelectual.[37]

Toda essa liberalização comercial foi promovida pelos Estados Unidos com a ideia de que o comércio contribui significativamente para fomentar o desenvolvimento econômico e promover relações pacíficas entre as nações.[38] No entanto, depois da Segunda Guerra Mundial veio a Guerra Fria, e com ela vieram os bloqueios comerciais a alguns países, por exemplo, negando a entrada nos Estados Unidos de qualquer coisa que parecesse chinesa, a menos que a pessoa que tentasse introduzir o artigo no país pudesse provar que tinha deixado a República Popular da China antes de outubro de 1949, data em que os comunistas tomaram o poder.[39] Apesar disso, os Estados Unidos promoviam a liberalização comercial entre os países do chamado "mundo livre", o que fazia parte de sua estratégia de política externa, como aponta Wolff.[40]

A partir da crise de 2008-2009, começaram a surgir vozes protecionistas entre os líderes dos países desenvolvidos e a ideia de que o comércio livre não era benéfico para todos. Contudo, na crise mundial de 2009, os efeitos não foram tão significativos, se comparados aos da crise de 1929. É claro que em ambos os casos os países tenderam a aumentar e/ou implementar esse tipo de políticas comerciais protecionistas. O protecionismo comercial tem aumentado a um ritmo mais do que considerável, tendo em vista que de 2009 a 2015 ele passou de um total de 350 medidas para muito mais de 4 mil medidas, e, ao que parece, a tendência de crescimento continua.[41]

Nesse contexto, Trump tornou-se presidente dos Estados Unidos com proposta de implementar uma política neoprotecionista. Três dias após o início de seu mandato, decidiu eliminar o Acordo de Associação Transpacífico (TPP) entre 12 nações, que servia aos interesses comerciais e de política externa dos Estados Unidos. O TPP, que cobre 40% do PIB global, foi uma forma de alcançar um compromisso de livre comércio com o Japão, unir e atualizar os acordos comerciais anteriores com Canadá, México, Singapura, Austrália, Peru e Chile, e proporcionar maior segurança ao Vietnã, situado como está, nem sempre confortavelmente, na fronteira sul da China.[42]

Trump adotou uma forma de neomercantilismo: boa parte do que ele propôs se encontra na obra de Thomas Mun, de 1664, que diz que a riqueza e o tesouro de uma nação derivam de uma balança comercial favorável, ou seja, de vender aos estrangeiros mais do que se pretende comprar deles.[43] Embora seja verdade que os Estados Unidos têm um déficit comercial com o mundo, grande parte desse déficit vincula-se à fragmentação produtiva da atual fase do capitalismo, o que não acontecia no século XVII, quando Mun era gerente da Companhia das Índias Orientais.[44] Foi esse o motivo que levou Trump a retirar os Estados Unidos do TPP, para renegociar o Acordo de Livre Comércio da América do Norte (Nafta), que acabou por ser chamado de Acordo Estados Unidos-México-Canadá (T-MEC ou USMCA, na sigla em inglês) e entrou em vigor em julho de 2020.

Entre as mudanças significativas que foram incluídas no T-MEC estava o caso da indústria automobilística: foi acordado que, para um carro ser exportado livre de tarifas, ele teria que ser 75% produzido em um dos três países do Acordo, e que entre 40 e 45% do automóvel deveria ser fabricado por trabalhadores que ganhassem pelo menos US$ 16 dólares.[45] Foi uma espécie de Nafta 2.0 ou Nafta *Plus*.

Trump também promoveu uma reforma tributária que fez com que os mais ricos pagassem menos impostos, o que aumentou a desigualdade na distribuição de renda durante seu governo. Com isso, o Índice Gini passou de 41,2 em 2017 para 41,5 em 2019, embora tenha havido queda em 2020, como consequência da crise agravada pela pandemia, diminuindo para 39,7.[46] Ou seja, o governo Trump caracterizou-se por um neoprotecionismo que se resumiu na frase cunhada para sua campanha eleitoral (o já citado *slogan* "America First"), e que o levou a declarar guerra comercial à China, em 2018, dando origem a um novo tipo de Guerra Fria.

A guerra comercial com a China teve o efeito de diminuir o déficit comercial com os Estados Unidos, porém ligeiramente, já que em 2019 o déficit com o Canadá foi maior que o déficit com a China e, no caso do México, observou-se um déficit crescente da parte dos Estados Unidos. Dos quatro países selecionados no gráfico abaixo (China, Canadá, Brasil e México), os Estados Unidos mantiveram superávit comercial somente com o Brasil. China, Canadá e México são fornecedores dos Estados Unidos muito mais do que clientes, o que não é o caso do Brasil, que interessa para os Estados Unidos mais como cliente do que como fornecedor.

Verifica-se que os Estados Unidos reduziram ligeiramente o seu déficit comercial com a China, mas aumentaram-no com o México, que é o seu parceiro comercial. Contudo, em todos os anos, os dois parceiros tomados em conjunto não superaram o déficit comercial com a China. Em relação ao funcionamento da economia, o governo Trump foi afetado pela pandemia de

2020, que implicou uma queda do PIB inferior apenas à ocorrida durante a Grande Depressão de 1929-1933. O PIB durante o período da administração Trump teve uma taxa média de crescimento de apenas 0,6% de 2017 a 2020, e o PIB *per capita* de 0,1% (cálculos baseados no Banco Mundial). Ou seja, a economia teve um desempenho ultramedíocre, embora, em parte, isso tenha sido resultado da pandemia.

Gráfico 3.1 – Saldo da balança comercial dos Estados Unidos, com seus principais sócios comerciais e com o Brasil, durante o governo de Trump, 2017-2020 (em milhões de dólares)

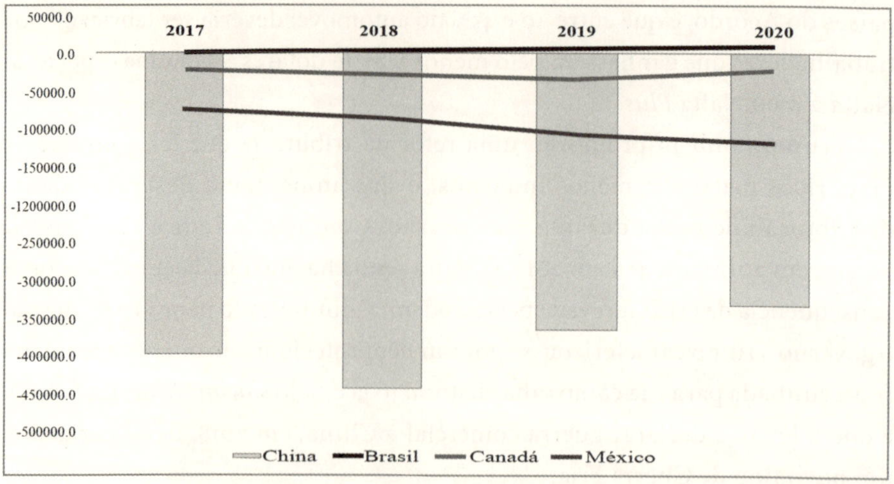

Fonte: Elaboração própria com base em dados de Comtrade.

Pode-se observar, ademais, o desempenho ruim da economia sob o governo Trump, que fez com que esse setor caísse acentuadamente em 2020 nos Estados Unidos. Se analisarmos trimestralmente o comportamento da economia do país, poderemos identificar com maior precisão o impacto que a pandemia teve no governo Trump.

Ou seja, apesar da retórica populista de direita de que uma nova era estava começando nos Estados Unidos e a economia iria melhorar, os resultados não foram nada encorajadores; ao contrário, registrou-se um desempenho pífio da economia, junto com os aumentos da desigualdade na distribuição da riqueza e do déficit comercial do país com o mundo.

Gráfico 3.2 – Taxa de crescimento da economia dos Estados Unidos, 2017-2020, no governo de Trump (porcentagem calculada em dólares de 2015)

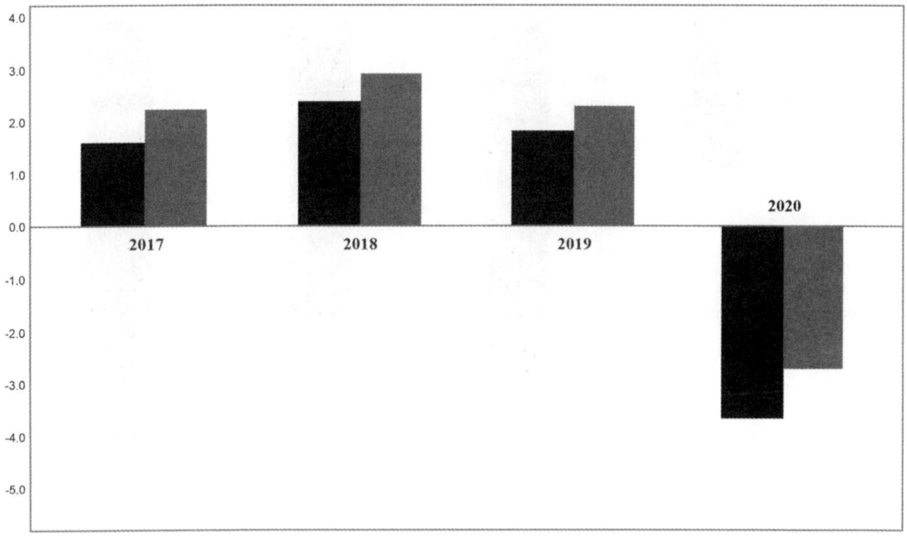

Fonte: Elaboração própria com base em dados do World Bank.

Gráfico 3.3 – Taxa de crescimento da economia dos Estados Unidos por trimestre, 2017-2020, durante o governo de Trump (porcentagens calculadas em dólares de 2017)

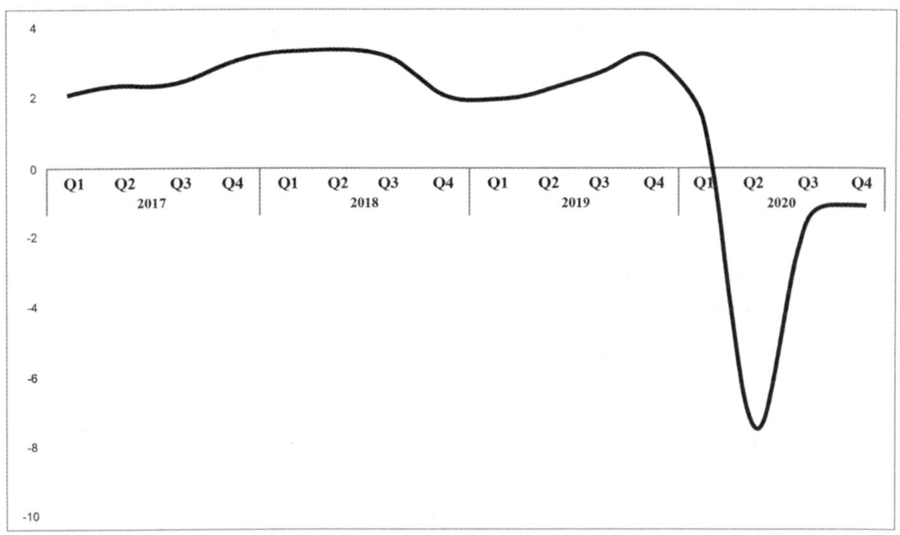

Fonte: Elaboração própria com base em dados do Bureau of Economic Analysis dos Estados Unidos da América.

Gráfico 3.4 – Déficit comercial dos Estados Unidos com o mundo durante o governo de Trump em milhões de dólares, 2017-2020

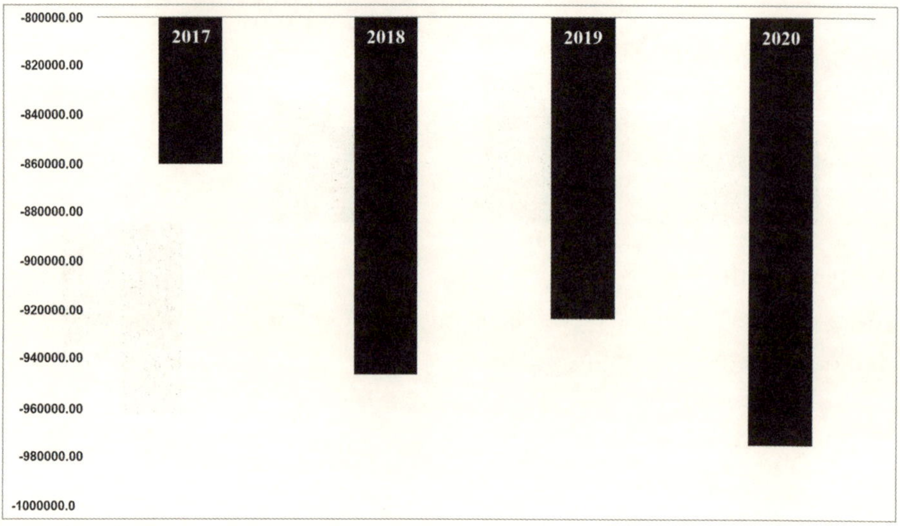

Fonte: Elaboração própria com base em dados de Comtrade.

A retórica de Trump mostrou-se limitada: a única coisa que aconteceu foi um rearranjo nos países com os quais os Estados Unidos têm um déficit na balança comercial, a favor de um dos seus parceiros, e uma ligeira diminuição do déficit com a China, o que tem a ver com a guerra comercial declarada por Trump em 2018. O que foi dito acima evidencia a natureza estrutural do déficit da balança comercial dos Estados Unidos.

> O início da pandemia apanhou de surpresa o presidente Trump na administração dos EUA, que demonstrava, desde o início da crise, uma atitude algo negacionista e ineficaz em face da situação. Porém, à medida que os acontecimentos se desenrolaram e as consequências se agravaram, a sua atitude foi mudando.[47]

A chegada de Biden aumentou a esperança de uma mudança radical nas políticas econômica, de imigração e externa. No entanto, em termos de imigração, não houve disposição para desmantelar a política promovida por Trump. Na política externa, a guerra comercial com a China continuou, e os bloqueios a Cuba, agravados durante o governo Trump, não foram modificados. Contudo, desde o enfrentamento da pandemia ocorreram mudanças importantes. Biden promoveu uma política econômica anticíclica de amplo espectro.

> Os Estados Unidos aprovaram o Plano de Resgate de 2021 ("American Rescue Plan Act") com estímulos de 1,9 trilhão de dólares para vacinação, redes de saúde, alívio econômico para as famílias, mais benefícios de seguro-desemprego e manutenção do apoio às empresas. Isso, somado ao que foi colocado em prática em 2020, é a resposta fiscal à covid-19, com 25% do PIB.[48]

Pode-se dizer que a política anticíclica dos Estados Unidos, com Biden como presidente, foi uma das "mais importantes da sua história e a maior do mundo".[49]

Gráfico 3.5 – Governo dos Estados Unidos: renda e gastos correntes (em bilhões de dólares)

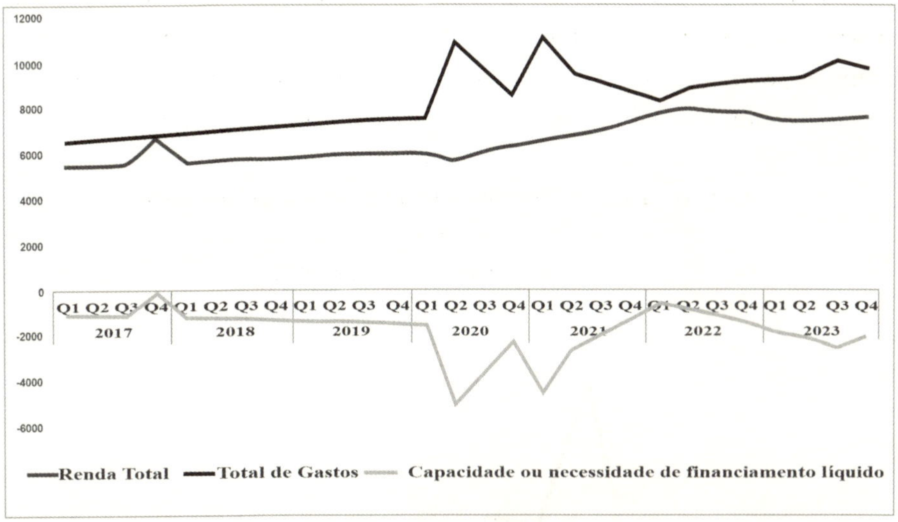

Fonte: Elaboração própria com base em dados do Bureau of Economic Analysis dos Estados Unidos da América.

Observamos também que o aumento dos gastos ocorrido em virtude do combate à pandemia e da implementação do projeto de Biden em 2021 implicou uma rápida saída da crise de 2020, juntamente com o crescimento dos saldos líquidos de financiamento.

É evidente que o "American Rescue Plan Act" deu resultados do ponto de vista do crescimento econômico, uma vez que os Estados Unidos tiveram uma das recuperações dos efeitos da pandemia mais céleres e eficazes do mundo –

sua recuperação foi melhor do que a da crise de 2008-2009 –, crescendo, no segundo trimestre de 2021, acima da queda causada pelo coronavírus.

Depois desse plano, Biden promoveu o ambicioso programa de investimentos em infraestruturas do B3W, que atingiu US$ 2,3 trilhões e que visava colocar os Estados Unidos em condições favoráveis para enfrentar a concorrência global, especialmente com a China. O B3W teve que ser revisado para conseguir a aprovação no Legislativo, sendo para isso transformado em um grupo de leis estratégicas que estimulam os investimentos, principalmente, em infraestrutura. O conjunto de gastos do Plano Biden está associado a esse programa de financiamento de diferentes infraestruturas – "infraestrutura clássica", "infraestrutura humana ou de cuidado", "combate às alterações climáticas" e "concorrência geoeconômica"[50] –, que se seguiu ao plano inicial do presidente democrata de resgate: o primeiro configurou uma mudança na política econômica em termos de política social; e o segundo, voltado ao investimento, teve importante resultado em termos de política anticíclica de amplo espectro e do objetivo de relançar a economia dos Estados Unidos ao centro do mundo, melhorando e recompondo o emprego nacional.

Gráfico 3.6 – Taxa de crescimento da economia dos Estados Unidos por trimestre, 1º trimestre de 2020 ao 1º trimestre de 2024, no governo de Biden (porcentagem calculada em dólares de 2017)

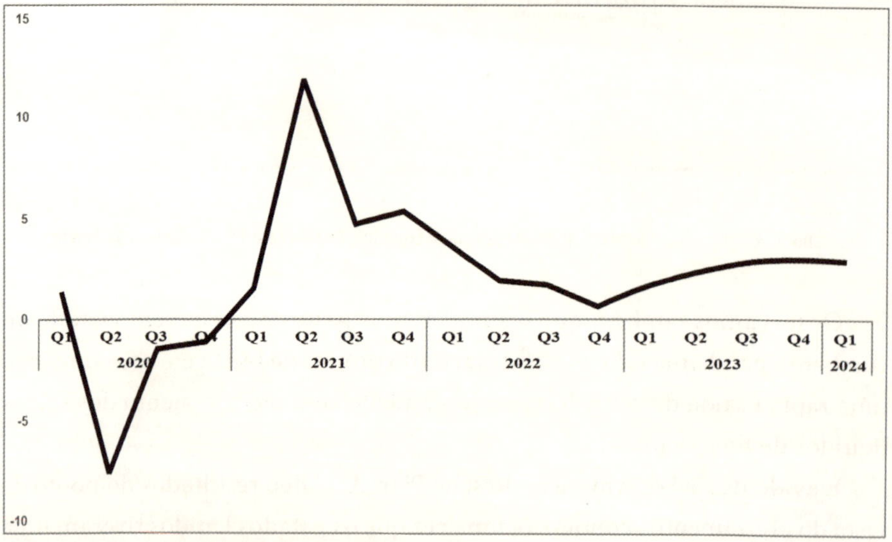

Fonte: Elaboração própria com base em dados do Bureau of Economic Analysis dos Estados Unidos da América.

Percebe-se que a estratégia econômica de Biden visava não apenas satisfazer os objetivos da saúde pública, mas também abordar questões de crescimento, distribuição e infraestrutura.[51]

Tabela 3.1 – Componentes do gasto da segunda iniciativa do presidente Biden

TIPO DE GASTO	VALORES EM BILHÕES DE DÓLARES
Estradas, pontes, portos e sistemas de trânsito	**621**
Abastecimento de água potável	**111**
Renovação de sistemas elétricos	**100**
Atualização da rede elétrica	**100**
Habitação, escolas e cuidados de saúde	**213**
Modernização das escolas públicas	**100**
Modernização dos centros universitários	**12**
Cuidado infantil	**25**
Modernização de hospitais de veteranos	**18**
Modernização de cargos públicos	**10**
Aumento de benefícios e salários para profissionais de saúde	**400**
Apoio a pequenas empresas	**180**
Fortalecimento da manufatura	**300**
Desenvolvimento da força de trabalho	**100**
Salários e segurança no trabalho	**10**
Total	**2300**

Fonte: Congresso dos Estados Unidos, extraído de Ibarra, 2021, e López, 2022.

Pode-se dizer que os Estados Unidos implementaram um programa econômico que deixou para trás a política de austeridade orçamental e se afastou do paradigma dominante.[52] Em comparação com 2020, Biden aumentou os gastos em US$ 455,9 bilhões (calculados pelo Bureau of Economic Analysis dos Estados Unidos da América).

Na política de Trump, protecionista e contrária à abertura econômica, o coeficiente de abertura quase não se alterou: caiu em 2020, como em todo o mundo, mas com Biden recuperou o nível normal dos anos anteriores, embora se observe um processo de estagnação na abertura comercial, assim como em todo o mundo. Biden, embora reproduza em sua política econômica ferramentas utilizadas por seus antecessores, como os programas de flexibilização quantitativa (*quantitive easing*) – política monetária na qual o Banco Central, no caso dos Estados Unidos o Federal Reserve (FED), compra ativos financeiros para estimular a economia, injetando dinheiro diretamente no mercado –, evidencia como principal ruptura a recuperação da política fiscal como mecanismo anticíclico e como critério para a orientação dos investimentos públicos em infraestrutura e nos gastos sociais.[53] Ou seja, com Biden retoma-se uma política econômica keynesiana, ao menos em termos de política fiscal.

Gráfico 3.7 – Coeficiente de abertura da economia dos Estados Unidos, 2017-2022 (em porcentagem)

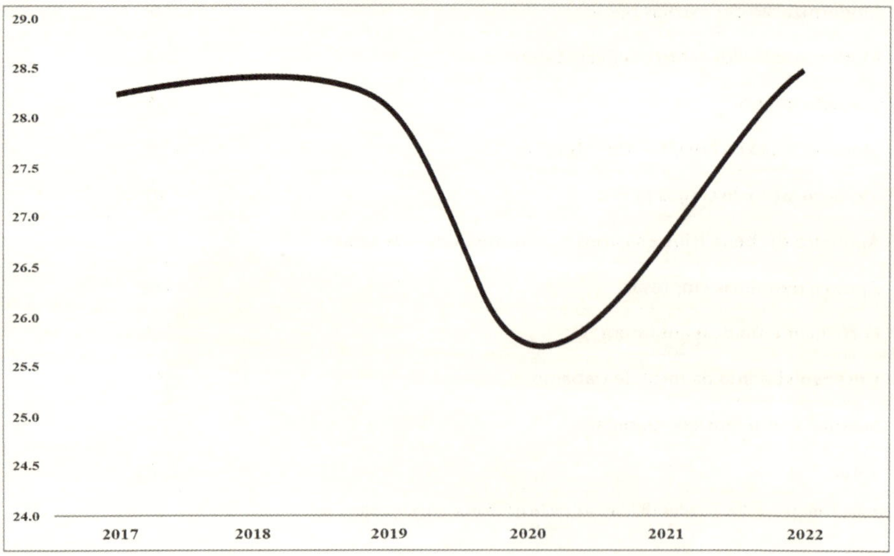

Fonte: Elaboração própria com base em dados do World Bank.

A crise econômica de 2008, a insistência das políticas neoliberais impostas aos países em função de suas capacidades financeiras e econômicas, a pandemia e seu impacto nas economias, as mudanças ambientais – todos esses fenômenos colocam em questão os rumos atuais do capitalismo financeiro e neoliberal. Parece que, em face dessa sucessão de fatos históricos, o programa de Biden, de gastos que ativam a economia e o emprego, funciona no pensamento atual como reconhecimento de que estamos diante de uma novidade. Como evidenciado pelas informações que analisamos através das variáveis selecionadas acima, os gastos do programa de Biden repercutem em melhorias nítidas na renda e no emprego.

O programa B3W de Biden, assim como seu principal concorrente, a Rota da Seda de Xi Jinping, confronta o contexto neoliberal em termos de expansionismo fiscal e direção estatal do investimento, embora ainda seja cedo para mensurar os desdobramentos das atuais políticas dos centros globais de poder. O Plano Biden enfrenta o problema do desemprego e dos postos de trabalho, extintos nas últimas décadas nas economias contemporâneas. Resta a discussão sobre qual a dimensão real que essas medidas de inspiração keynesiana poderão atingir, se de apoios seletivos a setores estratégicos ou de combate em escala ampliada à desindustrialização nos Estados Unidos e em regiões de países parceiros. Ademais, como as economias não funcionam isoladamente, sempre haverá impacto para os países, podendo afetar a reacomodação, por destruição e/ou recriação, das cadeias produtivas em diferentes países e regiões.

Comentários finais

A reflexão que pode ser feita aqui, em função do trabalho de campo realizado nos Estados Unidos, numa conjuntura prévia à eleição presidencial de 2024, e das análises de documentos e matérias sobre o tema, quanto à prática e à operacionalidade do programa keynesiano de Biden, é que são visíveis os resultados de melhoria econômica na esteira de emprego e renda, e que a política implementada tem sinal exatamente contrário ao que o neoliberalismo prega, sem, contudo, ser suficiente para que possamos tirar conclusões sobre aspectos e problemas que se colocam em termos doutrinários e ideológicos, como o do fim do próprio neoliberalismo, o do aprofundamento do capitalismo financeiro como etapa de destruição das democracias, ou o do caminho de consensos republicanos e sustentáveis. Mesmo para saber se, por exemplo, o governo Biden, em alguma medida, tem conseguido impor limites sociais ao capitalismo financeiro, será preciso aguardar ainda o decurso da história.

Economia globalizada, capitalismo financeiro, padrões sistêmicos de reprodução e distribuição da riqueza na economia mundial sob a liderança dos Estados Unidos e da China. Nesse contexto global hierarquizado e desigual, não é difícil passar dos discursos políticos em defesa irrestrita da integração internacional ao protecionismo. A retórica mostra-se bem mais extensa e diversificada em termos doutrinários do que a realidade das condições das políticas econômicas. Trump e sua retórica de direita sobre "o começo de uma nova era econômica" mediante medidas protecionistas mostraram resultados fracos, aumento da desigualdade na distribuição da riqueza e, do lado das relações de trocas internacionais, crescimento do déficit comercial dos Estados Unidos.

Pode-se dizer que, ao contrário das medidas de Trump, a política anticíclica de Biden resultou bem mais efetiva em termos de crescimento e distribuição de renda. Sua importância está relacionada à mudança que ela representa em termos de política social e de investimento, pois trata-se de uma política anticíclica de amplo espectro com o objetivo de reativar a economia dos Estados Unidos, deixando para trás a política econômica de austeridade orçamental e afastando-se, portanto, do paradigma neoliberal dominante. Todavia, em relação a outras medidas de política, como as de imigração, o programa de Biden não alterou a posição tradicional de rejeição e exclusão. Na política externa, a guerra comercial com a China continua, e os bloqueios a Cuba, agravados durante o governo Trump, não foram alterados. Biden também manteve intactos o funcionamento do complexo industrial-militar e a articulação do sistema de inovação entre universidades, laboratórios de P&D e instituições militares – os quais são sustentados, na política, pelo consenso bipartidário republicano-democrata.

As ações e os planos de Biden, de gasto do governo e investimentos em diferentes infraestruturas, tiveram resultados nítidos do ponto de vista do crescimento econômico, uma vez que, como foi dito, os Estados Unidos lograram a recuperação mais rápida e eficaz do mundo, superando o resultado das medidas do governo na crise de 2008-2009. Os gastos promovidos pela IRA, por seu lado, constituem a principal ruptura com a política ortodoxa de restrição ao gasto e às ações do Estado, uma vez que o programa de gastos consistiu na recuperação da política fiscal como mecanismo anticíclico e na orientação para o investimento em infraestrutura e gastos sociais. Sem esses gastos, não existiria mercado ou, pelo menos, não existiria um mercado da magnitude que se encontra hoje em consequência do efeito expansivo da IRA e dos estímulos aos gastos de consumo das famílias e aos investimentos das empresas. Ou seja, com Biden, retoma-se, em termos de política fiscal dos

Estados Unidos, a orientação keynesiana que repercute no emprego e na renda nacional, e recriam-se as medidas protecionistas que confrontam a ideia de uma economia de mercado global integrada e liberal.

Referências bibliográficas

ARANSIOLA, T. J. *et al.* "Taxas atuais e projetadas de mortalidade e hospitalização associadas a programas de transferência condicionada de renda, pensão social e atenção primária à saúde no Brasil, 2000-2030". *Rede JAMA aberta*, 7(4), 2024. Disponível em <https://jamanetwork.com/searchresults?author=Temidayo+James+Aransiola&q=Temidayo+James+Aransiola>. Acesso em 24/4/2024.

ARRIGHI, G. *O longo século XX: dinheiro, poder e as origens do nosso tempo.* São Paulo, Editora Unesp, 1996.

_____. *Adam Smith em Pequim: origens e fundamentos do século XXI.* São Paulo, Boitempo, 2008.

BAENA ROJAS, J. J.; MONTOYA AGUIRRE, A. M. & TORRES BARRERA, D. "La crisis económica mundial. ¿La proliferación del proteccionismo como una causa--efecto?". *En-Contexto – Revista de Investigación en Administración, Contabilidad, Economía y Sociedad*, 5 (6). Colômbia, 2017, pp. 185-207.

BELLUZZO, L. G. M. *O capital e suas metamorfoses.* São Paulo, Editora Unesp, 2013.

BRAGA, J. C. S. *A temporalidade da riqueza.* Tese de doutorado. Campinas, IE/Unicamp, 1985, 409f.

_____. "Financeirização global: o padrão sistêmico da riqueza do capitalismo". *In*: FIORI, J. L. & TAVARES, M. C. (org.). *Poder e dinheiro: uma economia política da globalização.* São Paulo, Vozes, 1997.

_____. *Temporalidade da riqueza: teoria da dinâmica e financeirização do capitalismo.* Campinas, IE/Unicamp, 2000.

CAI, P. *Understanding China's belt and road initiative.* Sydney, Australia, Lowy Institute, Retrieved June 2017. Disponível em <https://www.lowyinstitute.org/publications/understanding-china-s-belt-road-initiative>. Acesso em 4/4/2024.

CALLAHAN, W. "Identity and security in China: The negative soft power of the China Dream". *Politics*, 35, 3/4. London, 2015, p. 219.

CANUTO, O. "Resilience and Realignment of Global Trade", Marrocos, 2023. Disponível em <https://www.policycenter.ma/publications/resilience-and-realignment-global-trade>. Acesso em 22/3/2024.

_____. "The Global War of Subsidies". Marrocos, 2024. Disponível em <https://www.policycenter.ma/publications/global-war-subsidies>. Acesso em 18/3/2024.

CHAZIZA, M. "The belt and road initiative: New driving force for Sino-Yemen Relationship". *China Report* 57 (2), London, 2021, pp. 229-246.

COMISIÓN ECONÓMICA PARA AMÉRICA LATINA (CEPAL). *Estudio económico de América Latina y el Caribe (LC/PUB.2021/10-P).* Cepal, Chile, 2021. Disponível em <Estudio Económico de América Latina y el Caribe 2021: dinámica laboral y políticas de empleo para una recuperación sostenible e inclusiva más allá de la crisis del COVID-19>. Acesso em 8/4/2024.

COUTINHO, L. & BELLUZZO, L. G. "'Financeirização' da riqueza, inflação de ativos e decisões de gasto em economias abertas". *Economia e Sociedade* (11). Campinas, dez. 1998, pp. 137-150.

COUTINHO, L. G. *The internationalization of oligopoly capital.* Tese de doutorado em Economia. Ithaca, NY, Cornell University, 1975.

EL FINANCIERO BLOOMBERG. "T-MEC y la reforma al 'outsourcing' traerán 'cortitas' a las empresas, afirma consultora". México, 12/1/2020. Disponível em <https://www.elfinanciero.com.mx/economia/t-mec-y-la-reforma-al-outsourcing-traeran-cortitas-a-las-empresas-afirma-consultora/>. Acesso em 10/4/2024.

FIORI, J. L. & TAVARES, M. C. (org.). *Poder e dinheiro: uma economia política da globalização.* Petrópolis, Vozes, 1997.

FRANK, U. "China's belt and road initiative and its energy-security dimensions". Singapura, 2019. Retrieved July 18. Disponível em <https://hdl.handle.net/10356/81308>. Acesso em 7/4/2024.

GARCÍA ENCINA, C. "El plan de infraestructuras de Biden: qué, cómo, por qué y contra quién". México, Blog Real Instituto El Cano, 2021. Disponível em <https://www.realinstitutoelcano.org/comentarios/el-plan-de-infraestructuras-de-biden-que-como-porque-y-contra-quien/>. Acesso em 8/4/2024.

GAVIRO, J. M. "El papel económico del Estado y los planes de reconstrucción de la Unión Europea y Estados Unidos en la etapa poscovid". *Boletín Económico de ICE*, 3.157. Madrid, 2023.

GILPIN, R. *U.S. power and the multinational corporation: the political economy of foreign direct investment.* New York, Basic, 1975.

GRIFFITHS, R. *Revitalizing the Silk Road: China's Belt and Road Initiative.* BA Leiden, The Netherlands, 2017. Disponível em <https://www.academia.edu/95946204/Revitalising_the_Silk_Road_Chinas_Belt_and_Road_Initiative?rhid=28014748106&swp=rr-rw-wc-113981124>. Acesso em 5/4/2024.

GUILLÉN, A. & TORRES, I. C. "Estados Unidos: la crisis económica y la política económica de la administración Biden". *Revista Perspectivas de Políticas*

Públicas, 12 (24). Lanus, Buenos Aires, 2023, pp. 401-435. Disponível em <https://revistas.unla.edu.ar/perspectivas/article/view/4521/2141>. Acesso em 12/4/2024.

HAMILTON, A. *Reports of the Secretary of the treasury on the subject of manufactures*. Philadelphia, December 5, 1791 (Gilder Lehrman Collection).

HELLEINER, E. J. *States and the reemergence of global finance: from Bretton Woods to the 1990s*. Ithaca, Cornell University Press, 1994.

IBARRA, D. "Paradigmas y realidades: la propuesta antirrecesiva norteamericana". Revista *EconomíaUNAM* 18 (53). México, 2021. Disponível em <http://revistaeconomia.unam.mx/index.php/ecu>. Acesso em 10/4/2024.

KOLKO, G. *After Socialism: Reconstructing Critical Social Thought*. London, Routledge, 2006.

LIST, F. *The National System of Political Economy*. Trans. Sampson S. Lloyd, with an Introduction by J. Shield Nicholson. London, Longmans, Green and Co., 1909 [1841].

LÓPEZ ARÉVALO, J. "El Tratado de Libre Comercio de América del Norte en tiempos de Donald Trump". *Japan Society of Social Science on Latin America* (51). México, 2017. Disponível em <http://www.js3la.jp/journal/pdf/ronshu51/51_lopez.pdf >. Acesso em 24/3/2024.

____. "Economic growth in Mexico and its dependence on US countercyclical policies within the context of integration". *Revista Galega De Economía* 31 (1). Santiago de Compostela, 2022, pp. 1-22. Disponível em <https://doi.org/10.15304/rge.31.1.8004>. Acesso em 24/3/2024.

MANOJ, J. "The belt and road initiative aka: One belt one road scheme". Índia, ORF, 2021. Retrieved July 2018. Disponível em <http://www.orfonline.org>. Acesso em 12/4/2024.

MARIUTTI, E. B. "Para além do economicismo: a acumulação de capital na perspectiva de Rosa Luxemburgo". *Revista Novos Rumos* 56 (1). Marília, 2019. Disponível em <https://revistas.marilia.unesp.br/index.php/novosrumos/article/view/9047>. Acesso em 11/4/2024.

MEDEIROS, C. A. "Padrões de investimento, mudança institucional e transformação estrutural na economia chinesa". *In*: BIELSCHOWSKY, R. (org.). *Padrões de desenvolvimento econômico (1950-2008): América Latina, Ásia e Rússia*. Brasília, Centro de Gestão e Estudos Estratégicos, 2013.

MICHALET, C. A. *O capitalismo mundial*. Rio de Janeiro, Paz e Terra, 1984.

MINSKY, H. P. *Stabilizing an unstable economy*. New Haven, Yale University Press, 1986.

MUN, Th. *La riqueza de Inglaterra por el comercio exterior*. México, Fondo de Cultura Económica, 1996 [1664].

MUNIR, A. *et al.* "Strategic Implications of the Belt and Road Initiative". *Journal of Legal, Ethical and Regulatory Issues*, vol. 24, Special Issue 6. London, United Kingdom, 2021.

PALLUDETO, A. W. A.; OLIVEIRA, G. C. & DEOS, S. (org.). *Economia política do novo "(a) normal" do capitalismo: pandemia, incertezas e novos paradigmas*. Curitiba, CRV; Campinas, IE/Unicamp, 2021.

STEFANONI, P. *A rebeldia tornou-se de direita?*. Campinas, Editora da Unicamp, 2022.

SYKES, G. *The Silk Road – living on the right side of history*. London, 2023. Disponível em <https://www.academia.edu/113981124/Belt_and_road_initative>. Acesso em 21/3/2024.

WOLFF, A. W. "Paradigm lost? US Trade Policy as an Instrument of Foreign Policy". American University Washington D.C. February 5, Washington D.C., 2018. Disponível em <https://www.wto.org/spanish/news_s/news18_s/ddgra_09feb18_s.htm>. Acesso em 27/4/2024.

ZHANG, Z. "The Belt and Road Initiative: China's New Geopolitical Strategy?". *China Quarterly of International Strategic Studies*, 4, 3. China, 2018, pp. 327-343.

Bases de dados

BUREAU OF ECONOMICS ANALYSIS. Disponível em <https://www.bea.gov/>. Acesso em 20/4/2024.

OMC. "Historia del Sistema Multilateral de Comercio", 2023. Disponível em <https://www.wto.org/spanish/thewto_s/history_s/history_s.htm>. Acesso em 27/4/2024.

RELATÓRIO PLANETA VIVO, WWF, 2014. Disponível em <https://www.wwf.org.br/natureza_brasileira/especiais/relatorio_planeta_vivo_2014/>. Acesso em 10/4/2024.

THE BELT AND ROAD PORTAL, 2023. Disponível em <https://eng.yidaiyilu.gov.cn/p/0T4ND13J.html>. Acesso em 8/4/2024.

THE WHITE HOUSE. Disponível em <https://www.whitehouse.gov/build-back-better/>. Acesso em 25/4/2024.

UN COMTRADE. Disponível em <https://comtradeplus.un.org/>. Acesso em 6/4/2024.

WORLD BANK. *BeltandRoadEconomics: OpportunitiesandRisksof Transport Corridors*. Washington, D.C., World Bank. License: Creative Commons Attribution CC BY 3.0 IGO, 2019.

____. "World Development Indicators", 2024. Disponível em <https://databank.worldbank.org/source/world-development-indicators#>. Acesso em 10-26/4/2024.

NOTAS

1 García Encina, 2021; e López Arévalo, 2022.
2 Aransiola *et al.*, 2024.
3 The White House, 2024.
4 Frank, 2019.
5 The Belt and Road Portal, 2023.
6 Griffiths, 2017.
7 World Bank, 2019.
8 *Idem.*
9 Relatório Planeta Vivo, 2014; Sykes, 2023; Munir *et al.*, 2021.
10 Cai, 2017.
11 *Idem.*
12 Manoj, 2018.
13 Cai, 2017.
14 *Idem.*
15 Chaziza, 2021.
16 Zhang, 2018.
17 Manoj, 2018.
18 Palludeto *et al.*, 2021.
19 Braga, 1985 e 1997.
20 Braga, 2000.
21 Minsky, 1986; Braga, 1997 e 2000; Belluzzo, 2013.
22 Arrighi, 1996; Fiori & Tavares, 1997.
23 Coutinho & Belluzzo, 1998.
24 Michalet, 1984.
25 Coutinho, 1975.
26 Medeiros, 2013.
27 Kolko, 2006.
28 Michalet, 1984; Gilpin, 1975.
29 Mariutti, 2019.
30 Canuto, 2024.
31 Helleiner, 1994.
32 Canuto, 2023.
33 *Idem.*
34 Hamilton, 1791.
35 List, 1909 [1841].
36 Stefanoni, 2022.
37 OMC, 2023.
38 *Idem.*
39 Wolff, 2018.
40 *Idem.*
41 Baena Rojas; Montoya Aguirre & Torres Barrera, 2017.
42 Wolff, 2018, p. 9.
43 Mun, 1996 [1664].
44 López Arévalo, 2017.
45 El Financiero Bloomberg, 2020.
46 World Bank, 2024.

[47] Gaviro, 2023, p. 54.
[48] López Arévalo, 2022, pp. 12-13.
[49] *Idem*, p. 13.
[50] García Encina, 2021; López Arévalo, 2022.
[51] García Encina, 2021.
[52] Ibarra, 2021.
[53] Guillén & Torres, 2023.

CAPÍTULO 4

Formas de precarização do trabalho na China*

Isabela Nogueira e Iderley Colombini

Introdução

A classe trabalhadora chinesa passou por transformações brutais nos últimos 45 anos. Basta relembrar que, em 1978, quando as reformas econômicas começaram, não existia nada parecido com um mercado para alocação de trabalho na China, dado que nas cidades imperava o regime de pleno emprego e trabalho vitalício por meio das empresas estatais, e nas zonas rurais a divisão do trabalho era definida administrativamente no âmbito de cada comuna. Foi necessária uma profunda transformação da questão agrária chinesa, que implicou nova estrutura de uso da terra e novas relações sociais no campo, para que uma massa de trabalhadores fosse liberada das zonas rurais e tivesse início a formação de um mercado de trabalho urbano.

É então que começa, nos anos 1990, a China chão de fábrica do mundo, profundamente imbricada com o novo padrão de acumulação em escala global centrado na financeirização e nas cadeias de valor. A China entrou nessa divisão internacional do trabalho pela periferia, com trabalhadores rurais migrantes chegando à cidade para receber baixíssimos salários e vivendo em um contexto de ausência de regulação trabalhista, vácuo de direitos sociais, sem contratos formais de trabalho e abrigados nos dormitórios das próprias fábricas. A remuneração era tão baixa que não assegurava nem mesmo a reprodução social do trabalhador, fazendo com que o conceito de semiproletariado passasse a ser utilizado para o caso da China.[1]

* Uma versão modificada deste texto foi originalmente publicada na revista *Economia e Sociedade*, 2024.

Quando os salários na manufatura passaram a subir, a partir de meados dos anos 2000, instalou-se um amplo debate acerca das suas causas.[2] A melhora nos salários, acompanhada de melhora nos direitos e na seguridade social, veio na esteira de intensa luta de classes e de uma ampla mudança no regime de acumulação do país em direção à inovação. Não há dúvidas de que a China tem tido sucesso na sua modernização industrial, tendo-se tornado um dos países líderes na disputa tecnológica intercapitalista. As novas transformações no mercado de trabalho, por sua vez, fizeram proliferar um recente debate sobre precarização, informalidade e trabalho de plataformas na China.[3]

O objetivo deste capítulo é analisar, teórica e empiricamente, as grandes transformações pelas quais a classe trabalhadora passou nos últimos 45 anos na China. Nós realizamos uma ampla revisão da literatura sobre a categoria do semiproletariado, sobre os debates em torno das causas dos aumentos salariais na China, e sobre a recente onda de informalidade, trabalhos por plataforma e novas formas de precarização. Também atualizamos os dados sobre mercado de trabalho, mostrando as transformações recentes e suas implicações para as categorias analíticas. Nossa contribuição está em avançar na caracterização e na teorização da nova forma da classe trabalhadora chinesa, utilizando um arcabouço marxiano crítico centrado nas formas que a relação entre trabalhador ativo e exército de reserva pode assumir.[4]

Este texto está dividido em três seções, além da introdução e da conclusão. Na primeira seção, detalhamos como se constituiu a classe operária chinesa no período pós-reformas, apresentando seu caráter parcialmente proletarizado (ou semiproletarizado) e o surgimento de uma classe trabalhadora com um pé na cidade e outro pé no campo para garantir sua reprodução social. Na segunda seção, escrutinamos os dados sobre as transformações mais recentes do mercado de trabalho na China, destacando o aumento da informalidade, do setor de serviços e a queda no emprego industrial, além de discutir quais são as causas dos aumentos salariais. Na terceira seção, revemos o debate sobre precarização, informalidade e economias de plataforma na China, mostrando seus avanços e limites. E propomos uma síntese analítica que evidencie a relação híbrida e fluida entre trabalhador ativo e exército de reserva para compreensão da antiga e das novas formas da classe trabalhadora chinesa.

Formação da classe operária chinesa: o semiproletariado

A relação de trabalho na China pós-reformas tem como grande marca as enormes ondas migratórias de urbanização e industrialização. Essa massiva migração para formação da classe operária, entretanto, destoa de grande parte do referencial das ciências econômicas no debate sobre desenvolvimento com "oferta ilimitada de mão de obra",[5] caracterizado pelas leituras simplórias do modelo de Arthur Lewis.[6] Como será analisado nesta seção, a formação do mercado de trabalho chinês foi marcada por uma espécie de "semiproletarização",[7] com as famílias de trabalhadores migrantes tendo tanto que se engajar no trabalho assalariado urbano quanto manter a agricultura de subsistência para garantir sua reprodução, impactando na constituição de formas particulares de geração de exército de reserva e de controle e exploração das classes operárias. Quando essa relação social em torno da semiproletarização começou a se exaurir, já estava consolidada uma nova polarização e hierarquização da classe trabalhadora, agora entre formais e informais, como veremos nas duas próximas seções.

Nas vertentes mais ortodoxas da economia, o debate sobre trabalho na China é marcado pela noção derivada do modelo de Lewis de absorção do excedente populacional do campo pela urbanização e pela industrialização. Segundo essa abordagem, a própria lógica de mercado na China pós-reformas imporia um crescimento "natural" dos salários com maior convergência entre eles à medida que o excedente populacional camponês fosse se exaurindo.[8] Por volta de 2010, com os impactos da crise financeira de 2008 e o aumento de greves e contestações sociais, um número grande de autores passou a decretar a chegada do ponto de virada do modelo de Lewis.[9]

O cerne do debate se deu em torno de projeções e estimativas sobre o tamanho da classe operária chinesa disponível e a demanda industrial por força de trabalho,[10] com a intenção de mensurar a provável escassez de mão de obra excedente. Como apontado por uma literatura posterior,[11] esses trabalhos partem de uma série de reducionismos que os impedem de compreender a real dimensão das transformações da relação de trabalho na China. Esses estudos reduzem a lógica da relação de trabalho às supostas leis de mercado, mais precisamente à demanda das indústrias urbanas em face da oferta de mão de obra rural. Dessa forma, apagam ou eliminam o papel ativo do Estado chinês na constituição desse exército industrial de reserva, as lutas operárias e camponesas e a imbricação da dinâmica de acumulação da China com as transformações do mercado mundial a partir do final dos anos 1970.

O processo de proletarização da China pós-reformas possui uma forte singularidade. As primeiras gerações de trabalhadores rurais foram condicionadas a trabalhar na cidade, mas não exatamente a permanecer na cidade. Como veremos ao longo desta seção, o processo de proletarização dos trabalhadores camponeses chineses, ligados às cadeias globais de valor, foi moldado por uma separação espacial da produção em áreas urbanas e da reprodução social no campo.[12] Essa separação de esferas só foi possível pelo surgimento de um regime de trabalho em dormitórios, que oferecia uma nova combinação de trabalho e dormitório e se assemelhava aos arranjos de trabalho e residência do início do capitalismo.[13] Essa constituição híbrida entre rural e urbano, ou entre campo e indústria, impossibilita a própria existência da lógica de esgotamento do exército de reserva como descrito nos modelos baseados em Lewis.

Diferentemente das supostas forças de mercado, essa lógica híbrida da formação da classe operária chinesa ocorreu com uma forte intervenção do Estado acoplado aos interesses das cadeias globais de valor em formação nas décadas de 1980 até 2000. Em oposição às abordagens que trabalham com a perspectiva de uma suposta finitude do excedente populacional no campo, nós retomamos a obra de Marx a partir da perspectiva da lei geral da acumulação capitalista e da inexorabilidade da formação de um exército industrial de reserva.[14] Importante salientar que essa internalização da geração do exército de reserva nas formas de industrialização periféricas já foi muito trabalhada desde a década de 1970 no debate feito pelas abordagens críticas ao subdesenvolvimento da América Latina.[15]

Isso também significa dizer que as transformações no tratamento da chamada questão agrária na China serão definitivas para a forma como as relações de trabalho do semiproletariado irão se constituir. Afinal, a estrutura da terra, a formação das classes, o papel do Estado e o papel do grande capital na agricultura irão mudar radicalmente a partir de 1978. Na verdade, as reformas chinesas começam, nos anos 1980, exatamente pelo campo, pavimentando as bases para as reformas que irão ganhar força nas cidades sobretudo a partir dos anos 1990. Zhang *et al.*[16] observam três grandes períodos distintos no tratamento da questão agrária chinesa e que são determinantes para a forma como o semiproletariado irá se constituir.

Num primeiro período (1978-1988), a China viveu a "era de ouro" das reformas no campo da perspectiva camponesa. A transferência do direito de uso da terra para as famílias, termos de troca favoráveis, e as compras públicas pelo Estado elevaram a produtividade agrícola e a renda no campo de maneira expressiva.[17] A China também viveu na década de 1980 um período de "industrialização rural triunfante" por meio das empresas de vila e município, um fenômeno que será celebrado por economistas tanto ortodoxos[18] quanto heterodoxos[19] e que será minuciosamente dissecado por sociólogos rurais e do trabalho.[20] Durante essa fase, a migração campo-cidade começou lentamente a aparecer, mas ainda era um fenômeno incipiente.

É a partir de 1992, com a famosa viagem ao sudeste de Deng Xiaoping, que a China inaugura o segundo período no tratamento da questão agrária pós-reformas (1992-2004), que Zhang *et al.* chamam de era dos "deixados para trás".[21] Com a explosão da industrialização e da urbanização nas cidades costeiras, o universo rural passou a ser associado com o atraso e deixado para pessoas menos educadas, idosos e, particularmente, para as crianças, dado que os migrantes encontravam muitos empecilhos para levar consigo os filhos para as cidades. O período também foi marcado por rápidas privatizações das empresas rurais então coletivas[22] e forte aumento do *gap* urbano-rural. Um novo arranjo fiscal implicou enorme peso tributário para os camponeses, que assistiram à proliferação de impostos e taxas agrícolas, e para muitos serviços públicos.[23] Por fim, a insatisfação explodiu com o que Riskin chama de uma "epidemia" de expropriação de terras de camponeses,[24] agora usadas para construção de infraestrutura ou novas indústrias. Até 2006, cerca de 70 milhões de camponeses perderam suas terras, segundo o mesmo autor, e receberam compensações grosseiramente pequenas.

Além disso, os anos 1990 exibem todo o impacto do vácuo deixado pelo desmonte das comunas rurais existentes durante o período maoísta na China (1949-1976)[25] e a ausência de um regime de bem-estar no seu lugar. A despeito da retumbante incapacidade das comunas rurais de elevar a produtividade agrícola,[26] a coletivização do campo chinês havia tornado coeso um grande contingente populacional através da chamada "acumulação de trabalho",[27] que se caracterizava como o trabalho coletivo não agrícola, responsável pela construção de toda a infraestrutura rural. A descoletivização rompeu com a "acumulação de trabalho" e introduziu a "responsabilidade total para com a família" (*baogan daohu*),[28] trocando o sistema de incentivos e propriedade coletiva pelo familiar. O fim das comunas implicou um aumento expressivo da produtividade agrícola (e, portanto, a emergência de um enorme excedente de mão de obra), mas também um grande vácuo de proteção social e a oferta de bens públicos nas zonas rurais,[29] um vazio que foi profundamente sentido durante toda a década de 1990.

Não havia alternativa para o camponês jovem dos anos 1990 senão migrar para cidades costeiras, onde a oferta de trabalho era crescente. Mesmo oferecendo salários baixos, nenhuma seguridade social e condições de trabalho exaustivas nas fábricas-dormitórios, as cidades representavam a única opção a um campo atrasado e desestruturado. No entanto, tanta desestruturação aumentou enormemente a revolta social na China, e o próprio governo central admitiu a necessidade de aliviar o "fardo camponês" (*nongmin de fudan*) a partir de meados dos anos 2000.[30]

É nesse contexto que começa o terceiro período de transformação da questão agrária chinesa, com discurso oficial de ênfase no "rejuvenescimento rural". Entre 2004 e 2006, os impostos agrícolas foram totalmente abolidos, a oferta de subsídios para a agricultura foi elevada, e foram lançados três programas de bem-estar social para o campo: o seguro-saúde rural, a previdência rural e um programa de renda mínima.[31] Em conjunto com o aumento da renda rural e a melhora na estabilidade social, a agenda de reformas rurais enfatizou um outro ponto: a modernização da agricultura por meio da penetração do grande capital, que buscava novas frentes de acumulação.

Modernização agrícola se traduziu na intensificação do uso de tecnologias, insumos e equipamentos, na especialização e na incrementação agrícola, no aumento do tamanho das áreas de produção e na entrada massiva de empresas de agronegócio no campo, com apoio do Estado.[32] Isso aconteceu sem expropriação, dado que os camponeses passaram a ter direito a arrendar suas terras para terceiros, levando à ampliação das relações capitalistas de produção no campo e, ao mesmo tempo, reduzindo o interesse do camponês para trocar seu *hukou* rural por um urbano. Essas novas condições de vida no campo alteraram o mínimo necessário para atrair trabalhadores migrantes às cidades e estão na raiz da suposta falta de trabalhadores nas zonas costeiras.[33]

Enquanto isso, a outra face desse processo de restruturação da formação da classe operária e do exército de reserva na China ocorreu nas zonas urbanas. O investimento estrangeiro direto (IDE) ganhou fôlego na China a partir dos anos 1990, e as *joint-ventures* e, em seguida, as empresas de investimento 100% estrangeiro passaram a empregar milhões de trabalhadores migrantes. Embora as empresas estatais tenham continuado a ser as principais contratantes, a onda de privatizações que marcou a China em 1997 fez com que milhões de trabalhadores das empresas estatais e coletivas perdessem seus empregos. Segundo Chan, de 1990 a 2003, o número de trabalhadores industriais das empresas públicas diminuiu de 43,64 milhões (68,4% de todos os trabalhadores industriais empregados) para 13,34 milhões (36,3%).[34]

Em 1995, foi introduzida a lei trabalhista nacional, responsável por desmantelar o sistema anterior conhecido como "tigela de arroz de ferro", nascido na era maoísta.[35] Dessa forma, o regime de emprego permanente com pleno acesso aos serviços de bem-estar nas cidades chegou ao fim, formalizando a introdução de novas relações de trabalho que irão vigorar nas novas indústrias instaladas nas zonas especiais chinesas. O principal ponto da nova lei trabalhista foi a legalização dos contratos de trabalho de curto prazo. Apesar do argumento oficial de aumento da eficiência nas empresas estatais e do número de contratos que garantiriam direitos nas empresas privadas, na prática essa nova lei teve um resultado bastante adverso para a classe trabalhadora.[36]

O primeiro grande impacto da lei de 1995 foi a facilitação e a legitimação de uma onda massiva de demissões nos anos seguintes, principalmente em 1997, nas empresas estatais.[37] Em larga medida, as reformas do final da década de 1990 foram responsáveis por legalizar as novas formas de contratação, com enorme rotatividade laboral e baixas remunerações.[38] Esse novo quadro legal intensificou o processo de "mercantilização e precarização do trabalho",[39] no qual a política de enorme rotatividade laboral se tornou legítima em um contexto de falta de regulamentação eficaz e "queda acentuada dos padrões laborais".[40]

Se, por um lado, as reformas no campo se juntaram às reformas urbanas para a formação dessa classe operária chinesa ao longo das décadas de 1990 e 2000, o sistema de registro chinês (*hukou*) tornou-se peça central para a forma específica de exploração e de constituição do exército de reserva. O *hukou* como estratégia de controle de residência do Estado chinês garantia os direitos sociais apenas aos cidadãos registrados em sua área de origem. Dessa forma, a enorme massa de migrantes chineses pós-reformas não possuía os benefícios de bem--estar social (auxílios para saúde, educação, maternidade, acidentes de trabalho, desemprego e pensões) nas zonas urbanas, implicando um "mecanismo social único de separação da produção e da reprodução do trabalho".[41]

Durante as décadas de 1990 e 2000, a classe trabalhadora migrante passou a se constituir como "famílias semiproletarizadas",[42] nas quais predominava um processo inacabado de proletarização, com a geração mais velha trabalhando como agricultores no campo e a geração mais jovem atuando como trabalhadores migrantes nas cidades.[43] Os trabalhadores migrantes viam-se impossibilitados de levar suas famílias para as zonas urbanas, uma vez que as remunerações geralmente não eram suficientes e os contratos de trabalho tendiam a ser muito curtos, institucionalizando uma espécie de "meio operário, meio agricultor" (*bangong bannong*).[44] A produção industrial se constituiu nas zonas urbanas, mas a reprodução dessa mão de obra passou a acontecer por meio de uma divisão intergeracional do trabalho em atividades agrícolas e não agrícolas.[45]

A constituição da classe operária chinesa durante as décadas de 1990 e 2000 impôs às famílias uma dependência simultânea tanto da agricultura familiar como do emprego assalariado industrial para cobrir os custos de vida.[46] Ao mesmo tempo que as famílias camponesas dependiam da renda do trabalho assalariado industrial, os operários dependiam dos serviços sociais do campo e da renda da agricultura familiar nos períodos que estavam sem contrato válido. Devido à institucionalização e à legalização dos contratos urbanos de curto prazo, os trabalhadores migrantes deveriam regressar ao local de nascimento ou encontrar outro contrato de trabalho temporário, não criando vínculos sociais e de classe nos locais de trabalho.[47] Essa constituição híbrida do semiproletário chinês não ocorreu apenas do ponto de vista da sua renda, mas também por meio de uma fragmentação da própria constituição da sua sociabilidade e da sua consciência de classe.

Essa forma específica de constituição da classe operária chinesa fez emergirem os famosos "regimes de trabalho-dormitório"[48] nas imensas fábricas transnacionais que passaram a ser instaladas nas zonas especiais a partir da década de 1990. Tendo como grande maioria operários migrantes vindos das zonas rurais, com contratos de curtíssimo prazo, sem direitos sociais e com baixas remunerações, as empresas terceirizadas de contratação passaram a estabelecer em larga escala regimes de trabalho em que os operários vivem em alojamentos próximos ou mesmo dentro da fábrica, organizados pela própria empresa ou pelas terceirizadas. Essa forma de contratação permitiu o acesso contínuo a novas reservas de mão de obra provenientes do campo, ainda que não tivessem nenhum conhecimento da vida urbana, reduzindo as exigências salariais e inibindo a organização coletiva mesmo fora dos locais de trabalho.[49]

A constituição da classe operária chinesa na sua forma semiproletarizada, juntamente com os regimes de trabalho-dormitório, se tornou a expressão mais nítida da "junção do capitalismo neoliberal combinado com os legados do socialismo de Estado".[50] Foi constituída uma enorme massa de trabalhadores migrantes livres para vender sua força de trabalho ao capital global privado, mas sem direitos a benefícios sociais, o que lhes impôs um regime de trabalho extremamente autoritário e coercitivo, com alta rotatividade, grande intensidade e baixa remuneração.[51] Aos capitalistas, a semiproletarização permitiu por um bom tempo pagar um salário abaixo do salário de subsistência.[52]

A lógica de equalização dos salários e o suposto esgotamento do exército de reserva deixam de fazer qualquer sentido no contexto específico da constituição da classe operária chinesa. O trabalhador semiproletário, mesmo empregado, ainda vive as pressões e incertezas do exército de reserva, sem serviços de seguridade social, com baixa remuneração e contratos de curtíssimo prazo. A própria possibilidade de alcançar o ponto de virada de Lewis é uma falácia de base. As pressões sociais na China, que irão impor limites à lucratividade dos capitais globais privados, não aconteceram primeiramente por um aumento das remunerações, mas pelas mudanças nas próprias formas de constituição dessa classe trabalhadora tanto no campo quanto na cidade.

A formação da classe operária chinesa ocorreu de maneira muito mais híbrida e fluida do que os padrões europeus normalmente considerados. Se, para o Ocidente em geral, será apenas na fase tardia do neoliberalismo que as formas fluidas de trabalho capitalista começam a ser consideradas,[53] na China, ainda que com características bastante particulares, a essência desse processo híbrido entre reserva e ativo já ocorre em sua própria formação. Como veremos nas próximas seções, a partir de 2010, ocorrerão grandes mudanças no mundo do trabalho chinês, que implicarão novas formas de constituição da classe operária e do exército industrial de reserva. Contudo, tais mudanças não rompem com esse caráter híbrido de geração da classe operária e do exército de reserva. Pelo contrário, a essência dessa relação se mantém, mas sob novas formas.

Transformações no mercado de trabalho e a informalização dos serviços

O mundo do trabalho na China mudou de maneira expressiva nas duas últimas décadas. Esta seção discutirá, em um primeiro momento, as causas dos aumentos salariais e dos direitos que tiveram início em meados dos anos 2000, e mostrará como isso impacta profundamente o semiproletariado. Analisará, em seguida, os dados que evidenciam uma transformação estrutural do mercado de trabalho desde 2015, com queda do emprego industrial e rápida predominância do setor de serviços e do trabalho informal.

Do ponto de vista salarial, é amplamente documentado pela literatura o aumento sustentado dos salários tanto em termos reais quanto em proporção ao PIB na China desde meados dos anos 2000, inclusive entre trabalhadores migrantes.[54] Entre 2009 e 2021, os salários médios nas zonas urbanas cresceram 124% em termos reais, sendo o crescimento da manufatura o mais rápido no período, de 154%, seguido pelo da construção (125%) e pelo dos serviços (114%).[55, 56] Mesmo no setor informal, a taxa média de crescimento dos salários foi de 157% em termos reais entre 2009 e 2021,[57] o que significa que também o semiproletariado viveu uma expressiva alta nos seus rendimentos do trabalho.

Para além dos salários, a nova lei trabalhista de 2008 e o avanço na regulação dos contratos implicaram melhora nos padrões de segurança, na fiscalização da jornada de trabalho e no pagamento de horas extras. Ainda que sua implementação tenha sido marcadamente problemática e tenha carregado enorme variedade regional, é expressivo o número de trabalhadores que buscam seus direitos na forma de ações judiciais, greves, mobilizações de rua e protestos respaldados pela nova lei.[58]

Ao contrário do discurso neoclássico de que estaria havendo um aumento "natural" dos salários em função do fim da "oferta ilimitada de trabalho",[59] nosso argumento é de que essas transformações foram impulsionadas por intensa luta de classes, por tentativas de mudança no regime de acumulação para um padrão intensivo em investimentos em inovação, e por novos desdobramentos da questão agrária.

As grandes greves de 2010, com gigantescas paralisações em multinacionais como Honda, Foxcomm e Toyota,[60] foram a culminância de um processo de intensificação de lutas trabalhistas que começaram em meados da década de 1990.[61] Elas vieram acompanhadas de muitos casos de suicídios entre trabalhadores migrantes,[62] por sua vez resultado de condições de trabalho degradantes nas fábricas-dormitório. Esses foram sinais claros e trágicos do esgarçamento de um padrão de crescimento até então calcado em baixíssimos salários e em rápida degradação ambiental.[63] O *Made in China* e as fábricas-dormitório, com seu regime de trabalho brutal, teriam que transitar para o *Made by China*, com crescimento puxado mais por inovações e com participação crescente de serviços de alta qualificação na oferta de trabalho.

A necessidade de transição no padrão de acumulação deu força ao discurso de aumento inevitável do consumo das famílias e foi politicamente respaldada pelo *slogan* de criação de uma "sociedade harmoniosa" durante a gestão Hu Jintao (2003-2013). Em termos de políticas públicas, esse *slogan* se traduziu na constituição de um sistema de proteção social conservador e minimalista, mas eficaz no arrefecimento de alguns dos conflitos distributivos imediatos.[64] Também implicou aumentos do salário mínimo como forma de elevar a massa salarial na economia.[65] Na gestão de Xi Jinping (2013-), quando o *slogan* passou a ser de "prosperidade comum", as políticas sociais ganharam um caráter voltado mais para a redução da pobreza em detrimento da redução das desigualdades. Em termos de mercado de trabalho, o resultado dessa mudança vai aparecer, sobretudo, no aumento da polarização salarial, conforme mostraremos a seguir.

Por fim, com um pé na cidade e um pé no campo, o semiproletariado também foi profundamente afetado pelos novos desdobramentos da clássica questão agrária e da questão agroalimentar,[66] conforme detalhado na seção anterior. Com a abolição dos impostos agrícolas, o fim da cobrança de taxas nas escolas rurais e outros serviços, e os termos de troca mais favoráveis, houve melhora na condição de vida dos camponeses, o que fez com que a remuneração mínima paga nas cidades tivesse que subir para ser capaz de atrair novos migrantes.[67]

O *hukou* também foi reformado e flexibilizado de várias maneiras, entre elas tornando mais fácil que trabalhadores migrantes e moradores rurais solicitassem mudança para *hukou* urbano em municipalidades pequenas, médias e, crescentemente, grandes. Houve pressão do grande capital agrário na reforma do *hukou*, em larga medida para facilitar a expansão do agronegócio e a acumulação de capital no campo.[68] Mas o interesse dos trabalhadores rurais em uma mudança para *hukou* urbano diminuiu, a tal ponto que Tian *et al.* se perguntam, na abertura do seu artigo, se o *hukou* ainda importa.[69]

Isso porque, a partir da reforma do sistema, iniciada em 2006 e acelerada em 2014, muito da seguridade social passou a estar vinculado ao posto de trabalho, e não mais ao registro de moradia. A partir de 2014, trabalhadores migrantes passaram a ter direito a participar do sistema de previdência e do seguro-saúde urbanos, sendo responsabilidade do empregado e do empregador arcar com as contribuições da mesma maneira que um trabalhador com *hukou* urbano. A diferença toda passaria a estar no tipo de trabalho. Alguém com relações de trabalho formais contribuiria para um sistema muito mais generoso, ao passo que um trabalhador do setor informal contribuiria para um sistema mínimo, sem contrapartida do empregador. "O *status* de emprego formal, ao invés do *hukou*, passou a ser a chave" para trabalhadores migrantes determinarem suas condições de vida.[70]

Ao mesmo tempo que a condição de trabalho do semiproletariado se alterou dramaticamente, enfraquecendo o próprio sentido dessa categoria ao longo do tempo, a estrutura do emprego mudou de maneira acelerada nas cidades chinesas a partir de meados da década de 2010.[71] Três tendências chamam especial atenção.

A primeira foi o enxugamento no número de postos de trabalho na manufatura, contraposto por um crescimento brutal do setor de serviços, sobretudo de baixa qualificação.[72] A segunda foi o intenso aumento da informalidade no trabalho urbano total, incluindo motoristas de aplicativo, entregadores, vendedores em barracas de comida e serviços domésticos.[73] A terceira foi a polarização salarial, com melhores salários para trabalhadores formais de serviços de alta qualificação e crescimento mais lento dos salários para prestadores de serviços informais, fenômeno que disparou a partir de 2015.[74] Em poucos anos, o mercado de trabalho urbano na China tornou-se mais parecido com outras economias de renda média e centrais: muita informalidade, queda na oferta de trabalho na manufatura e crescimento dos serviços, além de crescente polarização salarial.

Nas cidades, o número de pessoas empregadas na manufatura caiu de 79,6 milhões em 2014 para 68,2 milhões em 2019, uma redução de 14%. No caso dos serviços de baixa qualificação, na mão contrária, o número de pessoas empregadas saiu de 126,2 milhões em 2014 para 187,7 milhões em 2019, um salto de 49%. O emprego no setor de serviços de alta qualificação também cresceu em um ritmo expressivo no mesmo período, 38%, partindo, porém, de uma base mais baixa, de 82,6 milhões de postos em 2014, e chegando a 114,3 milhões em 2019 (Gráfico 4.1).

Gráfico 4.1 – Emprego urbano na China por setor (milhões de pessoas, entre 2004 e 2019

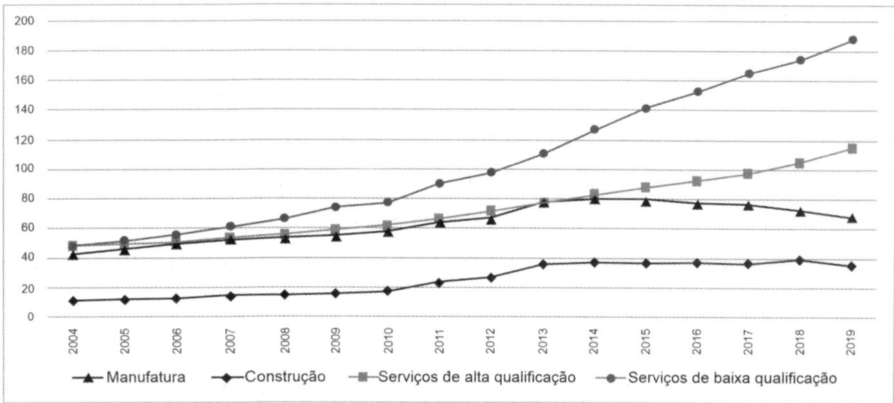

Fonte: Elaboração própria com base em dados do National Bureau of Statistics of China (2023).

Nota: A divisão segue metodologia de Xia *et al.* (2022). Serviços de baixa qualificação – transporte, armazenamento e correios; comércio varejista e atacado; hotelaria e serviços de alimentação; locação e serviços empresariais; serviços domésticos, reparos e outros serviços. Serviços de alta qualificação – transmissão de informação, *software* e tecnologia de informação; intermediação financeira; mercado imobiliário; pesquisa científica e serviços técnicos; educação; saúde e serviços sociais; cultura, esportes e entretenimento; administração pública, seguridade social e organizações sociais.

Com isso, a estrutura do emprego mudou radicalmente, e a China deixou de ser uma economia de baixos salários centrada na manufatura para se tornar uma economia com oferta amplamente majoritária de emprego no setor de serviços. Em 2019, das 434 milhões de pessoas trabalhando nas cidades (setor formal e informal), 302 milhões estavam no setor de serviços, contra 68 milhões na manufatura. Isso significa dizer que 70% do trabalho urbano na China era garantido pelo setor de serviços em 2019. A manufatura empregava 16% dos trabalhadores, contra 8% da construção civil no mesmo ano.[75]

Essa mudança na composição do emprego aconteceu sobretudo a partir de 2014 na China. Entre 2004 e 2013, a fatia da manufatura no emprego urbano total ficou praticamente estável, tendo saído de 25% do total para 24%. Da mesma forma, a fatia dos serviços no emprego urbano total também ficou estável, saindo de 57% para 58% no mesmo período. Entre 2014 e 2019, entretanto, houve uma mudança abrupta, e a fatia da manufatura caiu de 23% para 16%, enquanto a fatia dos serviços disparou de 58% para 70%.[76]

Tal expansão no setor de serviços veio acompanhada de um aumento expressivo da informalidade no mercado de trabalho urbano chinês, conforme detalha o Gráfico 4.2. O trabalho informal chegou a 60% do emprego urbano em 2019, maior percentual da série histórica, o que representa 262,6 milhões de trabalhadores. Como mostram Rozelle *et al.*, trabalhador informal é, em essência, sinônimo de trabalhador rural migrante na China.[77] O emprego formal, por sua vez, esteve em tendência de queda desde 2015, tendo saído de 180,1 milhões de postos naquele ano para 171,6 milhões em 2019 (Gráfico 4.2). Ou seja, ao mesmo tempo que os direitos e a seguridade de um trabalhador formal cresceram na China, conforme vimos no início desta seção, o número de postos de trabalho foi sendo paulatinamente reduzido em termos percentuais e absolutos.

Uma vez que se observa a composição da informalidade por setores, fica evidente a predominância do setor de serviços de baixa qualificação. Entre os informais, 178,6 milhões, ou 69% do total, trabalhavam em serviços de baixa qualificação em 2019 (Gráfico 4.3). Uma parte expressiva desse trabalhador informal de baixa qualificação está vinculada à economia de plataforma, atendendo a empresas gigantescas na China de hoje como Alibaba, Didi, Ele.me, Jingdong, Meituan, Taobao, e Tencent.

A terceira tendência recente do mercado de trabalho chinês, como já foi dito, é o aumento da polarização salarial na última década.[78] Apesar do crescimento contínuo dos salários em todos os setores, as remunerações da economia informal estão reduzindo seu ritmo de crescimento de maneira quase contínua desde 2012 – com exceção feita ao período de recuperação pós--covid-19. Do ponto de vista formal *versus* informal, os salários que mais têm crescido são os do setor formal da economia desde 2014, historicamente muito mais altos. O resultado é que o *gap* salarial entre emprego urbano formal e trabalho informal, que havia melhorado entre 2009 e 2014,[79] voltou a piorar entre 2014 e 2021 (Gráfico 4.4).

Gráfico 4.2 – Emprego urbano formal e informal na China (milhões de pessoas, entre 2004 e 2019)

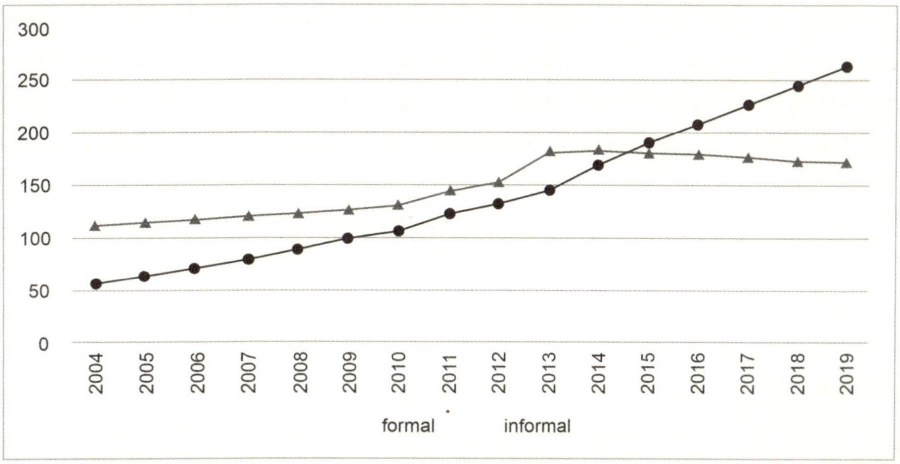

Fonte: Elaboração própria com base em dados do National Bureau of Statistics of China (2023).

Nota: Emprego informal refere-se ao número de pessoas envolvidas (*engaged* em vez de *employed*) em empresas privadas urbanas e indivíduos autônomos (*self-employed*).

Gráfico 4.3 – Emprego informal na China por setor (milhões de pessoas, entre 2004 e 2019)

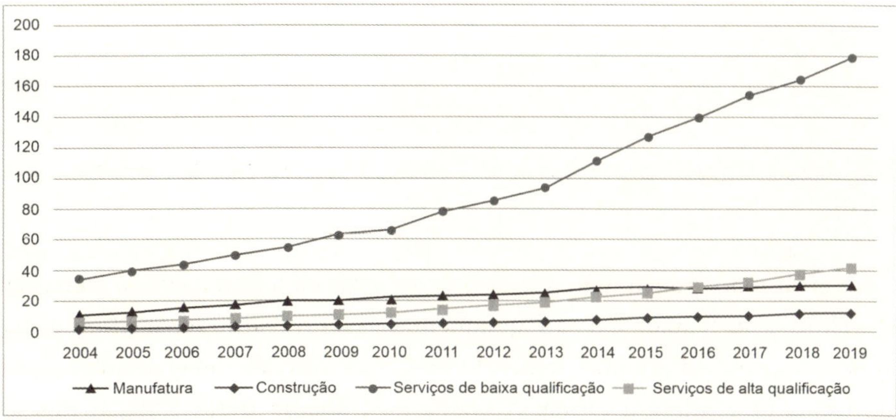

Fonte: Elaboração própria com base em dados do National Bureau of Statistics of China (2023).

Entre 2009 e 2014, a taxa de crescimento do salário real médio no setor informal cresceu 70%, contra 49% no setor formal. As posições se inverteram no período seguinte. Entre 2014 e 2021, o salário médio real do setor informal cresceu 41%, contra 53% do setor formal. Como resultado, o salário médio de um trabalhador informal nos serviços de alta qualificação era de RMB 52 mil ao ano em 2021, contra RMB 93 mil para um trabalhador formal. No caso dos serviços de baixa qualificação, o trabalhador informal ganhava, em média, RMB 42 mil ao ano, contra RMB 74 mil de um trabalhador formal no mesmo setor em 2021. Na manufatura, a diferença era de RMB 47 mil para um trabalhador informal, contra RMB 69 mil para um trabalhador formal.[80]

Gráfico 4.4 – Taxas de crescimento anual do salário médio real e do PIB (em porcentagem, entre 2010 e 2021)

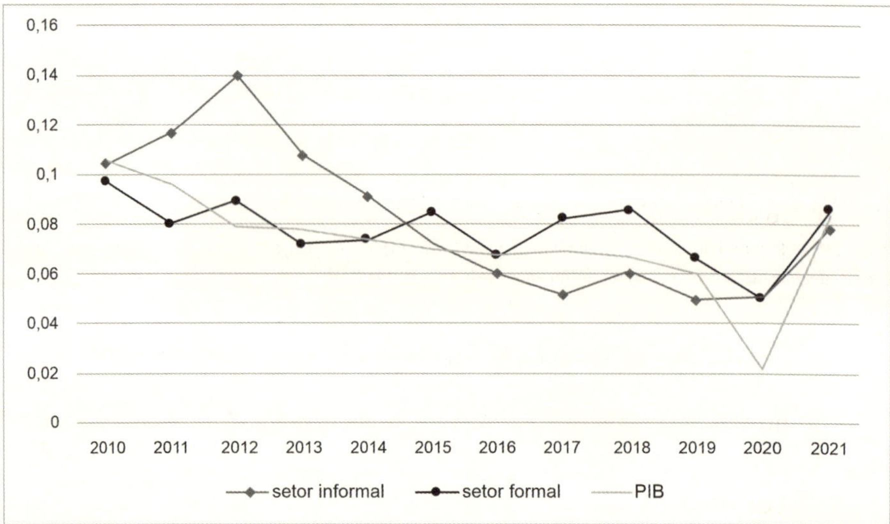

Fonte: Elaboração própria com base em dados do National Bureau of Statistics of China (NBS, 2023), deflacionado pelo CPI.

Em resumo, pouco tempo depois de os salários terem passado a crescer de maneira sustentada e de a regulamentação do trabalho ter melhorado as condições gerais do semiproletariado na China, novas formas de subsunção do trabalho ganharam forma. A queda no trabalho industrial e o rápido crescimento dos serviços informais geraram novas maneiras de exploração, subjetivação e constituição da classe trabalhadora. Em vez de a precarização depender da fratura urbano-rural, agora a divisão aparece de maneira mais evidente entre trabalhadores formais e informais. Porém, mais uma vez, tanto antes quanto agora, o limite entre o que é um trabalhador ativo e o exército de reserva é absolutamente tênue.

EM BUSCA DA NOVA CLASSE TRABALHADORA CHINESA

Depois de décadas sendo o chão de fábrica do mundo, país-símbolo das indústrias calcadas em baixos salários e elevada degradação ambiental, a China entrou na década de 2010 implementando um conjunto de políticas para garantir a mudança do seu padrão de acumulação. Os planos de desenvolvimento e as políticas industriais e tecnológicas deixaram patente o esforço do país para avançar nas cadeias globais de valor e desenvolver tecnologias próprias, portanto efetivando sua "estratégia de desenvolvimento liderada pela inovação".[81] Com a transição no padrão de acumulação, a estrutura do emprego migrou rapidamente dos setores primário e secundário para o setor terciário, alterando igualmente a forma de constituição da classe trabalhadora.

Em busca de custos de trabalho mais baixos, uma parte da indústria intensiva em trabalho migrou para fora da China a caminho de Vietnã, Bangladesh, Índia, Tailândia etc.; outra parte intensificou a automatização, enquanto uma terceira parcela se mudou para o interior do país.[82] Esse processo diminuiu a intensidade de criação de novas fábricas-dormitório, seja pela redução no número de trabalhadores industriais, seja porque no interior há maior proximidade entre lar e fábrica.

A queda no emprego na manufatura e o crescimento do setor terciário também implicaram uma nova polarização, bem conhecida dos países centrais. Enquanto novos empregos em serviços de alta qualificação foram sendo gerados em conjunto com a modernização industrial, um número ainda maior de empregos em serviços de baixa qualificação foi servindo de alternativa para o semiproletariado.[83]

O crescimento da informalidade de serviços mudou a forma predominante do que é conhecido como trabalho precário na China e aproximou o país de economias centrais e periféricas nos debates dominantes hoje a respeito dos grandes temas globais relacionados ao trabalho: economias de plataformas, informalidade, terceirização e precarização. Uma parte da informalidade atual é composta de participantes de mais longa data do mercado de trabalho urbano chinês: vendedores de rua, trabalhadores domésticos, trabalhadores autônomos, com seus pequenos negócios de comida ou vendas, e mão de obra estudantil das escolas técnicas.[84]

A novidade na China e em todo o mundo quando o tema é informalidade de serviços é a multiplicidade de trabalhadores de plataformas digitais, incluindo motoristas de aplicativo, entregadores de comida, transportadores para varejistas, e também prestadores de serviços de alta qualificação (*designers*, tradutores, engenheiros) que vendem seus serviços em plataformas e por projeto. A China detém atualmente a maior economia de plataforma do mundo – o que não é uma novidade em termos absolutos, mas é, sim, surpreendente em termos percentuais. Segundo o *China Labour Bulletin*, o número de trabalhadores na economia de plataformas cresceu de 50 milhões em 2015 para 84 milhões em 2020, o que representava 10% da população economicamente ativa,[85] contra menos de 1% nos Estados Unidos e entre 3% e 5% na Europa.[86] Isso significa dizer que, do total de trabalhadores informais na zona urbana na China, cerca de 30% estavam vinculados à economia de plataformas em 2020.

Apesar dessas transformações, a literatura sobre trabalho na China tem apresentado uma grande dificuldade em analisar essas mudanças recentes dos regimes de trabalho e das condições sociais nas zonas urbanas industriais, tanto pela diminuição da importância do *hukou* quanto pela restruturação da própria indústria chinesa a partir de 2010. Uma parte da literatura tem se dedicado a estudos de casos específicos que analisam as novas relações de trabalho no contexto de terciarização da China pós-2010,[87] mas não chegam a oferecer uma análise ampla das transformações do mundo do trabalho em curso. Outra parte da literatura, talvez a mais influente, tem dado grande ênfase aos processos de precarização e informalização, mas com uma certa negação das novas formas de constituição da classe trabalhadora, defendendo a existência de uma dinâmica de concorrência entre o chamado "precariado" e uma elite trabalhadora formalizada.[88] Por fim, um terceiro grupo, do qual nos aproximamos teoricamente, faz críticas contundentes aos limites teóricos do precariado e mantém a narrativa do semiproletariado, mas parece ter pouca sensibilidade para as transformações mais recentes.[89]

Grande parte das discordâncias dessas leituras sobre as relações contemporâneas de trabalho não representa uma particularidade da China. De certa maneira, são casos concretos da discussão global sobre precarização do trabalho que tem ocorrido desde a década de 1980 com a emergência do padrão capitalista neoliberal. A tese de Rodgers e Rodgers[90] tornou-se uma das principais referências em estabelecer o que seria esse trabalho-padrão em oposição ao que denominou de "trabalho precarizado". A forma precarizada seria um conceito relacional, sendo tudo aquilo diferente da

> [...] "relação de trabalho-padrão" que se desenvolveu sob a égide de uma legislação, incorporou um certo grau de regularidade nas relações de trabalho, protegeu os trabalhadores de práticas socialmente inaceitáveis e proporcionou um núcleo de estabilidade social para sustentar o crescimento econômico.[91]

Dessa maneira, o trabalho precário é considerado um produto específico do desenvolvimento capitalista "tardio", "maduro", "avançado" e "neoliberal".[92]

A precarização tornou-se uma expressão recorrente a partir dos anos 1990 para a definição desse novo fenômeno do trabalho como consequência da desregulamentação do direito do trabalho com a imposição de acordos trabalhistas flexíveis.[93] Mesmo estudos ligados a instituições governamentais[94] defendiam a existência de uma norma ou padrão de trabalho em relação a outras formas excepcionais.

Nos anos mais recentes, principalmente após a crise financeira de 2008, os estudos da precarização do trabalho ganharam nova força. Muitos deles foram realizados no âmbito da Organização Internacional do Trabalho, trazendo para o centro do debate o processo de globalização e formação das cadeias globais de valor. É nesse contexto que se destacou o conceito de "precariado", que traz a noção da formação de uma nova classe social internacional oriunda do trabalho precarizado, ou, como diz Guy Standing, de uma *class in the making*.[95] A formação do precariado ocorreria em oposição à classe operária, uma vez que se constituiria sem os benefícios sociais, as legalidades, as regulações e os direitos-padrão, tendo um perfil muito maior de informalidade e autoempregabilidade, formando, portanto, duas lógicas sociais distintas e muitas vezes conflitivas.

A constituição desse precariado será amplamente analisada no caso do mercado de trabalho chinês principalmente a partir de 2015,[96] prevalecendo a noção de informalização e precarização da economia como processos separados da constituição da classe trabalhadora.[97] Ao lado dos trabalhadores formalizados de maior qualificação nas indústrias intensivas em tecnologias tanto manufatureiras quanto de serviços, ter-se-ia constituído uma enorme massa informal, com grande rotatividade, sem contratos e sem direitos sociais garantidos. De acordo com essa literatura, a formação desse precariado (trabalhadores da construção civil, trabalhadores por plataforma, trabalhadores por conta própria, temporários, estagiários e trabalhadores informais de empresas terceirizadas) teria sua lógica própria no mercado de trabalho chinês.

Na sua crítica à noção de precariado, Smith e Pun defendem a necessidade de compreensão da informalização da economia pela lógica da luta para constituição da classe trabalhadora na China.[98] A precarização e a informalização se constituem como um momento do processo de realização das novas formas de expropriação, exploração e intensificação do trabalho. A heterogeneidade das formas de emprego, a falta de direitos, a fragmentação dos trabalhadores no mercado de trabalho e na esfera da produção são mecanismos das novas formas de reprodução da proletarização. Ao desconstruir a relação entre classe e precariedade, a literatura sobre precariado acaba por apagar os próprios processos contraditórios de luta na constituição dessa classe operária.[99]

Os processos de informalização e precarização não devem ser entendidos como exceções no capitalismo, como se estivessem em oposição a um padrão histórico. Na realidade, a exceção é esse suposto padrão regulado de relações de trabalho e bem-estar, que, de forma social ampla, pode ser compreendido como restrito ao pós-Segunda Guerra Mundial no dito "Norte Global".[100] A noção de formação de um precariado como relação de exceção ao padrão regulado coloca demasiada ênfase na divisão da classe trabalhadora,[101] em vez de compreender essa precarização do trabalho como momento da constituição da relação de classe. Em direção oposta a essas concepções de precariado, é essencial uma retomada do trabalho de Marx pela perspectiva da "lei geral da acumulação capitalista" e da inexorabilidade da formação de um "exército industrial de reserva".[102] Por meio da materialização das diferentes formas históricas concretas desse exército de reserva, diferentes padrões de trabalho se impõem.[103]

A precarização do trabalho não surge como exceção oriunda de relações individualizadas, como se pudesse ser reduzida às escolhas de atores. A precarização do trabalho, compreendida como desdobramento da inexorabilidade da constituição do exército de reserva na era neoliberal,[104] não deve ser entendida como uma exceção, mas como um momento necessário da própria constituição das classes trabalhadoras para a atual circunstância da acumulação de capital. A constituição desse exército industrial de reserva como necessidade para a acumulação, contudo, não é algo automático ou uma lei objetiva predeterminada.[105] O exército industrial de reserva, entendido como um momento da luta de constituição das classes sociais, está na própria garantia da formação da relação capitalista como separação do ser humano dos seus meios de vida. A existência da formação de uma superpopulação relativa na reprodução do capital é a relação que impõe aos trabalhadores a necessidade de vender sua força de trabalho pela remuneração vigente, caso contrário a opção seria apenas vivenciar as situações mais degradantes do não emprego.

Contudo, nessa relação de mercantilização da força de trabalho imposta pelo exército de reserva, há formas históricas concretas de existência, o que se materializa nos diferentes modos e ocorrências da precarização do trabalho. A forma histórica concreta de constituição do exército industrial de reserva não é algo fixo, mas um processo aberto ligado internamente à luta de constituição de classe em um determinado momento histórico. Portanto, a precarização do trabalho, como forma dessa superpopulação relativa, possui diferentes modos de realização conforme sua relação histórica, mas não é uma exceção *às* ou uma singularidade relacional *das* ações dos atores.

Com a crise do padrão fordista-keynesiano na década de 1970, como amplamente reiterado na literatura, passaram a se consolidar formas ditas flexíveis de produção e relação de trabalho.[106] Em vez dos controles e disciplinamentos diretamente impostos aos trabalhadores pela empresa e pelo Estado, passa a vigorar uma normatização do trabalho capitalista autoimposta na figura do indivíduo.[107] Junto com as novas formas de contratação e retirada das regulamentações legais do trabalho, fortaleceram-se as noções de "empresário de si mesmo" ou de "autoempreendedor". É nesse quadro que cresce a tendência aos trabalhos ditos precarizados, modalidades de contratos "zerados", "uberizados", "pejotizados", "intermitentes" e "flexíveis", em que o trabalhador, acreditando ser empresário de si mesmo, fica disponível permanentemente,[108] sendo remunerado apenas durante as horas trabalhadas e passível de acumular uma grande quantidade de trabalhos distintos. O trabalhador ativo, em face dessas novas relações de trabalho, passa a conviver rotineiramente com a pressão social exercida pelo exército de reserva.

Com a consolidação dessas novas formas de trabalho, a classe operária em seu sentido mais amplo, tanto o operariado ativo quanto o exército industrial de reserva, constitui-se de uma maneira muita mais fluida, em que as próprias diferenciações entre operariado ativo e exército industrial de reserva se misturam. De certo modo, na forma concreta do capitalismo contemporâneo, as categorias clássicas de Marx sobre exército industrial latente e flutuante passam a se institucionalizar e se mimetizar como padrões de trabalho ativo. Os trabalhos realizados através das plataformas digitais, das novas legislações trabalhistas permissivas e das empresas terceirizadas (com contratos muitas vezes informais ou de curtíssimo prazo), ao mesmo tempo que constituem o trabalhador ativo, também podem ser compreendidos no âmbito da noção de exército de reserva como relação social de pressão para a proletarização.[109] A precarização e a informalização do trabalho, nas suas formas ditas neoliberais, constituem-se como momento da geração desse novo exército de reserva, impactando nas dinâmicas de constituição das classes trabalhadoras.

Essa relação mais híbrida entre trabalhador ativo e exército de reserva possui, obviamente, particularidades próprias das diferentes regiões, como é notório entre o centro e a periferia do capitalismo. Contudo, é fundamental salientar que, apesar de os processos de informalização e precarização serem partes constituintes da formação dos mercados de trabalho das periferias, isso não significa uma simples manutenção fixa das mesmas relações. Se, por um lado, o padrão fordista-keynesiano com bem-estar social só pode ser identificado para uma parcela da população mundial e por um período muito pequeno, as formas de existência da informalidade e da precarização na periferia não são imutáveis. O que se advoga aqui é como também no Sul Global há uma reconstituição das novas formas de informalização e precarização. Se anteriormente a realização dessa precarização ocorria principalmente por processos de segregação e exclusão direta, como no caso do semiproletariado chinês, agora passa a ocorrer uma maior inclusão relativa nos mercados de trabalho, contudo nos moldes dessas relações ditas precárias, que incluem excluindo.

Como analisado na primeira seção, a formação da classe trabalhadora chinesa durante as primeiras décadas pós-reformas ocorreu por meio de um predomínio da constituição de um semiproletariado, com a junção dos regimes de trabalho-dormitório de curto prazo com a dependência dos trabalhos e rendas do campo para sua reprodução social. A lógica dessa sociabilidade híbrida de controle e de precarização do trabalho na constituição da classe operária e do exército de reserva não é eliminada com os processos de informalização dos serviços da economia chinesa. A forma de constituição de classe do semiproletariado chinês passa a ser substituída gradualmente pelas formas precárias e informais do regime neoliberal, tendo como continuidade essa relação híbrida e difusa entre o trabalhador ativo e o exército industrial de reserva.

A característica histórica central de constituição da classe trabalhadora chinesa como uma espécie de semiproletariado, compreendida na literatura como principal elemento para controle da massa trabalhadora e manutenção das baixas remunerações, transmuta-se no sentido das relações de trabalho informais e precarizadas. A suposta virada do modelo de Lewis, de esgotamento do exército de reserva, continua não tendo sentido pela lógica de constituição da classe trabalhadora. Além de os processos de modernização industrial e terciarização já impactarem no aumento do exército de reserva, a própria forma de constituição da classe trabalhadora atual impede esse suposto esgotamento da pressão social exercida pelo exército de reserva. A nova dinâmica do mercado de trabalho chinês, consolidado principalmente a partir de 2014, passa a ter, através da informalização e dos trabalhos precarizados, a centralidade do processo de controle social e constituição do exército de reserva. Diferentemente das economias centrais do capitalismo global, em que a ruptura do padrão fordista com bem-estar social fez com que este fosse substituído pelas ditas formas neoliberais (ou flexíveis) de trabalho, na China essa passagem ocorre a partir do semiproletariado, mantendo, portanto, seu elemento central de grande fluidez entre o trabalhador ativo e o exército de reserva.

Conclusões

A formação da classe operária chinesa após o início das reformas se deu de maneira muito mais híbrida e fluida do que os padrões historicamente considerados nos países centrais, sendo o limite entre trabalhador urbano ativo e exército industrial de reserva algo muito tênue desde sua origem. Em muitas famílias semiproletárias, predominou um processo inacabado de proletarização, com os migrantes rurais se vendo impossibilitados de levar suas famílias para as zonas urbanas, institucionalizando uma espécie de "meio operário, meio agricultor". O trabalhador semiproletário, mesmo empregado, sempre viveu as pressões e incertezas do exército de reserva, sem serviços de seguridade social, com baixa remuneração e contratos de curtíssimo prazo, além dos muitos empecilhos para se instalar definitivamente nas cidades. Isso permitiu, durante duas décadas, que os capitalistas pagassem um salário abaixo do necessário para a reprodução da força de trabalho. Para a classe operária chinesa, isso significa que o processo híbrido entre reserva e ativo já ocorre na sua própria constituição.

No momento em que o semiproletariado enquanto categoria social parecia se integrar mais plenamente à cidade, prometendo sua completa proletarização com aumento dos salários, regulação do trabalho, flexibilização do *hukou* e garantia de direitos sociais mínimos, o mercado de trabalho chinês mudou expressivamente. A queda no emprego na manufatura, o crescimento rápido dos serviços e da informalidade e a expansão do trabalho por plataforma levaram o acalorado debate global sobre precarização do trabalho para o interior da China. Em 2019, 70% do trabalho urbano na China era garantido pelo setor de serviços, contra 16% pela manufatura. Já a informalidade havia disparado para 60% do mercado de trabalho urbano total. Em vez de a precarização do trabalho depender da fratura urbano-rural, agora ela aparece de maneira mais evidente entre trabalhadores formais e informais, gerando novas formas de exploração, subjetivação e constituição da classe trabalhadora urbana.

A precarização do trabalho, compreendida como desdobramento da inexorabilidade da constituição do exército de reserva na era neoliberal, não deve ser entendida como uma exceção presente na informalidade e/ou no trabalho por plataforma, mas como necessária para qualquer momento da acumulação de capital. Ela também estava na essência do trabalho do semiproletariado. Mas, com a modernização industrial chinesa e sua presença inquestionável na disputa tecnológica intercapitalista, as formas de disciplinamento e subsunção do trabalho ao capital mudaram. A nova classe trabalhadora chinesa nas cidades está agora, majoritariamente, nos serviços informalizados, o que significa dizer que não possui contrato de trabalho, nenhum direito trabalhista, vive sob jornadas de trabalho extenuantes e recebe salários e benefícios sociais bastante inferiores aos seus pares do setor formal.

Os trabalhos realizados através das plataformas digitais, das novas legislações trabalhistas permissivas e das empresas terceirizadas (com contratos muitas vezes informais ou de curtíssimo prazo), ao mesmo tempo que constituem o trabalhador ativo, também podem ser compreendidos no âmbito da noção de exército de reserva como relação social de pressão para proletarização. Mais uma vez, o trabalhador ativo, nessas novas relações de trabalho, continua convivendo rotineiramente com a pressão social exercida pelo exército de reserva. O trabalho precarizado claramente ganhou uma nova forma na China, mas mantém, na essência, a mesma linha muito tênue entre trabalhador ativo e exército de reserva.

Referências bibliográficas

ANTUNES, R. *Privilégio da servidão: o novo proletariado de serviços na era digital*. São Paulo, Boitempo, 2018.

ARRIGHI, G. *Adam Smith in Beijing: Lineages of the 21st century*. London, Verso Books, 2007.

BECK, U. *The brave new world of work*. Polity, Cambridge, 2000.

BERNSTEIN, T. & LU, X. "Taxation without representation: Peasants, the central and the local states in reform China". *The China Quarterly*, vol. 163, 2009, pp. 742-763.

BRAGA, J. P. & NOGUEIRA, I. "Mercado de trabalho e salário mínimo na China". *Revista Geosul*, vol. 35, n. 77, 2020, pp. 49-72.

BREMAN, J. & VAN DER LINDEN, M. "Informalizing the economy: The return of the social question at a global level". *Development and Change*, vol. 45, n. 5, 2014, pp. 920-940.

CAI, F. & DU, Y. "Wage increases, wage convergence, and the Lewis turning point in China". *China Economic Review*, vol. 22, n. 4, 2011, pp. 601-610.

CAI, F. & WANG, M. "Growth and structural changes in employment in transition China". *Journal of Comparative Economics*, vol. 38, n. 1, 2010, pp. 71-81.

CARDOSO, F. H. "Comentários sobre os conceitos de superpopulação relativa e marginalidade". *Estudos Cebrap*, vol. 1, 1971, pp. 99-130.

CHAN, J. "A precarious worker-student alliance in Xi's China". *The China Review*, vol. 20, n. 1, 2020, pp. 165-190.

______. "Buy with 1-Click: Independent contracting and migrant workers in China's last-mile parcel delivery". *The Asia-Pacific Journal*, vol. 21, n. 2, 2023, pp. 1-18.

CHAN, J. & PUN, N. "Suicide as protest for the new generation of migrant workers: Foxcomm, global capital, and the state". *Asia-Pacific Journal*, vol. 37, n. 8, 2010, pp. 1-33.

CHAN, J.; PUN, N. & SELDEN, M. "Interns or workers? China's student labor regime". *The Asia-Pacific Journal*, vol. 13, n. 2, 2015, pp. 1-24.

CHAN, K. W. "A China paradox: Migrant labor shortage amidst rural labor supply abundance". *Eurasian Geography and Economics*, vol. 51, n. 4, 2010, pp. 513-530.

_____. "The world's factory in transition: Diversifying industrial relations and intensifying workers' struggles in China". *The China Review*, vol. 20, n. 1, 2020, pp. 1-17.

CHIAPELLO, E. & BOLTANSKI, L. *O novo espírito do capitalismo*. São Paulo, WMF Martins Fontes, 2020.

CLB. "The Platform Economy". *China Labour Bulletin*. Disponível em <https://clb.org.hk/content/platform-economy>. Acesso em 21/4/2023.

COLOMBINI, I. "Form and essence of precarization by work: From alienation to the industrial reserve army at the turn of the Twenty-Fist Century". *Review of Radical Political Economics*, vol. 52, n. 3, 2020, pp. 409-426.

CROLL, E. J. & PING, H. "Migration for and against agriculture in eight Chinese villages". *The China Quarterly*, n. 149, 1997, pp. 128-146.

CROMPTON, R.; GALLIE, D. & PURCELL, K. (ed.). *Changing forms of employment: Organisations, skills and gender*. London, Routledge, 1996.

CUI, Y.; MENG, J. & LU, C. "Recent developments in China's labor market: Labor shortage, rising wages and their implications". *Review of Development Economics*, vol. 22, n. 3, 2018, pp. 1.217-1.238.

DU, R. *Dangdai zhongguo de nongye hezuozhi [Agricultural Cooperative System in Contemprary China]*. Beijing, Contemporary China Press, 2002.

DU, Y. & WANG, M. "A discussion on potential bias and implications of Lewisian turning point". *China Economic Journal*, vol. 3, n. 2, 2010, pp. 121-136.

ESCHER, F. "A economia política do desenvolvimento rural na China: da questão agrária à questão agroalimentar". *Revista de Economia Contemporânea*, vol. 26, 2022, pp. 1-29.

FARES, T. M. "Food security and power struggles in the Chinese 'battle of the beans'". *Journal of Peasant Studies*, vol. 50, n. 5, 2022, pp. 2.024-2.049.

FRADE, C.; DARMON, I. & LAPARRA, M. *Precarious employment in Europe: A comparative study of labour market related risks in flexible economies*. Bruxelas, Comissão Europeia, 2004.

FRIEDMAN, E. *Insurgency trap: Labor politics in postsocialist China*. Ithaca/London, Cornell University Press, 2014.

FRIEDMAN, E. & LEE, C. K. "Remaking the world of Chinese labour: A 30-year retrospective". *British Journal of Industrial Relations*, vol. 48, n. 3, 2010, pp. 507-533.

GALLAGHER, M. E. *Contagious capitalism: Globalization and the politics of labor in China*. Princeton, Princeton University Press, 2005.

GALLAGHER, M. E. & JIANG, J. "China's labor legislation: The 1995 labor law and the 2001 trade union law". *Chinese Law and Government*, vol. 35, n. 6, 2002.

GARNAUT, R. & HUANG, Y. "Continued rapid growth and the turning point in China's economic development". *In*: GARNAUT, R. & SONG, L. (ed.). *The turning point in China's economic development*. Canberra, Asia-Pacific Press, 2006.

GOLLEY, J. & MENG, X. "Has China run out of surplus labour?". *China Economic Review*, vol. 22, n. 4, 2011, pp. 555-572.

HAN, B. C. *Sociedade do cansaço*. Petrópolis, Vozes, 2015.

HARVEY, D. *Condição pós-moderna: uma pesquisa sobre as origens da mudança cultural*. São Paulo, Edições Loyola, 1992.

HEERY, E. & SALMON, J. (ed.). *The Insecurity workforce*. London, Routledge, 1996.

HEINRICH, M. *An introduction to the three volumes of Karl Marx's Capital*. New York, Monthly Review Press, 2012.

HUANG, P. C. C. *The peasant family and rural development in the Yangzi Delta, 1350- 1988*. Stanford, Stanford University Press, 1990.

____. "Zhiduhua le de 'bangong bannong' guomixing nongye [Institutionalized 'half worker, half cultivator' involuted agriculture]". *Dushu*, vol. 2, 2006, pp. 30-37.

HUANG, Y. *Capitalism with Chinese characteristics: Entrepreneurship and the state*. Cambridge, Cambridge University Press, 2008.

HUNG, H. *The China boom: Why China will not rule the world*. New York, Columbia University Press, 2017.

ILO. *Job quality in platform economy*. Geneva, International Labour Organization, 2018.

JONNA, J. & FOSTER, J. B. "Marx's theory of working-class precariousness – and its relevance today". *Alternatives routes*, vol. 7, 2015, pp. 21-45.

KNIGHT, J.; DENG, Q. & LI, S. "The puzzle of migrant labour shortage and rural labour surplus in China". *China Economic Review*, vol. 22, n. 4, 2011, pp. 585-600.

KURUVILLA, S.; LEE, C. K. & GALLAGHER, M. *From iron rice bowl to informalization*. Cornell, ILR Press, 2011.

LAMBERT, R. & HEROD, A. *Neoliberal capitalism and precarious work: Ethnographies of accommodation and resistance*. Cheltenham, Edward Elgar, 2016.

LAVAL, C. & DARDOT, P. *A nova razão do mundo: ensaio sobre a sociedade neoliberal*. São Paulo, Boitempo, 2016.

LEE, B. H.; SWIDER, S. & TILLY, C. "Informality in action: A relational look at informal work". *International Journal of Comparative Sociology*, vol. 61, n. 2-3, 2020, pp. 91-100.

LEE, C. K. *Gender and the South China miracle: Two worlds of factory women*. Berkeley, California University Press, 1998.

____. "Precarization or empowerment? Reflections on recent labor unrest in China". *The Journal of Asian Studies*, vol. 75, n. 2, 2016, pp. 317-333.

____. "China's Precariat". *Globalizations*, vol. 16, n. 2, 2018, pp. 137-154.

LETOURNEUX, V. *Precarious employment and working conditions in Europe*. Luxembourg, European Foundation for the Improvement of Living and Working Conditions, 1998.

LEWIS, W. A. "Economic development with unlimited supplies of labour". *Manchester School of Economic and Social Studies*, vol. 22, n. 2, 1954, pp. 139-191.

LU, X. "The politics of peasant burden in reform China". *Journal of Peasant Studies*, vol. 24, n. 4, 1997, pp. 113-138.

MAJEROWICZ, E. "Do campesinato ao exército industrial de reserva: proletarização e determinação salarial na China". *In*: MAJEROWICZ, E. & PARANÁ, E. (org.). *A China no capitalismo contemporâneo*. São Paulo, Expressão Popular, 2022.

MEDEIROS, C. A. & NOGUEIRA, I. "Uma análise estruturalista da distribuição de renda na China Contemporânea". *Revista Tempo do Mundo*, vol. 3, n. 3, 2011, pp. 99-122.

MUNCK, R. "The precariat: a view from the South". *Third World Quarterly*, vol. 34, n. 5, 2013, pp. 747-762.

NAUGHTON, B. *Chinese economy: Adaptation and growth*. Cambridge, Massachusetts, MIT Press, 2018.

____. *The rise of China's industrial policy: From 1978-2020*. Boulder, Lynne Rienner Publishers, 2021.

NBS. *National data annual*. National Bureau of Statistics of China, 2023. Disponível em <https://data.stats.gov.cn/english/>. Acesso em 4/1/2024.

NICKUM, J. "Labour accumulation in rural China and its role since the Cultural Revolution". *Cambridge Journal of Economics*, vol. 2, n. 3, 1978, pp. 273-286.

NOGUEIRA, I. "Acumulação, distribuição e estratégia sob Mao: legados do maoísmo para o desenvolvimento da China". *Carta Internacional*, vol. 14, n. 2, 2019, pp. 27-51.

NOGUEIRA, I.; BACIL, F. & GUIMARÃES, J. V. "A caminho de um Estado de bem-estar social na China? Uma análise a partir dos sistemas de saúde e educação". *Economia e Sociedade*, vol. 29, n. 2, 2020, pp. 669-692.

NOGUEIRA, I. & QI, H. "The state and domestic capitalists in China's economic transition: from great compromise to strained alliance". *Critical Asian Studies*, vol. 51, n. 4, 2019, pp. 1-21.

NUN, J. "Superpoblación relativa, ejército industrial de reserva y masa marginal". *Revista Latinoamericana de Sociología*, vol. 5, n. 2, 1969, pp. 180-225.

OI, J. "Fiscal reform and the economic foundations of local state corporatism in China". *World Politics*, vol. 45, 1992, pp. 99-126.

____. *Rural China takes off: Institutional foundations of economic reform*. Berkeley, University of California Press, 1999.

OLIVEIRA, F. *Crítica à razão dualista / O ornitorrinco*. São Paulo, Boitempo, 2003.

PAN, W. *Nongmin yu shichang: Zhongguo jiceng zhengquan yu xiangzhen qiye [Peasants and the market: The coalition between grassroots authorities and rural enterprises]*. Beijing, Commercial Press, 2002.

PENG, Y. "Chinese villages and townships as industrial corporations: Ownership, governance, and market discipline". *American Journal of Sociology*, vol. 106, n. 5, 2001, pp. 1.338-1.370.

PRADELLA, L. "Beyond impoverishment: Western Europe in the world economy". *In*: PRADELLA, L. & MAROIS, T. (ed.). *Polarising development: Alternatives to neoliberalism and the crisis*. London, Pluto Press, 2015.

PUN, N. *Made in China: Factory women workers in a global workplace*. Durham, NC, Duke University Press, 2005.

____. *Migrant labor in post-socialist China*. New York/London, Polity Press, 2016.

____. "The new Chinese working class in struggle". *Dialectical Anthropology*, vol. 44, 2020, pp. 319-329.

PUN, N. & CHAN, J. "The spatial politics of labor in China: Life, labor, and a new generation of migrant workers". *South Atlantic Quarterly*, vol. 112, n. 1, 2013, pp. 179-190.

PUN, N. & LU, H. "Unfinished proletarianization: Self, anger, and class Action among the second generation of peasant-workers in present-day China". *Modern China*, vol. 36, n. 5, 2010, pp. 493-519.

PUN, N. & SMITH, C. "Putting transnational labour process in its place: Dormitory labour regime in post-socialist China". *Work, Employment and Society*, vol. 21, n. 1, 2007, pp. 27-46.

QI, H. "The historical peak of the rate of surplus value and the 'new normal' of the Chinese economy: a political economy analysis". *Revista de Economia Contemporânea*, vol. 22, n. 1, 2017, pp. 1-22.

____. "Semi-proletarianization in a dual economy: The case of China". *Review of Radical Political Economy*, vol. 51, n. 4, 2019, pp. 553-561.

QI, H. & LI, Z. "Giovanni Arrighi in Beijing: rethinking the transformation". *Science & Society*, vol. 83, n. 3, 2019, pp. 327-354.

____. "Putting precarity back to production: A case study of Didi Kuaiche drivers in the city of Nanjing, China". *Review of Radical Political Economics*, vol. 52, n. 3, 2020, pp. 506-522.

RAWSKI, T. G. *Economic growth and employment in China*. Oxford, Oxford University Press, 1979.

RISKIN, C. "Property rights and the social costs of transition and development in China". *Economic and Political Weekly*, vol. 43, n. 52, 2008, pp. 37-42.

RODGERS, G. & RODGERS, J. (ed.). *Precarious jobs in labour market regulation: The growth of atypical employment in Western Europe*. Geneva, ILO, 1989.

ROZELLE, S. *et al.* "Moving beyond Lewis: Employment and wage trends in China's high- and low- skilled industries and the emergence of an era of polarization". *Comparative Economic Studies*, vol. 62, 2020, pp. 555-589.

SAITH, A. "From collectives to markets: Restructured agriculture-industry linkages in rural China". *The Journal of Peasant Studies*, vol. 22, n. 2, 1995, pp. 201-260.

SCHRAM, S. *The return of ordinary capitalism: Neoliberalism, precarity, occupy*. Oxford, Oxford University Press, 2015.

SILVER, B. "China as an Emerging Epicenter of World Labor Unrest". *In*: HUNG, H. F. (ed.). *China and the transformation of global capitalism*. Baltimore, The Johns Hopkins University Press, 2009.

SINGER, P. *Dinâmica populacional e desenvolvimento*. São Paulo, Hucitec, 1988.

SMITH, C. & PUN, N. "The dormitory labour regime in China as a site for control and resistance". *The International Journal of Human Resource Management*, vol. 17, n. 8, 2006, pp. 1.456-1.470.

_____. "Class and precarity: An unhappy coupling in China's working class formation". *Work, Employment and Society*, vol. 32, n. 3, 2018, pp. 599-615.

SOLINGER, D. J. *Contesting citizenship in urban China: Peasant migrants, the state, and the logic of the market*. Berkeley, University of California Press, 1999.

STANDING, G. *The Precariat: The new dangerous class*. London/New York, Bloomsbury Academic, 2011.

_____. "The precariat in China: A comment on conceptual confusion". *Rural China*, vol. 14, n. 1, 2017, pp. 165-170.

SUPIOT, A. "Transformation of labour and future of labour law in Europe". *International Labour Review*, vol. 138, n. 1, 1999, pp. 31-46.

SWIDER, S. *Building China: Informal work and the new precariat*. Ithaca, Cornell University Press, 2015.

_____. "Informal and precarious work: The precariat and China". *Rural China*, vol. 14, 2017, pp. 19-41.

TIAN, M. *et al.* "Hukou reform and the 'luohu' of rural migrants in urban China". *Sustainability*, vol. 14, 2022, pp. 1-10.

WALDER, A. G. *Communist neo-traditionalism: Work and authority in Chinese industry*. Berkeley, University of California Press, 1986.

WANG, X.; CHAN, C. K. C. & YANG, L. "Economic upgrading, social upgrading, and rural migrant workers in the Pearl River Delta". *The China Review*, vol. 20, n. 1, 2020, pp. 51-81.

WEN, T. & YANG, S. *Sannong yu sanzhi [Three rural issues and rural governance]*. Beijing, Renmin University Press, 2016.

XIA, Y. *et al.* "Back to cheap labour? Increasing employment and wage disparities in contemporary China". *The China Quarterly*, n. 253, 2022, pp. 231-249.

XU, Z. "The development of capitalist agriculture in China". *Review of Radical Political Economics*, vol. 49, n. 4, 2017, pp. 1-8.

YANG, D.; CHEN, V. & MONARCH, R. "Rising wages: Has China lost its global labor advantage?". *Pacific Economic Review*, vol. 15, n. 4, 2010, pp. 482-504.

YE, J. "Land transfers and the pursuit of agricultural modernization in China". *Journal of Agrarian Change*, vol. 15, n. 3, 2015, pp. 314-337.

ZHAN, S. "Hukou reform and land politics in China: Rise of a tripartite alliance". *The China Journal*, vol. 78, n. 1, 2017, pp. 25-49.

ZHANG, Q.; OYA, C. & YE, J. "Bringing agriculture back in: The central place of agrarian change in rural China studies". *Journal of Agrarian Change*, vol. 15, n. 3, 2015, pp. 299-313.

ZHANG, Q. & ZENG, H. "Politically directed accumulation in rural China: The making of the agrarian capitalist class and the new agrarian question of capital". *Journal of Agrarian Change*, vol. 21, n. 4, 2021, pp. 1-25.

ZHANG, S. & FAN, L. "Development paths, proletarianization, and the association of workers in China's garment industry: A comparative study of Humen and Pinghu". *The China Review*, vol. 20, n. 1, 2020, pp. 19-49.

ZHANG, X.; YANG, J. & WANG, S. "China has reached the Lewis turning point?". *China Economic Review*, vol. 22, n. 4, 2011, pp. 542-554.

ZHU, S. & PICKLES, J. "Bring in, go up, go West, go out: Upgrading, regionalisation and delocalisation in China's apparel production networks". *Journal of Contemporary Asia*, vol. 44, n. 1, 2013, pp. 36-63.

Notas

1 Pun, 2005 e 2016; Pun & Lu, 2010; Pun & Chan, 2013; Pun & Smith, 2007.

2 X. Zhang *et al.* 2011; K. W. Chan, 2010; Du & Wang, 2010; Qi, 2019.

3 Swider, 2015 e 2017; Lee, 2016 e 2018; Standing, 2017 e 2011; Lee; Swider & Tilly, 2020; Smith & Pun, 2018; J. Chan, 2020; Pun, 2020; Qi & Li, 2020.

4 Colombini, 2020.

5 Qi, 2019.

6 Lewis, 1954.

7 Pun, 2005.

8 Cai & Du, 2011; Knight *et al.* 2011; Cai & Wang, 2010; Garnaut & Huang, 2006.

9 X. Zhang *et al.* 2011; Chan, 2010; Du & Wang, 2010.

10 Golley & Meng, 2011.

11 Qi, 2019; Qi & Li, 2019.

12 Pun & Chan, 2013.

13 Smith & Pun, 2006.

14 Pradella, 2015; Jonna & Foster, 2015.

15 Nun, 1969; Cardoso, 1971; Singer, 1988; Oliveira, 2003.

16 Zhang *et al.*, 2015.

17 Medeiros & Nogueira, 2011.

18 Y. Huang, 2008; Naughton, 2018.

19 Arrighi, 2007.

20 Oi, 1999 e 1992; Peng, 2001.

21 Zhang *et al.*, 2015.

22 Pan, 2002.

23 Lu, 1997; Bernstein & Lu, 2009.

24 Riskin, 2008.

25 Antes das reformas, as relações de trabalho na China maoísta podiam ser divididas em dois grandes grupos: trabalho urbano organizado em torno das empresas estatais (SOEs) e trabalho nas zonas rurais organizado descentralizadamente pelas comunas (atividades agrícolas, manufatura e infraestrutura). Nas SOEs, a relação de trabalho era a chamada "tigela de arroz de ferro", caracterizada pelo emprego permanente e com garantia dos serviços de bem-estar social do "berço ao túmulo", contudo, disponível apenas para um quinto da força de trabalho chinesa, quase todos habitantes urbanos. Os trabalhadores rurais dependiam das receitas das suas próprias empresas coletivas e das atividades agrícolas nas comunas tanto para a remunerações quanto para os benefícios, o que na prática implicava uma grande diversidade entre unidades de trabalho e regiões. Nesse quadro, as reformas iniciadas no final dos anos de 1970 irão, em um primeiro momento (década de 1980), desfazer a estrutura coletiva rural por meio da retomada do sistema familiar de produção, da mercantilização da agricultura e da ascensão das empresas de vila e município. Durante a década de 1990, serão impactadas principalmente as estruturas urbanas estatais de estabilidade laboral, com as privatizações em massa e novas leis de relação de trabalho.

26 Nogueira, 2019.

27 Nickum, 1978; Rawski, 1979; Huang, 1990; Saith, 1995.

28 Du, 2002.

29 Pan, 2002.

30 Bernstein & Lu, 2009.

31 Q. Zhang *et al.* 2015.

32 Escher, 2022; Zhang & Zeng, 2021; Xu, 2017; Ye, 2015.

33 Majerowicz, 2022.

34 Chan, 2020.

35 Kuruvilla; Lee & Gallagher, 2011.

36 Gallagher, 2005.

37 Gallagher & Jiang, 2002.

38 Gallagher, 2005; Lee, 2018; Friedman & Lee, 2010; Pun, 2016.

39 Friedman & Lee, 2010, p. 510.

[40] Kuruvilla; Lee & Gallagher, 2011, p. 10.
[41] J. Chan, 2020, p. 9.
[42] Pun, 2005.
[43] Qi & Li, 2019.
[44] P. C. C. Huang, 2006.
[45] Wen & Yang, 2016.
[46] *Idem.*
[47] C. K. Lee, 1998; Solinger, 1999.
[48] Smith & Pun, 2006.
[49] *Idem.*
[50] Pun & Smith, 2007, p. 32.
[51] Kuruvilla; Lee & Gallagher, 2011.
[52] Qi, 2019.
[53] Han, 2015; Laval & Dardot, 2016; Chiapello & Boltanski, 2020.
[54] Yang; Chen & Monarch, 2010; Qi, 2017; Cui; Meng & Lu, 2018; Rozelle *et al.*, 2020; Xia *et al.*, 2022.
[55] NBS, 2023.
[56] Cálculos próprios usando o CPI como deflator.
[57] *Idem.*
[58] Pun, 2020.
[59] Zhang; Yang & Wang, 2011; Cui; Meng & Lu, 2018.
[60] Lee, 2016 e 2018; Friedman, 2014.
[61] Pun & Lu, 2010; Silver, 2009.
[62] Chan & Pun, 2010.
[63] Nogueira & Qi, 2019; Qi, 2017.
[64] Nogueira; Bacil & Guimarães, 2020.
[65] Braga & Nogueira, 2020.
[66] Escher, 2022; Fares, 2022.
[67] Majerowicz, 2022.
[68] Zhan, 2017; Zhang; Oya & Ye, 2015.
[69] Tian *et al.*, 2022, p. 1.
[70] *Idem*, p. 9.
[71] Xia *et al.*, 2022; Rozelle *et al.*, 2020.
[72] São considerados serviços de baixa qualificação os seguintes setores, conforme metodologia de Xia *et al.* (2022) e seguindo a subdivisão do National Bureau of Statistics of China (2023): 1. transporte, armazenamento e correios; 2. comércio varejista e atacado; 3. hotelaria e serviços de alimentação; 4. locação e serviços empresariais; 5. serviços domésticos, reparos e outros serviços. São considerados serviços de alta qualificação: 1. transmissão de informação, *software* e tecnologia de informação; 2. intermediação financeira; 3. mercado imobiliário; 4. pesquisa científica e serviços técnicos; 4. educação; 5. saúde e serviços sociais; 6. cultura, esportes e entretenimento; 7. administração pública, seguridade social e organizações sociais.
[73] Xia *et al.*, 2022.
[74] Rozelle *et al.* 2020.
[75] NBS, 2023.
[76] *Idem.*
[77] Rozelle *et al.*, 2020, p. 566.
[78] *Idem.*

79 Xia *et. al*, 2022.
80 NBS, 2023.
81 Naughton, 2021.
82 Zhu & Pickles, 2013.
83 Wang *et al.*, 2020.
84 Mão de obra estudantil é proporcionalmente mais numerosa na China em comparações internacionais dada a obrigatoriedade de um número mínimo de anos de trabalho na fábrica (e sem contrato formal) antes de concluída a formação técnica.
85 CLB, 2023.
86 ILO, 2018.
87 Wang; Chan & Yang, 2020; Zhang & Fan, 2020; Qi & Li, 2020; J. Chan, 2020 e 2023.
88 Swider, 2015 e 2017; Lee, 2016 e 2018; Standing, 2017; Lee; Swider & Tilly, 2020.
89 Smith & Pun, 2018; J. Chan, 2020; Pun, 2020.
90 Rodgers & Rodgers, 1989.
91 *Idem*, p. 1.
92 Beck, 2000; Lambert & Herod, 2016; Schram, 2015.
93 Crompton; Gallie & Purcelll, 1996; Letourneux, 1998; Heery & Salmon, 1996.
94 Supiot, 1999; Frade; Darmon & Laparra, 2004.
95 Standing, 2011.
96 Swider, 2015 e 2017; Lee, 2016 e 2019; Standing, 2017; Lee; Swider & Tilly, 2020.
97 Smith & Pun, 2018.
98 *Idem*.
99 Smith & Pun, 2018; J. Chan, 2020.
100 Breman & Van der Linden, 2014; Colombini, 2020.
101 Smith & Pun, 2018.
102 Pradella, 2015; Jonna & Foster, 2015.
103 Munck, 2013; Colombini, 2020.
104 Pradella, 2015; Jonna & Foster, 2015.
105 Heinrich, 2012.
106 Harvey, 1992.
107 Han, 2015; Laval & Dardot, 2016; Chiapello & Boltanski, 2020.
108 Antunes, 2018.
109 Colombini, 2020.

CAPÍTULO 5

O (RE)NASCIMENTO DA ORDEM BIPOLAR: ENTREVISTA COM WOLFGANG STREECK*

André Singer e *Hugo Fanton*

O sociólogo alemão Wolfgang Streeck, professor emérito do Instituto Max Planck, tornou-se conhecido fora dos círculos acadêmicos há pouco mais de dez anos, quando publicou *Tempo comprado: a crise adiada do capitalismo democrático*, traduzido para o português em 2018. De lá para cá, virou um dos principais intérpretes da desordem mundial. Nesta entrevista, concedida da Colônia, onde vive, em 12 de junho de 2023, via Zoom, Streeck mostrou-se pessimista em relação ao futuro imediato.[1] Em meados dos anos 1970, o capitalismo democrático teria começado a se desfazer, dando início a um período entrópico, definido pela ideia anotada pelo dirigente comunista Antonio Gramsci no Caderno do Cárcere número 3 (1930): "A crise consiste [...] no fato de que o velho morre e o novo não pode nascer: neste interregno, verificam-se os fenômenos patológicos mais variados" (ver, a respeito, o capítulo 1 deste livro).

Quanto tempo levará a transição? Ninguém sabe, afirma Streeck. "O fim do Império Romano é um caso paradigmático" e até hoje é difícil determinar a duração do seu desmoronamento. Por ora, ele acha possível o estabelecimento de uma ordem global bipolar, com uma economia de guerra, em que Estados Unidos e China liderariam blocos com funcionamento próprio. Teme,

* André Singer participou da entrevista de Londres, onde, graças à Bolsa de Pesquisa no Exterior da Fundação de Amparo à Pesquisa do Estado de São Paulo (Fapesp), permaneceu como professor visitante do King's College no primeiro semestre de 2023. Hugo Fanton participou de São Paulo. Versão mais curta foi publicada na *Folha de S. Paulo*, em 24/6/2023.

entretanto, que um dos polos, no caso o norte-americano, por ser militarmente mais forte, decida usar a vantagem antes que a perca. "Meu medo é que Biden planeje atacar a China, com a ajuda da Otan", disse.

O ex-diretor do prestigioso Max Planck afirmou:

> Os Estados Unidos têm uma vantagem maravilhosa, não é possível vencer uma guerra contra eles. São como uma ilha enorme, um continente, e têm apenas dois vizinhos: o Canadá, quase um estado americano, e o México, onde suas tropas já estão presentes, presumivelmente para combater o tráfico de drogas.

Para acabar com a Guerra da Ucrânia bastaria aos EUA se disporem a uma saída negociada com os chineses. Ao contrário, a ideia de uma vitória unilateral, com Vladimir Putin sendo julgado em Haia, é "suicida", acredita Streeck.

> Há alguns dias, o governo alemão prometeu a Biden enviar dois grandes navios de guerra para as águas do sul da Ásia, perto da costa chinesa. Imagine, a Marinha alemã na costa da China?! Vocês me perguntam o que espero? Só posso dizer que não estou mais esperando nada, exceto surpresas bizarras.

A distância entre a realização da entrevista e o momento em que o livro chega às mãos da leitora e do leitor implica, forçosamente, alguma desatualização. À época, a guerra em Gaza não havia ocorrido, e a ofensiva ucraniana do verão de 2023 estava em evidência. Outras serão, portanto, as manchetes dos jornais quando esta publicação acadêmica vier à luz. Todavia, os raciocínios de fundo ofertados pelo professor mantêm a densidade de quando apareceram na conversa, que teve trechos publicados pela *Folha de S. Paulo* em 24 de junho de 2023. A seguir, a íntegra do diálogo, realizado em inglês e traduzido para o português por Hugo Fanton.

A ideia gramsciana de interregno está associada em sua obra a períodos diferentes: o desmantelamento da ordem pós-guerra pela revolução neoliberal, de 1975 em diante; o fim da possibilidade de o capitalismo comprar tempo, por volta de 2008 em diante; o atual "cabo de guerra" entre as elites da coalizão neoliberal e novos populismos, em torno de 2016 em diante; e um período prolongado de desordem que viria após o fim do

capitalismo, um futuro incerto que ainda não começou. Poderia comentar os diferentes significados de "interregno"?

Wolfgang Streeck (WS): Gramsci usa o termo para indicar uma situação de muita incerteza, causada pelo rompimento das estruturas que criavam algo como ordem ou previsibilidade, e não se sabe o que vem depois. Daí surgem todos os tipos de distúrbios patológicos. Portanto, é um conceito geral que descreve a situação em que a velha ordem está morrendo e a nova ainda não pode se materializar.

A meu ver, o período de interregno começa quando a ordem relativamente estável do pós-guerra principia a desmoronar no final da década de 1970. Mas é preciso ter uma visão de longo prazo quando se pensa em mudanças de época, pois nem tudo desmorona de uma vez. Certas coisas continuam; outras se tornam disfuncionais.

O fim do Império Romano é um caso paradigmático de mudança social fundamental. Quanto tempo isso levou? Não se sabe ao certo. Quando o último imperador estava em Roma, havia outro em Bizâncio. Depois, vários tentaram restaurá-lo, como os carolíngios. Há, portanto, uma mistura de estabilidade e colapso. O mérito de Gramsci é apontar para o fato de que as estruturas sociais produzem algo como continuidade e previsibilidade, mas há situações em que uma ordem existente está tão profundamente danificada que não se sabe o que virá a seguir.

Quando olhamos para o momento presente, o que dizer da previsibilidade e da contingência histórica? É possível argumentar que estamos vendo uma próxima fase que eu chamaria, de forma provisória, de economia bipolar global: uma economia de guerra, dividida em duas metades, China e Estados Unidos. Teríamos sido capazes de imaginar algo assim há cinco anos? Impossível. Buscamos entender o que poderá se cristalizar como uma ordem estável por um período de 30, 40 anos, como no pós-guerra.

Poderia falar sobre as reações "desde baixo" às elites da coalizão neoliberal, tema presente em seu último livro, *Zwischen Globalismus und Demokratie* ["Entre o globalismo e a democracia"], publicado na Alemanha em 2021?

WS: Essa é outra questão que exige uma reflexão muito profunda, pois a democracia não é ameaçada apenas por movimentos autoritários de direita.

Ela vem sendo esvaziada há décadas com a destruição dos sindicatos, da negociação coletiva, o fim da social-democracia, o vácuo dos partidos políticos que se transformaram em organizações não representativas e, portanto, mais ou menos impotentes, especialmente na esquerda. De que lado estão esses movimentos? Eu diria que eles certamente não estão do lado da globalização.

Max Weber chamou a sociologia de "eine verstehende Wissenschaft", uma ciência que se baseia na compreensão dos significados que as pessoas atribuem às ações. Se quisermos entender o que as pessoas [ligadas a movimentos autoritários de direita] estão fazendo, acho justo dizer que estão buscando proteção nacionalista autoritária contra as incertezas globais, na ausência de opções de proteção internacionalista democrática. A razão pela qual esses grupos se tornaram tão visíveis e poderosos é simplesmente porque a esquerda, ou a esquerda moderada, não foi capaz de oferecer a eles o tipo de proteção contra as incertezas das rápidas mudanças sociais e econômicas que agora dominam a vida de muitas pessoas, especialmente nas classes mais baixas. O que dá a eles [grupos de extrema-direita] a energia e a capacidade de mobilizar um número não pequeno de pessoas? E eu perguntaria: por que nós – a esquerda mais ou menos moderada – não fomos capazes de oferecer a eles o tipo de proteção que desejam?

Certamente isso tem a ver com a globalização. A partir de 1990, sob o feitiço da Nova Ordem Mundial propagada pelos Estados Unidos, até mesmo os partidos social-democratas começaram a se entusiasmar com o mundo único e os mercados livres. O que deveríamos fazer era nos ajustar às restrições dos mercados. Nas primeiras décadas do século XXI, houve uma grande decepção, e essa decepção, ressentida e não esclarecida, foi captada pelos partidos nacionalistas e agressivos de direita. Cometemos muitos erros, e isso contribuiu para explicar a presença desses grupos.

Nos últimos dez anos, o senhor tem destacado os aspectos desestabilizadores do período pós-fim da compra de tempo pelo capitalismo. Mas como devemos analisar as contratendências de estabilização sistêmica, como o sistema transnacional de Bancos Centrais, atuando para absorver os choques causados pela especulação financeira, a reação permanente do que Tariq Ali chama de "extremo centro" e as ideologias de consumismo e meritocracia?

WS: No que diz respeito à cultura cotidiana, meritocracia e consumismo, se a esquerda não puder oferecer um modo de vida às pessoas mais satisfatório do que o consumismo, o trabalho árduo e duro para aumentar o capital dos proprietários privados e assim por diante, se não tiver algo a oferecer, então perdemos. Em nível cultural, temos muito pouco a oferecer.

No nível institucional, acho que podemos diagnosticar que o sistema financeiro global não é, como vocês sugerem, um pilar de estabilidade, mas está cada vez mais fora de controle internamente. Então teríamos uma situação gramsciana, em que a estrutura institucional entra em colapso, talvez em nova crise financeira global.

As pessoas não estão preparadas para pensar em um modo de vida que seja mais sustentável do que um capitalismo global ingovernável. Essas questões estão muito distantes da experiência cotidiana. A maioria das pessoas tem de lutar muito para sobreviver e colocar comida no prato. Elas não têm tempo para estudar economia política. Não entendem o que significa uma pirâmide financeira que pode se romper a qualquer momento, a criação de dinheiro do nada para manter as coisas funcionando, que tipo de consequências futuras pode ter.

Essa sociedade, em algum momento, será incapaz de fornecer até mesmo pequenas satisfações. É daí que surgem essas ideias, uma renda mínima garantida para todos, coisas que saem do cérebro de bilionários, do Vale do Silício, que querem vender seus comerciais, querem vender tempo comercial para produtores que precisam de consumidores que tenham pelo menos algum dinheiro para comprar essas coisas. Mas esse é um processo de longo prazo, e estou totalmente de acordo, precisamos conhecer esses estabilizadores socioculturais e pensar no que pode substituí-los.

No artigo "A Bipolar Order?" ["Uma Ordem Bipolar?"], publicado no Sidecar em 1º de maio de 2023, o senhor lembra que o capitalismo "se transformou e se reformulou de forma mais fundamental e eficaz do que nunca na esteira das duas Grandes Guerras do século XX". Será que os EUA colocaram em movimento uma estratégia de guerra tendo isso em mente?

WS: Em nenhum país há mais pessoas pensando em como usar as Forças Armadas: 40% dos gastos militares globais são feitos nos Estados Unidos. Em

2010, os gastos militares anuais americanos foram 16,5 vezes maiores do que os russos. Existem essas enormes burocracias militares, com pessoas pensando, livremente, sobre como usá-los.

Livremente por quê? Porque os Estados Unidos têm uma vantagem maravilhosa, não é possível vencer uma guerra contra eles. São como uma ilha enorme, um continente, e têm apenas dois vizinhos: o Canadá, quase um estado americano, e o México, onde suas tropas já estão presentes, presumivelmente para combater o tráfico de drogas.

Ao contrário, a China tem cerca de 20 países vizinhos. Por sua doutrina militar oficial, os Estados Unidos querem ser capazes de realizar duas guerras ao mesmo tempo, nas partes oriental e ocidental do globo. No caso do Afeganistão, eles puderam ir a um lugar, gastar quantias inacreditáveis em 20 anos e depois, simplesmente, voltar para casa. Alguém pode esperar que o Talibã vá aos Estados Unidos se vingar? Absolutamente impossível. Imagina-se o exército iraquiano marchando até Washington e exigindo que George W. Bush seja entregue ao Tribunal de Haia?

Deve haver pessoas pensando em atacar a China agora, quando os EUA ainda estarão em uma situação com chance muito boa de vencer. Quando vencerem, poderão cancelar toda a dívida com a China e criar uma nova ordem monetária global. Teríamos de volta 1990, quando a Rússia e a China votavam com os Estados Unidos na ONU. Deve haver uma tentação de pensar sobre isso, o que é muito perigoso.

Joe Biden [agora Kamala Harris], com apoio de Bernie Sanders, vai enfrentar Donald Trump novamente nas urnas em 2024. Como analisa o governo Biden até agora?

WS: Quando Zhou Enlai, o primeiro-ministro da China, esteve pela primeira vez nos Estados Unidos, um repórter perguntou o que ele achava da Revolução Francesa. Zhou Enlai disse: "É muito cedo para dizer". Também acho que é muito cedo para dizer sobre Biden. Quando assumiu a Presidência, tornou-se linha-dura no que diz respeito à Ucrânia de uma forma que ninguém esperava, depois de ter saído do Afeganistão sem avisar os aliados. Os militares alemães que estavam no Afeganistão ficaram atônitos ao saber que os norte-americanos sairiam no dia seguinte. Eles simplesmente fazem o que querem.

Portanto, o que Biden fará depende muito de saber se os Estados Unidos estão seriamente dispostos a entrar em guerra com a China. Caso contrário, eles podem permitir que os chineses ajudem a estabelecer algum tipo de cessar-fogo na Ucrânia, ou seja, incluir a China no sistema euroasiático.

Os russos não podem mais tomar nenhuma decisão sem o apoio dos chineses. A China continua dizendo ao mundo que se opõe totalmente ao uso de armas nucleares, e que não está vendendo armas a nenhum país envolvido em operação militar. Isso significa que eles tiraram, na opinião dos russos, a última ferramenta para se defenderem contra um exército ucraniano que entre na Rússia: as armas nucleares táticas.

Os russos precisam urgentemente de armas melhores, mas não as obtêm dos chineses. Então, os chineses poderiam ser mediadores entre a Ucrânia e a Rússia ou entre os Estados Unidos e a Rússia. Se Biden quisesse isso, acho que poderia conseguir, mas ao preço de não poder mais atacar a China, e assim seria um pacificador. Já os chineses, interessantemente, aprenderam a pacificar quando juntaram o Irã e a Arábia Saudita, algo impressionante, ninguém realmente valorizou isso. São dois países que deveriam se odiar profundamente. E os chineses os reuniram, percebendo que o mundo mudou, que a Arábia Saudita não pode mais depender exclusivamente dos Estados Unidos.

Em outras palavras, não sei o que Biden vai fazer. Meu medo é que ele realmente planeje atacar a China, com a ajuda da Otan. Há alguns dias [junho de 2023], o governo alemão prometeu a Biden enviar dois grandes navios de guerra para as águas do sul da Ásia, perto da costa chinesa. Imagine, a Marinha alemã na costa da China?! Vocês me perguntam o que espero? Só posso dizer que não estou mais esperando nada, exceto surpresas bizarras.

No artigo "Return of the King" (publicado no blog Sidecar, da *New Left Review*, em 4/5/2022), o senhor antecipou que a guerra ucraniana poderia estar caminhando para um conflito longo. Como a esquerda pode enfrentar o desafio de apoiar a resistência ucraniana, que está defendendo pessoas inocentes agredidas pelo Estado russo, e ao mesmo tempo ser contra a guerra em si?

WS: Como qualquer país, a Ucrânia é uma sociedade diversificada, a resistência inclui grupos com ideias diferentes sobre os objetivos da guerra. A esquerda não é forçada a concordar com os objetivos da guerra. Aparentemente, o governo ucraniano está seguindo a ala de extrema-direita do movimento nacionalista ucraniano.

Até alguns anos atrás, uma versão diferente do nacionalismo ucraniano estava no poder, disposta a falar sobre neutralidade, sobre autonomia para as partes da Ucrânia cuja língua é o russo, garantias de que o porto militar russo de Sebastopol, no mar Negro, permaneceria nas mãos da Rússia em vez da Otan. Nos últimos dez anos, os objetivos do movimento nacionalista ucraniano se tornaram mais radicais.

Não é nosso dever estar do lado de um país específico. Acho que o principal objetivo da esquerda deve ser evitar a guerra. Acabar com a guerra. Somente se não houver guerra não haverá morte de pessoas inocentes. Também há pessoas inocentes sendo mortas do lado russo, por causa dessa loucura absoluta de uma guerra em que todos, até o outono de 2021, antes do início da guerra, sabiam basicamente o resultado provável: a Crimeia permaneceria nas mãos da Rússia, talvez por dez anos, e depois haveria um plebiscito; haveria algum tipo de autogoverno para as partes da Ucrânia que falam russo; a Ucrânia permaneceria fora da Otan e receberia garantias de segurança internacional que deveriam protegê-la de novas agressões russas.

A esquerda deve apoiar a paz, não um país específico e não um governo específico do país. Em *Zwischen Globalismus und Demokratie*, tornei-me forte defensor do Estado-nação. O Estado-nação soberano, especialmente para populações pequenas, é uma ferramenta muito importante para a democracia. Portanto, a Ucrânia deve ter seu próprio Estado. Como esse Estado deve se encaixar na arena internacional é uma questão diferente.

Há dois grandes romances russos: um se chama *Guerra e paz*, e o outro *Crime e castigo*. Uma guerra é sobre *Guerra e paz*, não sobre *Crime e castigo*. A ideia de que essa guerra deve terminar com Putin julgado em Haia é suicida. Isso poderia matar não apenas os ucranianos, mas muitos russos e outras pessoas. Se essa é a paz que queremos, eu certamente discordaria disso.

O relacionamento entre países fortemente armados, quer queiramos ou não, não é pessoal, não é algo que possa ser discutido em termos de vilão e mocinho. Ao longo dos séculos, os países desenvolveram técnicas para estabelecer a paz. Parte disso são acordos sobre quem tem permissão para posicionar quais tropas onde, de inspeção mútua de Forças Armadas e controle de armamentos. A pré-história da guerra ucraniana foi uma época em que todas as instituições poderosamente calibradas do período da Guerra Fria foram desmanteladas e negligenciadas.

O senhor diz que são inocentes russos que estão morrendo também; isso é verdade, mas a iniciativa da agressão foi da Rússia.

WS: Sim, mas nenhuma guerra acontece sem uma pré-história. Países como a Rússia, e como os Estados Unidos, precisam viver em um ambiente internacional que lhes dê algum motivo para acreditar que, como Estados, estão seguros. Se olharmos o mapa, veremos que, desde 1990, a Otan e a zona de influência americana têm se aproximado cada vez mais de Moscou. Agora, se a Ucrânia se tornasse um Estado-membro, a Otan estaria a 500 quilômetros de Moscou. Isso não é algo concebível.

Os russos têm anunciado permanentemente há quase 30 anos que concordariam que os Estados bálticos se tornassem membros da Otan, que a Polônia entrasse na Otan, mas que haveria uma linha vermelha. E essa linha era a Ucrânia. Ao mesmo tempo, os Estados Unidos sempre insistiram que, se um país é membro da Otan, ela tem o direito de instalar nesse país qualquer equipamento militar que desejar. Agora, é totalmente inconcebível que qualquer governo russo possa concordar com a instalação de mísseis nucleares intermediários americanos perto de Kiev. Da mesma forma, o porto de Sebastopol, no mar Negro, é um ativo militar para a Rússia, do qual eles simplesmente não podem abrir mão. Isso lhes dá uma presença no mar Negro e a capacidade de sair pelo Bósforo para o Mediterrâneo. As últimas ideias eram de que Sebastopol deveria se tornar ucraniano, e a Ucrânia deveria se tornar membro da Otan. Isso seria totalmente inconcebível. Foi uma jogada de alto risco em que era possível prever o que aconteceria.

Diria que todas as guerras são, em certo sentido, defensivas, porque resultam do sentimento de ameaça. Os Estados Unidos sentiram que Saddam Hussein os estava ameaçando com armas de destruição em massa, mas essas armas não existiam. Elas estavam na imaginação dos Estados Unidos. E então eles marcharam para o Iraque. Ambas as partes contribuíram para uma escalada em que houve momentos em que se poderia ter evitado o desastre. E, nesse caso, deve-se levar em conta que os Estados Unidos eram de longe o mais poderoso dos dois. Deve ter havido situações em que eles poderiam ter concordado com algo menos do que a inclusão total da Ucrânia na Otan, se quisessem.

Mas não houve um estopim. Não houve nenhum fato que justificasse a ação da invasão, nada aconteceu. De repente, eles invadiram. Se a Ucrânia ou a Europa dissessem: "Agora estamos iniciando o processo de incorporação da Ucrânia à Otan", seria diferente. Mas não houve fato novo.

WS: Isso não é verdade. Tenho de discordar. Entre 2014 e 2020, a Ucrânia foi o país que teve, de longe, a maior taxa de aumento de gastos militares entre todos os países do mundo. Na verdade, em 2020, a Otan emitiu um boletim dizendo que, àquela altura, o que eles chamam de interoperabilidade completa entre as Forças Armadas ucranianas e as da Otan já havia sido estabelecido. Interoperabilidade significa que as forças de um país estão organizadas de tal forma que se encaixam na estrutura de comando da Otan.

Havia algo acontecendo e talvez essa seja uma história confusa. Aliás, é sempre assim. Vejamos a Primeira Guerra Mundial: há uma legião de historiadores tentando descobrir quem, e em que momento, tomou a decisão fatídica de deixar as coisas correrem. Por que as guerras continuam? É muito, muito difícil fazer esse tipo de pesquisa, porque em todos os lados envolvidos a verdade deve dar lugar à conveniência. Nenhum país em guerra diz a verdade se ela for prejudicial ao moral de seus cidadãos. E isso é perfeitamente compreensível. Portanto, o que o país diz se torna uma arma em si.

Lembremos a Crise dos Mísseis de Cuba, que é geralmente lida da seguinte forma: os soviéticos colocaram mísseis em Cuba, e os EUA bloquearam esse avanço. Mas, dois anos antes de os russos colocarem esses mísseis para proteger Fidel Castro dos ataques da CIA, a Turquia havia sido admitida na Otan. Um ano depois dessa admissão, os norte-americanos instalaram na Turquia mísseis nucleares de médio alcance chamados de mísseis Júpiter, foguetes direcionados para a Rússia. É muito interessante como Kennedy resolveu esse problema. Para o mundo externo, foi uma resposta dura à Rússia. Mas, internamente, ele fez um acordo com Kruschev: a Rússia deveria retirar os mísseis e, seis meses depois, sem alarde, os EUA retirariam os Júpiteres da Turquia. Foi um reconhecimento de que a União Soviética tinha os mesmos interesses de segurança que os Estados Unidos tinham com relação a Cuba.

Gostaria que, no longo período que antecedeu essa guerra da Ucrânia, alguém tivesse tido o bom senso de fazer algo semelhante. A guerra em si é um desastre. E a arte política não é começar a lutar em uma guerra justa e vencê-la. A habilidade é evitar que uma guerra, justa ou não, comece em primeiro lugar. E, nesse sentido, podemos sempre pensar "a culpa é dele", e assim por diante; é como um casamento e um divórcio, certamente há culpa dos dois lados. Mas nosso problema não é quem é o culpado. Não se trata de crime e punição, como já disse. Nosso problema é como acabar com essa maldita guerra e reconstruir a paz.

Referências bibliográficas

GRAMSCI, A. *Cadernos do Cárcere*, vol. 3. 5. ed. Rio de Janeiro, Civilização Brasileira, 2012.

STREECK, W. *Tempo comprado: a crise adiada do capitalismo democrático*. São Paulo, Boitempo, 2018.

______. *Zwischen Globalismus und Demokratie*. Berlin, Suhrkamp Verlag AG, 2021.

______. "Return of the King". Sidecar, 4/5/2022. Disponível em <https://newleftreview.org/sidecar/posts/return-of-the-king>. Acesso em 19/6/2022.

______. "A Bipolar Order?". Sidecar, 1/5/2023. Disponível em <https://newleftreview.org/sidecar/posts/a-bipolar-order>. Acesso em 25/5/2023.

CAPÍTULO 6

DEMOCRACIA, (DES)ORDEM INTERNACIONAL E A POLÍTICA EXTERIOR DOS ESTADOS UNIDOS

Sebastião C. Velasco e Cruz

INTRODUÇÃO: A DEMOCRACIA NA ESTRATÉGIA DE SEGURANÇA NACIONAL DO GOVERNO BIDEN

Você não deve ter lido, e se leu talvez não tenha reparado nesse "detalhe". Publicada em outubro de 2022, no auge da Guerra da Ucrânia, a Estratégia de Segurança Nacional dos Estados Unidos – documento que cada governo deve divulgar, por força de lei, expondo sua visão sobre o estado do mundo e como enfrentar os desafios que ele encerra – reservava um papel privilegiado à defesa e à promoção da democracia. Nenhuma novidade nisso, há de convir. Desde o encontro secreto entre Roosevelt e Churchill, em Newfoundland, nos idos de 1941, quando os dois chefes de Estado assinaram a Carta do Atlântico e conclamaram o mundo à luta contra o nazifascismo, a defesa da democracia foi uma constante na retórica da política exterior dos Estados Unidos. Foi em nome dela que se travou a guerra "secular" contra o comunismo. E quando o projeto reformista de Gorbachev fracassou, levando à dissolução do bloco e à implosão da União Soviética, esse fato foi aclamado como a vitória final do capitalismo e da democracia, que agora encontravam os caminhos abertos para se irradiar por todo o globo.

Trinta anos depois, o mundo mergulhado em nova era de tensões que já nos trouxe a realidade da guerra interestatal e a ameaça de conflagração generalizada, com o confronto direto entre as grandes potências, a política de segurança nacional dos Estados Unidos reitera sua invocação da democracia.

Mais do que isso. Como no passado, o documento toma a oposição democracia *x* autocracia como a grande disjuntiva a definir a época histórica que estamos vivendo. Como no passado, o campo da autocracia é encabeçado por uma potência intimidatória, que dispõe de meios e vontade para ameaçar a ordem baseada em regras laboriosamente construída, da qual depende a vida civilizada no planeta. Essa potência, vale dizer, a China, é secundada por uma parceira não tão forte, mas no curto prazo ainda mais perigosa porque bem armada e notoriamente agressiva: a Rússia. Como dantes, o embate entre os dois campos é a um tempo econômico, ideológico e político. Mas há uma diferença marcante entre um período e outro, e ela diz respeito à democracia.

No passado – próximo ou remoto – os Estados Unidos se apresentavam ao mundo como encarnação da democracia, exemplo a ser seguido universalmente. Agora, na declamação dos *topoi* tradicionais, uma diferença sutil se expressa discretamente no documento. Desta feita, as ameaças à democracia não provêm exclusivamente do ambiente externo hostil. Elas surgem em casa também.

> A nossa democracia está no cerne de quem somos, e a experiência democrática da América tem sido uma fonte de inspiração para pessoas em todo o mundo. [...]. Nem sempre correspondemos aos nossos ideais, e, nos últimos anos, a nossa democracia tem sido desafiada a partir de dentro.[1]

O documento não entra em detalhes sobre esses desafios. Nem era preciso. Pouco mais de um ano e meio depois da invasão do Capitólio, o leitor informado – dentro e fora dos Estados Unidos – sabia exatamente do que se estava falando. E, se tinha alguma dúvida, ela terá sido dissipada à leitura do parágrafo seguinte:

> [...] estamos enfrentando ameaças à nossa democracia, como o terrorismo doméstico, implementando a nossa primeira Estratégia Nacional de Combate ao Terrorismo Doméstico e combatendo de frente forças globais, como a corrupção armada, as operações de manipulação de informações, a interferência política e os ataques ao Estado de Direito, inclusive nas eleições.[2]

Deixando de lado a questão embaraçosa de caracterizar precisamente o sistema político americano enquanto vigorou no Sul o regime de segregação racial, não era a primeira vez que a democracia nos Estados Unidos se via sob ataque. Basta lembrar o delírio persecutório, nos anos 1950, que levou o nome de macarthismo, e o terrorismo supremacista que ceifou 168 vidas em Oklahoma, no último decênio do século passado, num atentado jamais investigado a fundo. Mas, num caso e noutro, a existência de segmentos radicalizados da população americana era um fenômeno relativamente circunscrito e não punha em questão as instituições políticas do país. A ameaça que se desenha agora é muito mais grave, porque envolve uma parcela imensa do público e põe em pauta o consenso em torno de instituições centrais no desenho de seu sistema político.

Esse contraste sugere as três questões que me ocuparão neste capítulo: 1) qual o papel atribuído ao tema da democracia na estratégia internacional do governo Biden; 2) como a evolução do quadro internacional nos últimos anos afeta as condições de efetivação de tal papel; 3) qual o impacto da intensificação do conflito interno na viabilização daquela estratégia.

Questões complexas, sobre processos ainda em curso. Neste curto ensaio, vou tomar um atalho cômodo para apresentar algumas hipóteses sobre o problema proposto. Nesse sentido, vou me valer de um texto de análise retrospectiva e prospectiva que escrevi em passado já distante, mas que ainda guarda, no meu entender, alguma atualidade.

Cenários prospectivos no pós-Guerra Fria

Imediatamente após a crise do Muro de Berlim e a rápida dissolução subsequente do bloco soviético, aflorou, em todo o mundo, intenso debate a respeito da ordem política que emergiria da mudança tectônica observada. Em uma das intervenções mais influentes, Charles Krauthammer definiu o novo contexto como um "momento unipolar". Não havia muita divergência sobre isso, mas quão duradouro ele seria? Caso se prolongasse, como analisar as relações que o constituem e como caracterizar os padrões de interação predominantes no ordenamento por ele conformado? E se fosse passageiro? A que configuração do poder global ele daria lugar?

No trabalho referido, agrupei as diferentes respostas a tais questões em três grandes classes, de acordo com os cenários que desenhavam, cada um deles com suas variantes. Os parágrafos seguintes condensam a descrição que fiz então desses cenários.

O primeiro – "cenário multipolar" – projetava uma sensível redução na primazia da superpotência, em decorrência da ação conjugada de inúmeros fatores, entre os quais o descompasso crescente na aliança atlântica (Europa e Estados Unidos), o aumento do poder econômico e militar de grandes países semiperiféricos não integradas no sistema de segurança montado desde o final da Segunda Guerra pelos Estados Unidos (em especial, a China e a Rússia), e a ação deliberada de inúmeros países, operando isolada ou coordenadamente, com vistas a contrabalançar o poder dos Estados Unidos.

Postulado pelas teorias clássicas do equilíbrio de poder, esse efeito de "balanceamento" operaria de forma menos contundente (*soft balancing*, mais do que *hard balancing*), mas bastante efetiva, criando embaraços para a política da superpotência e minando suas diretrizes. Em prazo não determinado, esses fatores empurrariam o sistema internacional em direção a uma estrutura multipolar, permanecendo em aberto a questão de como se daria esse processo de transição. No plano normativo, esse cenário preservava o conceito de soberania como princípio basilar do ordenamento internacional, ainda que na prática – como sempre foi no passado – ele fosse usualmente infringido.

O segundo cenário previa a permanência por tempo indefinido da configuração que emergiu com o fim da política de blocos e a desintegração da União Soviética. Detentores de supremacia inconteste na política e na economia mundial, os Estados Unidos manteriam dentro de limites aceitáveis o poderio ascendente da China. Da mesma forma, bloqueariam o projeto de uma política externa e de segurança autônoma, mantendo a União Europeia, no plano geoestratégico, sob sua estrita dependência. Com sua política de ampliação da Otan e de seu sistema de bases militares, elevariam a sensação de insegurança na Federação Russa, que passaria a defrontar-se com demandas separatistas intensas em várias regiões, e teria dificuldades crescentes para manter a sua integridade.

O terceiro cenário projetava o quadro de uma "ordem liberal cosmopolita". Neste, a "comunidade de segurança" criada no período da Guerra Fria, reforçada pela identidade de interesses e valores básicos entre Europa, Japão e Estados Unidos, criaria condições para uma gestão compartilhada dos assuntos internacionais, que passaria a se fazer cada vez mais através de entendimentos estabelecidos no interior de redes globais associando burocracias públicas e privadas, o que tenderia a privar de todo sentido as questões relativas à primazia de determinado Estado na política mundial. Nesse contexto, as divergências entre Europa e Estados Unidos no plano da segurança estariam superadas, operando-se entre os parceiros uma divisão funcional de trabalho que preservaria intacto o papel integrador da Otan.

Nesse cenário, os grandes países da semiperiferia ocupavam um lugar ambíguo. Na versão otimista, beneficiado por sua crescente integração à economia global, o conjunto convergiria para o modelo valorativo projetado pelo "Ocidente". Na versão pessimista, esses países (entre os quais, a China, a Rússia, a Índia e o Brasil) classificar-se-iam como "Estados quase-imperiais", apostando-se na força da reivindicação identitária de grupos étnicos e religiosos marginalizados para quebrar suas estruturas autoritárias, condição necessária à plena assimilação desses Estados à ordem cosmopolita global.[3]

Antes de passar à análise do processo de transformação sistêmica que eles contemplam, cabe sublinhar a natureza performativa desses cenários: ao mesmo tempo que descrevem características salientes da situação econômica e política global emergente, eles oferecem representações do futuro almejado e indicações dos caminhos para alcançá-lo.

Com defensores notórios nos debates nacionais de cada país, não é difícil representar a presença de cada um desses cenários na cartografia política do globo. Se atribuirmos cores diferentes a cada um deles, creio não correr risco de errar se disser que o vermelho (símbolo do cenário multipolar) aparecerá, em gradações diversas, na Europa Oriental e na Ásia, assim como em certas regiões da África e da América Latina; o azul (mais ou menos escuro), representativo do cenário unipolar, cobrirá inteiramente os Estados Unidos; e o amarelo, cor do cenário liberal cosmopolita, aparecerá mais notavelmente na Europa Ocidental, quase sempre misturado com o azul, resultando em diferentes tonalidades do verde – cor da esperança.

O contraste entre o azul puro, de um lado, e a mescla de cores, do outro lado do Atlântico, reflete com fidelidade a relação assimétrica característica do assim chamado Ocidente. Assimetria que foi desafiada frontalmente algumas vezes – como na rebeldia gaullista em face do "privilégio exorbitante do dólar" e do predomínio americano no sistema decisório da Otan, nos anos 60 do século passado – e que voltaria a sê-lo décadas depois, quando a mesma França esteve à testa da resistência no Conselho de Segurança da ONU ao projeto de resolução patrocinado pelos Estados Unidos autorizando a invasão do Iraque. Assimetria que não eliminava conflitos de interesse mais ou menos intensos no campo econômico – como bem exemplifica a defesa europeia de sua política agrícola comum, com o consequente emperramento das negociações em torno das propostas americanas de liberalização do mercado nessa área, antes e depois do processo que resultou na criação da Organização Mundial do Comércio (OMC). Mas, ainda assim, uma relação desigual, profunda e sólida, que se reproduz, em desenhos variáveis, por quase 80 anos. É esse fato que permitiu a um analista arguto desconsiderar a gravidade da crise na aliança atlântica provocada pela guerra do Iraque em um ensaio famoso cujo título – *Sobre paraíso e poder* – sintetizava sardonicamente a tese exposta em longas páginas: entre os dois polos prevalece uma relação funcional – a Europa, cultivada, mas fraca, é de Vênus; os Estados Unidos, personagem um tanto bronco, mas poderoso, é de Marte; o mundo fica mais belo com a Europa, mas cabe aos Estados Unidos o trabalho sujo de garantir a segurança necessária para que a Europa exercite o seu charme.[4]

Globalização neoliberal e democracia

Ironias à parte, entre os dois cenários em questão e entre os sujeitos que os encarnavam reinava um grande consenso em torno do modelo de ordem internacional emergente no pós-Guerra Fira.

Combinando elementos com genealogias distintas, a face mais conhecida desse modelo é a globalização neoliberal: remoção de barreiras ao comércio de bens e serviços; livre movimentação dos capitais; mercantilização sem peias da vida social e predomínio da lógica financeira em todos os seus domínios; redução do papel do Estado como provedor de bens públicos e planejador estratégico; privatização, ampliação e reforço dos direitos de propriedade; desregulamentação; precarização da relação laboral – na linguagem insípida de seus cultores, flexibilização do mercado de trabalho.

A face econômica do projeto não era nova; ela vinha sendo aplicada desde o final dos anos 1970, como resposta à crise do capitalismo regulado que pavimentou o longo ciclo de acumulação durante os "30 Anos Gloriosos" do pós-guerra. Seu *leitmotiv*: liberar o mercado e derrubar barreiras; livre fluxo de bens e serviços, no interior de cada nação e entre elas. A globalização dos mercados financeiros já estava adiantada; tratava-se agora de estendê-la às demais esferas de acumulação, de modo a aproximar-se tanto quanto possível do ideal assintótico do mercado autorregulado. Com uma ressalva, de enorme importância política: liberdade de circulação para mercadorias, não para pessoas físicas. Nesse âmbito, as fronteiras se mantinham firmes, e o controle sobre elas se exercia de forma rigorosa.

A globalização neoliberal não denota um estado de coisas realmente existente, mas um discurso distópico, que passa a impregnar a realidade, ao se materializar em leis e regulamentos e ao se converter em programa institucionalizado de governos e organizações internacionais. Duas delas – o FMI e o Banco Mundial – tinham longa história e desempenhavam papel de relevo no enquadramento dos países da periferia na ordem econômica em construção, através das condicionalidades embutidas nos auxílios financeiros fornecidos por um e dos programas de ajuste estrutural vendidos pelo outro.[5]

A matéria da nova ordem emergente era, portanto, a globalização econômica tal como definida. Mas sua caracterização ficaria incompleta se não contivesse uma palavra sobre o seu complemento espiritual, seu concomitante valorativo: a consagração do tema dos direitos humanos (entendidos em chave liberal como direitos individuais), como matéria de legislação internacional, e a transformação da democracia (liberal) em requisito à aceitação de qualquer país como membro pleno da comunidade internacional.

No clima de autossatisfação que tomou conta do campo vencedor da Guerra Fria, a coerência desse projeto parecia inquestionável, e poucos duvidavam de seu sucesso. Uma reflexão um pouco mais detida, porém, poderia abalar aquelas certezas. Senão, vejamos.

Há que reconhecer, o programa neoliberal é fiel à sua raiz – a sociedade é virtuosa; o Estado (ou governo), um mal necessário. Mas – já aí temos uma primeira contradição – o programa de desmontagem dos compromissos sociais institucionalizados requeria alta concentração de poder e firme disposição de empregá-lo, como nos ensinou o Chile de Pinochet e como estamos a assistir mais uma vez agora, em circunstâncias muito diferentes, em nossa vizinha Argentina. Retenhamos este ponto. As reformas para o mercado pressupunham políticas do Estado, e não de qualquer Estado: um Estado forte, capaz de derrotar a resistência dos grupos sociais que tinham muito a perder com elas. É por aí que a conhecida afinidade eletiva entre neoliberalismo e autocracia se manifesta de forma mais patente – na teoria e na prática.

Ora, se o Estado é requerido para reformatar as organizações socioeconômicas nacionais, mais ainda ele o é para remodelar e gerir a economia internacional. Só que aqui não deparamos com "o Estado" em abstrato, mas com uma pluralidade de Estados – unidades de um sistema que mantêm entre si relações marcadamente assimétricas. O projeto de globalização neoliberal implica o estabelecimento de normas globais e sua observância pelo conjunto de atores relevantes, o que é impensável sem a concentração de poder nessa esfera também. Esse elemento está plenamente contemplado no segundo e no terceiro cenários esboçados, ainda que em configurações distintas. A condição de provedor da moeda que serve de referência a todos os cálculos e transações econômicas de vulto no mundo inteiro confere ao Estado norte-americano um poder extraordinário, que ele tem empregado fartamente para socorrer aliados e/ou clientes em crise, disseminar entre eles modelos de boas práticas e punir Estados malcomportados. O manejo desse poder se faz diretamente, ou através das instituições-irmãs criadas no pós-guerra para esse fim: o FMI e o Banco Mundial.

A força do exemplo e o poder de exemplar, contudo, não bastam para o bom funcionamento da ordem econômica global. As normas que a regulam se aplicam a agentes privados, e muitas delas não podem ser executadas sem o concurso da autoridade territorial, que as deve internalizar em seu ordenamento jurídico para que tenham sua efetividade garantida. Não por outro motivo, maiores ou menores, com maior ou menor poder de influência, a presença dos diversos Estados é requerida no processo de formulação das referidas normas (e regras).

Mas a contrapartida obrigatória da concentração de poder no sistema internacional é a capacidade declinante de suas unidades para definir com autonomia objetivos de política e escolher os meios adequados para alcançá-los. E, com grande frequência, essa diminuição se traduz em perda de legitimidade. Ora, como a autoridade estatal é requerida para a execução das normas formalmente inscritas em seus textos legais, o debilitamento desta prejudica a vigência das referidas normas.

E não é só isso, a transferência de esferas de competência a instâncias supranacionais – componente nuclear dos dois cenários em causa – tem uma implicação mais direta e profunda sobre a outra face do modelo de ordem internacional desenhado no pós-Guerra Fria. Com efeito, embora convertessem a democracia política em requisito universal para o pleno reconhecimento dos Estados como membros efetivos da comunidade internacional – versão *aggiornada* do velho conceito de "padrão de civilização" em voga na segunda metade do século XIX –, as políticas neoliberais de globalização esvaziavam os Estados Nacionais de poder de decisão sobre uma gama crescente de temas de política. Ora, a autonomia para definir a agenda do processo decisório e a capacidade de deliberar sobre os problemas comuns são dois pressupostos fundamentais da democracia. O estreitamento do "espaço de políticas" (*policy space*) esvazia a democracia de seu conteúdo genuíno e a converte tendencialmente em forma oca, conjunto de procedimentos desprovidos de substância, realizados ritualisticamente em momentos determinados.

O problema, que cedo afloraria no discurso político sob a forma de crítica ao "déficit democrático" da União Europeia, foi devidamente registrado e convertido em plataforma programática pelos teóricos da "democracia cosmopolita". *No taxation without representation!* Na interpretação de David Held – um dos mais férteis representantes dessa corrente –, nas condições criadas pelo processo de globalização, o lema que incendiou a imaginação dos colonos ingleses na América em passado remoto teria adquirido hoje atualidade universal. Nas condições gestadas pelo processo de globalização, a promessa democrática de garantir a todos uma palavra nas decisões que afetam suas respectivas vidas requereria um esforço de imaginação para reinventar a democracia, agora na forma de instituições e processos globais.[6]

Critiquei essa tese em trabalho já bem antigo e não vou reproduzir os argumentos formulados à época.[7] Direi apenas que, além da ingenuidade patente de várias de suas propostas práticas, a obra de David Held pecava pelo silêncio a respeito do processo de transição entre o presente – travejado pelas relações de poder entre Estados – e o futuro radioso que vislumbrava.

A simples análise conceitual bastava, portanto, para lançar dúvidas sobre a consistência do projeto de ordem internacional que emergia da Guerra Fria. Como veremos a seguir, essas dúvidas são reforçadas quando examinamos o processo de sua efetivação.

Primeira fissura na *Pax Americana*

Pax Americana. A fórmula é atraente, mas não deve iludir. O mundo que se desenhava ao final da Guerra Fria carregava muitas promessas, mas não se oferecia como um presente pacífico. Pelo contrário, abria seu caminho em meio a conflitos cruentos, marcados por lances de máxima crueldade. Para nos convencermos disso, basta citar três caso eloquentes: a invasão do Kuwait pelo Iraque, em 1990, e a subsequente Guerra do Golfo; a decomposição da Iugoslávia, com os massacres que marcaram a secessão da Croácia e a crise no Kosovo; o conflito étnico em Ruanda, que culminou com o genocídio de 800 mil tutsis, em 1994.

Chocantes como foram, esses fatos mostravam que a *Pax Americana* não excluía a guerra civil, com todas as atrocidades que costumam acompanhá-la. Mas não implicavam o sacrifício da ideia de um futuro próspero e pacífico como atributo da nova ordem internacional, apenas a sua qualificação. Paz, sim, porque no novo cenário o espectro da guerra entre potências parecia afastado definitivamente. Paz, pois as intervenções militares requeridas para debelar os conflitos mortíferos que pipocavam, aqui e ali, não eram a rigor operações bélicas, mas ações de polícia, destinadas a executar decisões tomadas por órgãos internacionais autorizados. Seu número não parava de aumentar – entre 1948 e 1978, contaram-se 13 forças de manutenção da paz organizadas pela ONU; entre maio de 1988 e 1993, foram criadas mais 20; em meados de 2005, o número de operações de manutenção de paz ascendia a 60, 17 das quais em atuação, com envolvimento de 66.547 militares e policiais civis.[8] Na dobra do século, parecia estar em curso a rápida institucionalização da atividade, que passava a constar como um traço constitutivo da nova normalidade.

Conformava-se, assim, a imagem de um mundo cindido entre uma área de paz e prosperidade e uma área com bolsões de miséria humana e violência em suas bordas.[9] Mas a existência dessas zonas cinzentas não negava o essencial: a combinação de democracia e economia de mercado era expansiva e acabaria por levar a paz e o bem-estar às zonas menos afortunadas.

A operação da Otan contra a Sérvia em 1999 é um caso limítrofe, uma vez que envolveu confronto direto entre Estados, com plenos direitos de soberania internacionalmente reconhecidos. Mas, ainda assim, podia ser acomodada naquela caracterização por ter sido feita em nome de um direito emergente a ser consagrado em futuro próximo. Esse deslocamento conceitual está bem ilustrado no contraponto entre dois eminentes juristas, ambos defensores da operação da Otan na Sérvia, a qual justificaram em artigos densos publicados em periódico especializado, ainda em 1999. O alemão Bruno Simma abre o dossiê com um longo artigo em que defende a tese segundo a qual a crise humanitária no Kosovo era de tal gravidade que justificava a não observância do princípio da não interferência solidamente estabelecido no Direito Internacional e na Carta da ONU.[10] Ao comentar o artigo de seu colega, o italiano Antonio Cassese, ex-presidente da Corte Internacional de Haia, expressa de saída seu acordo com a tese, mas vai além dela ao apontar no episódio em causa os indícios de um direito novo *in statu nascendi*.

> Se levarmos em conta a premissa dessa ação forçada e as condições específicas que a cercam, a seguinte afirmação pode ser justificada: este caso específico de violação do Direito Internacional pode levar gradualmente à cristalização de uma regra geral de Direito Internacional autorizando contramedidas armadas com o objetivo exclusivo de pôr fim às atrocidades em grande escala que constituem crimes contra a humanidade e uma ameaça à paz. Tal regra [...] constituiria uma exceção ao sistema de imposição coletiva da Carta das Nações Unidas, com base na autorização do Conselho de Segurança. Em outras palavras, equivaleria a uma exceção semelhante à prevista no artigo 51º da Carta (legítima defesa). [...]. No caso de contramedidas para prevenir crimes contra a humanidade, o recurso unilateral à força [...] seria justificado pela necessidade de pôr fim às violações dos direitos humanos tão graves que constituem uma ameaça à paz internacional.[11]

O primeiro abalo verdadeiro no edifício da *Pax Americana* foi produzido pelo ataque às torres gêmeas do World Trade Center, em Nova York, logo seguido de outro, da mesma natureza, ao edifício do Pentágono, em 11 de setembro de 2001. A ação da al-Qaeda consternou a sociedade americana e o mundo por sua violência e por seu ineditismo, mas também, como observou muito agudamente Fred Halliday, por ter sido a primeira vez em cinco séculos de supremacia europeia e norte-americana que o resto do mundo revidava, atingindo o território dos Estados dominantes.[12]

Pode-se aquilatar o impacto de um tal evento pela incredulidade demonstrada pelo presidente dos Estados Unidos, George W. Bush, ao receber a notícia – ele conversava com crianças em uma escola de Sarasota, Flórida, quando seu chefe de gabinete lhe soprou no ouvido a informação de que o país estava sob ataque. A perplexidade não duraria muito. Na noite do dia seguinte, Bush anunciava ao mundo como os Estados Unidos entendiam a agressão e como reagiriam a ela. Abria o pronunciamento a definição sobre a natureza do ataque – "não um ato de terror, mas um ato de guerra". Vinha, em seguida, a caracterização do inimigo – "diferente de qualquer outro que o povo americano já tenha enfrentado", um inimigo insidioso que se engana ao pensar que permanecerá escondido eternamente em seus santuários – e do alvo de sua ação tenebrosa – não apenas nosso povo, mas "todos os povos amantes da liberdade". O compromisso solenemente assumido surgia como uma decorrência cogente dessas proposições: "Os Estados Unidos da América usarão todos os meios para derrotar esse inimigo. Nós vamos reunir o mundo. Nós seremos pacientes; agiremos com foco; e seremos firmes em nossa determinação". Por fim, a advertência necessária – "a batalha exigirá tempo e determinação" – e a certeza reafirmada: "nós venceremos".[13]

Em seu curto discurso, Bush traçava as linhas mestras da "guerra ao terror" que tomaria conta de seus dois mandatos. Mas, como se veria logo a seguir, a guerra de Bush não teria unicamente por fim destruir o inimigo hediondo, seus protetores e associados. Detentor de poder demiúrgico, cumprido esse objetivo negativo, os Estados Unidos refundariam as sociedades que os decantaram, remodelando-as como democracias políticas e economias de mercado. Nas poucas horas tensas que mediaram o momento de estupor provocado pelo atentado de 11 de setembro e o pronunciamento de Bush ao fim da reunião de seu Conselho de Segurança Nacional, o embate entre realistas de velho estilo e neoconservadores na equipe de governo foi rompido, com clara prevalência dos últimos: os Estados Unidos exibiam-se ao mundo em sua dupla face de vingador terrível e senhor magnânimo.

Falhas constitutivas da *Pax Americana*

A reação oficial dos Estados Unidos pressupunha a confiança de suas elites na solidez dos alicerces de seu poder: a superioridade econômica e a supremacia militar incontrastável.

Sobre o primeiro deles, basta uma breve palavra. Como todos sabemos, os Estados Unidos, maior economia industrial do mundo já nos umbrais do século XX, meio século depois complementaram essa condição ao substituírem a Grã-Bretanha como emissores da divisa-chave na economia global. Beneficiados ainda por uma posição geopolítica única, cedo foram reconhecidos como sede de um tipo de capitalismo exemplar.

Menos familiar para o grande público, o segundo fundamento da hegemonia americana demanda um comentário adicional. Praticamente, todas as inovações que redundariam na revolução informacional, bem como nos desenvolvimentos que nos levam agora à assim chamada indústria 4.0, tiveram origem em investimentos militares feitos pelo Estado americano no contexto da Guerra Fria. O resultado desse esforço prolongado tornou-se espetacularmente visível aos olhos do comum dos mortais na Guerra do Golfo. Encerrado o episódio, os Estados Unidos estavam consagrados como poder militar inigualável, de novo tipo.

O paralelismo é perfeito. As tecnologias de informação e comunicação, que transformam a economia e pavimentam o caminho da globalização, são, ao mesmo tempo, fator multiplicador do poder militar dos Estados Unidos.

Este foi reforçado nos Estados Unidos (também na Europa) por uma consequência previsível, mas não intencionalmente buscada, da redução no custo do transporte e da interconectividade crescente características da chamada globalização: o aumento expressivo da população imigrante. O fenômeno não era novo. O longo período de expansão capitalista na segunda metade do século XIX foi igualmente marcado pelo fenômeno da migração de massa, os Estados Unidos aparecendo, de longe, como o maior destino das levas de trabalhadores que buscavam realizar aí o sonho de uma vida melhor. Depois de um longo recesso explicado pelas vicissitudes da primeira metade do século XX e pela adoção de leis restritivas, assistimos nos umbrais do novo milênio ao advento de uma segunda onda de migração em massa. Com uma diferença não desprezível, entretanto. Enquanto a primeira envolveu basicamente o deslocamento de europeus – irlandeses, alemães, escandinavos, italianos, além de um contingente menor, embora não diminuto, de trabalhadores asiáticos –, o predomínio absoluto na segunda vaga é de imigrantes provenientes do que se costumava chamar de Terceiro Mundo – pela ordem, em posição muito distanciada do segundo, em primeiro lugar o México, seguido de Filipinas,

China, Índia, República Dominicana e Cuba (dados de 2010).[14] Com a diferença da origem espacial prevalente entre as duas ondas migratórias vêm também diferenças acusadas no perfil ocupacional e na identidade cultural dos imigrantes típicos.[15] Ambos os elementos terão peso importante no debate sobre a questão, como veremos a seguir.

Abalo de ordem diferente no pilar econômico decorria da ascensão de economias asiáticas, as quais, embora perfeitamente integradas nos mercados globais, praticam um capitalismo com feições próprias, com forte presença estatal. À medida que avançam e se tornam mais autoconfiantes, esses países – em primeiro lugar a China, mas a Índia também – passam a disputar com as potências ocidentais o poder de ditar regras para a economia global.

Contudo, era o alicerce militar que apresentava falhas mais graves e mais prementes. Uma delas surgia como efeito colateral dos avanços tecnológicos que haviam conferido supremacia incontestável nessa esfera aos Estados Unidos. Vimos como as tecnologias de informação e comunicação eram de uso dual e estavam revolucionando também a economia. Cabe indicar que a via entre as duas esferas tinha mão dupla, e que, aliado à tendência declinante do custo do material bélico, o emprego de meios civis para fins militares abria um campo imenso de possibilidades para atores estatais e não estatais.

Por trás do fuzil, um homem. A evolução tecnológica e a pura imaginação humana – não foi preciso inovar tecnologicamente para transformar grandes aviões de passageiros em mísseis com o poder destrutivo conhecido – criam possibilidades que se manteriam indefinidamente em estado virtual na ausência de grupos empenhados em efetivá-las, muitas vezes com o sacrifício da própria vida. É no encontro entre condições tecnológicas permissivas e a disposição de alguns sujeitos políticos para impor sua vontade, pela força das armas, contra a vontade de outrem, que se revela a fragilidade relativa do pilar militar da *Pax Americana*. Mais do que em qualquer outro lugar, é no Oriente Médio que tal combinação se produz.

E não é difícil entender por quê. Berço de civilizações milenares; marcado por enorme diversidade étnica; integrado culturalmente, desde o século VII, pela difusão do monoteísmo islâmico – com sua língua própria, o árabe –, e jurídico-politicamente, desde o século XVI, pelo predomínio do Império Otomano, o Oriente Médio converteu-se, a partir do final do século XVIII, em área de expansão das potências ocidentais, em particular da França e da

Grã-Bretanha. Claramente perceptível já nessa época, desde o segundo quartel do século XIX a supremacia ocidental traduziu-se em conquistas territoriais crescentes na região. Mas o projeto colonial se consuma ao final da Primeira Guerra Mundial (1914-1918), com a dissolução do Império Otomano e a divisão de seus territórios remanescentes entre as potências aliadas europeias (os Estados Unidos, recém-ingressantes no jogo da grande política mundial, mantêm-se afastados da partilha, defendendo o princípio da autonomia nacional, sem lhe emprestar, contudo, validade universal).

A essa altura, contudo, as ideias de nação e de soberania nacional já tinham criado raízes no Oriente Médio. Consequência indireta dos esforços endógenos de modernização promovidos pelas classes dirigentes locais e das políticas adotadas pelas potências europeias, o nacionalismo difundia-se nas elites do mundo árabe, que apoiaram a aliança anglo-francesa na Primeira Grande Guerra contra seus senhores otomanos, aliados estes da Alemanha em razão de vínculos econômicos antigos e do antagonismo comum ao Império Russo. O resultado é sabido. Terminado o conflito, as expectativas geradas pelas vagas promessas feitas quando seu apoio era necessário se viram frustradas. Em vez de um poder árabe independente e unido, o que os vencedores legaram aos locais, ao fim de negociações secretas e exclusivas, foi um mapa político fragmentado, com fronteiras artificialmente traçadas, sob autoridade entre eles dividida.

Surpreendentemente, o traçado dessas unidades políticas se manteve depois de 1945, quando – no caso da Argélia ao cabo de um processo de luta feroz – foram reconhecidas como entidades soberanas. Formalmente, ao menos, pois, como os estudiosos assinalam, muito desiguais em termos de tamanho e riqueza de suas economias, essas entidades apresentavam os seguintes traços típicos: fortes clivagens internas – resultado direto do desenho arbitrário de suas fronteiras, que agrupou diferentes sob um mesmo território e separou iguais em territórios diferentes; hipertrofia de seus aparelhos repressivos; acentuada estratificação do poder socioeconômico e político; problemas de legitimação derivados de tais fatores e da identidade complexa de seus membros. Muitos dos quais combinam a preservação de fortes laços comunitários com a sustentação de identidades supranacionais, como aquelas alimentadas pelo arabismo – o projeto de união política do mundo árabe – e pelo islamismo político: o projeto de reconstrução do poder político na área segundo os preceitos do Alcorão.

Tomado em si mesmo, um sistema com tais atributos tenderia a exibir uma dinâmica centralizadora análoga àquela que prevaleceu na Europa e em outras partes do mundo. Mas o Oriente Médio formou-se e se manteve como um subsistema político subordinado, permanentemente submetido à interferência de atores externos – as antigas metrópoles, a União Soviética e, sobretudo, desde o último quartel do século passado, os Estados Unidos. Atores que bloqueiam a mencionada tendência e frequentemente exacerbam os conflitos que a mantêm viva. A história poderia ter sido outra não fora a importância estratégica do Oriente Médio como área de ligação entre o Ocidente europeu e a Ásia e como detentor das maiores reservas de petróleo – o ouro negro – do globo. Mas, na medida em que reúne essas duas condições, o prospecto de uma integração política regional sob a hegemonia de um Estado reconstituído sempre soou como anátema para as grandes potências.

A existência nessa região de uma entidade política criada de fora para dentro, como o Estado de Israel, é o elemento que faltava para torná-la explosiva. Não caberia discorrer aqui sobre o processo que levou a esse resultado, nem muito menos sobre suas conhecidas consequências. Para os propósitos da análise desenvolvida neste capítulo basta reproduzir a palavra autorizada – já bem antiga – de Maxime Rodinson, um dos maiores especialistas em Oriente Médio, com envolvimento personalíssimo no tema:

> A progressão e depois o sucesso do movimento sionista situam-se [...] bem no quadro da expansão europeia em direção ao que mais tarde foi chamado de Terceiro Mundo. Dados os objetivos originais do movimento, não poderia ter sido de outra forma. Uma vez estabelecidas as premissas, a lógica implacável da história mostrou as consequências. Querer criar um Estado puramente judeu ou predominantemente judeu na Palestina Árabe no século XX só poderia levar a uma situação de tipo colonial com o desenvolvimento (completamente normal do ponto de vista sociológico) de um confronto racista e, em última análise, militar entre os dois grupos étnicos.[16]

A guerra é um camaleão. Dada a desproporção entre as forças envolvidas, a guerra de que falava Rodinson assumiu formas diversas ao longo do tempo, confrontando algumas vezes tropas regulares (como em 1948, 1967 e 1973), e quase sempre atores não estatais (organizações combatentes de cunho nacional e/ou transnacional), presença obrigatória nos múltiplos conflitos que sacudiram periodicamente a região.

A combinação entre capacidade bélica e sujeitos políticos está na origem de outra falha, imediatamente identificada como defeito congênito da *Pax Americana*. Refiro-me ao fato de que a Guerra Fria terminou com uma "meia vitória" dos Estados Unidos. Vitória política e ideológica indiscutível para um adversário que dela saiu ferido e humilhado. Mas não submetido. A União Soviética foi politicamente esmagada, fragmentou-se e, como tal, deixou de existir. Mas não foi militarmente derrotada, o seu território não foi ocupado, e sua sucessora – a Rússia – preservou o aparato militar da potência caída, com o arsenal nuclear respectivo.

Estudei em outro lugar a maneira pela qual os Estados Unidos lidaram com o problema, dando destaque à decisão fatídica de expandir a Otan em direção às fronteiras da Rússia – a despeito da palavra empenhada, das advertências reiteradas dos dirigentes russos e dos argumentos em contrário verbalizados por muitos dos mais autorizados entre seus analistas.[17] Favorecida, embora, pela arrogância que tomou conta das elites dirigentes norte-americanas no imediato pós-Guerra Fria, com os erros de avaliação consequentes, essa escolha desastrosa está ancorada nesse dado duro da realidade. A *Pax Americana* assentava-se no pressuposto do monopólio normativo e coercitivo do condomínio ocidental, sob o comando dos Estados Unidos. Independentemente de suas intenções reais ou proclamadas, a persistência de um Estado dotado de arsenal nuclear capaz de devastar os Estados Unidos, ainda que se condenasse, nessa hipótese, ao mesmo destino, lançava uma sombra sobre a ordem internacional sustentada neste último.

O SONHO ACABOU

Com a chegada do novo milênio, as fendas no edifício, a princípio quase imperceptíveis, começaram a se traduzir em abalos de gravidade crescente. Relaciono esquematicamente os mais importantes, levando em consideração sua ordem cronológica.

– O fracasso das intervenções militares na esteira dos atentados de 11 de setembro

O movimento inicial – a operação militar contra a Al-Qaeda e seu protetor Talibã – parecia exitoso, mas era muito limitado para esgotar as energias desatadas então. Abertos os combates no Afeganistão, logo o Iraque revelou-se alvo principal da reação americana. Deslanchada, afinal, em 19 de março de 2003, apesar de desautorizada pelo Conselho de Segurança da ONU, a Operação Liberdade do Iraque não encontrou grande resistência, e três semanas depois os tanques norte-americanos adentravam Bagdá. Inebriados com o que parecia uma vitória surpreendentemente fácil, os Estados Unidos instalaram em Bagdá um governo provisório com a missão de punir exemplarmente os inimigos vencidos, desmontar em dois tempos as estruturas estatais existentes no Iraque e reconstruir em bases privadas (com capital predominantemente americano, é claro) a sua economia. A resposta veio meses depois, sob a forma da insurgência.

No Iraque, como no Afeganistão, os Estados Unidos e seus aliados se viram envolvidos em longo e desgastante conflito com forças irregulares, que se valiam dos artefatos bélicos adaptados às suas condições de luta e dos expedientes milenarmente empregados pelos fracos para vencer as forças superiores do inimigo. A passagem abaixo, escrita pelo grande sociólogo Michael Mann, captura bem o significado profundo da empreitada:

> As invasões do Afeganistão e do Iraque marcaram uma inversão da tendência histórica dos Estados Unidos em direção a formas mais brandas de dominação. Agora os Estados Unidos estavam escalando novamente a hierarquia de dominação, do imperialismo informal, através de representantes, para uma intervenção militar massiva. 300 mil soldados foram reunidos para apoiar a invasão do Iraque e 150 mil ocuparam o país durante seis anos. As tropas permaneceram durante tanto tempo que o Iraque e o Afeganistão foram, na verdade, colônias temporárias.[18]

O resultado do embate é conhecido: seis anos depois de desencadeada a operação, os Estados Unidos foram obrigados a se retirar oficialmente do Iraque, que passou a girar na órbita do Irã, seu principal rival estratégico na região, transformando-se mais tarde em território disputado pelo Isis (acrônimo inglês de Estado Islâmico do Iraque) – organização jihadista criada na guerra contra o invasor ocidental –, e acabaram por abandonar o Afeganistão já no começo da administração Biden, assistindo impotente ao avanço das tropas do Taliban.

– *A crise econômica global de 2008*

Prenunciada já em meados de 2007, quando se tornou evidente a situação precária do mercado norte-americano de dívidas hipotecárias, a crise manifestou-se abertamente no segundo semestre do ano seguinte, com a falência de um dos maiores bancos de investimento dos Estados Unidos, que o Tesouro americano decidiu não socorrer. Instalado o pânico, a conversão do choque financeiro em crise econômica foi quase imediata. Apesar da resistência surpreendente exibida pela China e pela Índia, e da rápida e vigorosa recuperação brasileira, a crise econômica continuava a representar uma realidade dolorosa no começo da década seguinte – os países bálticos mergulhados em profunda recessão e a moeda europeia ameaçada em sua integridade pela situação calamitosa das contas públicas em vários países da zona do euro, a começar pela Grécia.

Cabe assinalar três consequências relevantes da crise para a discussão entabulada neste artigo:

1) Seu impacto social: a recessão; o desemprego renitente; as perdas financeiras dramáticas das famílias de classe média; o espetáculo chocante de "sem-tetos", aos milhares, acampados em espaços vazios em meio à opulência das grandes cidades.

2) As medidas heterodoxas adotadas pelo governo dos Estados Unidos para conter a propagação da crise e debelar-lhe os efeitos: operação compulsória de salvamento de bancos; resgate bilionário da General Motors; linha de crédito aberta à autoridade monetária europeia pelo FED, que passava a atuar, assim, como banco de última instância global.

3) Seus reflexos políticos: a alavancagem de um movimento de extrema-direita que aliava a indignação com a presteza do governo em gastar o dinheiro do distinto público a favor dos bancos e a rejeição de fundo racista ao primeiro presidente negro na história dos Estados Unidos. Expressão mais notável dessa revolta, o *Tea Party* manteve-se no centro da política americana durante o primeiro mandato de Obama, perdendo força a seguir. Mas os seus ativistas tiveram papel decisivo na eleição de Donald Trump, em 2016, e se mantiveram como um ingrediente fundamental do trumpismo.[19] Desenvolvimentos análogos verificaram-se na Europa, conformando-se a partir daí uma rede global de grupos e organizações de extrema-direita que passam a disputar o

poder em seus respectivos países, ao passo que contestam o substrato ideológico da ordem internacional edificada sob a liderança dos Estados Unidos.

– *O retorno da Rússia ao palco da grande política mundial*

O divisor de águas foi a intervenção militar na Geórgia contra a tentativa do governo central de esmagar os separatistas da província da Ossétia do Sul. Esse movimento, que consternou os planejadores estratégicos nos Estados Unidos e alhures, deu-se no contexto da expansão da Otan até a fronteira da Rússia, e da instalação de um sistema antimísseis na Polônia, o qual, ao afetar seriamente seu poder dissuasivo, expunha a Rússia a uma situação de grande vulnerabilidade.

Até então, acreditava-se que sob a *Pax Americana* as ameaças à ordem internacional estabelecida vinham de atores não estatais e de alguns poucos Estados delinquentes (*rogue states*). Os acontecimentos da Geórgia mostraram ao mundo que tal crença era equivocada. A partir desse momento ficou claro que essa ordem estava confrontada com um desafiante de peso, que logo depois se lançava em amplo programa de reforma militar para se dotar dos meios correspondentes à sua política soberana.[20] A disposição russa de empregá-los manifestou-se com assertividade notável na crise ucraniana, em 2014 (anexação da Crimeia), e na guerra civil síria, quando a intervenção russa, em 2015, foi um fator decisivo na manutenção do regime de Bashar al-Assad.

– *O avanço econômico e a afirmação geopolítica da China*

Com os seus corolários: a rápida ascensão chinesa nos setores de tecnologia de ponta – de uso dual (civil e militar) – e a crescente assertividade de sua política exterior a partir de 2013, sob o comando de Xi Jinping. No campo da diplomacia econômica, com o megaprojeto "Um Cinturão, uma Rota" ("One Belt One Road"), que oferece a seus parceiros (na Ásia, no Oriente Médio e na Europa) a oportunidade de se conectarem com o mercado chinês através de gigantescos planos de investimento em infraestrutura, financiados pelo Banco Asiático de Desenvolvimento e por outras instituições financeiras chinesas. No plano militar, com um significativo incremento no orçamento de defesa, cujas expressões materiais mais visíveis são a ampliação da frota de naves de médio porte da Marinha de Guerra, a criação de uma frota de porta-aviões e a acelerada expansão de seu arsenal nuclear. Particularmente preocupante para os Estados Unidos é a ênfase posta na fusão da tecnologia civil e militar.

Vários abalos, de variada natureza. Coroa o processo, o choque político de fabricação caseira sobre o qual devo dizer ainda uma palavra. Refiro-me, naturalmente, à eleição de Donald Trump em novembro de 2016. O fato já foi aludido aqui em conexão com a crise financeira de 2008 e a emergência do movimento do *Tea Party*. Tratei do fenômeno em outros lugares[21] e não posso me estender sobre ele. Mas devo assinalar dois de seus aspectos pela relevância para a discussão desenvolvida neste capítulo. O primeiro é a importância da reação chauvinista contra o imigrante na adesão surpreendente do eleitorado republicano a esse *outsider* excêntrico, eleitor democrata publicamente assumido em passado relativamente próximo, contra alguns dos mais importantes expoentes de seu partido.[22] A linguagem depreciativa do candidato contra os imigrantes – em particular, latinos e árabes – e sua promessa de construir um muro na fronteira com o México estavam em harmonia com o discurso geral de sua campanha, que rompia abertamente com o consenso liberal-internacionalista, fundamento doutrinário da política exterior americana desde os idos de Franklin Roosevelt. Discurso reiterado por Trump já na condição de presidente dos Estados Unidos. A leitura de duas passagens de seu discurso de posse dará ao leitor uma ideia do radicalismo da mudança proposta:

> Nós nos reunimos aqui hoje para emitir um novo decreto que será ouvido em cada cidade, em cada capital estrangeira, e em cada centro do poder. De hoje em diante, uma nova visão governará a nossa terra. De hoje em diante, só haverá a América em primeiro lugar. A América em primeiro lugar...
> [...] Seguiremos duas regras simples: comprar produtos americanos e contratar americanos...
> [...] Buscaremos a amizade e boa vontade com as nações do mundo, mas o faremos entendendo que é direito de todas as nações colocar seus próprios interesses em primeiro lugar. Não vamos tentar impor nosso estilo de vida a ninguém, mas sim fazer com que ele resplandeça e sirva de exemplo.[23]

Pouco tempo depois, no discurso excepcionalmente bem-comportado sobre o Estado da União que pronunciou no Capitólio, Trump arremata a ideia com a fórmula lapidar: "Minha função não é representar o mundo. Minha função é representar os Estados Unidos da América".[24] Truísmo, dirão, mas, para ouvidos educados na retórica liberal-internacionalista, uma apostasia.

O projeto restaurador de Biden, ironias da história e a democracia

A eleição que devolveu a Casa Branca aos democratas desenrolou-se em condições excepcionais – o país sob o flagelo da covid-19, que tirou a vida de mais de um milhão de pessoas, o pleito transformado em objeto de viva controvérsia pela denúncia antecipada feita por Trump de seu caráter viciado, em virtude das inovações adotadas nos procedimentos de votação. A invasão do Capitólio na tarde em que o Senado se reunia para oficializar o resultado da eleição presidencial culmina o processo e projeta no mundo inteiro uma imagem dramática da crise da democracia americana.

Com suas linhas gerais já bem definidas no artigo que Biden publicou na revista *Foreign Affairs*, em março de 2020,[25] o programa do governo democrata apresentava-se como uma resposta integrada ao duplo desafio de sanar a crise nacional e restaurar os Estados Unidos à condição de líder-fiador da ordem internacional, no contexto de um mundo em processo de profundas e ameaçadoras transformações.

O documento-guia para a elaboração da Estratégia de Segurança Nacional dos Estados Unidos, divulgado em março de 2021, expõe de maneira sintética como o governo Biden pretendia enfrentar os problemas que afloravam nas duas frentes, enfatizando sua articulação.

A ideia central está enunciada no prefácio do documento, que leva a assinatura do presidente recém-eleito. No mundo marcado pela superposição de desafios globais em que vivemos – pandemia, crise climática, proliferação nuclear, quarta revolução industrial –, a promoção dos interesses nacionais e dos valores abraçados pelos Estados Unidos requer a unidade de ação com aliados e parceiros, e a renovação das fontes duradouras de poder nacional. A começar pela principal vantagem que temos: nossa democracia.

A democracia estabelece um traço de união entre os dois requisitos, pois o mundo está dividido em dois campos: o daqueles que defendem a autocracia como a melhor opção em face dos desafios presentes e o dos que entendem ser a democracia essencial para o seu devido enfrentamento.

Agora, a crença na democracia como chave para a liberdade, a prosperidade, a paz e a dignidade não basta, é preciso demonstrar que ela opera em favor do bem-estar do povo, nos Estados Unidos e no mundo. É preciso provar que esse modelo oferece o melhor caminho para o futuro.

Assentado na ideia de que o papel dos Estados Unidos no mundo depende do vigor de sua economia e do dinamismo de sua sociedade, o documento dedica amplo espaço às políticas domésticas. Como essa dimensão do projeto será estudada em outro lugar neste livro, limito-me a dois breves comentários sobre ela.

Chamam atenção do leitor o reconhecimento tácito da imperfeição do mercado como mecanismo de repartição de renda e a ênfase no necessário redesenho das cadeias produtivas para torná-las mais seguras. Em clara ruptura com o senso comum neoliberal, essas duas tomadas de posição refletem em grande medida o impacto da pandemia do coronavírus – explicitamente referida no texto –, que expôs de forma dramática a vulnerabilidade marcadamente desigual dos grupos sociais no infortúnio e a dependência dos Estados Unidos de equipamentos e materiais críticos nem sempre disponíveis. A crise pandêmica operou, assim, como um poderoso reagente a dissolver interditos ideológicos e abrir espaço para a introdução de critérios de racionalidade extraeconômica na formulação e na avaliação das políticas públicas.

Eles são omnipresentes nas políticas de desenvolvimento científico e de inovação tecnológica. Não apenas pela natureza dual (civil-militar) das tecnologias de ponta, como já se viu, mas porque estas estão no âmago da competição em curso com Estados autoritários – a China, "*crescentemente assertiva*", e a Rússia, "*desestabilizadora*" – que convergem para desafiar a ordem internacional "baseada em regras" construída em conjunto com seus aliados pelos Estados Unidos.

Os Estados Unidos e seus desafiantes. O que os separa não é o conflito de interesses inerente às relações de poder que mantêm entre si, como querem os realistas, mas a natureza de seus sistemas políticos. A vitória nesse embate global depende do sucesso que se possa alcançar no revigoramento das bases materiais do poder nacional (econômicas, tecnocientíficas e militares), mas também do triunfo sobre as forças internas que solapam a democracia.

Nesse sentido, além de soldar os vínculos com os aliados, a democracia estabelece uma ponte entre a agenda doméstica e internacional dos Estados Unidos. Como se vê na passagem a seguir:

> Quando fortalecemos os sistemas de saúde em todo o mundo, reduzimos o risco de futuras pandemias que podem ameaçar nosso povo e nossa economia. Quando defendemos direitos iguais para todas as pessoas – de mulheres e meninas, indivíduos LGBTQI, comunidades indígenas, pessoas com deficiência e pessoas de todas as origens étnicas e religiões –, ajudamos a garantir que esses direitos sejam protegidos para nossos próprios filhos aqui na América.[26]

Ou nesta outra, sobre como revitalizar a democracia nos próprios Estados Unidos:

> Combateremos a exclusão eleitoral e a privação de direitos institucionais. Exigiremos transparência e responsabilização no nosso governo, erradicaremos a corrupção e enfrentaremos o papel distorcido do dinheiro na nossa política. Renovaremos o compromisso com o Estado de direito, restauraremos o respeito pela separação constitucional de poderes e a independência do poder judiciário, renovaremos a fé na natureza apolítica das agências federais de aplicação da lei, da comunidade de inteligência, dos nossos diplomatas, funcionários públicos e militares.[27]

Como a política americana está forte e duradouramente polarizada, e como todos esses temas são objetos de viva controvérsia nos Estados Unidos, o que o documento sugere é que o resultado da competição global – portanto, o futuro do mundo – depende do triunfo do partido ora no governo sobre seus oponentes.

Os desafios a vencer no plano internacional são muitos e complexos, mas superáveis, uma vez que se tenha clareza sobre a hierarquia existente entre eles. A grande potência revisionista, como já visto, é a China – que "tem a disposição e os meios" para contestar a ordem estabelecida: é dela que vêm as principais ameaças; é ela que deve concentrar o essencial da atenção e das energias coletivas. Para tanto, os Estados Unidos deverão atenuar tensões e reduzir seu envolvimento direto em outras regiões do mundo.

O caso-limite é o Oriente Médio:

> No Médio Oriente, manteremos o nosso firme compromisso com a segurança de Israel, ao mesmo tempo que procuramos promover a sua integração com os seus vizinhos [...]. Trabalharemos com os nossos parceiros regionais para dissuadir a agressão iraniana e as ameaças à soberania e à integridade territorial, desmantelar a Al-Qaeda e as redes terroristas relacionadas [...]. Mas não acreditamos que a força militar seja a resposta aos desafios da região, e não daremos uma carta branca aos nossos parceiros no Oriente Médio para prosseguirem políticas contrárias aos interesses e valores americanos [...]. O nosso objetivo será diminuir as tensões regionais e criar espaço para que as pessoas em todo o Médio Oriente realizem as suas aspirações.[28]

Mas diretiva similar vale também para a Rússia. Evidentemente, não se trata de refazer os laços rompidos desde a crise ucraniana de 2014 e a anexação da Crimeia. As sanções seguem em vigor e as relações continuarão frias. Mas convém reduzir as tensões de forma a poder encaminhar conjuntamente problemas comuns.

> Impediremos corridas armamentistas dispendiosas e restabeleceremos a nossa credibilidade como líderes no controle de armas. É por isso que agimos rapidamente para estender o Novo Tratado START com a Rússia. Sempre que possível, procuraremos também novas disposições em matéria de controle de armas. Tomaremos medidas para reduzir o papel das armas nucleares na nossa Estratégia de Segurança Nacional [...]. E iniciaremos um diálogo significativo com a Rússia e a China sobre uma série de desenvolvimentos tecnológicos militares emergentes que implicam estabilidade estratégica.[29]

Dessa maneira, o campo estaria preparado para conduzir controladamente a competição estratégica com a China, que supõe a formação de alianças e a adoção de medidas efetivas com vistas a frustrar os seus projetos tecnológicos mais ambiciosos e conter a projeção de seu poder, em escala global e no seu entorno, mas não exclui a colaboração em muitas áreas de interesse compartilhadas.

> Reconhecemos também que a concorrência estratégica não impede, e não deve impedir, o trabalho com a China quando for do nosso interesse nacional fazê-lo [...]. Conduziremos uma diplomacia prática e orientada para resultados com Pequim e trabalharemos para reduzir o risco de percepções erradas e erros de

> cálculo. Saudaremos a cooperação do governo chinês em questões como as alterações climáticas, a segurança sanitária global, o controle de armas e a não proliferação, onde os nossos destinos nacionais estão interligados.[30]

Embora genérico, o discurso tinha coerência, e a acolhida que recebeu dos aliados – ainda não de todo recuperados do susto do 6 de janeiro – aumentava a confiança de seus formuladores. Mas as surpresas não tardariam. Primeiro foi a investida avassaladora do Taliban – mal encerrado o primeiro semestre de governo Biden – que forçou as tropas americanas a uma retirada caótica do Afeganistão. A essa altura a tensão entre a Rússia e a Otan já escalava, com o estacionamento de uma tropa de cem mil soldados russos na fronteira com a Ucrânia.

A crise internacional precipitada por esse movimento durou quase um ano, até que se converteu em operação militar, desencadeando uma guerra convencional sem precedentes na Europa que se prolonga ainda hoje – sem dar nenhum indício de que venha a se encerrar em breve, muito pelo contrário. Tratei do tema em outro lugar;[31] aqui, interessa assinalar três aspectos: 1) o imprevisto desse desdobramento: os Estados Unidos estavam preparados para muitas eventualidades, mas não para uma ação militar de tal envergadura; 2) o insucesso da resposta adotada. Aliadas à assistência financeira e militar à Ucrânia, as sanções inéditas aplicadas contra a Rússia foram concebidas para reduzir sua economia a frangalhos, inviabilizar a renovação dos estoques de munições e equipamentos; fomentar a revolta popular e, no limite, precipitar a crise do regime. O fato de que nada disso tenha ocorrido e de que, ao contrário, a indústria militar da Rússia tenha dado um salto e sua economia cresça hoje a uma taxa muito superior à de seus antagonistas europeus representa um golpe severo na imagem do poder americano; 3) o dissenso em torno da guerra nos Estados Unidos. No primeiro momento, ele pareceu quase inexistente: o apoio à Ucrânia era uma política bipartidária antiga, e, quando a guerra eclodiu, a opinião pública, em sua esmagadora maioria, abraçou a causa ucraniana. A quase unanimidade aparente ocultava, contudo, diferenças importantes na comunidade da política externa sobre a extensão do envolvimento americano no conflito e sobre os objetivos finais da guerra – a derrota da Rússia no campo de batalha, com a retomada pela Ucrânia de todos os territórios ocupados (inclusive a Crimeia), ou a paz negociada, com concessões de ambas as partes.

Havia ainda a atitude agressivamente crítica tomada por Trump e seus seguidores republicanos (deixo de lado a crítica de esquerda, porque era muito localizada e não tinha peso significativo nessa questão). Com o passar do tempo (e o comportamento dos preços), o humor da opinião pública mudou consideravelmente, e a base trumpista no Congresso se tornou mais incisiva. Hoje, a nova injeção de recursos na Ucrânia pretendida pelo governo Biden está paralisada na Câmara,[32] e a guerra virou tema de campanha na disputa pela Presidência.

Disputa que os democratas correm o risco de perder por várias razões, uma das quais especialmente relevante para a discussão desenvolvida aqui. Refiro-me, naturalmente, à revolta gerada em parte do eleitorado democrata pelo endosso incondicional de Biden ao massacre conduzido por Israel contra a população palestina. Com efeito, cinco meses decorridos desde o horror provocado pelo ataque terrorista do Hamas, que ceifou a vida de centenas de civis e deixou outros tantos como reféns nas mãos do inimigo, a ação combinada da Força Aérea e do Exército israelense já fez mais de 30 mil vítimas fatais em Gaza, a maioria delas mulheres e crianças.

E a reação israelense não para aí. Ao mesmo tempo que se aplica na destruição de Gaza, intensifica as provocações na Cisjordânia por intermédio de colonos devidamente protegidos por soldados das Forças de Defesa de Israel (FDI) e promove ataques aéreos nos territórios da Síria e do Líbano. Os planos de guerra publicamente debatidos incluem a abertura de outra frente contra o Hezbollah, enquanto o transporte marítimo é seriamente prejudicado pelos ataques de mísseis e drones realizados pelas forças Houthis no golfo de Aden e no mar Vermelho, aumentando o risco de generalização do conflito na região. O oposto do que a estratégia inicial do governo Biden projetava.

A ironia macabra não passou despercebida a observadores avisados. Antes de 7 de outubro, o governo de extrema-direita de Netanyahu estava às voltas com um movimento massivo de desobediência civil, que envolvia parcelas importantes do alto escalão do aparelho de Estado israelense, inclusive militares, contra seu projeto de subordinar o Poder Judiciário à vontade do Executivo. Semanas depois, esse mesmo governo galvanizava a opinião do público em apoio à sua estratégia de terra arrasada em Gaza e colocava o presidente democrata dos Estados Unidos na condição humilhante de avalista, ainda que lamuriento, da política preconizada desde sempre pela extrema-direita judaica.[33]

A tragédia da Palestina não pesará decisivamente no voto da esmagadora maioria do eleitorado, preocupada sobretudo com problemas domésticos, entre os quais, em primeiro lugar, o da imigração ilegal, como revelam as pesquisas.[34] Mas, num quadro de alinhamentos sedimentados e num sistema de voto facultativo, a abstenção de uma parcela, ainda que relativamente pequena, dos eleitores democratas pode decretar a derrota da candidata do partido na eleição.

Esse resultado não está contratado. Muita coisa vai acontecer até novembro, e a hipótese de vitória democrata não pode ser descartada. O que parece afastada é a hipótese de uma eleição "normal", com reconhecimento elegante do vencedor por seu oponente. Dada a intensidade do antagonismo já produzido, e dada a acerba controvérsia em torno do desenho dos distritos eleitorais e das leis estaduais desencontradas sobre os procedimentos de votação, é muito provável que venhamos a acompanhar uma eleição contestada, a exemplo da que se travou em 2020.[35]

Agora, se a análise desenvolvida neste capítulo estiver correta, duas coisas podem ser desde já registradas: o descrédito dos Estados Unidos como um país paladino dos direitos humanos e defensor da democracia, e o impacto negativo das divisões políticas internas sobre sua capacidade de atuar coerentemente e de exercer liderança no mundo.

Referências bibliográficas

ALMEIDA NETO, G. *O poder pela força: uma análise da reforma militar russa e sua relação com o posicionamento internacional do país*. Dissertação de mestrado. Programa San Tiago Dantas de Pós-Graduação em Relações Internacionais. Campinas, Unicamp; São Paulo, Unesp/PUC, 2021.

BIDEN, J. "Why America Must Lead Again: Rescuing U.S. Foreign Policy after Trump". *Foreign Affairs*, vol. 99, n. 2, 2020, pp. 64-76.

BUNDESZENTRALE FÜR POLITISCHE BILDUNG. *Migration Weltweit. Country Profiles*, s/d.

CASSESE, A. "Ex iniuria ius oritur: Are We Moving towards International Legitimation of Forcible Humanitarian Countermeasures in the World Community?". *European Journal of International Law*, n. 10, 1999, pp. 23-30.

GOLDGEIER, J. & McFAUL, M. "A Tale of Two Worlds: Core and Periphery in the Post-Cold War Era". *International Organization*, n. 46, 1992, pp. 467-492.

HALLIDAY, F. *The Middle East in International Relations. Power, Politics, and Ideology*. Cambridge, Cambridge University Press, 2005.

HATTON, T. & WILLIAMSON, J. *Global Migration and World Economy. Two Centuries of Policy and Performance*. Cambridge/London, The MIT Press, 2005.

____. "The Impact of Immigration: Comparing Two Global Eras". *World Development*, vol. 36, n. 3, 2008, pp. 345-361.

HELD, D. *Democracy and the Global Order. From the Modern State to Cosmopolitan Governance*. Stanford, Stanford University Press, 1995.

HERSH, S. "It's Bibi's War. But not only his war". *Substack.com*, 21/2/2024.

HOLSTI, K. "The coming chaos? Armed conflict in the world's periphery". *In*: PAUL, T. V. & HALL, J. A. *International Order and the future of world Politics*. Cambridge, Cambridge University Press, 1999, pp. 283-310.

ILMAZ, M. "UN Peacekeeping in the Post-Cold War Era". *International Journal on World Peace*, vol. 22, n. 2, 2005, pp. 13-28.

JONES, J. "Immigration Surges to Top of Most Important Problem List". *Gallup News*, 27/2/2024.

KAGAN, R. *Of Paradise and Power: America and Europe in the New World Order*. Vintage Books, 2004.

MANN, M. *The Sources of Social Power*, vol. 4: *Globalizations, 1945-2011*. New York, Cambridge University Press, 2013.

OESP. "Leia a íntegra do discurso de posse de Trump", 20/1/2017.

RAPOPORT, R. & STONE, W. "The Sources of Trump's Support". *In*: SABBATO, L. J.; DONKIK, K. & SKELLEYM, G. (ed.). *Trumped. The 2016 Election that Broke All the Rules*. Lanham/Boulder/New York/London, Rowman & Little Field, 2017, pp. 136-151.

RODINSON, M. "Israel, fait colonial?". *Le Conflit Israélo-Arabe. Les Temps Modernes*, n. 253 BIS, 1967, pp. 17-88.

SIMMA, B. "NATO, the UM and the Use of Force: Legal Aspects". *European Journal of International Law*, n. 10, 1999, pp. 1-22.

SNOW, D. *Distant Thunder. Patterns of Conflict in the Developing World*. New York, M. E. Sharper, 1997.

THE WHITE HOUSE. "Remarks Following a Meeting with the National Security Team", 2001.

____. "Donald Trump's Congress speech", 1/3/2017.

____. "President Joseph R. Biden Jr.". *Interim National Security Strategy Guidance*, 2021.

____. "National Security Strategy", 2022.

VELASCO E CRUZ, S. "Democracia e ordem internacional: reflexões a partir de um país grande semiperiférico". *Globalização, democracia e ordem internacional.*

Ensaios de teoria e história. Campinas, Editora da Unicamp; São Paulo, Editora Unesp, 2004, pp. 195-245.

VELASCO E CRUZ, S. *Trajetórias. Capitalismo neoliberal e reformas econômicas nos países da periferia*. São Paulo, Editora Unesp, 2007.

____. "Depois da Guerra Fria: evolução geopolítica, cenários e perspectivas". *Os Estados Unidos no desconcerto do mundo. Ensaios de interpretação*. São Paulo, Editora Unesp, 2012.

____. "Uma casa dividida. Donald Trump e a transformação da política americana". *In*: VELASCO E CRUZ, S. & BOJIKIAN, N. (org.). *Trump: primeiro tempo. Partidos, políticas, eleições e perspectivas*. São Paulo, Editora Unesp, 2019, pp. 11-43.

____. "Trump e o Partido Republicano. Antes, durante... E depois?". *In*: VELASCO E CRUZ, S. & BOJIKIAN, N. (org.). De *Trump a Biden. Partidos, políticas, eleições e perspectivas*. São Paulo, Editora Unesp, 2021a, pp. 1-32.

____. "Estados Unidos 2020: uma eleição não como as outras. Implicações internacionais". *In*: VELASCO E CRUZ, S. & BOJIKIAN, N. (org.). De *Trump a Biden. Partidos, políticas, eleições e perspectivas*. São Paulo, Editora Unesp, 2021b, pp. 279-289.

____. "O quadrilátero da crise. A Guerra da Ucrânia e o governo Biden". *In*: VELASCO E CRUZ, S. & BOJIKIAN, N. (org.). *Tempos difíceis. O primeiro tempo do governo Biden e as eleições de meio de mandato*. São Paulo, Editora Unesp, 2023, pp. 235-293.

Notas

1 No original: "Our democracy is at the core of who we are, and America's democratic experiment has long been a source of inspiration for people around the world. [...]. We have not always lived up to our ideals and in recent years our democracy has been challenged from within". Esta e as demais traduções são de minha autoria.

2 No original: "[...] we are standing up to threats to our democracy such as domestic terrorism by implementing our nation's first-ever National Strategy for Countering Domestic Terrorism and tackling head-on global forces like weaponized corruption, information manipulation operations, political interference, and attacks on the rule of law, including in elections". The White House, 2022, p. 16.

3 Cf. Velasco e Cruz, 2012.

4 Cf. Kagan, 2004.

5 O papel desempenhado por esses organismos foi salientado no livro que dediquei à análise do processo de restruturação capitalista em curso no último quartel do século passado, em perspectiva comparativa. Cf. Velasco e Cruz, 2007.

6 Cf. Held, 1995.

7 Velasco e Cruz, 2004.

8 Cf. Ilmaz, 2005, p.15.

9 Cf. Goldgeier & McFaul, 1992; Snow, 1997.

[10] Simma,1999.

[11] No original: "If one takes into account the premise of that forcible action and the particular conditions surrounding it, the following contention may be warranted: this particular instance of breach of international law may gradually lead to the crystallization of a general rule of international law authorizing armed countermeasures for the exclusive purpose of putting an end to large-scale atrocities amounting to crimes against humanity and constituting a threat to the peace. Such a rule [...] would constitute an exception to the UN Charter system of collective enforcement based on the authorization of the Security Council. In other words, it would amount to an exception similar to that laid down in Article 51 of the Charter (self-defense). [...] In case of countermeasures to prevent crimes against humanity, unilateral resort to force [...] would be warranted by the need to terminate violations of huma rights so grave as to pose a threat to international peace" (Cassese, 1999, p. 29).

[12] Cf. Halliday, 2005.

[13] The White House, 2001.

[14] Cf. Bundeszentrale für Politische Bildung, s/d.

[15] Cf. Hatton & Williamson, 2005, 2008.

[16] No original: "La progression, puis le succès du mouvement sioniste se situent [...] bien dans le cadre de l'expansion européenne vers le pays de ce qui s'appela plus tard de Tiers-Monde. Étant donné les buts initiaux du movement, il était impossible qu'il fût autrement. Une fois les premisses posées, la logique implacable de l'histoire en faisait apparaître les conséquences. Vouloir créer un État purement juif ou à dominance juive dans la Palestine arabe, au XXè siècle, cela ne pouvait mener qu'à une situation de type colonial avec développement (tout à fait normal sociologiquement parlant) d'un état d'esprit raciste et en dernière analyse à un affrontment militaire des deux ethnies" (Rodinson, 1967, p. 68).

[17] Velasco e Cruz, 2023.

[18] No original: "The Afghan and Iraq invasions marked a reversal of the historic drift of the United States toward milder forms of domination. Now the United States was escalating back up the hierarchy of domination, from informal imperialism, through proxies, into massive military intervention. 300.000 troops were assembled to support the invasion of Iraq and 150,000 occupied the country for six years. The troops stayed for so long that Iraq and Afghanistan were in effect temporary colonies" (Mann, 2013, p. 292).

[19] Nem sempre reconhecida, essa conexão é explorada em trabalhos que discuti em Velasco e Cruz, 2019.

[20] Almeida Neto, 2021.

[21] Velasco e Cruz, 2019, 2021a.

[22] Cf. Rapopor & Stone, 2017.

[23] OESP, 2017.

[24] The White House, 2017.

[25] Biden, 2020.

[26] No original: "When we defend equal rights of all people – of women and girls, LGBTQI individuals, indigenous communities, people with disabilities, and people of every ethnic background and religion – we help ensure that those rights are protected for our own children here in America" (The White House, 2021, p. 4).

[27] No original: "We will combat voter suppression and institutional disenfranchisement. We will require transparency and accountability in our government, root out corruption, and confront the distorting role of money in our politics. We will recommit to the rule of law, restore respect for the constitutional separation of powers and the independence of

the judiciary, renew faith in the apolitical nature of federal law enforcement agencies, the intelligence community, our diplomats, civil servants, and military" (The White House, 2021, p. 18).

28 No original: "In the Middle East, we will maintain our ironclad commitment to Israel's security, while seeking to further its integration with its neighbors [...]. We will work with our regional partners to deter Iranian aggression and threats to sovereignty and territorial integrity, disrupt al-Qaeda and related terrorist networks [...]. But we do not believe that military force is the answer to the region's challenges, and we will not give our partners in the Middle East a blank check to pursue policies at odds with American interests and values [...]. Our aim will be to de-escalate regional tensions and create space for people throughout the Middle East to realize their aspirations" (The White House, 2021, p. 11).

29 No original: "We will head off costly arms races and re-establish our credibility as a leader in arms control. That is why we moved quickly to extend the New START Treaty with Russia. Where possible, we will also pursue new arms control arrangements. We will take steps to reduce the role of nuclear weapons in our National Security Strategy [...]. And we will engage in meaningful dialogue with Russia and China on a range of emerging military technological developments that implicate strategic stability" (The White House, 2021, p. 13).

30 No original: "We also recognize that strategic competition does not, and should not, preclude working with China when it is in our national interest to do so [...]. We will conduct practical, results-oriented diplomacy with Beijing and work to reduce the risk of misperception and miscalculation. We will welcome the Chinese government's cooperation on issues such as climate change, global health security, arms control, and nonproliferation where our national fates are intertwined" (The White House, 2021, p. 21).

31 Cf. Velasco e Cruz, 2023.

32 Depois de idas e vindas, o Congresso norte-americano aprovou um pacote de ajuda militar a Ucrânia e Israel em 23/4/2024.

33 Cf. Hersh, 2024.

34 Cf. Jones, 2024.

35 Velasco e Cruz, 2021b.

PARTE 2

PERSPECTIVAS LATINO-AMERICANAS

CAPÍTULO 7

Desafios da industrialização na América do Sul*

Carlos Aguiar de Medeiros e *Esther Majerowicz*

Introdução

Desde a Crise Financeira Global (CFG), a concorrência no mercado mundial intensificou-se, particularmente com a ascensão da China e das suas empresas nos mais distintos setores industriais. Como arma na concorrência intercapitalista, a política industrial evoluiu desde então explicitamente para ocupar a dianteira na elaboração de políticas dos estados em várias economias avançadas e emergentes, seja para nutrir novos setores industriais e novos participantes, seja para defender os incumbentes e a hierarquia global na indústria e na tecnologia. Embora inicialmente os programas de ação se centrassem em pôr em marcha a chamada "Quarta Revolução Industrial", sustentada pelas tecnologias digitais, eles evoluíram para abranger outros objetivos. Nesse contexto, procuramos identificar os principais vetores que vêm reconfigurando a política industrial contemporânea nos EUA e na União Europeia (UE) de forma a possibilitar retomar a discussão de políticas industriais na América do Sul e no Brasil, dados os seus desafios específicos para o desenvolvimento econômico.

Este capítulo sublinha duas preocupações subjacentes à reconfiguração das políticas industriais,[1] nomeadamente, a segurança nacional e as preocupações ambientais.[2] Embora os objetivos de segurança nacional tenham estado presentes nas políticas industriais antes da pandemia, particularmente em

* O presente trabalho foi realizado com o apoio da Coordenação de Aperfeiçoamento de Pessoal de Nível Superior (Capes), do Conselho Nacional de Desenvolvimento Científico e Tecnológico (CNPq) e da Secretaria de Relações Internacionais da Universidade Federal do Rio Grande do Norte (UFRN).

setores baseados em tecnologias de duplo uso (*i.e.* civil-militar), a covid-19, a intensificação da disputa tecnológica sino-americana e a Guerra da Ucrânia suscitaram novas preocupações sobre insumos estratégicos, desencadeando uma tendência importante para a nacionalização ou a regionalização das cadeias de suprimentos através da substituição de importações. A política industrial também tem sido orientada para a transformação produtiva com foco em tecnologias verdes, centrando na diversificação e na eficiência energética. Esses vetores que vêm reconfigurando a política industrial contemporânea assentam-se em um planejamento abrangente que contempla diversos setores e atividades. Nesse contexto, a questão essencial para a América do Sul e, particularmente, para o Brasil é combinar essas preocupações com aquelas que marcam uma realidade de desindustrialização, degradação ambiental (em especial, desmatamento) e marginalização social.

Para abordar tais assuntos, este capítulo trata inicialmente das dimensões geopolíticas subjacentes à Ordem Econômica Internacional e da ascensão das políticas neomercantilistas. A seguir, exploramos as dimensões transversais das tecnologias verdes, enquanto, na seção subsequente, discutimos o retorno do planejamento nos principais países da Organização para a Cooperação e o Desenvolvimento Econômico (OCDE), argumentando que as políticas industriais modernas têm uma dimensão mais ampla do que aquelas anteriormente seguidas sob o neoliberalismo. Passamos, então, a examinar alguns desafios para os países em desenvolvimento, particularmente para a América do Sul e o Brasil. Por fim, apresentamos as considerações finais.

Da hiperglobalização à globalização fragmentada

A ordem internacional que emergiu nos últimos anos é bastante diferente daquela estabelecida nas décadas anteriores. Esta última caracterizou-se por um elevado grau de integração produtiva por meio de cadeias globais de valor, lideradas por empresas transnacionais, tarifas decrescentes, baixos custos de transporte, elevadas taxas de investimento e fluxos financeiros internacionais. Ademais, também se distinguiu pela expansão do comércio internacional e da produção industrial na Ásia e nas economias periféricas a um ritmo mais rápido do que nas economias avançadas.[3] Essa evolução ocorreu num contexto geopolítico marcado pela ascensão pacífica da China[4] sob uma ordem internacional liberal baseada em instituições multilaterais construídas sob a direção e a liderança dos EUA. Após a CFG, esse cenário mudou substancialmente. O primeiro movimento foi o entendimento do governo Donald Trump (2017-2020) de que a ordem liberal e suas principais instituições historicamente construídas pelos EUA não correspondiam mais aos interesses nacionais americanos, mas à ascensão da China. A guerra tarifária contra as exportações chinesas, as restrições aos investimentos chineses em empresas de alta tecnologia nos EUA e as sanções contra a liderança da Huawei nas telecomunicações, iniciadas por Trump, foram mantidas em novas bases pelo democrata Joe Biden. Acompanhando esse movimento, a interrupção abrupta dos fluxos comerciais na pandemia e na Guerra da Ucrânia provocou fortes pressões inflacionárias e intensificou as tensões geopolíticas e as práticas neomercantilistas,[5] que têm como principal vetor o reposicionamento geopolítico e geoeconômico dos EUA diante da China desde que o Pentágono e o Departamento de Comércio elegeram a China como o principal rival dos EUA. A relação sino-americana está moldando uma nova ordem mundial,[6] especialmente considerando a disputa tecnológica.

Os EUA consolidaram a interpretação de que a ascensão tecnológica da China é uma ameaça à sua segurança nacional, especialmente depois de as ambições da China terem sido afirmadas pelo *Made in China 2025*. A resposta dos EUA a tal ascensão foi formulada em torno do conceito de tecnologias críticas e emergentes, que incluem determinadas tecnologias-chave entre aquelas verdes e digitais de duplo uso, bem como outros tipos de tecnologias, como a biotecnologia. As tecnologias críticas e emergentes são aquelas identificadas como "críticas, ou com potencial para se tornarem críticas, para a vantagem da segurança nacional dos Estados Unidos, incluindo vantagens militares, de inteligência e econômicas".[7] Essa estratégia procura orientar os esforços para promover e reter a liderança tecnológica dos EUA individualmente ou com aliados e elaborar medidas contra ameaças.[8] No entanto, a resposta dos EUA à ascensão chinesa nas tecnologias digitais e verdes tem sido diferenciada devido à dinâmica da política interna americana – como o negacionismo climático de Trump e a retirada temporária do Acordo de Paris, revertida posteriormente pelo governo Biden – e à natureza de tais tecnologias.

Os avanços da China em novas tecnologias digitais dependem das importações de semicondutores e de *softwares* e máquinas para a fabricação de semicondutores.[9] Os EUA controlam direta e indiretamente o ecossistema global de semicondutores,[10] o que permitiu ao país cortar o fornecimento à China e negar-lhe acesso a fábricas globais para a produção de *chips* sofisticados de supercomputação e inteligência artificial.[11, 12] Entretanto, os EUA e outros países avançados antecipam os riscos de eventuais cortes de fornecimento. Dada a elevadíssima concentração da capacidade produtiva de *chips* de ponta em Taiwan, essas economias têm buscado relocalizar a produção para seus próprios territórios (*onshoring*) e de seus aliados (*friend-shoring*).

Em contraste com essa realidade dos semicondutores em que a dependência tecnológica da China é crítica, a China domina as indústrias verdes – desde a extração de terras raras[13] e o processamento de minerais críticos à produção de insumos e bens industriais finais –, exceto na extração de minerais críticos específicos.[14] De acordo com Sullivan,[15] conselheiro de Segurança Nacional de Biden, "as cadeias de suprimentos de energia limpa correm o risco de ser transformadas em armas da mesma forma que o petróleo na década de 1970, ou o gás natural na Europa em 2022". Em resposta, os EUA (mas também a UE) procuram aumentar a proporção do seu abastecimento interno de minerais críticos. Assim, não só as tecnologias se tornaram "críticas e emergentes", mas também os recursos naturais e os subsetores industriais associados a essas tecnologias com um elevado grau de concentração espacial em economias que não os EUA, especialmente na China e em Taiwan.

Nessas circunstâncias, embora as economias ainda estejam fortemente integradas, a ordem global neoliberal foi desfeita ou, como admite o FMI, criaram-se nela "rachaduras profundas".[16] Para usar uma terminologia proposta por Kuttner:[17] a hiperglobalização acabou; está em curso uma nova estrutura de articulação entre as economias nacionais, com regimes comerciais diversificados e mais flexíveis do que os anteriormente estabelecidos.

Dos bens privados aos bens públicos: a dimensão transversal e assimétrica das tecnologias verdes

É nesse contexto de rivalidades nacionais que a questão ambiental – que, por sua natureza, constitui indiscutivelmente um bem público universal – tem se afirmado nas principais economias.

Desde a Conferência sobre as Mudanças Climáticas realizada em Paris em 2015, o aquecimento global adquiriu extraordinária prioridade e atenção internacional, especialmente entre os principais países da OCDE. Apesar das grandes imprecisões sobre o que se pretende na transição energética,[18] a redução das emissões de CO_2 por meio de menor utilização de combustíveis fósseis, maior expansão das energias renováveis, aumento da eficiência energética e promoção de políticas ativas para conter o desflorestamento e a poluição e apoiar a biodiversidade tornou-se uma prioridade central para enfrentar o que, para muitos especialistas, constituiria o principal desafio que a humanidade enfrenta.[19]

Essa perspectiva tem ganhado espaço e urgência com (e, em algumas abordagens, deslocando) os velhos temas do subdesenvolvimento, da pobreza e das desigualdades entre países, destacados na ampla Agenda 2030 das Nações Unidas para o Desenvolvimento Sustentável e em seus objetivos.

Com efeito, para os países menos desenvolvidos, a pobreza, a ausência de bens públicos como o saneamento básico e a água canalizada, juntamente com o desflorestamento e o uso extensivo da terra para a produção, a extração e a exportação de *commodities*, constituíram as fontes originais de degradação e poluição ambiental, e a industrialização constitui um caminho essencial para a superação do subdesenvolvimento.[20] Embora a ênfase ambientalista seja colocada nas fontes não fósseis, deve-se também considerar que, dependendo da base energética existente, a redução/substituição do carvão, mesmo por petróleo e gás (como ocorre na China), constitui um progresso no sentido da redução de CO_2.[21]

Assim, o desafio que a questão ambiental coloca às estratégias de desenvolvimento na economia mundial é a construção de uma estratégia que seja simultaneamente flexível e adaptada ao grau de desenvolvimento dos países, mas que procure efetivamente um caminho comum que vise à redução das emissões de CO_2. O objetivo é dissociar o crescimento da renda *per capita* do consumo de energia baseada em combustíveis fósseis – isso inclui não apenas a adoção de tecnologias verdes, mas também mudanças no sistema de transportes –, dar maior ênfase ao consumo coletivo em vez do consumo privado e, no caso dos países em desenvolvimento, reduzir o desmatamento e a poluição, promover o tratamento dos resíduos e, ao mesmo tempo, possibilitar o desenvolvimento com aumento de produtividade e renda no uso de recursos, a criação de empregos e a redução da pobreza.

Enfrentar os desafios colocados pela questão ambiental constitui, como discutiremos nos casos dos EUA e da UE na próxima seção, um *primum mobile* e um catalisador para o desenvolvimento econômico em novas bases.[22] Do ponto de vista político, introduz novos argumentos e o sentido de urgência para uma política industrial abrangente ao encontro das tendências tecnológicas em curso nos países industrializados que favorecem a eficiência energética associada à digitalização. Mas há especificidades importantes. As tecnologias voltadas para a descarbonização apresentam algumas características fundamentais. As tecnologias de energias renováveis, como a solar e a eólica ou os veículos elétricos, são tecnologias mais caras, embora seus preços venham caindo significativamente,[23] e menos eficientes (na métrica habitual de eficiência energética) do que aquelas baseadas em combustíveis fósseis. Isso significa que sua difusão depende em grande parte de decisões políticas como impostos sobre o carbono (internalizando no preço do carbono as suas externalidades negativas), restrições quantitativas às emissões, subsídios governamentais às indústrias e às famílias, e a definição de novos padrões de eficiência energética.[24]

Mas uma nova estrutura de preços relativos e um novo mercado global de carbono, com a introdução de um teto sobre as emissões e a comercialização do excedente (*cap-and-trade*), amplamente difundido desde a Conferência de Paris em 2015, não constituem uma solução abrangente, fiável e suficiente. No sistema de *cap-and-trade*, como observa Williams,[25] o limite tem que ser muito alto para atingir as metas desejadas, e as licenças – o direito de poluir – estão simplesmente mudando a poluição de uma empresa para outra, de um país para outro. Se a política de mudança da base energética recair fundamentalmente na estrutura de preços, para ser eficaz na transição verde, os preços do carbono devem ser muito elevados, mas o aumento dos custos de transporte tem um impacto negativo elevado no crescimento econômico, no custo de vida ou, se for compensado por subsídios, no gasto público.

Como Lamperti e coautores argumentaram no seu modelo macro,[26] "a tributação do carbono por si só é muitas vezes autodestrutiva" na promoção da transição verde, sugerindo um vasto conjunto de políticas e regulamentações industriais. Uma economia de baixo carbono é um empreendimento multidimensional, envolvendo transversalmente diferentes atividades, setores produtivos e formas de organização, afetando tanto a infraestrutura como a forma como os recursos são utilizados numa economia circular, integrando matérias-primas, tecnologia, logística, serviços, além de redução de resíduos e elementos poluentes. Como qualquer transformação tecnológica, requer, como enfatiza Mazzucato,[27] ações e estratégias mais amplas e coordenadas que dificilmente serão induzidas apenas por mudanças nos preços relativos. A inovação sistêmica depende de planejamento governamental, subsídios para novos consumos e grandes investimentos públicos.

A legislação, as normas e os padrões são nacionais, embora a questão ambiental não tenha fronteiras. Como os países estão em diferentes níveis de desenvolvimento e possuem diferentes estruturas produtivas, enfrentar a questão ambiental em escala global requer o estabelecimento de mecanismos de cooperação, financiamento e padrões que sejam suficientemente flexíveis e adaptados à capacidade desigual dos Estados Nacionais.[28] Como a internalização dos custos ambientais nas tecnologias tradicionais (imposto sobre carbono) aumenta os custos de produção de produtos intensivos em carbono, os países em desenvolvimento são especialmente afetados negativamente, a menos que novos padrões internacionais sejam estabelecidos por meio da cooperação internacional em matéria de financiamento e na adaptação de padrões e prazos a serem seguidos pelos países.[29] Contudo, no momento atual, o que vem se afirmando é uma realidade em que os recursos internacionais sempre prometidos para financiar os objetivos de contenção do desmatamento e de apoio à biodiversidade nos países em desenvolvimento não foram concretizados. Além disso, dadas as tensões geopolíticas, a cooperação internacional está atualmente em declínio. Nesse contexto, as novas tecnologias verdes e os critérios ambientais podem intensificar rivalidades e tensões, bem como gerar um novo tipo de protecionismo. Por um lado, se a principal estratégia a ser seguida pelos países desenvolvidos depender de um elevado preço do carbono, isso terá um impacto recessivo e afetará especialmente as exportações industriais dos países subdesenvolvidos e, consequentemente, a sua capacidade de desenvolvimento em direção a novas tecnologias.

Por outro lado, considerando que a China tem assumido a liderança mundial em diversas tecnologias verdes, especialmente os painéis solares, os países da OCDE enfrentam um dilema, pelo menos no curto prazo: ou aumentam as tarifas sobre as tecnologias verdes *made in China*, mantendo suas indústrias que produzem esses equipamentos e as tecnologias da matriz energética anterior mais competitivas, atrasando a diversificação energética, ou adotam novas tecnologias, favorecendo a liderança chinesa no mercado industrial global. Possivelmente, considerando os aspectos anteriormente examinados sobre a atual concorrência geopolítica, o primeiro caminho será trilhado.

A RESTAURAÇÃO DO PLANEJAMENTO NAS PRINCIPAIS ECONOMIAS DA OCDE

A retomada do planejamento nas principais economias da OCDE responde em grande medida ao desafio colocado pela China e à questão ambiental – que estão interligados, uma vez que a China é o "fabricante verde" dominante. Por um lado, a impressionante trajetória chinesa e a sua crescente convergência tecnológica com os países avançados, por meio de saltos em áreas tecnológicas críticas, têm se apoiado na importação de tecnologia dos países avançados e na mimese de suas instituições, especificamente do modelo americano de sistema nacional de inovação baseado na integração civil-militar. Por outro lado, as principais economias da OCDE, especialmente a dos EUA, procuram imitar elementos-chave do sucesso econômico chinês nas últimas décadas, isto é, o planejamento, baseado na utilização aberta de uma ampla política industrial e vastos investimentos em infraestruturas.[30]

Após a Segunda Guerra Mundial, o complexo industrial-militar liderado pelo Estado foi o principal motor do desenvolvimento tecnológico dos EUA.[31] Para diversas outras atividades, Wade argumenta que, após a década de 1970, os EUA foram capazes de perseguir políticas industriais, ainda que de forma oculta – por meio da construção de redes por agências governamentais, envolvendo múltiplas partes interessadas –, que "não eram centralmente coordenadas e não derivavam de planos nacionais".[32] Na sua análise, a política industrial americana refere-se "a toda a cadeia de valor envolvida na produção de coisas [...] (cuja produção industrial de fato pode estar no estrangeiro)".[33] Essas características *sui generis* da política industrial dos EUA estão passando por um processo de modificação a partir da mimese de elementos do planejamento industrial da China, de modo que, atualmente, ela: (i) assume um caráter explícito; (ii) baseia-se em planos industriais elaborados e coordenados em nível nacional; e (iii) contempla necessariamente a produção industrial nacional.

Retoricamente, os EUA têm organizado uma "moderna estratégia industrial americana" como elemento central de seu plano de segurança nacional,[34] que procura "investir nas fontes e ferramentas subjacentes do poder e da influência americanos", a fim de estarem bem-preparados "para a era da competição estratégica com grandes potências".[35] Essa moderna estratégia, ao contar com grandes recursos públicos destinados ao setor industrial, tem outro elemento retórico relevante que procura recuperar a associação entre os empregos industriais e os bons empregos, uma vez que pressupõe promover o emprego com bons salários e condições de negociação para os trabalhadores por meio de sindicatos, embora os fundamentos materiais que sustentam essa relação tenham sido significativamente erodidos pelo neoliberalismo.[36] Este tem sido um elemento clássico da retórica do Partido Democrata que foi apropriado de forma oportunista por Trump; com Biden, essa defesa regressa às origens. Com um horizonte de planejamento de dez anos, a moderna estratégia industrial americana ocorre, segundo a Casa Branca,[37] numa década crucial, que requer uma ação global imediata para evitar que as temperaturas subam acima de 1,5 grau Celsius, e "decisiva" em distintas áreas, especialmente "na competição com a RPC [República Popular da China]".[38]

Essa estratégia tem três componentes: a "Lei de Investimentos e Empregos em Infraestrutura" ("Infrastructure Investment and Jobs Act" – Iija) de 2021, a "Lei de Criação de Incentivos Úteis para a Produção de Semicondutores e a Ciência" ("Creating Helpful Incentives to Produce Semiconductors and Science Act, Chips and Science Act") de 2022, e os gastos com clima e energia da "Lei de Redução da Inflação" ("Inflation Reduction Act" – IRA) de 2022. São planos abrangentes que, em face dos desafios tecnológicos e ambientais, superaram as travas da austeridade fiscal e conseguiram mobilizar vastas injeções de novos recursos financeiros.[39] O acesso a grande parte dos subsídios está condicionado ao cumprimento de uma série de critérios, como, por exemplo, o requisito trabalhista que estabelece que as empresas pratiquem os níveis salariais prevalecentes em determinada área. Alguns são critérios tradicionais na política industrial (embora atualmente proibidos pela OMC), tais como o requisito de conteúdo local na Iija e na IRA. Outros são, de certa forma, inovadores, ainda que apenas implementáveis pelo poder hegemônico, como as restrições ao investimento estrangeiro e à cooperação tecnológica impostas às empresas ao abrigo da Lei dos *Chips*.

Num contexto de deterioração acentuada da infraestrutura pública nos EUA, particularmente da de transportes,[40] o primeiro pilar da estratégia, a Iija, "representa o esforço mais significativo no último meio século para fazer um investimento público sustentado e de longo prazo na América".[41] A maior parte desses investimentos destina-se à infraestrutura de transporte, e somas substanciais são dedicadas a investimentos em novas tecnologias verdes e digitais.[42] Como resultado, em 2022, Deese sublinhou que, "pela primeira vez em duas décadas, o investimento em infraestrutura da América crescerá mais rapidamente do que o da China".[43]

O segundo pilar, a Lei dos *Chips* e da Ciência, destina-se explicitamente a enfrentar os avanços da China em ciência e tecnologia (C&T), alocando a maior parte dos recursos em C&T, na comercialização de novas tecnologias – como inteligência artificial, nanotecnologia, energia limpa e computação quântica – e na indústria de semicondutores.[44] A parte da legislação destinada aos semicondutores, a Lei dos *Chips*, em linha com o que foi discutido em seção anterior, concentra seus recursos financeiros na fabricação de semicondutores.[45] Nesse subsetor, os beneficiários dos subsídios são obrigados, durante um período de dez anos ("a década decisiva" na "concorrência com a RPC"), a não se envolverem na "expansão material da capacidade de fabricação de semicondutores na República Popular da China ou qualquer outro país estrangeiro de preocupação", exceto para fábricas que produzem *chips* defasados para o mercado interno.[46] Ademais, a lei também impõe aos beneficiários restrições à pesquisa conjunta e ao licenciamento tecnológico com "entidades estrangeiras de preocupação" em áreas que possam afetar a segurança nacional dos EUA.[47] Esses critérios, combinados com outras medidas, conferem à Lei dos *Chips* uma dimensão essencial que "introduz instituições e mecanismos de 'compulsão' para disciplinar o capital privado nas prioridades de segurança nacional dos EUA".[48] Na verdade, algumas dessas medidas consistem em inscrever sanções econômicas na própria legislação da política industrial.

A componente da IRA dedicada a aumentar a produção e a manufatura de energia,[49] ao mesmo tempo que reduz as emissões de CO_2, é o último pilar. Esse objetivo é perseguido principalmente por meio da concessão de subsídios em forma de créditos fiscais a empresas e indivíduos, embora também inclua subvenções e empréstimos.[50] Para os indivíduos, os créditos fiscais são concedidos como incentivos à energia limpa e à eficiência (por exemplo, instalação de bombas de calor e isolamento térmico residencial) e como subsídios à aquisição de veículos limpos.[51] Esta última modalidade de subsídios tem atraído atenção substancial por seus impactos econômicos e políticos. É um caso em que podem existir incentivos substanciais para os indivíduos se forem cumpridos múltiplos critérios. No entanto, esse subsídio – estimulando a indústria automobilística – está vinculado a regras de conteúdo local (violando os princípios da OMC), o que não só excluirá a China e a Rússia das cadeias de produção de baterias,[52] mas também, a princípio, excluiu aliados americanos como o Japão e a UE. Portanto, embora as políticas industriais dos EUA tenham a clara intenção de conter a ascensão da China, também têm impactado a relação do país norte-americano com os aliados e provocado a sua resposta no âmbito da política industrial, particularmente da UE.

A resposta da UE esteve presente tanto em relação à Lei dos *Chips* – com a proposta de uma Lei dos *Chips* da UE – quanto em relação à IRA, causando tensões nas relações EUA-UE.[53] Segundo Gabor,[54] foi na sequência do relaxamento temporário das regras dos auxílios estatais, ocorrido durante a pandemia, que as elites europeias decidiram ir mais longe e responder à IRA, na corrida pelos subsídios verdes, com a proposta do chamado "Plano Industrial do Pacto Verde" ("Green Deal Industrial Plan" – Gdip) em 2023. Os subsídios da IRA, especialmente ao estabelecerem critérios de conteúdo local, pressionam a deslocalização industrial da UE para os EUA. Além disso, o desincentivo às emissões de gases de efeito estufa através do Sistema Europeu de Comércio – que, sendo um sistema de limitação e comércio, enfrentou recentemente um aumento de mais de dez vezes no preço do CO_2 – também gerou um incentivo à relocalização industrial para terceiros países onde as licenças ou os impostos sobre o carbono não são pagos.[55] Para resolver esse problema, o Mecanismo de Ajuste Fronteiriço de Carbono está atualmente sendo implementado pela UE com o objetivo de fixar o preço do CO_2 das importações, como referido anteriormente.

Como resposta europeia à IRA, o Gdip traz uma nova dimensão à política verde do bloco: "Ao contrário da retórica inicial do Pacto Verde Europeu, o Gdip argumenta que a política industrial destinada a aumentar a capacidade industrial de tecnologia limpa é um requisito básico da transição verde e da soberania energética".[56, 57] O Gdip propõe metas para aumentar a capacidade produtiva da UE a fim de satisfazer uma certa porcentagem das necessidades de implantação do bloco em "tecnologias estratégicas de emissões líquidas zero" e uma proporção do seu consumo de matérias-primas críticas até 2030, ao mesmo tempo que diversifica os parceiros comerciais em minerais críticos.[58] Também são propostos esforços para facilitar o acesso aos mercados estrangeiros, acelerar o processo de licenciamento e promover estoques estratégicos. Para concretizar essas ambições, o acesso a fundos financeiros será facilitado, principalmente a partir de recursos financeiros não utilizados do NextGeneration EU. Apesar da perspectiva de formação de um Fundo Soberano Europeu no futuro, até agora não foram anunciadas novas despesas,[59] e a falta de fundos terá de ser suprida por Estados-membros individuais com capacidades diversas para mobilizar recursos e impulsionar investimentos privados dadas "as restrições estruturais do regime macrofinanceiro do euro".[60]

Essa resposta europeia tem pontos em comum com a política dos EUA que vão além dos objetivos de expansão da produção industrial interna – desafiando o domínio chinês – e de diminuição da dependência da China no processamento e na extração de minerais críticos. Tanto o Gdip como a IRA operam numa lógica de "redução de riscos sem condicionalidades", na qual o Estado atua corrigindo os sinais de preços para canalizar investimentos privados, mas não para promover "mecanismos de compulsão" para monitorar e fazer cumprir critérios definidos pelo Estado.[61, 62] Como argumenta Gabor, a falta de disciplina ao capital privado contrasta com a Lei dos *Chips* dos EUA, que, operando pela lógica de segurança nacional, foi capaz de estabelecer mecanismos de compulsão comuns aos Estados desenvolvimentistas na busca de modernização industrial estratégica. No entanto, com base no poder americano, essa lei também introduz instituições de compulsão *sui generis*, isto é, sanções econômicas, dentro da política industrial, cujos critérios e objetivos não se destinam a promover a modernização industrial dos EUA, mas a travar a modernização de seus rivais, especialmente da China.

Novos e velhos desafios para os países em desenvolvimento da América do Sul

Tendo em vista essa evolução brevemente referida nas seções anteriores, os desafios para os países em desenvolvimento são imensos,[63] mas também existem novas oportunidades, bem como novas ameaças. Entre esses países, com exceção dos do Sudeste Asiático, não só houve regressão industrial e distanciamento da fronteira tecnológica em muitos casos, mas também, em quase todos eles, houve um aumento da degradação ambiental, do desmatamento e da marginalização social. Trata-se, portanto, de buscar uma combinação de estratégias voltadas para diferentes problemas. Se, no caso dos EUA e da UE, a ascensão chinesa é percebida como um desafio central às suas tecnologias de ponta e ao sistema industrial, para os países sul-americanos, essa ascensão significou essencialmente um reforço da sua especialização produtiva baseada na exportação de *commodities* e na importação de bens industriais. Na América do Sul, o principal movimento afirmado nas últimas décadas foi a expansão do agronegócio (particularmente na Argentina e no Brasil) e da extração de petróleo e minerais (especialmente em economias mineradoras como Bolívia, Chile, Peru, Equador e Venezuela). As exportações de petróleo bruto, soja, carne bovina, ferro, cobre e outros produtos agrícolas e minerais, destinados em grande parte à China, em troca de produtos industriais de todos os tipos – particularmente petróleo refinado, produtos químicos (principalmente dos EUA), bens de capital e eletrônicos, em grande parte provenientes da China –, caracterizam esse padrão de crescimento periférico.

Na década de 2000, a combinação do *boom* das *commodities* com políticas distributivas permitiu taxas de crescimento mais elevadas, redução da exclusão social, um novo tipo de nacionalismo dos recursos naturais e regionalização com o aprofundamento das relações comerciais.[64] No entanto, mesmo no Brasil, com um maior grau de industrialização, as políticas industriais não persistiram nem criaram novas instituições e sustentação política, de modo que, na década de 2010, o menor crescimento econômico, o conflito distributivo, as políticas sociais regressivas e a reação de interesses constituídos dissolveram esse resultado positivo e revelaram uma estrutura industrial ainda mais frágil.[65]

A situação pós-covid na América do Sul é caracterizada por uma realidade marcada pelo aumento da pobreza, pela baixa criação de empregos e pela expansão da degradação ambiental. Embora isso tenha sido historicamente associado à pobreza, ao extrativismo e ao desmatamento, foi amplificado nos últimos anos (como no Brasil) pela redução nas regulamentações ambientais e pelo baixo nível de investimento em infraestrutura.

Consequentemente, uma política industrial adequada ao Brasil e, com adaptações, a outros países sul-americanos inclui tanto as estratégias de industrialização interrompidas, expandindo a infraestrutura e as cadeias produtivas já instaladas, quanto o enfrentamento de novos desafios, explorando as oportunidades abertas pelas recentes transformações tecnológicas, as novas prioridades e a reorganização da economia internacional discutida anteriormente. Assim, juntamente com os "velhos" desafios (ampliar o conteúdo nacional dos sistemas industriais predominantes e expandir a infraestrutura econômica e social),[66] o subcontinente enfrenta novas prioridades ambientais – o Brasil está comprometido com o Acordo de Paris – e desafios (e oportunidades) como a modernização e a automatização dos sistemas industriais nacionais com tecnologias digitais.

Existem na sub-região alguns fatores positivos. A matriz energética da região, e do Brasil em particular, é muito mais limpa que a média mundial, tanto pela maior presença da hidroeletricidade (embora em declínio) quanto pela disponibilidade e pela abundância de gás (com uma presença muito menor do carvão do que nos EUA, na Europa e na Ásia). A combinação desse sistema com fontes não fósseis, especialmente parques eólicos (em forte expansão no Brasil), abre possibilidades para a produção industrial com energia renovável.

No sistema de transportes, a elevada utilização de etanol nos motores a combustão interna dos automóveis no Brasil e na Argentina é um fator de diferenciação positivo para os países do Mercosul no contexto internacional. No entanto, como observado anteriormente, a direção para a expansão dos motores elétricos é dominante, e a região tem os seus principais insumos e capacidades tecnológicas. Assim, em relação às inovações voltadas para os veículos elétricos e (dado o sucesso do etanol brasileiro) para os veículos elétricos híbridos, as amplas reservas regionais de cobre, cobalto, níquel e, sobretudo, lítio representam uma base a partir da qual a industrialização sob uma cadeia de valor regional pode vir a ocorrer.[67]

Argentina e Chile já são importantes exportadores de lítio. No entanto, o desafio industrial é a diversificação produtiva. O que está em causa é uma nova oportunidade para mudar essa especialização que inclui não só o controle nacional das rendas fundiárias,[68] mas também a criação de condições e mecanismos que visem a uma política de industrialização regional que adicione valor[69] e amplie as cadeias de produção de baterias utilizadas nas tecnologias verdes.[70] Recentemente, foi criado o Grupo de Trabalho Binacional formado por Argentina e Chile para discutir estratégias para fomentar a industrialização e proteger o meio ambiente. Existem projetos na Argentina para industrializar painéis solares e baterias à base de lítio liderados por uma empresa estatal em *joint ventures* com empresas chinesas. A industrialização do lítio faz parte também da política industrial brasileira,[71] do recém-lançado Novo Programa de Aceleração do Crescimento (PAC) do governo Lula e das prioridades de financiamento do BNDES. Mas é importante considerar que, embora a aposta típica do sistema capitalista seja o carro elétrico, o impacto ambiental seria minimizado e a qualidade de vida da população seria mais bem atendida se essas novas tecnologias fossem utilizadas para investimentos extensivos em transporte público, tanto intermunicipal como nas grandes cidades.

A produção de veículos elétricos recria uma questão antiga no continente: eles dependem de insumos minerais cuja extração tem amplos impactos ambientais.[72] Essa questão tende a ganhar maior importância nos próximos anos, tanto em nível geopolítico (devido à importância da região no fornecimento desses insumos estratégicos) como em nível político interno. Boa parte do desafio da política industrial contemporânea é compatibilizar uma estratégia de desenvolvimento com a sustentabilidade ambiental.[73]

O desenvolvimento da região amazônica constitui, por seu turno, um desafio central. Desvalorizados e sob ameaça crônica decorrente de poluição, desmatamento, mineração e produção extensiva de gado, os ecossistemas da Amazônia constituem um fator extraordinário para a estabilidade ecológica e a diversidade genética. Assim, o grande desafio é interromper a degradação e sustentar a biodiversidade, ao mesmo tempo que proporcionar condições sustentáveis e oportunidades de emprego e renda para a população local. Tal como salientado por Kunming-Montreal Global Diversity,[74] recursos financeiros, capacitação, pesquisa e transferência de tecnologia são necessários para tal empreendimento.

Assim, considerando o desafio como um todo para o crescimento sustentável na região, é necessária uma estratégia de desenvolvimento abrangente para conseguir uma redução do desmatamento, o desenvolvimento de políticas de uso da terra mais intensivas com fornecimento doméstico (regional) de fertilizantes (biofertilizantes), maiores investimentos na biodiversidade e diversas políticas industriais transversais para estimular o consumo e a produção em indústrias que promovam a descarbonização e a diminuição da poluição, ao mesmo tempo que reduzam outros impactos ambientais. Isso inclui mudanças nos padrões de consumo e de investimento. Esses seriam os novos temas para uma retomada do desenvolvimentismo na região, e, aqui, como sempre, a dificuldade principal é político-ideológica, pois requer um maior protagonismo do Estado.

Considerações finais

Neste capítulo, examinamos a forte retomada da política industrial nos EUA e na UE diante da ascensão chinesa e das novas prioridades estabelecidas em relação à questão ambiental. Observamos também as especificidades dos países sul-americanos e particularmente do Brasil. Estes, após uma primeira década de crescimento e governos progressistas, vivenciaram na segunda década uma forte reversão do crescimento, declínio dos investimentos e desindustrialização. Argumentou-se na seção anterior que as circunstâncias internacionais e os desafios nacionais criam oportunidades para a formação também nessas economias de estratégias e missões abrangentes que articulem transversalmente diversos objetivos na direção sugerida por Mazzucato,[75] ou, como um *Big Push* ambiental, destacado pela Comissão Econômica para a América Latina e o Caribe (Cepal).[76]

No entanto, esses países ainda se encontram numa posição passiva diante dos novos desafios. A principal dificuldade para uma retomada forte da política industrial no Brasil e em vários países do subcontinente não está, como historicamente sempre esteve, nas restrições do balanço de pagamentos. Com exceção da Argentina e da Venezuela, que enfrentam uma crise aguda no seu balanço de pagamentos, os demais países da sub-região enfrentam restrições de política econômica interna em que a doutrina da austeridade fiscal constitui o maior obstáculo no meio das crises econômica, social e ambiental.

Em um artigo publicado pelo FMI, Irwin defende o que parece ser senso comum entre as elites econômicas e seus economistas nos países em desenvolvimento, particularmente no Brasil.[77] Após um breve exame das grandes transformações ocorridas no ambiente internacional, o autor aponta como novidade o forte ressurgimento da política industrial nos EUA com a proteção das antigas indústrias e a promoção de novas. Mas ele alerta outros países em desenvolvimento para o fato de que essas políticas, bem como as praticadas na China e cada vez mais na UE, envolvem muitos custos e constituem um luxo que os países mais pobres não podem pagar.[78]

Essas ideias ancoradas na defesa da austeridade fiscal e no bloco de interesses que as sustenta constituem os maiores obstáculos a uma política abrangente, complexa e contemporânea de desenvolvimento sustentável no Brasil e em vários países do subcontinente. Com a ascensão de um novo governo do PT no Brasil, abriram-se novas iniciativas e propostas para reduzir o desmatamento, retomar os investimentos em infraestrutura (como o PAC, lançado em 2023) e promover políticas industriais numa direção convergente com as preocupações e diretrizes ambientais em curso na economia mundial.[79] A questão fundamental, entretanto, é que, para serem eficazes – indo além de meras aspirações e intenções –, essas políticas industriais e de investimento em infraestrutura[80] requerem recursos, autonomia e coordenação de gasto público, o que vai de encontro ao regime fiscal restritivo adotado e à visão dominante dos grupos econômicos e seus representantes políticos sobre as prioridades econômicas do país. Desse modo, descartada por razões políticas uma estratégia de *Big Push*, as novas políticas industriais dificilmente alterarão a presente estrutura produtiva. Deve-se ressaltar que o fato de não ocorrer tal desdobramento não se dá por conta de tais políticas serem ineficazes ou por usarem instrumentos inadequados – como apontam seus principais críticos e negacionistas da política industrial[81] –, mas por serem mitigadas e restritas politicamente pela doutrina da austeridade fiscal que eles tanto defendem e pela ideologia neoliberal que faz do Estado desenvolvimentista o culpado do baixo crescimento das últimas décadas. Na Argentina, a restrição política é muito mais grave. A recente vitória de um governo "anarcocapitalista" radicalmente avesso à política industrial e saudoso do modelo primário exportador do século XIX torna as perspectivas desenvolvimentistas e o retorno da política industrial no subcontinente ainda mais difíceis, reproduzindo mais uma vez uma "década de oportunidades perdidas". Ainda assim, iniciativas pontuais no Brasil e em outros países da região poderão abrir e aproveitar algumas oportunidades nas transformações ora em curso.

Referências bibliográficas

AIGINGER, K. & RODRIK, D. "Rebirth of Industrial Policy and an Agenda for the Twenty-First Century". *Journal of Industry, Competition and Trade*, 20(2), 2020, pp. 189-207.

AIYAR, S. *et al.* "Geoeconomic Fragmentation and the Future of Multilateralism", 2023. IMF Staff Discussion Notes 2023/0001. Washington D.C., IMF. Disponível em <https://www.imf.org/en/Publications/Staff-Discussion-Notes/Issues/2023/01/11/Geo-Economic-Fragmentation-and-the-Future-of-Multilateralism-527266>. Acesso em 17/5/2024.

ALLEN, G. "Choking off China's Access to the Future of AI". Center for Strategic and International Studies, Oct. 2022. Disponível em <https://csis-website-prod.s3.amazonaws.com/s3fs-public/2023-04/221011_Allen_China_AccesstoAI.pdf>. Acesso em 17/5/2024.

ALTENBURG, T. & RODRIK, D. "Green Industrial Policy: Accelerating Structural Change towards Wealthy Green Economies". *In*: ALTENBURG, T. & ASSMANN, C. (ed.). *Green Industrial Policy: Concept, Policies, Country Experiences*. Geneva, UN Environment, 2017.

BADLAM, J. *et al.* "The US Bipartisan Infrastructure Law: Breaking it Down". *McKinsey*, 12 Nov. 2021. Disponível em <https://www.mckinsey.com/industries/public-sector/our-insights/the-us-bipartisan-infrastructure-law-breaking-it-down>. Acesso em 17/5/2024.

____. "The CHIPS and Science Act: Here's What's in It". *McKinsey*, 4 Oct. 2022a. Disponível em <https://www.mckinsey.com/industries/public-sector/our-insights/the-chips-and-science-act-heres-whats-in-it>. Acesso em 17/5/2024.

____. "The Inflation Reduction Act: Here's What's in It". *McKinsey*, 24 Oct. 2022b. Disponível em <https://www.mckinsey.com/industries/public-sector/our-insights/the-inflation-reduction-act-heres-whats-in-it>. Acesso em 17/5/2024.

BAYARD, K. *et al.* "Are Manufacturing Jobs Still Good Jobs? An Exploration of the Manufacturing Wage Premium". Finance and Economics Discussion Series, 2022-011. Washington, Board of Governors of the Federal Reserve System, 2022. Disponível em <https://doi.org/10.17016/FEDS.2022.011>. Acesso em 17/5/2024.

BIANCARELLI, A. & ROSSI, P. "A política macroeconômica em uma estratégia social-desenvolvimentista". *Revista Brasileira de Planejamento e Orçamento*, 4(1), 2014, pp. 21-38.

BISTLINE, J.; MEHROTA, N. & WOLFRAM, C. "Economic Implications of the Climate Provisions of the Inflation Reduction Act". *NBER Working Paper*, 31.267. Cambridge, MA, National Bureau of Economic Research, 2023. Disponível em <https://www.nber.org/papers/w31267>. Acesso em 17/5/2024.

BRESSER-PEREIRA, L. C. “Reflecting on New Developmentalism and Classical Developmentalism”. *Review of Keynesian Economics*, 4(3), 2016, pp. 331-352. Disponível em <https://www.bresserpereira.org.br/index.php/discussion-papers/9603-5946>. Acesso em 17/5/2024.

BRINT, S. “The US ‘CHIPS and Science Act’ Launches Industrial Policy as a Counter to China”. *International Higher Education* (113), 2023, pp. 9-10.

BRUCKMANN, M. “El Pacto Verde Europeo y las perspectivas de América Latina”. *In*: ESTENSORO, F. & BUSTAMANTE, J. P. V. (ed.). *La geopolitica ambiental de Estados Unidos y sus aliados del Norte Global*. Buenos Aires, Clacso, 2022, pp. 319-350.

CHANG, H.-J. & ANDREONI, A. “Industrial Policy in the 21st Century”. *Development and Change*, 51(2), 2020, pp. 324-351.

DEESE, B. “Remarks on a Modern American Industrial Strategy By NEC Director Brian Deese”. Washington D.C., The White House, 2022. Disponível em <https://www.whitehouse.gov/briefing-room/speeches-remarks/2022/04/20/remarks-on-a-modern-american-industrial-strategy-by-nec-director-brian-deese/>. Acesso em 17/5/2024.

DE VILLE, F. “The Return of Industrial Policy in the European Union”. *GIES Occasional Paper*, 2023/Global Energy Crisis. Ghent, Ghent Institute for International and European Studies, Jan. 2023. Disponível em <https://www.ugent.be/ps/politiekewetenschappen/gies/en/research/publications/gies_papers/2023-global-energy-crisis/the-return-of-industrial-policy-in-the-european-union>. Acesso em 17/5/2024.

EUROPEAN COMMISSION. “Proposal for Regulation of the European Parliament and of the Council on Establishing a Framework of Measures for Strengthening Europe’s Net-zero Technology Products Manufacturing Ecosystem (Net-Zero Industry Act)”. Brussels, COM(2023) 161 final, 2023a. Disponível em <https://eur-lex.europa.eu/legal-content/EN/TXT/?uri=CELEX%3A52023PC0161>. Acesso em 17/5/2024.

______. “Fact sheet: European Critical Raw Materials Act”. Luxembourg, Publications Office of the European Union, 2023b. Disponível em <https://ec.europa.eu/commission/presscorner/detail/en/fs_23_1663>. Acesso em 17/5/2024.

GOSH, J. “The High Cost of Carbon Pricing”. Project Syndicate, 16 March 2023. Disponível em <https://www.project-syndicate.org/commentary/carbon-border-taxes-protectionist-and-harm-developing-countries-by-jayati-ghosh-2023-03>. Acesso em 17/5/2024.

GRAMKOW, C. “O Big Push Ambiental no Brasil: investimentos coordenados para um estilo de desenvolvimento sustentável”. *Perspectivas* (20). Friederich Ebert, Stiftung, Eclac, jan. 2019. Disponível em <http://repositorio.cepal.org/bitstream/

handle/11362/44506/S1900163_pt.pdf?sequence=1&isAllowed=y>. Acesso em 17/5/2024.

GABOR, D. "The (European) Derisking State". *SocArXiv*, 17 May 2023. Disponível em <https://osf.io/preprints/socarxiv/hpbj2/>. Acesso em 17/5/2024.

GERASIMCIKOVA, A. "The EU's Green Deal Industrial Plan Is a Windfall for Corporations". *Jacobin Magazine*, 24 March 2023. Disponível em <https://jacobin.com/2023/03/eu-green-deal-industrial-plan-corporate-handouts-renewables>. Acesso em 17/5/2024.

HELLEINER, E. *The Neomercantilists: A Global Intellectual History*. New York, Cornell University Press, 2021.

HIRATUKA, C. & SARTI, F. "Transformações na estrutura produtiva global, desindustrialização e desenvolvimento industrial no Brasil: uma contribuição ao debate". *Texto para Discussão* (255). Campinas, Instituto de Economia--Unicamp, 2015. Disponível em <https://www.eco.unicamp.br/images/arquivos/artigos/3408/TD255.pdf>. Acesso em 17/5/2024.

INTERNATIONAL ENERGY AGENCY – IEA. "Energy Technology Perspectives 2023", 2023. Disponível em <https://iea.blob.core.windows.net/assets/a86b480e-2b03-4e25-bae1-da1395e0b620/EnergyTechnologyPerspectives2023.pdf>. Acesso em 17/5/2024.

IRWIN, D. A. "The Return of Industrial Policy". *Finance and Development*, 60(2), 2023, pp. 12-14.

JENNIFER, L. "EU Carbon Prices Surge to 100 Euros". Carboncredits.com, 21 Feb. 2023. Disponível em <https://carboncredits.com/eu-carbon-prices-surge-to-100-euros/>. Acesso em 17/5/2024.

KUTTNER, R. "After Hyper-Globalization". *The American Prospect*, 33 (3), June 2022, pp. 14-23. Disponível em <https://prospect.org/economy/after-hyper-globalization/>. Acesso em 17/5/2024.

LAMPERTI, F. *et al*. "Macroeconomic Policies to Stay below 2C with Sustainable Growth". Paper presented in Anpec, 2022. Disponível em <https://www.anpec.org.br/encontro/2022/submissao/files_I/i11-4c05fb8bd6e38c7f95d7e9d26cba6086.pdf>. Acesso em 17/5/2024.

MAJEROWICZ, E. "A disputa sino-estadunidense nas tecnologias da informação e comunicação". *In*: MAJEROWICZ, E. & PARANÁ, E. (org.). *A China no capitalismo contemporâneo*. São Paulo, Expressão Popular, 2022, pp. 319-374.

MAJEROWICZ, E. & MEDEIROS, C. A. "Chinese Industrial Policy in the Geopolitics of the Information Age: The Case of Semiconductors". *Revista de Economia Contemporânea*, 22(1), 2018, pp. 1-28. Disponível em <https://doi.org/10.1590/198055272216>. Acesso em 17/5/2024.

MAZZUCATO, M. *Mission Economy: A Moonshot Guide to Changing Capitalism*. New York, Harper Business, 2021.

______. "Inclusive and Sustainable Growth: A Mission-driven Multi-stakeholder Approach". *Revista de Economía Pública, Social y Cooperativa* (107), 2023, pp. 27-35. Disponível em <https://doi.org/10.7203/CIRIEC-E.107.26371>. Acesso em 17/5/2024.

MEDEIROS, C. A. "The Post-War American Technological Development as a Military Enterprise". *Contributions to Political Economy* (22), 2023, pp. 41-62.

MEDEIROS, C. A. & MAZAT, N. "Geopolitics, Geoeconomics and Development Strategies in the New Millenium". *In*: FERNÁNDEZ, V. R. & BRONDINO, G. (ed.). *Development in Latin America Critical Discussions from the Periphery*. Cham, Palgrave MacMillan, 2019, pp. 89-122.

MEDEIROS, C. A. & SARTI, F. "A internacionalização da produção e os desafios ao desenvolvimento econômico". *Cadernos do Desenvolvimento*, 115 (26), 2020, pp. 259-276.

MEDEIROS, C. A.; SERRANO, F. & FREITAS, F. "Regimes de política econômica e o descolamento da tendência de crescimento dos países em desenvolvimento nos anos 2000". Centro de Gestão e Estudos Estratégicos – CGEE. *Dimensões estratégicas do desenvolvimento brasileiro: continuidade e mudança no cenário global*, 5. Brasília, CGEE, 2016, pp. 17-46.

MEDEIROS, C. A. & TREBAT, N. M. "Transforming Natural Resources into Industrial Advantage: The Case of China's Rare Earths Industry". *Revista de Economia Política*, 37(3), 2017.

MINISTÉRIO DO DESENVOLVIMENTO, COMÉRCIO, INDÚSTRIA E SERVIÇOS – MDIC. "Comitê Executivo do CNDI define missões para construção da política industrial". Gov.br, 22 maio 2023. Disponível em <https://www.gov.br/mdic/pt-br/assuntos/noticias/2023/maio/comite-executivo-do-cndi-define-missoes-para-construcao-da-politica-industrial>. Acesso em 17/5/2024.

NATIONAL SCIENCE AND TECHNOLOGY COUNCIL – NSTC. "Critical and Emerging Technologies List Update". Washington D.C., White House, 2022. Disponível em <https://www.whitehouse.gov/wp-content/uploads/2022/02/02-2022-Critical-and-Emerging-Technologies-List-Update.pdf>. Acesso em 17/5/2024.

OBAYA, M. "The Evolution of Resource Nationalism: The Case of Bolivian Lithium". *The Extractive Industries and Society*, 8(3), 2021, pp. 1-12.

REUTERS. "Lawmaker says EU Should Complain to WTO over U.S. Inflation Reduction Act", 3 Dec. 2022. Disponível em <https://www.reuters.com/business/lawmaker-says-eu-should-complain-wto-over-us-inflation-reduction-act-2022-12-04/>. Acesso em 17/5/2024.

RODRIK, D. & WALT, S. "How to Construct a New Global Order". Paper, Harvard Kennedy School, March 2021. Disponível em <https://drodrik.scholar.harvard.edu/files/dani-rodrik/files/new_global_order.pdf>. Acesso em 17/5/2024.

SERRANO, F. & SUMMA, R. "Conflito distributivo e o fim da 'breve era de ouro' da economia brasileira". *Novos Estudos Cebrap*, 37(2), 2018.

SHELLENBERGER, M. *Apocalypse Never: Why Environmental Alarmists Hurt Us All*. Harper Collins Publisher, 2020.

SULLIVAN, J. "Remarks by National Security Advisor Jake Sullivan on Renewing American Economic Leadership at the Brookings Institution". Washington D.C., White House, 27 April 2023. Disponível em <https://www.whitehouse.gov/briefing-room/speeches-remarks/2023/04/27/remarks-by-national-security-advisor-jake-sullivan-on-renewing-american-economic-leadership-at-the-brookings-institution/>. Acesso em 17/5/2024.

THE WHITE HOUSE. "Fact Sheet: CHIPS and Science Act Will Lower Costs, Create Jobs, Strengthen Supply Chains, and Counter China". Washington D.C., 2022a. Disponível em <https://www.whitehouse.gov/briefing-room/statements-releases/2022/08/09/fact-sheet-chips-and-science-act-will-lower-costs-create-jobs-strengthen-supply-chains-and-counter-china/>. Acesso em 17/5/2024.

____. "National Security Strategy". Washington D.C., 2022b. Disponível em <https://www.whitehouse.gov/wp-content/uploads/2022/10/Biden-Harris-Administrations-National-Security-Strategy-10.2022.pdf>. Acesso em 17/5/2024.

TREASURY DEPARTMENT & INTERNAL REVENUE SERVICE. "Anticipated Direction of Forthcoming Proposed Guidance on Critical Mineral and Battery Component Value Calculations for the New Clean Vehicle Credit". *30D White Paper*, 2022. Disponível em <https://home.treasury.gov/system/files/136/30DWhite-Paper.pdf>. Acesso em 17/5/2024.

US CONGRESS. "Creating Helpful Incentives to Produce Semiconductors for America". U.S. Code, Title 15, Chapter 72A, 2022. Disponível em <https://uscode.house.gov/view.xhtml?path=/prelim@title15/chapter72A&edition=prelim>. Acesso em17/5/2024.

US GOVERNMENT. "National Strategy for Critical and Emerging Technologies". Washington D.C., White House, 2020. Disponível em <https://trumpwhitehouse.archives.gov/wp-content/uploads/2020/10/National-Strategy-for-CET.pdf>. Acesso em 17/5/2024.

VON DER LEYER, U. "Statement by President von der Leyen on the Green Deal Industrial Plan". Brussels, European Commission, 2023. Disponível em <https://ec.europa.eu/commission/presscorner/detail/en/statement_23_521>. Acesso em 17/5/2024.

WADE, R. H. "The Paradox of US Industrial Policy: The Developmental State in Disguise". *In*: SALAZAR-XIRINACHS, J. M.; NÜBLER, I. & KOZUL-WRIGHT, R. (ed.). *Transforming Economies: Making Industrial Policy Work for Growth, Jobs and Development*. Geneva, International Labour Office, 2014, pp. 379-400.

WILLIAMS, C. *Ecology and Socialism*. Chicago, Illinois, Haymarket Books, 2010.

YERGIN, D. L. *The New Map: Energy, Climate, and the Clash of Nations*. New York, Penguin, 2021.

ZHANG, M. & BATJARGAL, T. "Review on New Spending of United States Bipartisan Infrastructure Bill". *Journal of Infrastructure, Policy and Development*, 6(2), 2022, pp. 1-18.

Notas

1 Após anos de descrédito e ataque pelo *mainstream* acadêmico, já há quase um consenso de que a política industrial – entendida como uma ação deliberada do governo dirigida à promoção de setores ou atividades considerados estratégicos, quer por razões de segurança nacional, quer por possuírem grande potencial tecnológico – é um tópico central na literatura acadêmica contemporânea e nas experiências dos principais países. Esse retorno é visível não apenas entre as economias em desenvolvimento em reação ao imobilismo e à estagnação decorrentes da implementação de políticas ortodoxas, mas também entre as economias industrializadas devido ao desemprego e à desindustrialização percebidos como derivados da expansão chinesa. Adicionalmente, a pandemia da covid-19 trouxe para o plano da política econômica as preocupações relativas à dependência da economia nacional na importação de insumos e produtos industriais de grande impacto na saúde pública. Ao lado dessas questões que retomam a agenda desenvolvimentista clássica, a questão ambiental assume uma nova dimensão e afirma-se hoje como um desafio e uma oportunidade para uma direção mais inclusiva do desenvolvimento. Há diversas perspectivas em disputa nessa questão – que serão brevemente consideradas ao longo deste capítulo – entre intervenções mais pró-mercados, como na criação de um mercado de carbono, e intervenções mais discricionárias praticadas pelo governo. Ambas, entretanto, retomam um papel mais ativo do governo na indução da transformação estrutural. Num plano mais geral, Chang e Andreoni (2020) consideram que as novas políticas industriais devem incluir temas que estavam relativamente negligenciados, como a incerteza, o aprendizado no processo de produção, a importância crucial da demanda efetiva e os conflitos políticos. Mazzucato (2023), por sua vez, destaca a necessidade de uma nova articulação da política industrial centrada em missões, combinando transversalmente áreas e setores. Para uma discussão desses temas, ver, entre outros, Aiginger & Rodrik (2020).

2 Embora a geração de empregos e a inclusão social estejam sempre presentes nos argumentos dos principais programas de ação, o rumo dessas políticas é determinado principalmente pelos demais vetores.

3 Medeiros; Serrano & Freitas, 2016.

4 Com o ingresso na Organização Mundial do Comércio (OMC) em 2001, a China consolidou sua estratégia nacional assentada no desenvolvimento econômico e na modernização

tecnológica por meio da importação de capitais, tecnologia e insumos estratégicos e da exportação de bens industriais. Essa inserção correspondia também aos interesses das grandes corporações americanas por meio de seus investimentos voltados tanto para a redução dos custos de produção em atividades intensivas em trabalho quanto para a participação num mercado em grande expansão. Apenas nos anos posteriores à CFG de 2008, os conflitos mercantilistas vão sacudir esse contexto de parceria.

5 Utilizamos a interpretação de Helleiner (2021) sobre o neomercantilismo: uma estratégia que visa maximizar a riqueza e o poder do Estado Nacional.

6 Rodrik & Walt, 2021.

7 US Government, 2020, p. 2. Tradução dos autores.

8 NSTC, 2022, p. 1.

9 Majerowicz & Medeiros, 2018.

10 Majerowicz, 2022.

11 Allen, 2022.

12 "Os nossos controles de exportação continuarão estritamente centrados em tecnologia que poderiam alterar o equilíbrio militar" (Sullivan, 2023, s.p. Tradução dos autores).

13 Para uma discussão sobre a política industrial e o virtual controle da China sobre as terras raras, ver Medeiros & Trebat, 2017.

14 Em 2021, a China detinha 96% da produção mundial de pastilhas de silício (*wafers*) solares, 78% de células fotovoltaicas e 73% de módulos; 66% das baterias dos veículos elétricos, 54% dos carros elétricos e mais de 55% da capacidade produtiva mundial das turbinas eólicas (IEA, 2023).

15 Sullivan, 2023, s.p. Tradução dos autores.

16 Aiyar *et al.*, 2023.

17 Kuttner, 2022.

18 Yergin, 2020, p. 339.

19 Ver Altenburg & Rodrik, 2017, p. 5. Shellenberger (2020, p. 232) observa como, na realidade, a questão ambiental assumiu um tom muitas vezes apocalíptico, exercido pelas novas visões malthusianas.

20 "Muitos dos impactos mais preocupantes das mudanças climáticas são, na verdade, sintomas de má gestão e subdesenvolvimento" (Tol, 2012 *apud* Shellenberger, 2020, p. 251).

21 Shellenberger, 2020.

22 Os principais desafios retóricos são o alarmismo e o pessimismo sobre as iniciativas ora em curso que inevitavelmente levam à proposição inaceitável do decrescimento como uma solução ambiental (por exemplo, Altenburg & Rodrik, 2017, p. 5).

23 Yergin, 2020.

24 *Idem.*

25 Williams, 2010.

26 Lamperti *et al.*, 2021, p. 1.

27 Mazzucato, 2023.

28 Na verdade, a imposição de impostos sobre as importações de produtos industriais intensivos em carbono (mas não sobre a utilização de combustíveis fósseis) pelos países da OCDE, conforme recentemente estabelecido pelo Mecanismo de Ajuste Fronteiriço de Carbono da UE (Gosh, 2023), penaliza evidentemente as exportações dos países em desenvolvimento: "Durante décadas, as economias avançadas exportaram as suas emissões para os países em desenvolvimento, deslocalizando a produção intensiva em carbono e depois importando esses bens" (Gosh, 2023, s.p.).

29 Internacionalmente, a fixação de um "preço correto do carbono" e de licenças de comercialização em um mercado, por si só, não apenas não evita externalidades sociais e

ambientais negativas, como também gera um aumento do protecionismo com resultados assimétricos na economia mundial (Ghosh, 2023).

30 Majerowicz, 2022.

31 Medeiros, 2003.

32 Wade, 2014, p. 393.

33 *Idem*, p. 381.

34 Deese, 2022.

35 The White House, 2022b, p. 11.

36 Bayard *et al.*, 2022.

37 The White House, 2022b.

38 *Idem*, p. 24.

39 Dentro de dez anos após a aprovação, a Iija autoriza US$ 1,2 trilhão, com US$ 550 bilhões em novas despesas nos primeiros cinco anos; a Lei dos *Chips* e da Ciência, quase US$ 280 bilhões; e a IRA, US$ 392 bilhões em gastos estimados com energia e clima (Badlam *et al.*, 2021, 2022a; Bistline *et al.*, 2023).

40 Zhang & Batjargal, 2022.

41 Deese, 2022, s.p. Tradução dos autores.

42 Badlam *et al.*, 2021.

43 Deese, 2022, s.p. Tradução dos autores.

44 Brint, 2023; The White House, 2022a.

45 São US$ 200 bilhões para C&T e novas tecnologias, e US$ 52,7 bilhões para a indústria de semicondutores, dos quais US$ 39 bilhões para manufatura (mais US$ 24 bilhões em créditos fiscais) (Badlam *et al.*, 2022a).

46 US Congress, 2022.

47 *Idem*.

48 Gabor, 2023, p. 19. Tradução dos autores.

49 A IRA também promulga medidas para reduzir os custos de saúde e aumentar as receitas públicas.

50 Badlam *et al.*, 2022b; Bistline *et al.*, 2023.

51 Bistline *et al.*, 2023.

52 Treasury Department e Internal Revenue Service, 2022.

53 Reuters, 2022.

54 Gabor, 2023.

55 De Ville, 2023; Jennifer, 2023.

56 Gabor, 2023, p. 20. Tradução dos autores.

57 O Pacto Verde Europeu, lançado em 2020, constitui-se de uma série de políticas com o objetivo de conter o aquecimento global ao propor a meta de zerar as emissões líquidas de gases de efeito estufa do bloco até 2050. De acordo com von der Leyen (2023), esse pacto teve três aceleradores depois de seu lançamento: a pandemia – que levou ao aporte de significativos recursos para a transição verde no contexto do Mecanismo de Recuperação e Resiliência do NextGenerationEU; a crise energética engendrada pela Guerra da Ucrânia – resultando, entre outras iniciativas, em esforços adicionais em energias renováveis no quadro do REPowerEU; e as políticas industriais verdes das principais economias, com destaque para a IRA dos EUA – contexto imediato do Gdip que tratamos aqui.

58 European Commission, 2023a, 2023b.

59 Gerasimcikova, 2023.

60 Gabor, 2023, p. 22.

61 "[...] quando muito, o Estado introduz condicionalidades brandas – como critérios iniciais de elegibilidade, requerimentos de conteúdo local..." (Gabor, 2023, p. 4).

62 Gabor, 2023; Gerasimcikova, 2023.

63 Como sugerido por uma antiga observação de Prebisch, recentemente recuperada por Gramkow (2019): "Não estamos enfrentando novos problemas, mas velhos problemas que se tornaram mais sérios" (Prebisch, 1980 *apud* Gramkow, 2019, p.3).

64 Medeiros & Mazat, 2019.

65 Para uma discussão, ver Bresser-Pereira, 2016; Biancarelli & Rossi, 2014; Hiratuka & Sarti, 2015; Serrano & Summa, 2018; e Medeiros & Sarti, 2020.

66 Dado o padrão de especialização da região, em que predomina a exportação de matérias-primas e petróleo bruto, a substituição de importações é importante, particularmente no refino do petróleo extraído (a principal importação em todos os países), nos insumos da indústria da saúde e nos fertilizantes. Esses produtos têm fortes impactos sobre o câmbio, o emprego e a renda.

67 Bruckmann, 2022, p. 324.

68 Na Bolívia, a extração de lítio é nacionalizada, enquanto na Argentina é feita por empresas privadas, e o Estado cobra *royalties*.

69 Para uma análise do plano boliviano de industrialização mineral baseado em lítio durante o governo Morales, ver Obaya, 2021.

70 Algumas políticas nesse sentido foram sinalizadas recentemente no Brasil; ver MDIC, 2023.

71 MDIC, 2023.

72 Ver Bruckmann, 2022; e Obaya, 2021.

73 Esse tema complexo foi tratado recentemente na Unasul; ver Bruckmann, 2022, p. 344.

74 Kunming-Montreal Global Diversity, 2022.

75 Mazzucato, 2021, 2023.

76 Gramkow, 2019.

77 Irwin, 2023.

78 O autor se pergunta se as economias em desenvolvimento deveriam "seguir o novo Consenso Washington-Pequim-Bruxelas de desenvolver certas indústrias nacionais por meio de subsídios governamentais e restrições comerciais". Ele conclui: "Essa seria uma estratégia arriscada. Os subsídios podem acabar por ser caros, e os benefícios podem revelar-se ilusórios. As restrições comerciais correm o risco de iniciar uma virada interna prejudicial para o protecionismo, o que reduziria as receitas de exportação e, assim, reduziria as importações críticas que compram" (Irwin, 2023, p. 14).

79 O plano Nova Indústria Brasil foi oficialmente lançado pelo governo em 22/1/2024 e contou em sua elaboração e em sua discussão – lideradas pelo MIDC e pelo Conselho Nacional de Desenvolvimento Industrial – com a participação de empresários da Fiesp. Retoricamente, é baseado na ideia de seis eixos (ou missões, importando a terminologia de Mariana Mazzucato): infraestrutura, saneamento, moradia e mobilidade; agroindústria; complexo industrial da saúde; transformação digital; bioeconomia e transição energética; e tecnologia de defesa. O plano assenta-se essencialmente em subsídios e financiamento do BNDES e inclui instrumentos como compras governamentais e requisitos de conteúdo nacional.

80 Ainda que em sua maior parte os arranjos sejam em forma de parceria público-privada, o comprometimento de recursos públicos possui um papel decisivo.

81 Esses instrumentos, particularmente as compras governamentais em atividades tecnológicas e regras de conteúdo local, estão sendo usados nas principais economias.

CAPÍTULO 8
LIMITES DO EXTRATIVISMO

Fernando Rugitsky e *Pedro Mendes Loureiro*

INTRODUÇÃO

Em livro recente sobre o Brasil, Perry Anderson argumenta que a cultura local é "excepcionalmente autocontida".[1] Mais especificamente, a sociedade "em grande medida virou suas costas para o mundo hispânico que a circunda no Oeste, voltando-se para a Europa e, mais recentemente, para os Estados Unidos".[2] Os próprios Estados Unidos, aliás, seriam o único caso entre os grandes países do mundo a se aproximar do Brasil no "grau de introversão".[3] Entendemos que, no caso específico do balanço crítico sobre os governos petistas (2003-2016) e das lições que deixam para o futuro da esquerda, a dificuldade em situar-se no contexto latino-americano é prejudicial.[4] O lulismo, afinal, foi claramente a variante nacional da Maré Rosa: período em que partidos à esquerda dirigiram diversos Estados sul-americanos, do início dos anos 2000 a meados da década subsequente. Visando reduzir essa lacuna, este capítulo não detalha o caso brasileiro, objeto de várias contribuições desta coletânea, mas oferece uma visão de outras experiências da região – notadamente Bolívia, Colômbia e Chile. Espera-se, com isso, fornecer um quadro comparativo que lance luz sobre as conquistas e os limites dos governos à esquerda e suas estratégias econômicas.

O impulso autorreferente da reflexão tem consequências. Em primeiro lugar, exagera o sentido inovador da experiência recente. Políticas como o Programa Bolsa Família, o crédito consignado e o aumento do salário mínimo, apenas para mencionar três, guardam enormes semelhanças com políticas adotadas nos países vizinhos, em muitos casos antecedendo as políticas brasileiras.[5] Em segundo lugar, tal impulso subestima as determinações globais. É claro que disputas políticas nacionais influenciam a forma como as tendências mundiais afetam cada país, e uma ênfase fatalista em processos globais não contribui para um diagnóstico crítico das experiências nacionais. Mas o equívoco simétrico parece ser mais comum: restringir o foco excessivamente para a dinâmica interna, perdendo de vista sua inserção internacional, dificulta uma avaliação das condições mais amplas de possibilidade. Em terceiro lugar, a introversão brasileira dificulta que o pensamento crítico se alimente do esforço intelectual sobre processos comuns à região focado nos países vizinhos. O exemplo mais saliente é a crítica do extrativismo, que floresceu nos demais países da América do Sul e ainda custa a se consolidar no debate brasileiro – não obstante ser um traço crucial do tipo de economia que vem se aprofundando nas últimas décadas no Brasil.

Há uma larga literatura sobre o extrativismo e o neoextrativismo, com múltiplas definições e ângulos.[6] Para os propósitos deste capítulo, pode-se definir o extrativismo como um padrão de acumulação de capital em que a produção para a exportação de *commodities* (minerais ou agrícolas), cujo valor agregado e cujo grau de sofisticação tecnológica tendem a ser relativamente baixos, ocupa um lugar central. Dentro desse guarda-chuva, algumas variantes são dignas de nota. Economicamente, podem-se distinguir situações em que o extrativismo é o motor dinâmico da demanda efetiva e do PIB – em geral é o caso de países menores e menos diversificados como a Bolívia e o Equador; e outras em que o extrativismo sustenta a balança de pagamentos (BP) e, assim, alicerça a economia de maneira indireta – como é o caso do Brasil. Adicionalmente, as *commodities* específicas têm características econômicas (intensidade de capital e trabalho, volatilidade de preços e demanda, conteúdo tecnológico etc.), espaciais (nível de espraiamento pelo território, reprodutibilidade ou dependência em estoques finitos e afins) e ambientais distintas, definindo variantes do extrativismo. A origem do capital – nacional, estrangeiro, estatal – é outra dimensão de relevância. Para além disso, a literatura aponta o neoextrativismo como a variante recente na América Latina, marcado pela maior capacidade do Estado para capturar a renda gerada pela atividade. Isto é, diferentemente do modelo clássico de extrativismo, instrumentos como taxação, imposição de *royalties* maiores ou nacionalizações permitiram aumentar a arrecadação – e, a partir disso, dar margem de manobra para políticas públicas, incluindo transferências de renda. Novamente, há variantes dependendo dos instrumentos utilizados e do percentual de renda apropriado.

Algumas implicações centrais do neoextrativismo, cuja intensidade depende das variações indicadas acima, são facilmente identificáveis. Economicamente, observam-se maior volatilidade macroeconômica (seja do crescimento do PIB, do BP ou da arrecadação tributária); tendência de geração de empregos a depender da dinâmica de outros setores, dada a baixa intensidade de trabalho dessas atividades; e inexpressividade dos ganhos dinâmicos de produtividade – isto é, em si, as atividades extrativas tendem a não gerar oportunidades contínuas para incrementos de produtividade que se difundam pela economia. O extrativismo é também indissociável da degradação ambiental, com especificidades para, por exemplo, a mineração ou o agronegócio, mas sempre implicando formas de violência estrutural para as populações afetadas. Politicamente, subordina o Estado ao capital extrativista para sustentar a acumulação e as políticas sociais financiadas com base nele, o que na prática tende a significar a repressão dos protestos antiextrativistas. A ubiquidade com que os governos latino-americanos estimularam o extrativismo nas últimas décadas levou à noção de um "consenso de *commodities*".[7] Complementarmente, o papel do Estado de estimular essas formas de dano e violência enquanto, simultaneamente, redistribui certa parcela da renda gerada levou à noção de um "Estado compensador".[8]

Ainda que haja larga variação "dentro" desse paradigma, sustentamos que é um traço central da economia política latino-americana das últimas décadas no qual o Brasil se encaixa e que ajuda a compreender os limites dos governos petistas, tanto no período da Maré Rosa quanto no atual terceiro mandato de Lula. Entre 2000 e 2011, por exemplo, a exportação dos produtos do extrativismo passou de 40 a 65% das exportações totais, ultrapassando o percentual da Argentina e aproximando-se daquele das economias vizinhas sul-americanas.[9] Nos anos seguintes, essa elevação prosseguiria, com as exportações extrativistas atingindo 73% do total, ultrapassando a Colômbia e empatando com a Bolívia. Para além do impacto na balança de pagamentos, o extrativismo também caracterizou os investimentos públicos durante o *boom* de *commodities* no Brasil. A expansão de tais investimentos, que ocorreu a uma taxa anual média de 11% entre 2004 e 2011, chegando a representar quase 5% do PIB e impulsionando o investimento privado, é explicada predominantemente pelos investimentos da Petrobras, que responderam, no mesmo período, por cerca de metade dos investimentos públicos federais.[10] A consolidação de uma fração de classe baseada no agronegócio foi outro desenvolvimento central do período. Não se trata, é claro, de argumentar que o extrativismo define o conjunto da experiência brasileira recente, mas de ressaltar que não é possível compreender suas tensões sem levar em conta os impactos econômicos e políticos do padrão extrativista sobre as políticas adotadas, os conflitos de classe e a própria trajetória econômica.

Após esta introdução, o capítulo está estruturado da seguinte maneira: a seção intitulada "Do neoliberalismo à Maré Rosa" repassa a trajetória latino-americana desde a difusão das políticas neoliberais nos anos 1980 e 1990 até o auge da Maré Rosa, cuja crise de meados da década de 2010 é tratada na seção "Crises e regressão". O objetivo é prover um panorama regional que sirva de contraste para a experiência brasileira, tratada em outros capítulos desta coletânea. Em seguida, discute-se o período recente, marcado por uma nova rodada de sucessos eleitorais à esquerda com grande diversidade interna. A seção "Bolívia: maré que segue" trata desse país que, governado à esquerda desde 2006 (com um hiato devido a um golpe) e fortemente afetado pela dinâmica global das *commodities*, introduziu mudanças políticas e um arcabouço econômico que alavancaram as possibilidades do período, tornando-se, assim, um dos países latino-americanos que mais cresceram e reduziram a desigualdade desde então. O Movimiento al Socialismo (MAS) segue dominante eleitoralmente, mas, sem ter reduzido a dependência do extrativismo, há fortes indicações de que uma crise econômica e política esteja no horizonte. Trata-se, argumentamos, do caso que mais adiante levou as possibilidades abertas pela Maré Rosa – o que, como corolário, indica os limites político-econômicos do extrativismo. A seção intitulada "Chile e Colômbia: novas esquerdas?" traz dois casos contrastantes de países que não compuseram a Maré Rosa original e nos quais novas formações à esquerda assumiram o poder em 2022, com plataformas que questionam o extrativismo e propõem transformações substanciais na esteira de amplas mobilizações populares (os *estallidos sociales*). Em um cenário de maior fragilidade econômica e política, se comparado aos idos da década de 2000, os casos revelam, assim, os desafios de governar à esquerda e superar o extrativismo. O capítulo é encerrado com as nossas conclusões.

DO NEOLIBERALISMO À MARÉ ROSA

Há mais de quatro décadas, Göran Therborn escreveu que "[a] complexidade cambiante da política latino-americana surpreende o observador" e "frustra o teórico".[11] Advertidos sobre a dificuldade da empreitada, oferecemos o seguinte resumo da economia política recente da região. Nos anos 1980 e 1990, a América Latina foi um dos principais campos de teste do neoliberalismo. As políticas neoliberais tiveram a sua primeira aplicação no Chile na década de 1970, com a aliança entre os discípulos de Milton Friedman e a ditadura brutal de Augusto Pinochet. No decênio seguinte, adquiriram proeminência global com os governos de Margaret Thatcher no Reino Unido e de Ronald Reagan nos Estados Unidos. Pouco depois, quando vários países latino-americanos atravessavam processos de democratização, emergindo de ditaduras militares, o gospel do neoliberalismo consolidou-se com o auxílio do garrote dos programas de ajuste estrutural do Fundo Monetário Internacional (FMI). Prometia-se à região modernização econômica em conjunto com a superação das dificuldades dos anos 1980, caracterizados por crises externas e inflação fora de controle.

A adoção disseminada de políticas de liberalização comercial, abertura das contas de capitais e privatização de empresas estatais restringiu a capacidade de os governos eleitos democraticamente atenderem às expectativas criadas pela abertura política. Pior, a adoção desse programa deixou a maior parte da população da região vulnerável à volatilidade cada vez mais violenta da liquidez internacional. Houve algum crescimento do PIB *per capita* entre 1991 e 1998, mas acompanhado de desemprego e desigualdade crescentes. Agravando a situação, a região sofreu choques devastadores no fim dos anos 1990 e no início dos anos 2000. Fugas de capitais desestabilizaram os regimes de câmbio fixo com os quais a região lograra, a elevado custo, controlar a inflação. Resultou uma onda de desvalorizações, moratórias e recessões. Como se poderia esperar, o colapso econômico acendeu a chama da revolta popular. Ainda que não perfeitamente síncronas, experiências como a revolta encapsulada pelo "*¡que se vayan todos!*" ("que todos se mandem!") na Argentina em 2001, a guerra da água na Bolívia em 2000 e os protestos indígenas no Equador na virada do século indicam uma gradual culminação de lutas populares antineoliberais.[12]

Nas palavras de René Rojas,

> [...] por volta do ano 2000, lutas defensivas contra o neoliberalismo na região transformaram-se em uma onda ofensiva que uma vez mais abalou o domínio da elite. Forças populares começaram a organizar protestos, inicialmente como episódios esporádicos e eventualmente como levantes generalizados. Tal mobilização revigorada tomou corpo em ciclos crescentes de resistência popular a reformas de mercado e foi com base em sua força que os governos da Maré Rosa ascenderam ao poder.[13]

O primeiro líder à esquerda que chegou ao governo nesse contexto foi Hugo Chávez, que se tornou presidente da Venezuela em 1999. Lula foi eleito no Brasil em 2002, ainda que com menor participação de levantes populares, e Néstor Kirchner na Argentina, em 2003. Os anos subsequentes consolidaram a tendência: em 2004, o "Frente Amplio" ("Frente Ampla") ganhou a eleição no Uruguai; em 2005, os bolivianos elegeram Evo Morales; e, em 2006, Rafael Correa foi eleito presidente do Equador. Partidos à esquerda permaneceram no poder nesses seis países até 2015, quando Mauricio Macri, um político de direita, foi eleito presidente da Argentina. Seria a primeira de muitas derrotas da Maré Rosa. Ao longo do decênio que se encerrou em 2015, outros países fariam parte, por intervalos mais ou menos curtos, da virada latino-americana à esquerda, somando-se aos seis mencionados acima.

A novidade representada pela Maré Rosa seria recebida com esperança pela esquerda ao redor do mundo, uma vez que o desafio político ao neoliberalismo conduzido pelos governos sul-americanos contrastava com o poder hegemônico crescente da doutrina neoliberal em outras partes, particularmente no Norte Global. Já em 2006, Tariq Ali referiu-se a Chávez e a Morales como "o eixo da esperança". Em 2015, quando a maré começava a refluir, a teórica crítica norte-americana Nancy Fraser argumentou que "[a] América Latina apresentou uma contratendência democratizante à desdemocratização, ao mesmo tempo que sustentou a promessa tentadora de uma alternativa contra-hegemônica ao capitalismo financeirizado".[14] Em uma região em que estão localizadas as sociedades mais desiguais e violentas do mundo – a taxa de homicídios na América Latina é mais de quatro vezes maior que a média mundial (segundo dados do Global Burden of Disease), e oito das dez cidades mais violentas do mundo são latino-americanas[15] –, o significado dessa virada política à esquerda não deve ser subestimado.

Em termos de crescimento econômico, desigualdade salarial e redução da pobreza, há razões para os governos da Maré Rosa se orgulharem. Nos seis países mencionados acima (Argentina, Bolívia, Brasil, Equador, Uruguai e Venezuela), a taxa de crescimento do PIB *per capita* acelerou para uma média anual de 3,7% entre 2003 e 2011, quase duas vezes maior do que a média mundial para o mesmo período (ver também Gráficos 8.1 e 8.2).[16] Permanecia bem abaixo do crescimento vertiginoso alcançado no Leste Asiático, mas ainda assim foi uma melhora substancial comparada com o desempenho desses seis países desde os anos 1980.

Além disso, os frutos de tal crescimento foram distribuídos menos desigualmente. O índice de Gini da renda domiciliar *per capita*, que, para um conjunto amplo de países da região, aumentara 5,1 pontos desde cerca de 1980 até 2000, caiu 7,1 pontos ao longo dos 15 anos subsequentes.[17] Pesquisas recentes vão além e comparam as tendências da desigualdade na região, distinguindo países da Maré Rosa daqueles que não foram governados por partidos à esquerda no período.[18] Sua conclusão é de que a redução da desigualdade foi significativamente mais rápida nos primeiros – algo que eles denominam *leftist premium* ("bônus da esquerda").[19]

Gráfico 8.1 – Crescimento e desigualdade (2003-2019)

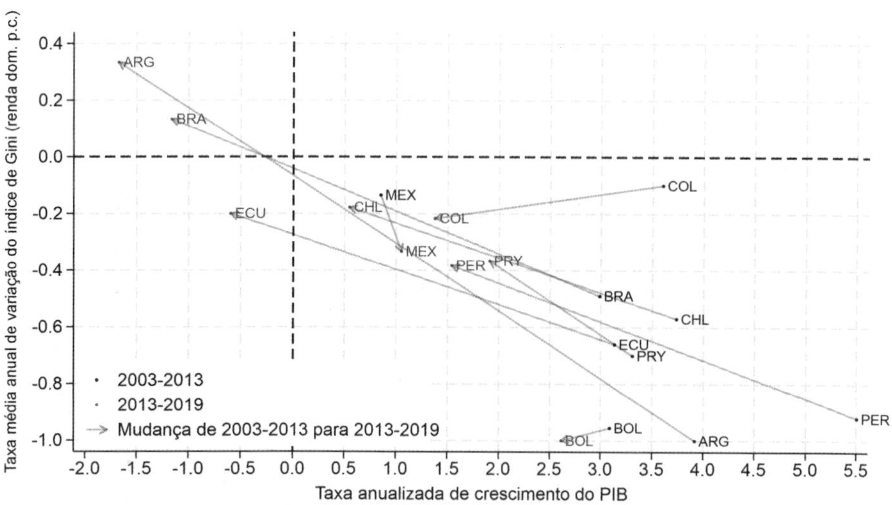

Fonte: Elaborado pelos autores com base em dados do Banco Mundial. Nota: Os pontos indicam os valores médios de cada período (de 2003 a 2013 e de 2013 a 2019) para as variáveis em questão.

Gráfico 8.2 – Desigualdade e pobreza (1990-2021)

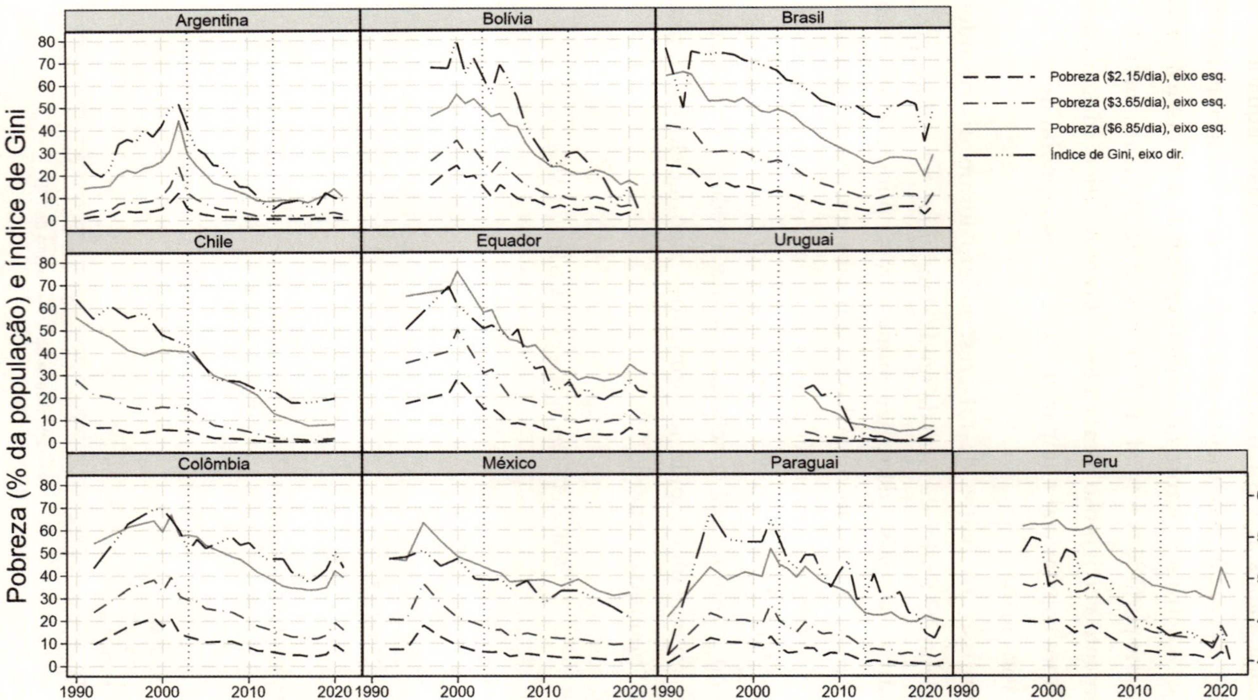

Fonte: Elaborado pelos autores com base em dados do Banco Mundial.

Tal esforço distributivo bem-sucedido fundou-se principalmente em aumentos do salário mínimo, seguidos de ampliações das políticas de transferência social (e, de forma mais hesitante, dos sistemas de proteção social). José Antonio Ocampo e Natalia Gómez-Arteaga afirmam que os anos 2000 foram uma "década social dourada" na região.[20] No entanto, ainda que a cobertura da proteção social tenha indubitavelmente se ampliado, parte de tal expansão sustentou-se na financeirização da política social e na mercantilização da reprodução social.[21] Isto é, os motores principais da queda da desigualdade não foram garantias de renda e de acesso universal a bens e serviços, mas, sim, a crescente absorção de indivíduos e dimensões da vida pelo mercado, alicerçado em maior endividamento privado com subsídios estatais – desde a expansão do assalariamento formal, impulsionando a demanda por crédito consignado, até o acesso a moradia (via Minha Casa, Minha Vida) e educação (via Prouni e Fies), no caso brasileiro. Era politicamente vulnerável, assim, a uma reversão rápida, caso o contexto econômico deteriorasse. De todo modo, um de seus resultados foi o declínio do percentual da população da América Latina vivendo em situação de pobreza, de um pico de 45,6%, em 2003, para 27,8%, em 2014, de acordo com estimativa da Comissão Econômica para a América Latina e o Caribe (Cepal) (ver também Gráfico 8.2).

Como seria de esperar, os ganhos materiais obtidos pela metade mais pobre das sociedades impactaram a percepção do funcionamento da democracia nesses países. Conforme mostrado no Gráfico 8.7, painel A, em todos os países retratados há uma sólida melhora em dois indicadores entre 2000 e 2010: o percentual que se diz satisfeito com o funcionamento da democracia no país sobe, assim como decresce o percentual que diz que democracia ou regimes não democráticos não fazem diferença para pessoas como ele ou ela. A exceção é o México, que não estava sob a Maré Rosa em 2010 e passava por crescimento econômico mais baixo e efetiva estagnação da distribuição de renda.

A Maré Rosa foi, assim, um avanço incontestável do ponto de vista distributivo? Não. O esforço realizado não atacou os determinantes estruturais mais profundos da desigualdade, caminhando pouco na direção de alterar sistemas tributários regressivos e redistribuir riqueza. A distribuição de ativos, como a terra, a riqueza e a propriedade imobiliária urbana, ficou estagnada quando não se concentrou ainda mais. Conforme afirma André Singer, com base no governo Lula, tratou-se da implementação de um programa de classe focado no subproletariado, em vez de um programa que opusesse a classe trabalhadora organizada e o capital – ainda que outras experiências latino-americanas tenham dinâmicas próprias e, em vários casos, maior enfrentamento que no Brasil.[22] De acordo com a World Inequality Database, o percentual da renda apropriado pelo percentil dos mais ricos não caiu significativamente nos anos 2000 nos principais países da Maré Rosa (e chegou mesmo a aumentar ligeiramente no Brasil). A principal consequência do esforço distributivo foi, assim, reduzir a disparidade salarial, preservando em grande medida a renda dos capitalistas e a riqueza.[23] A timidez do esforço distributivo não foi, contudo, a única fragilidade da Maré Rosa.

Crises e regressão

Os limites mais importantes da experiência podem ser avaliados à luz das crises que se abateram sobre a região na segunda década do século XXI. De 2012 em diante, a taxa de crescimento do PIB *per capita* desacelerou-se e, logo, a maior parte passou a decrescer: caiu na Venezuela a partir de 2013, na Argentina e no Brasil desde 2014 e no Equador a contar de 2015. O Uruguai ficou estagnado de 2015 em diante, e apenas a Bolívia logrou sustentar taxas positivas. A taxa média de crescimento do PIB *per capita* para os principais países da Maré Rosa (excluindo a Venezuela, para que seu colapso extraordinário não se sobreponha à trajetória dos demais) reduziu-se de 3,7%, entre 2003 e 2011, para 0,6%, entre 2012 e 2019 (isto é, antes da recessão causada pela pandemia). O Gráfico 8.1 retrata a tendência de desaceleração após 2013, combinada também com a estagnação ou a concentração da distribuição de renda.

Ainda que as causas dessa desaceleração sincronizada sejam múltiplas, não há dúvida de que ela está associada à trajetória global dos preços das *commodities* e seu refluxo na década de 2010. Nos anos 2000, o capitalismo global consolidou uma articulação triangular que atribuiu papéis distintos às diferentes regiões do mundo.[24] Os EUA, o Reino Unido e a periferia europeia tornaram-se os consumidores globais, arrastando em sua direção uma parcela substancial da produção global, adquirida por famílias que se comprometiam com níveis cada vez mais elevados de endividamento. Elas estavam consumindo principalmente produtos oriundos das novas oficinas do mundo, como o Japão, a China e alguns outros países no Leste Asiático, acrescidas da Alemanha, que logrou manter o aparato industrial. No arranjo, restou à Maré Rosa, assim como à maioria das nações africanas e às que detinham reservas substanciais de petróleo, o papel de fornecer combustíveis, minerais e produtos agrícolas para a área manufatureira. A maldição secular descrita pelo escritor uruguaio Eduardo Galeano, das veias abertas da América Latina, fazia-se sentir uma vez mais.

Nas palavras de Kevin Gallagher,

> [...] à medida que a China ascendeu, ela empanturrou-se com petróleo da Venezuela, do Equador e do México para abastecer sua frota crescente de carros, tratores e navios cargueiros. A China produziu mais da metade dos aparelhos eletrônicos do mundo com cobre do Chile e do Peru. Grande parte do aço das novas cidades chinesas foi feita a partir de minério de ferro do Brasil. À medida que os padrões de vida subiram, os chineses passaram a comer mais carne, de gado alimentado com soja da Argentina e do Brasil.[25]

A aceleração do crescimento econômico global causado pela articulação triangular resultou em uma expressiva elevação dos preços das *commodities* que se revelaria uma faca de dois gumes.[26] No início, atenuou a vulnerabilidade externa da região, estimulou a demanda por produtos locais e ampliou a margem de manobra dos governos (Gráficos 8.3, 8.4 e 8.5). Steven Levitsky e Kenneth Roberts argumentaram que o *boom* exportador "permitiu que partidos de esquerda efetivamente governassem à esquerda", o que, em sua acepção, significa oferecer "benefícios materiais para eleitorados populares" e adotar "políticas estatizantes e novos programas sociais" (ainda que a efetiva estatização tenha sido bastante rara).[27]

Quando a base do triângulo se revelou um castelo de cartas, com o colapso financeiro detonado pela falência do Lehman Brothers em 2008, foi uma questão de tempo para o reflexo atingir a América do Sul. Na medida em que a demanda dos consumidores globais estagnou, as taxas de crescimento das oficinas desaceleraram e, consequentemente, os preços das *commodities* começaram a cair em 2011. Como mostrado no Gráfico 8.5, entre 2003 e 2013 praticamente em todos os casos houve expressivos ganhos nos termos de troca, o que se reverteu no sexênio seguinte. Não só: a própria elevação do volume de exportações desacelera a partir de 2013 (ver Gráfico 8.4), o que, em conjunto com a queda dos termos de troca, leva a uma significativa deterioração da conta corrente (Gráficos 8.3 e 8.5). O superciclo de *commodities* que havia impulsionado a região desde 2003 terminara e, com ele, a maior margem para estimular o crescimento e distribuir renda sem crises econômicas externas.

Gráfico 8.3 – Exportações e importações (2000-2022)

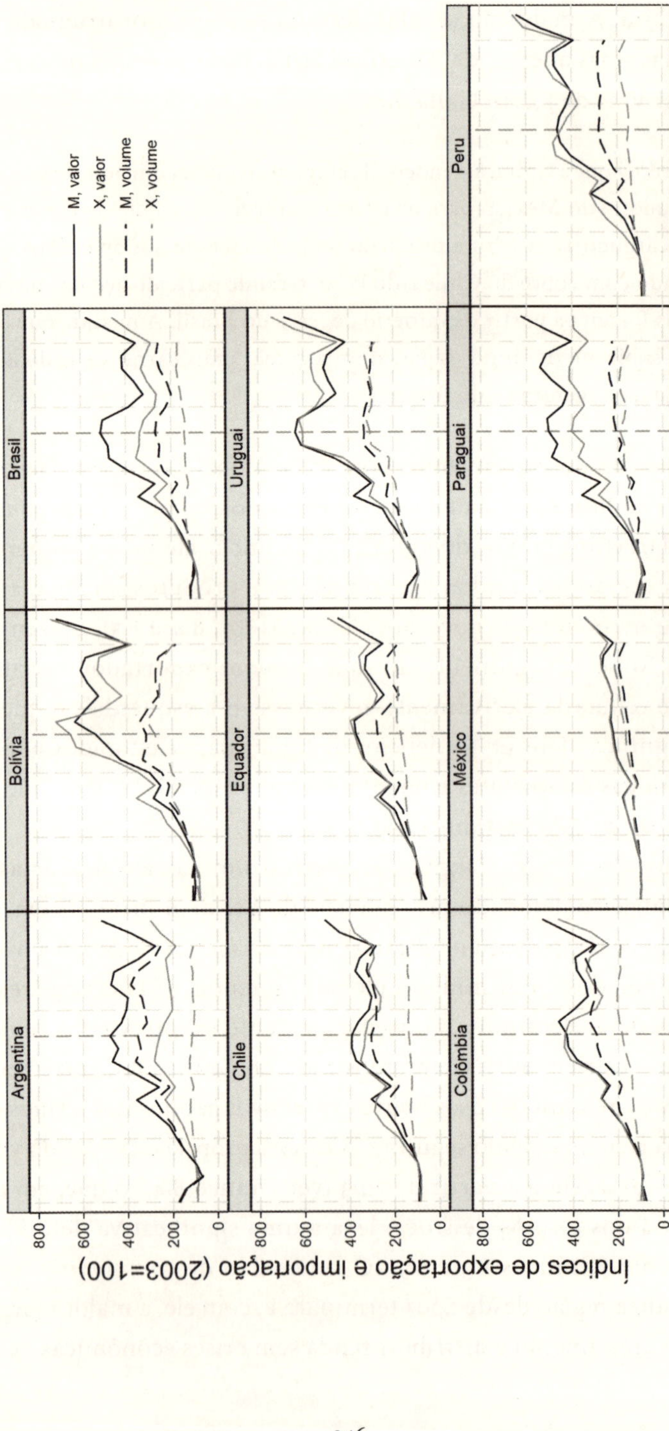

Fonte: Elaborado pelos autores com base em dados da Cepal.

Gráfico 8.4 – Transações correntes (1990-2022).

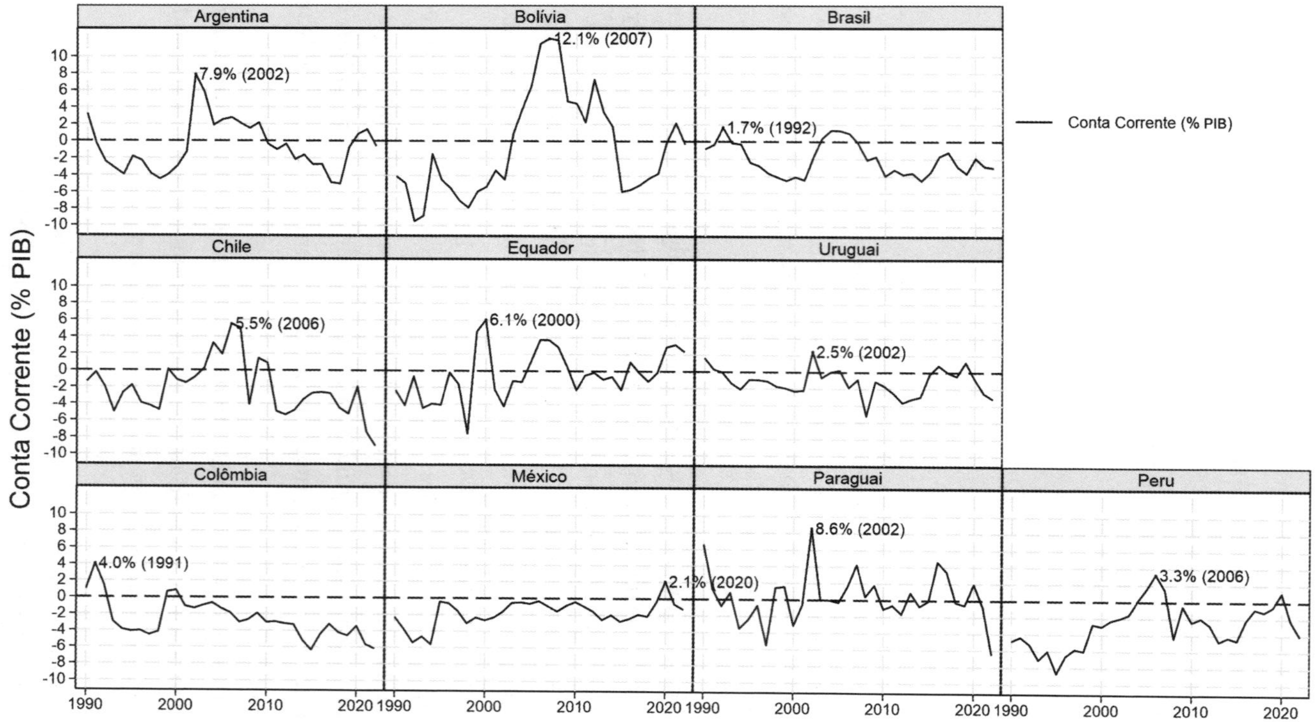

Fonte: Elaborado pelos autores com base em dados da Cepal. Nota: Destacam-se os pontos máximos da série para cada país.

Gráfico 8.5 – Transações correntes e termos de troca (2003-2019)

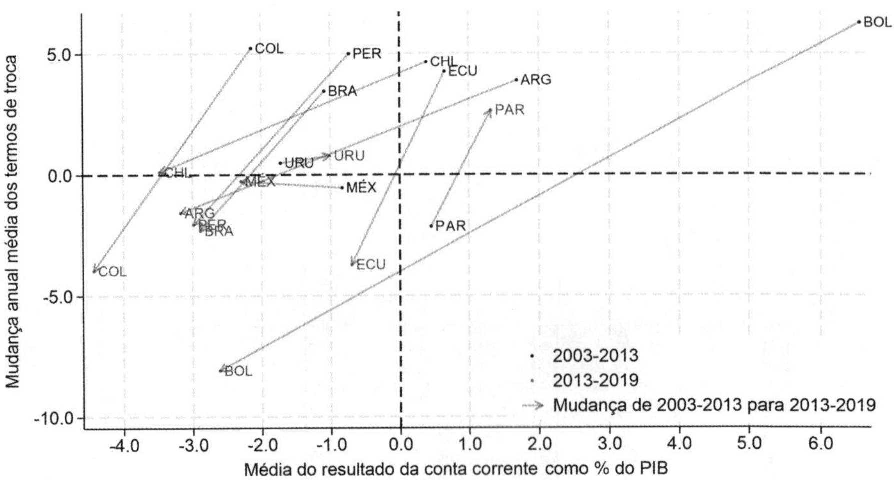

Fonte: Elaborado pelos autores com base em dados da Cepal. Nota: Ver nota do gráfico 8.1; o eixo Y retrata a mudança média anual dos termos de troca, e não o valor médio do período, enquanto o eixo X retrata o valor médio do resultado da conta corrente para o período.

A despeito das críticas ao neoliberalismo (algumas delas retóricas, outras reais) e da experimentação com políticas redistributivas, os governos da Maré Rosa não questionaram na prática o papel subordinado que tinham na articulação global do capitalismo. A estratégia de desenvolvimento era, em última instância, extrativista, dependendo crucialmente do surto exportador de produtos primários. Isso vale até mesmo para a Bolívia e o Equador, onde importantes inovações legais a respeito dos direitos da natureza foram introduzidas. Conforme argumentou Rojas, a mencionada expansão das políticas de bem-estar "seguiu os picos e vales dos preços mundiais do cobre, do petróleo e da soja, ao invés de se fundar em estratégias redistributivas sustentáveis".[28]

A estratégia escolhida não apenas teve consequências ambientais desastrosas, como também impôs uma concepção homogeneizante de modernidade sobre as comunidades indígenas. Maristella Svampa refere-se a

> [...] uma dinâmica vertical que invade os territórios e desestrutura as economias regionais, destrói a biodiversidade, aprofunda o processo de concentração de terra ao despejar ou deslocar comunidades rurais, indígenas ou camponesas e viola processos deliberativos dos cidadãos.[29]

Gráfico 8.6 – Reservas cambiais (2000-2022)

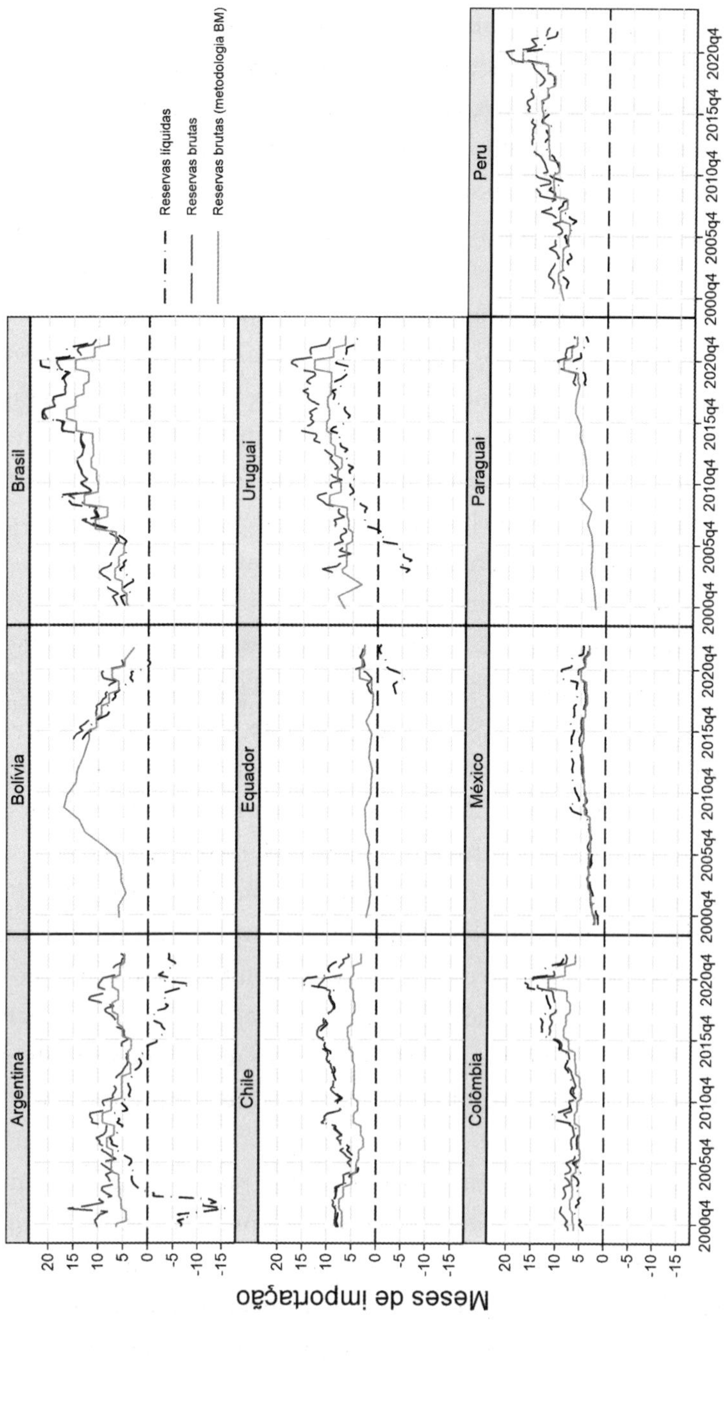

Fonte: Elaborado pelos autores com base em dados do Banco Mundial e do FMI.

Essa dinâmica estava fadada a enfrentar resistência e, como resultado de escolhas políticas, a repressão estatal. Os exemplos são diversos, mas, a título de ilustração, citamos o conflito em torno do parque nacional Tipnis (Territorio Indígena y Parque Nacional Isiboro-Sécure) na Bolívia, a repressão aos manifestantes contrários à exploração de petróleo no parque Yasuní no Equador e o multifacetado conflito envolvendo a população mapuche no Chile. Em todos os casos, o Estado passou por cima dos direitos de populações locais e ignorou questões ambientais, buscando garantir a continuidade do padrão de acumulação extrativista.

A dependência no extrativismo foi o calcanhar de aquiles da Maré Rosa, em sentido econômico e político. Mesmo a Argentina e o Brasil, as duas economias da Maré Rosa menos dependentes da exportação de recursos naturais, no período, não puderam resistir à tempestade causada pela queda dos preços das *commodities*. O choque econômico negativo pressionou as políticas redistributivas, incendiando lutas políticas enraizadas em dinâmicas de classe. Ondas de protestos encheram novamente as ruas e praças sul-americanas de 2013 em diante e enfrentaram frequentemente repressão violenta. Em muitos casos, as classes dominantes aproveitaram a oportunidade para substituir os governos à esquerda pelos representantes de sua predileção.

Seguiram-se derrotas. Na Argentina, onde o ciclo virara já em 2011, o neoliberalismo desinibido foi reconduzido ao governo pelo voto popular, com Macri, em 2015. Uma transição similar ocorreu no Uruguai em 2020. Na Bolívia, a hegemonia eleitoral dos governos da Maré Rosa, ainda que combalida, provou-se mais resiliente, de modo que seus oponentes recorreram a um golpe. No Equador, o sucessor escolhido por Correa, que se tornou presidente em 2017, afastou-se de suas origens na Maré Rosa, alinhando seu governo com um giro à direita. O caso venezuelano é diferente. Lá, o antagonismo manifestou-se de modo crescentemente violento, o governo adotou medidas abertamente autoritárias e o impasse resultou em uma tragédia humanitária, ainda em curso.

A direita não ofereceu uma estratégia que proporcionasse estabilização hegemônica. A mudança das políticas econômicas, implementada após a derrota da Maré Rosa, agradou aos ricos, mas não convenceu o resto da população. Isso vale tanto para governos neoliberais mais convencionais (na Argentina e no Equador) quanto para variantes de extrema-direita (no Brasil).

De fato, o mandato de Macri (2015-2019) foi caracterizado por uma *queda* anual média de 2% do PIB *per capita*, além de aceleração inflacionária, aumento do endividamento externo e regressão distributiva. No Brasil, após o PIB *per capita* colapsar quase 9% entre 2014 e 2016, os governos de direita de Michel Temer e Jair Bolsonaro não lograram entregar uma recuperação efetiva: entre 2017 e 2019, isto é, antes da pandemia, a taxa de crescimento do PIB *per capita* oscilou entre 0,5 e 1%. A história é similar no Equador: nos dois primeiros anos do governo de Lenín Moreno, que se iniciou em 2017, o PIB *per capita* caiu, na média, mais de 1% ao ano. Com a eclosão da pandemia, o declínio se agravou.

O desempenho econômico sombrio não significa, no entanto, que o giro à direita terá vida curta. Em um cenário no qual o tecido democrático-institucional já se encontrava esgarçado – seja por golpes à direita, seja por tendências autoritárias ou movimentações legais dúbias de alguns governos à esquerda –, o acirramento da crise econômica e social produzido pelos governos de direita ampliou o risco às instituições democráticas, abrindo caminho para que sejam desafiadas pela extrema-direita. Nos últimos anos, a crise da democracia tornou-se um fenômeno verdadeiramente global, incluindo os EUA, a Hungria, a Polônia, a Turquia e as Filipinas, entre outros. Porém, a ameaça autoritária é particularmente grave na América Latina, dados o frágil enraizamento da cultura democrática na região e suas classes dominantes de tradição autoritária. Em muitos países, como a Argentina, o Brasil, o Chile, a Colômbia e o Peru, partidos tradicionais da direita perderam espaço para variantes de extrema-direita. Foi sintoma de três processos: inclinação de parte das oligarquias regionais para adotar formas autoritárias de dominação; tentativas dispersas de vários atores de dobrar as regras legais e informais da disputa política, ou se esquivar delas; e perda de confiança na efetividade das instituições democráticas por parte de amplas parcelas da população. Conforme indicado no Gráfico 8.7, painel B, a tendência quanto a este último ponto é clara entre 2010 e 2020 – com exceção do México, que seguiu um rumo político destoante. Em todos os demais países, observaram-se quedas substanciais no percentual da população que considera que a democracia esteja funcionando bem (cerca de 30% na Argentina, no Brasil, no Chile, na Colômbia e no Equador, por exemplo), e, ainda mais revelador, contingentes muito maiores passam a considerar que a democracia não lhes faz diferença (aumento de cerca de 25 pontos percentuais no Equador e no Brasil).

Gráfico 8.7 – Apoio e satisfação com a democracia, 2000-2010 e 2010-2020

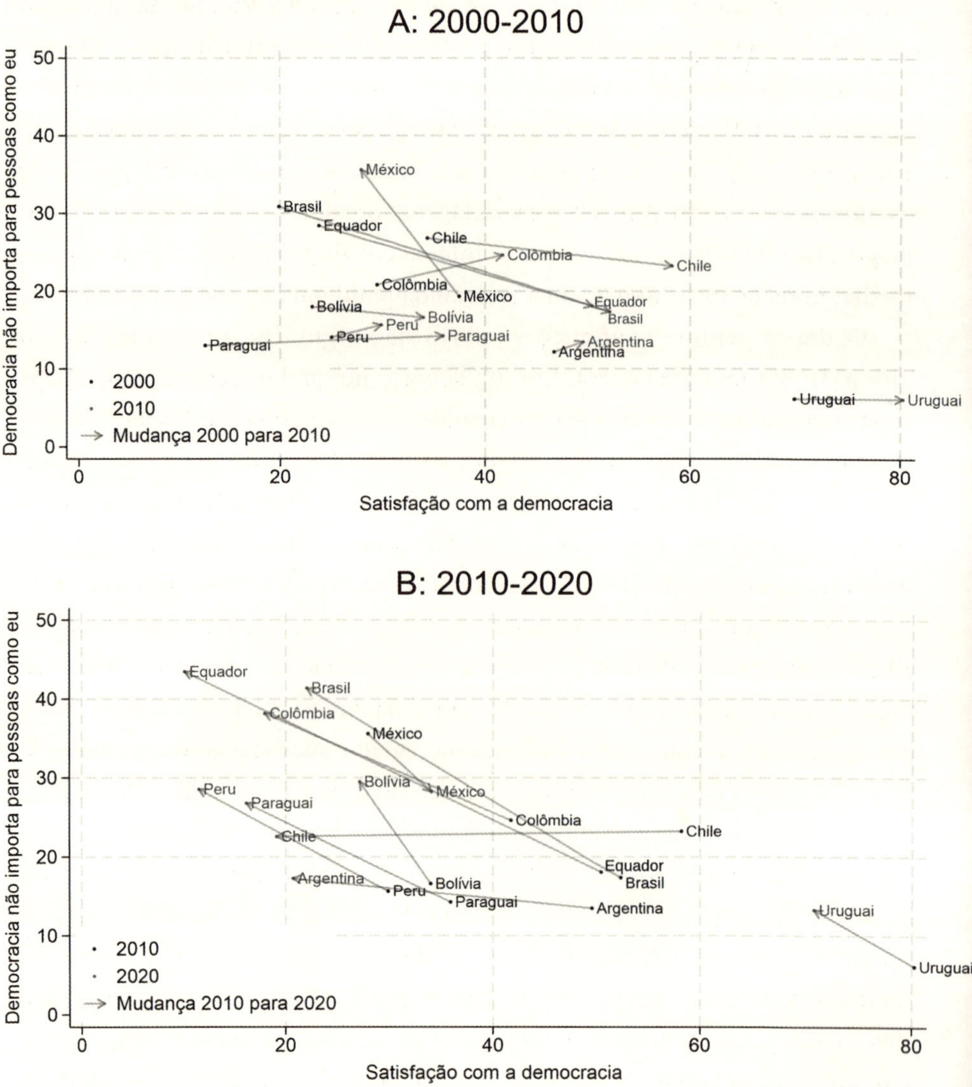

Fonte: Elaborado pelos autores com base em dados do Latinobarómetro. Nota: A pergunta reportada no eixo X é "Com qual afirmação você mais concorda? A. A democracia é preferível a qualquer outro tipo de governo; B. Em algumas circunstâncias, um governo autoritário pode ser preferível a uma democracia; C. Para pessoas como eu, não importa se vivemos em uma democracia ou em um regime não democrático". A pergunta do eixo Y é "Em geral, você diria que está muito satisfeito, razoavelmente satisfeito, não muito satisfeito, ou nada satisfeito com o funcionamento da democracia no [país]?", com os valores somando as respostas positivas (razoavelmente ou muito satisfeito). Em ambos os casos, o valor reportado é o percentual das respostas válidas.

No entanto, apesar do contexto explosivo, candidatos à esquerda lograram prevalecer eleitoralmente, a ponto de alguns sugerirem uma nova Maré Rosa. Alguns são herdeiros diretos da onda original (Alberto Fernández na Argentina, Luis Arce na Bolívia e Lula no Brasil) e outros estão abrindo novos capítulos da política à esquerda em seus países (Gabriel Boric no Chile, Gustavo Petro na Colômbia). O caso de André Manuel López Obrador no México é difícil de classificar e não será abordado neste capítulo. Os desafios para a geração atual de governos à esquerda têm se revelado mais significativos do que para os antecessores, ao mesmo tempo que a maré é menos abrangente: a Argentina passou o bastão para a extrema-direita neoliberal em dezembro de 2023, o Equador optou por novas lideranças de direita, e o Peru segue em um imbróglio há quase uma década, apenas para citar três situações. Analisamos alguns casos a seguir.

Bolívia: maré que segue

A Bolívia foi provavelmente a unidade latino-americana de maior estabilidade macroeconômica desde a chegada do MAS ao poder, em trajetória marcada por dois períodos distintos. Até cerca de 2013, beneficiou-se de fortes ventos positivos internacionais, período em que acumulou reservas e construiu resiliência econômica (ver Gráficos 8.4 e 8.6). Com uma forte virada do cenário externo, passou os dez anos seguintes erodindo “colchões de segurança” (queima de reservas internacionais, deterioração da conta corrente, aumento do déficit público e assim por diante). Se isso permitiu à Bolívia ser recordista de crescimento e distribuição durante a Maré Rosa, com estabilidade, em 2023 apareceram fortes indicações de uma crise no horizonte que deve forçar a mudança de modelo em breve. Em outros termos, a Bolívia foi quem mais à frente levou as possibilidades de crescimento e distribuição no cenário da Maré Rosa, mas não conseguiu transcender o paradigma e cimentar um novo padrão de acumulação.

Dois fatores permitiram à Bolívia enfrentar a vazante da Maré Rosa com maior espaço de manobra. Primeiro: foi a economia que mais ganhou em termos de troca entre 2003 e 2013 (Gráfico 8.5) e, além disso, dobrou o volume de exportações de 2006 a 2014. Segundo: durante os anos de bonança, as opções de política econômica foram todas austeras, levando ao acúmulo de margens de segurança (e críticas à esquerda).[30] A conta corrente foi positiva de 2003 a 2014, atingindo o pico de cerca de 12% do PIB de 2006 a 2008 (de acordo com dados do Banco Mundial). O governo sustentou superávits primários até 2013, com o pico de 4 a 7% do PIB de 2006 a 2008 (segundo estimativa do FMI). Foi o país da América Latina com o maior acúmulo de reservas internacionais em 2009, equivalente a 19 meses de importações, e com apenas 35% de endividamento público como percentual do PIB (dados do FMI e do Banco Mundial). A nacionalização parcial do setor de gás logo após a chegada do MAS ao poder foi central no processo, ao aumentar a arrecadação tributária.[31]

Se a austeridade em meio à bonança propiciou resiliência à Bolívia, o período seguinte trouxe contraventos. Com o fim do superciclo de *commodities*, foi o país que mais perdeu em termos de troca de 2013 em diante (Gráfico 8.5), levando a uma opção clara do MAS: sustentar o crescimento, a distribuição e a estabilidade, a custo do colchão de segurança. O resultado primário do governo tornou-se negativo a partir de 2015, em média cerca de 6% do PIB até 2019 (e acima disso durante a pandemia). Na dimensão externa, o volume de exportações caiu quase à metade de 2014 até 2020, e em 2015 a conta corrente tornou-se negativa, em -5,9% do PIB. Consequentemente, as reservas internacionais líquidas caíram até se tornarem negativas em 2021 (Gráfico 8.6). Com a taxa de câmbio em relação ao dólar fixa desde meados de 2008, a inflação manteve-se controlada (inclusive abaixo de 2% ao ano desde 2018).

Se a sustentabilidade da escolha é questionável, os dividendos não. Contrariando a tendência regional, a Bolívia pouco mudou sua taxa de crescimento ou de redução da desigualdade de 2013 em diante (Gráfico 8.1). Se o país já se destacava positivamente desde a chegada do MAS ao poder, tornou-se o líder isolado da América do Sul nessas duas dimensões de 2013 em diante, também com forte redução da pobreza (de 3 a 6 pontos percentuais, dependendo da linha utilizada; Gráfico 8.2). Destaca-se, sobretudo, a continuidade dos resultados de crescimento e redistribuição antes e após 2013.

Em 2023, numerosos sinais emergiram de que a estratégia macroeconômica era insustentável. Com as contas externas e públicas ainda no negativo, nos primeiros meses do ano circularam rumores de que o Banco Central da Bolívia estava sem reservas e teria que abandonar a taxa de câmbio fixa. Até o momento da redação destas linhas (dezembro de 2023) não houve crise ou mudança de arcabouço, mas os sinais de fragilidade são evidentes.

Em uma leitura benigna das escolhas de política econômica desde 2013, pode-se interpretar essa opção como um mecanismo para garantir resultados sociais e apoio da base social do MAS no médio prazo, enquanto se tentava promover a mudança estrutural. Isto é, fazer uso do colchão de segurança seria o custo necessário, em termos econômicos e políticos, para levar a cabo a mudança estrutural. Não obstante, a Bolívia foi incapaz de engendrar um novo padrão de acumulação de capital.

Durante os governos do MAS foram feitas diversas tentativas de transformar a economia doméstica e sua inserção internacional, em direções que tanto visavam abrir novas fronteiras extrativistas quanto se distanciar dessa estratégia. A literatura destacou esforços frustrados de promover a industrialização doméstica e megaprojetos energéticos, redirecionando o excedente de setores extrativistas.[32] No entanto, os setores que mais cresceram de 2006 a 2019 foram construção, comércio, transporte e armazenamento, serviços financeiros e administração pública, passando em conjunto de 34,7% para 42,2% do PIB a preços constantes (dados do Indec), enquanto setores industriais estagnaram. Diante dessa realidade, o país tem apostado no lítio, enquanto segue dependente do gás natural.

A Bolívia tem implementado diversos planos desde 2008 com vistas a ocupar elos mais elevados da cadeia global do lítio, envolvendo produção de baterias e, no limite, veículos elétricos domésticos.[33] Podem-se identificar três fases da estratégia do lítio.[34] A primeira, de 2008 a 2017, excluiu quase por completo a participação de agentes estrangeiros e buscou desenvolver capacidades locais ao longo de toda a cadeia. Em seguida, reconhecendo o fracasso inicial, fundou-se uma estatal, YLB, para coordenar e articular a estratégia em cooperação com agentes estrangeiros. Reduziram-se os requisitos de participação local e implementaram-se acordos com empresas multinacionais alemãs (ACI Systems) e chinesas (Xinjiang TBEA) para extração e processamento de lítio. Antes que os projetos fossem concretizados, os acordos foram desfeitos em 2019 na esteira de protestos que questionavam impactos ambientais e reivindicavam maior participação local e industrialização.

O plano mais recente começou em 2021 e ainda está em curso. Retomou-se um modelo de articulação internacional mais aberta que na etapa anterior, visando ao desenvolvimento de tecnologias potencialmente menos danosas em termos ambientais. Até o momento, três acordos foram firmados com empresas multinacionais, duas chinesas e uma russa, visando a investimentos de U$ 2,8 bilhões no setor. Ainda é cedo para avaliar os efeitos da mais recente estratégia, mas os resultados dos últimos 15 anos são ínfimos. Com produção anual de cerca de mil toneladas de carbonato de lítio, a Bolívia responde por menos de 1% da produção mundial, comparado a aproximadamente 25% do Chile e a 5% da Argentina.[35]

A Bolívia segue, assim, dependente do gás natural, em uma situação de crescente fragilidade. Sem investimentos significativos no setor para explorar novas jazidas, a produção reduziu de um máximo de 22 bilhões de metros cúbicos em 2014 para cerca de 15 bilhões em 2022 e segue em queda, segundo o Indec. O setor de petróleo foi ainda mais afetado, caindo quase à metade durante o mesmo período. Outras *commodities* têm ocupado o espaço antes tomado pelo gás e pelo petróleo, como o ouro (principal produto exportado em 2021), o zinco e a soja e derivados, mas sem conformarem uma base sólida para a acumulação ou o crescimento do produto.

Pode-se especular quanto às razões para o fracasso, até o momento, da estratégia boliviana relacionada ao lítio. A insistência em buscar superar a exportação de minério com baixo valor adicionado, se justificada quanto aos objetivos desenvolvimentistas, impõe um objetivo de maior complexidade. Nesse contexto, a frequente alternância de estratégias, a incorporação ou não de agentes estrangeiros e os termos pouco claros das parcerias criam incertezas e abrem espaço para disputas. Ademais, um projeto de fundo extrativista, mas justificado como um passaporte para o desenvolvimento, é um terreno fértil para conflitos, particularmente para governos à esquerda – em particular, protestos contra impactos sociais e disputas quanto à divisão de receitas entre unidades subnacionais e o Estado central. Sejam quais forem as razões, não resta dúvida de que o MAS falhou até o momento em abrir uma nova fronteira extrativista, que dirá em usá-la como motor para um novo padrão de acumulação. Como resultado, o país segue estruturalmente dependente do extrativismo de gás e petróleo para sustentar a balança de pagamentos, mas em uma situação cada vez mais precária.

Politicamente, o MAS se consolidou como a força hegemônica mais sólida das últimas décadas na América Latina, embora o horizonte mostre fortes sinais de instabilidade. Alicerçado nos significativos resultados de crescimento e distribuição discutidos acima, e emergindo como resultado de amplas articulações de movimentos sociais, o MAS desfrutava de altos índices de aprovação popular quando sobreveio a virada da Maré Rosa. A partir daí, vem acumulando quebras internas e rearticulações da base desde 2011, foi vítima de um golpe em 2019 do qual rapidamente se recuperou em 2020, e recentemente tem sofrido particularmente em virtude de disputas internas.

Dois marcos iniciais de fragilidades do MAS foram 2011, com o conflito em torno da rodovia que cruzaria o território indígena do Tipnis, e 2016, com o referendo a respeito da reeleição presidencial. Há uma larga literatura sobre os episódios, ambos complexos, mas, para os presentes propósitos, três decorrências são centrais.[36] Em primeiro lugar, o conflito do Tipnis revelou uma fratura na base do MAS, que só cresceu desde então, entre setores mais integrados à economia mercantil (da economia urbana até grupos de camponeses e pequenos produtores), que em alguma medida se beneficiam da estratégia extrativista, e grupos contrários a esse processo (novamente amplos, mas com preponderância de comunidades indígenas rurais). Em segundo lugar, essa fratura estendeu-se às organizações sociais (indígenas, camponeses, trabalhistas e de diferentes extrações). Certos coletivos deixaram de apoiar o governo, outros se cindiram internamente, e o MAS buscou criar coletivos paralelos a seu favor.[37] Em decorrência, a hegemonia do partido passou crescentemente a requerer a exclusão de certos setores e coletivos. Quanto ao referendo, a proposta governista foi derrotada por 51,3%, mas, em 2017, uma decisão judicial altamente dúbia removeu limites à reeleição. A partir de então, e a despeito de o MAS ocupar a Presidência no maior período de estabilidade política (e econômica) da Bolívia recente, a hegemonia do partido passa a depender de erosões do arcabouço institucional e se torna crescentemente centralizada na figura do líder.

Segue-se o golpe de 2019, mas, para este texto, o retorno do MAS ao poder é o central.[38] O partido mostra sua contínua dominância eleitoral em 2020, vencendo no primeiro turno com 55,1% dos votos e conquistando maioria (embora não uma supermaioria) nas duas câmaras do Legislativo. Isso demonstra a fragilidade da oposição no plano nacional, ainda que mantenha redutos subnacionais de força eleitoral e social – em particular, a região da Meia Lua e a província de Santa Cruz. Disputas não eleitorais nesses espaços têm se mostrado crescentemente desafiadoras para o MAS e incapazes de ser resolvidas por meios puramente políticos. Ao contrário, observa-se a judicialização de conflitos sociopolíticos com a prisão de líderes da oposição, sem que se resolvam disputas de fundo.

Não é da oposição que vem o maior risco ao MAS, contudo, mas sim de suas próprias fileiras. Em rápida escalada desde a posse de Arce, o partido e suas bases de apoio têm sido reconfigurados entre "evistas" e "arcistas", conflagrando uma guerra cada vez mais abrangente que, em 2023, efetivamente cindiu a agremiação.[39] Independentemente da legitimidade ou não dessas decisões, elas demonstram como a hegemonia do MAS perdeu terreno geográfico e social e passou a incluir uma dose maior de coerção quando o consentimento já não é suficiente.

A Bolívia mostra, por um lado, a possibilidade de uma forte hegemonia política à esquerda, amparada em sólidos ganhos distributivos e de crescimento do produto. O sucesso econômico e distributivo do MAS, bem como a habilidade política de suas lideranças e bases sociais, explica a ausência de desafios eleitorais significativos desde 2006. Quando foi removido do poder, deu-se através de um golpe do qual se recuperou eleitoralmente um ano depois. Que essa permanência tenha vindo à custa de deterioração do arcabouço institucional democrático, da sufocação de novas lideranças internas ao partido e do frequente alijamento de movimentos sociais que eram da base do MAS é significativo: indica que a hegemonia se torna mais rasa e restritiva, mas não elimina a dominância eleitoral do partido.

Por outro lado, a Bolívia indica também os desafios de manutenção dessa hegemonia sem uma concomitante transformação da inserção no mercado mundial – o que, ao fim, redobra a importância da base distributiva para a estabilidade hegemônica. Sem novos motores domésticos de acumulação e queimando colchões de segurança há uma década, o MAS conseguiu até o presente momento evitar uma crise econômica que, agora, parece se aproximar. Nesse processo, o partido perde a capacidade de ser o condutor efetivo de um projeto nacional, mas se torna ele próprio o principal espaço de disputa do poder – com os olhos voltados para dentro, e não para a condução do país.

Chile e Colômbia: novas esquerdas?

As dinâmicas políticas recentes do Chile e da Colômbia guardam entre si semelhanças surpreendentes. Os dois países foram palco de levantes populares desde 2019, parte de uma onda regional de protestos de intensidade que não se via desde o final dos anos 1990, envolvendo também revoltas no

Equador, no Paraguai e no Panamá.[40] Nos casos chileno e colombiano, os chamados *estallidos sociales* criaram oportunidades históricas. No Chile, um dos principais resultados foi a abertura de um processo constituinte com a promessa, que acabou por se frustrar, de substituição da Constituição aprovada durante a ditadura de Augusto Pinochet. Na Colômbia, o *estallido* desaguou na eleição histórica de Gustavo Petro e Francia Márquez, um feito inédito para a esquerda. Como argumentam Forrest Hylton e Aaron Tauss, "após duzentos anos de sucessivos regimes excludentes, as classes populares finalmente têm seus próprios tribunos no governo".[41]

As semelhanças não param por aí. As últimas eleições presidenciais, em 2021 no Chile e em 2022 na Colômbia, foram caracterizadas pela derrocada da direita tradicional e pela consequente polarização entre novas formações à esquerda e à direita. No Chile, Boric encabeçou a aliança entre o "Frente Amplio" e outros partidos à esquerda e derrotou José Antonio Kast, político de extrema-direita que reivindica o legado de Pinochet. Na Colômbia, o "Pacto Histórico" de Petro e Márquez prevaleceu sobre o populismo de direita de Rodolfo Hernández Suárez. Ademais, essas novas lideranças à esquerda tomaram posse com um discurso enfático contra o extrativismo, distanciando-se, assim, da Maré Rosa.

Os dois países, aliás, ficaram relativamente à margem da Maré Rosa. Em algumas abordagens, os governos chilenos de Michelle Bachelet (2006-2010, 2014-2018) são considerados parte do giro à esquerda da região.[42] Mas eles não foram resultado das crises produzidas pela ascensão do neoliberalismo e não se distinguiram pela crítica (mesmo que apenas retórica) às políticas neoliberais. Na realidade, Bachelet foi apenas a última representante, em seu primeiro mandato, de uma frente partidária (a "Concertación") que governou o Chile por duas décadas, desde o fim da ditadura de Pinochet em 1990. Tendo herdado o neoliberalismo do governo ditatorial, a "Concertación" não passou pelas dificuldades que acometeram os partidos que implementaram as terapias de choque na América do Sul nos anos 1990, e sua hegemonia eleitoral sobreviveu à virada dos anos 2000.

Seu compromisso com o neoliberalismo era, assim, menos saliente, embora não menos substantivo. Os socialistas que, no governo Bachelet, encabeçaram a "Concertación" "[...] resignaram-se a gerir a ordem".[43] Só em seu segundo mandato, Bachelet propôs mudanças um pouco mais significativas, sob o impulso da nova coalizão partidária que incorporava jovens lideranças comunistas que ascenderam com os protestos estudantis do início dos anos 2010, a "Nueva Mayoría".[44]

Na Colômbia, por sua vez, as tensões produzidas pela adoção do neoliberalismo combinaram-se com os conflitos causados pela longa guerra civil. No final dos anos 1990, o *establishment* político colombiano (um bipartidarismo oligárquico centenário, opondo liberais e conservadores) ruiu, a exemplo do ocorrido em alguns países vizinhos, mas o vácuo não foi ocupado por uma liderança à esquerda, mas pelo projeto político de Álvaro Uribe Vélez.[45] O uribismo, combinando contrainsurgência violenta com neoliberalismo, colocou a Colômbia na contramão da Maré Rosa e contou com apoio decisivo dos Estados Unidos, sob a forma do "Plan Colombia".

Apesar de manterem certa distância da tendência que se difundiu na região no período do *boom* de *commodities*, Chile e Colômbia também aproveitaram a bonança externa para acelerar o crescimento econômico. Como se pode observar no Gráfico 8.1, acima, a taxa média de crescimento do PIB entre 2003 e 2013 em ambos foi similar à observada nas economias vizinhas. Os frutos da prosperidade foram distribuídos de forma muito mais desigual, no entanto, no caso colombiano. A persistência da desigualdade colombiana está ligada à estagnação do salário mínimo, em contraste com sua elevação nos países vizinhos.[46] Já no Chile, a redução da desigualdade foi tímida em comparação com as experiências mais redistributivas da Maré Rosa, mas se aproximou dos casos mais moderados, como o brasileiro (Gráfico 8.1).

É possível que os dois países tenham sido os palcos principais dos levantes de 2019 em diante justamente por não terem atenuado os excessos do neoliberalismo durante o *boom* de *commodities*. O confronto com a avalanche neoliberal tardou, mas chegou. O alvo da revolta ficou claro em um dos bordões que se difundiram entre os manifestantes chilenos – e que remetia, é claro, aos protestos de junho de 2013 no Brasil: "Não são 30 pesos, são 30 anos!" ("¡No son 30 pesos, son 30 años!"). Instigado pela elevação das tarifas do transporte público, o levante em pouco tempo voltou-se para o conjunto das políticas neoliberais e, adiante, demandou uma Constituição que finalmente virasse a página da ditadura Pinochet e de seu modelo econômico. Como dizia outro lema do *estallido*: "O neoliberalismo nasceu aqui, tem que morrer aqui" ("Aquí nació el neoliberalismo, aquí tiene que morir").

Os protestos foram inicialmente protagonizados pela fração precarizada da classe trabalhadora e expandiram-se na sequência para o conjunto da sociedade, contando com a participação decisiva do movimento estudantil em ascenso desde as revoltas de 2011 (ou mesmo desde o movimento secundarista da "revolta dos pinguins" em 2006), dos movimentos feministas, dos sindicatos e das camadas médias empobrecidas.[47] A reação do governo de direita de Sebastian Piñera, ao decretar estado de emergência e reprimir violentamente os manifestantes, acabou ampliando o apoio social às revoltas, culminando com uma manifestação, em 25 de outubro de 2019, que levou às ruas de Santiago um milhão de pessoas, quase um quinto da população da cidade. Piñera foi obrigado a ceder, agendando um referendo constitucional para 2020, quando quase 80% dos votantes optaram pela abertura do processo constituinte.[48] Os reflexos institucionais do *estallido* ainda levariam à eleição de Boric em 2011.

O caso colombiano foi similar, marcado por uma greve geral em 2019 contra um conjunto de medidas que visavam aprofundar o neoliberalismo. Incluindo enfraquecimento da legislação trabalhista, redução do salário mínimo, privatizações e maior regressividade tributária, as propostas atiçaram uma revolta que daria continuidade aos protestos estudantis de 2018 e às greves rurais de 2013 e 2016.[49] A adesão foi expressiva, com cerca de um milhão e meio de pessoas indo às ruas.[50] A pandemia suspenderia temporariamente o movimento reivindicatório, em 2020, mas no ano seguinte outro levante terminaria de derrotar o uribismo.[51] Assim como no caso chileno, a repressão brutal acabou por ampliar os protestos. No processo, parte das esquerdas que haviam sido derrotadas na guerra civil reorganizou-se e conquistou o apoio da juventude marginalizada das periferias urbanas que protagonizaram o *estallido social*. No ano seguinte, em 2022, uma coalizão forjada nesse conflito, liderada por Petro e Márquez, chegaria à Presidência.

Ainda é precipitado oferecer um balanço dos novos governos à esquerda na Colômbia e no Chile. Do ponto de vista das propostas e dos discursos iniciais, há contrastes notáveis com a Maré Rosa: ambos propuseram reformas visando aumentar a progressividade dos sistemas tributários (um desafio que não foi enfrentado pelas experiências que os antecederam) e denunciaram os riscos da estratégia de desenvolvimento dependente do extrativismo.[52] Em seu discurso de vitória, Petro foi explícito a esse respeito: "Ao progressismo latino-

-americano, proponho deixar de pensar a justiça social, a redistribuição de riqueza e o futuro sustentável sobre a base do petróleo, do carvão e do gás".[53]

Ambos têm enfrentado, no entanto, muitos problemas para implementar seus planos e manter o respaldo do eleitorado. No Chile, a aprovação da nova Constituição era uma das grandes prioridades do governo, como forma de romper com o legado neoliberal e a estratégia extrativista. No entanto, a proposta de Constituição inicialmente elaborada sofreu uma expressiva derrota, em referendo popular realizado em setembro de 2022.[54] Uma segunda proposta constitucional, dessa vez alinhada à direita, também foi derrotada, e não há perspectivas de que o processo constituinte possa oferecer, no curto prazo, horizonte político alternativo. Ademais, a própria reforma tributária, mencionada acima, não tem conseguido avançar no Parlamento.[55]

Na Colômbia, o governo foi iniciado com um grande esforço de compor alianças com partidos tradicionais, de forma a ampliar a base de apoio para aprovar propostas no Legislativo. A heterogeneidade da base de apoio levou, no entanto, a conflitos constantes e a uma mudança de rumos e rearranjo ministerial em abril de 2023.[56] Em maio de 2023, Hylton e Tauss sugeriram que dificilmente o governo conseguirá aprovar as propostas de reforma significativas anunciadas para a saúde e a legislação trabalhista, devendo resignar-se com a aprovação de uma versão atenuada da reforma tributária.[57] Desde então, o processo segue incerto e cambaleante.

A conjuntura econômica internacional é notavelmente diferente daquela do *boom* de *commodities* dos anos 2000. Em um contexto de tensões geopolíticas, desaceleração da economia chinesa e restrição da liquidez global, os novos governos à esquerda não podem contar com bonança externa para redistribuir renda e garantir respaldo popular, como no início da Maré Rosa. Ao mesmo tempo, as pressões sobre a balança de pagamentos que se acentuam em cenários como o atual reforçam os apelos do extrativismo, colocando obstáculos para o esforço louvável de repensar a estratégia de desenvolvimento na região. Não seria surpreendente se, nesse cenário desfavorável, as novas formações à esquerda fossem derrotadas, em especial em suas propostas renovadoras. Mas o jogo ainda não terminou, e a força social acumulada nos *estallidos* talvez ainda abra novas possibilidades.

Conclusões

Este capítulo trouxe um panorama geral da ascensão e da queda da Maré Rosa na América Latina e um olhar um pouco mais detalhado para três casos recentes, com vistas a oferecer um contraste à experiência brasileira que é examinada em outros capítulo desta coletânea. Destacam-se, aqui, algumas implicações.

Em primeiro lugar, a Maré Rosa pode ser vista como a expressão político-econômica de governar à esquerda do centro a partir de, e estimulando, uma base extrativista. De maneiras e em graus distintos, os governos fizeram uso do superciclo de *commodities* para lançar um conjunto de medidas que alavancou o crescimento, reduziu a desigualdade e cimentou a base extrativista da economia. Alguns tiveram iniciativas episódicas para fomentar a industrialização ou outras formas de mudança econômica estrutural, mas via de regra sem sucesso porque subordinadas ao estímulo ao capital extrativista. Com o fim do período internacional auspicioso e a maior margem de manobra que propiciava, os dias desse modelo passaram a estar contados. O extrativismo sobreviveu à crise da Maré Rosa e, de fato, enraizou-se ainda mais durante a última década; o que não sobreviveu foi a possibilidade eficaz de governar à esquerda nos mesmos moldes. Não se quer com isso dizer que era impossível reduzir ainda mais a desigualdade na região: como indicamos ao longo do artigo, questões de fundo como distribuição de riqueza ou mesmo tributação progressiva não foram tratadas. A questão é que o arcabouço específico da Maré Rosa não era mais eficaz no médio prazo e, sem ganhos em condições internacionais que permitissem adiar escolhas distributivas, o conflito social pelo excedente necessariamente se acirrou.

Em segundo lugar, variações estruturais e de opções políticas desse modelo indicam tanto as possibilidades de puxá-lo à esquerda quanto os limites impostos pela incapacidade de promover mudanças estruturais mais profundas. O caso boliviano é instrutivo a respeito. O MAS chegou ao poder com forte base social, conseguiu capturar uma maior parcela do excedente extrativista, levou a cabo governos que são comparativamente mais combativos e sofreu forte influência (positiva e negativa) do cenário econômico internacional. Com o passar do tempo, fez uso crescente de repressão, perdeu parte do apoio de movimentos sociais e passou a depender da erosão institucional. Não obstante, a gestão econômica pós-2013 deu uma longa sobrevida ao MAS no poder, permitindo governar à esquerda até o presente e recuperar-se do golpe com rapidez. Já a incapacidade de superar ou mesmo reduzir o extrativismo demonstra, com a crise que se avizinha, o custo político-econômico cobrado pela incapacidade de promover mudança estrutural.

Em terceiro lugar, a própria crise da Maré Rosa e suas lições práticas impulsionaram uma série de forças sociais críticas ao extrativismo. Nos países em que a Maré Rosa deixou marcas mais profundas, o legado político dos governos progressistas dificultou o avanço dessas forças renovadoras. No Brasil, algumas delas permaneceram em posição subordinada no campo do lulismo, por exemplo. No Equador, elas vêm dividindo o campo à esquerda do espaço político, resultando em vitórias eleitorais seguidas para a direita. Mas, nos países que ficaram à margem da Maré Rosa, como o Chile e a Colômbia, o vácuo relativo à esquerda propiciou uma renovação do horizonte político crítico da região. Paradoxalmente, as lições da Maré Rosa parecem dar frutos mais promissores nos países que passaram ao largo dela. Ainda é muito cedo para realizar um balanço dos governos Boric e Petro, mas os desafios que enfrentam são enormes. Superar o padrão de acumulação extrativista requer a construção de uma hegemonia política que consiga impor derrotas ao capital doméstico e internacional enredado no extrativismo. Na experiência da Maré Rosa, tal hegemonia foi construída com um esforço redistributivo que, ao se escorar nas rendas extrativistas, acabou por inviabilizar, politicamente, a transição para um padrão pós-extrativista. Dada a inserção subordinada das economias latino-americanas no capitalismo global, construir uma hegemonia política à esquerda sem reforçar o padrão extrativista, para criar as condições para transitar para o pós-extrativismo, é um desafio nada trivial. Levar adiante o legado da Maré Rosa – das conquistas e dos fracassos dessa experiência – requer que se enfrente esse desafio.

A experiência brasileira do século XX contém um exemplo de subordinação política do padrão de acumulação extrativista. Nos anos 1930, o enfraquecimento da oligarquia cafeeira decorrente da crise de 1929 abriu espaço para a formação de um bloco histórico que gradualmente implementou um padrão de acumulação distinto à economia brasileira. As forças sociais que chegaram ao poder com a Revolução de 1930 não tinham, é claro, um horizonte emancipatório. Antes, representavam frações da classe dominante que visavam a uma modernização conservadora, ainda que contassem com o apoio, ocasional, de grupos de esquerda. Na conjuntura atual, a hegemonia extrativista nas classes dominantes parece muito mais enraizada do que há 90 anos. Daí que a superação desse padrão de acumulação parece passar necessariamente pela formação de um bloco histórico de esquerda, enraizado nas classes subalternas. A alternativa é manter as sociedades latino-americanas na montanha-russa dos superciclos de *commodities*, com o enorme custo social envolvido.

Referências bibliográficas

AGOSIN, M. "Productive development policy for Chile: an alternative to stagnation". *Cepal Review*, 139, April 2023, pp. 117-133.

ALI, T. *Pirates of the Caribbean: axis of hope*. Edição revisada. London, Verso, 2020 [2006].

ANDERSON, P. *Brazil Apart*. London, Verso, 2019.

BLECKER, R. "The US economy since the crisis: slow recovery and secular stagnation". *European Journal of Economics and Economic Policies: Intervention*, 13(2), 2016, pp. 203-214.

CORNIA, G. A. (ed.). *Falling Inequality in Latin America: policy changes and lessons*. Oxford, Oxford University Press, 2014.

DOMÍNGUEZ MARTÍN, R. "Colombia and the coalition of the *Pacto Histórico*: from extractivism to a productive economy?". *Extractivism Policy Brief*, 3, 2022.

DOS SANTOS, P. "A cause for policy concern: the expansion of household credit in middle-income economies". *International Review of Applied Economics*, 27(3), 2013, pp. 316-338.

ERTEN, B. & OCAMPO, J. A. "Super cycles of commodity prices since the mid-nineteenth century". *World Development*, 44, 2012, pp. 14-30.

FARTHING, L. C. & BECKER, T. *Coup: a story of violence and resistance in Bolivia*. Chicago, Haymarket Books, 2021.

FARTHING, L. C. & KOHL, B. *Evo's Bolivia: continuity and change*. Austin, University of Texas Press, 2014.

FEIERHERD, G. *et al*. "The Pink Tide and income inequality in Latin America". *Latin American Politics and Society*, 65(2), 2023, pp. 110-144.

FÉLIZ, M. "Neo-developmentalism: beyond neoliberalism? Capitalist crisis and Argentina's development since the 1990s". *Historical Materialism*, 20(2), 2012, pp. 105-123.

FRASER, N. "Legitimation crisis? On the political contradictions of financialized capitalism". *Critical Historical Studies*, 2(2), 2015, pp. 157-189.

GALLAGHER, K. *The China Triangle: Latin America's China boom and the fate of the Washington consensus*. Oxford, Oxford University Press, 2016.

GUDYNAS, E. "Diez tesis urgentes sobre el nuevo extractivismo: contextos y demandas bajo el progresismo sudamericano actual". *In*: SCHULDT, J. *et al.* (org.). *Extractivismo, política y sociedad*. Quito, Centro Andino de Acción Popular – Caap/Centro Latinoamericano de Ecología Social – Claes, 2009, pp. 187-225.

HYLTON, F. & TAUSS, A. "Colombia at the crossroads". *New Left Review*, 137, September/October 2022, pp. 87-125.

____. "Colombia en tiempos de Petro: expectativas de cambio y riesgo de 'empate catastrófico'". *Nueva Sociedad*, 305, Mayo/Junio 2023, pp. 74-88.

KATZ, C. "Dualities of Latin America". *Latin American Perspectives*, 42(4), 2015, pp. 10-42.

KLEIN, M. & PETTIS, M. *Trade Wars are Class Wars: how rising inequality distorts the global economy and threatens international peace*. New Haven, Yale University Press, 2021.

LAVINAS, L. "21st Century Welfare". *New Left Review*, 84, November/December 2013, pp. 5-40.

____. *The Takeover of Social Policy by Financialisation: the Brazilian paradox*. New York, Palgrave Macmillan, 2017.

LEVITSKY, S. & ROBERTS, K. "Latin America's 'left turn': a framework for analysis". *The Resurgence of the Latin American Left*. Baltimore, Johns Hopkins University Press, 2011.

LUSTIG, N.; LÓPEZ-CALVA, L. F. & ORTIZ-JUAREZ, E. "Declining inequality in Latin America in the 2000s: the cases of Argentina, Brazil, and Mexico". *World Development*, 44, 2013, pp. 129-141.

MALINOWSKI, M. "After a humiliating defeat on tax reform, Chile is giving it another go with a 'fiscal pact'". *Bloomberg UK*, August 2023.

McNELLY, A. "Neostructuralism and its class character in the political economy of Bolivia under Evo Morales". *New Political Economy*, 25(3), 2020, pp. 419-438.

____. *Now We Are in Power: the politics of passive revolution in twenty-first-century Bolivia*. Pittsburgh, University of Pittsburgh Press, 2023.

MENDES LOUREIRO, P. *The Ebb and Flow of the Pink Tide: reformist development strategies in Brazil and Argentina*. PhD Thesis in Economics. London, Soas University of London, 2018.

____. "Class inequality and capital accumulation in Brazil, 1992-2013". *Cambridge Journal of Economics*, 44(1), 2020, pp. 181-206.

MENDES LOUREIRO, P. "O neoliberalismo redutor da probreza no Brasil e sua crise". *In*: SINGER, A.; ARAUJO, C. & RUGITSKY, F. (org.). *O Brasil no inferno global: capitalismo e democracia fora dos trilhos*. São Paulo, FFLCH-USP, 2022.

METZGER, K. & PONCE LARA, C. "¿Transformación o persistencia del modelo extractivista? Los desafíos del gobierno de Gabriel Boric". *Extractivism Policy Brief*, 2, 2022.

MOLINA, F. "Evistas *versus* arcistas: guerra abierta en el MAS boliviano". *Nueva Sociedad*, 307, 2023, pp. 4-13.

OBAYA, M. "The evolution of resource nationalism: the case of Bolivian lithium". *The Extractive Industries and Society*, 8(3), 2021.

OCAMPO, J. A. & GÓMEZ-ARTEAGA, N. "Social protection systems, redistribution and growth in Latin America". *Cepal Review*, 122, 2017, pp. 7-30.

ORAIR, R. "Notas sobre a trajetória do investimento público no Brasil". *In*: SQUEFF, G. (org.). *Dinâmica macrossetorial brasileira*. Brasília, Ipea, 2015, pp. 115-130.

_____. "Investimento público no Brasil: trajetória e relações com o regime fiscal". *Texto para Discussão*, n. 2.215. Brasília, Ipea, 2016.

QUINN, J. "Latin America's lithium sands are shifting". *Americas Quarterly*, November 2023.

RESENDE, A. M. & RODRIGUES, L. H. G. "Como nuestros hermanos: reformas tributárias para um novo pacto social". *Made – Nota de Política Econômica*, n. 31, 2023.

RIOFRANCOS, T. N. *Resource radicals: from petro-nationalism to post-extractivism in Ecuador*. Durham, Duke University Press, 2020.

ROJAS, R. "The ebbing 'Pink Tide': an autopsy of left-wing regimes in Latin America". *New Labor Forum*, 26(2), 2017, pp. 70-82.

_____. "The Latin American left's shifting tides". *Catalyst*, 2(2), 2018, pp. 7-71.

_____. "The end of progressive neoliberalism". *Catalyst*, 4(2), 2020a, pp. 141-224

_____. "Can the Chilean uprising survive the pandemic?". *New Labor Forum*, 29(3), 2020b, pp. 54-64.

_____. "Chile's vote was a rebuke of the 21st century left: will we listen?". *Jacobin*, May 2022.

RUGITSKY, F. "The decline of neoliberalism: a play in three acts". *Brazilian Journal of Political Economy*, 40(4), 2020, pp. 587-603.

_____. "Jogo aberto: a economia política do interregno". *In*: SINGER, A.; ARAUJO, C. & RUGITSKY, F. (org.). *O Brasil no inferno global: capitalismo e democracia fora dos trilhos*. São Paulo, FFLCH-USP, 2022.

SANCHEZ-LOPEZ, M. D. "From a white desert to the largest world deposit of lithium: symbolic meanings and materialities of the Uyuni salt flat in Bolivia". *Antipode*, 51(4), 2019, pp. 1.318-1.339.

SANCHEZ-LOPEZ, M. D. "Geopolitics of the Li-ion battery value chain and the Lithium Triangle in South America". *Latin American Policy*, 14(1), 2023, pp. 22-45.

SANKEY, K. "We, campesinos: the potentials and pitfalls of agrarian populism in Colombia's agrarian strike". *Journal of Agrarian Change*, 23, 2023, pp. 131-148.

SANTOS, F. L. B. dos. *Além do PT: a crise da esquerda brasileira em perspectiva latino-americana*. São Paulo, Elefante, 2016.

SILVA, E. *Challenging Neoliberalism in Latin America*. Cambridge, Cambridge University Press, 2009.

SINGER, A. *Os sentidos do lulismo: reforma gradual e pacto conservador*. São Paulo, Companhia das Letras, 2012.

SMOLSKI A. "Class struggle and violence in Latin American cities". *Latin American Perspectives*, 48, 2021, pp. 280-284.

SVAMPA, M. "The 'Commodities Consensus' and valuation languages in Latin America". *Alternautas*, 2(1), 2015, pp. 45-59.

SVAMPA, M. & VIALE E. "¿Hacia um progresismo ambiental? Colombia y la renovación política de las izquierdas". *El Diario AR*, Junio 2022.

THERBORN, G. "The travail of Latin American democracy". *New Left Review*, 113/114, 1979, pp. 71-109.

VALDÉS, M. F. & BIRKE, K. "El estallido colombiano". *Revista Rosa*, 3(3), Junio 2021.

VAROUFAKIS, Y. *The Global Minotaur: America, Europe and the future of the global economy*. London, Zed Books, 2015 [2011].

VERGARA, C. "The battle for Chile's constitution". *New Left Review*, 135, 2022, pp. 97-118.

WEBBER, J. *From Rebellion to Reform in Bolivia: class struggle, indigenous liberation, and the politics of Evo Morales*. Chicago, Ill., Haymarket, 2011.

____. *The Last Day of Oppression, and The First Day of The Same: the politics and economics of the New Latin American left*. London, Pluto Press, 2017.

NOTAS

1 Anderson, 2019.

2 *Idem*.

3 *Idem*.

4 Há, é claro, exceções a essa introversão, como o trabalho de Fabio Luis Barbosa dos Santos (2016), que se soma à série de balanços críticos sobre a Maré Rosa realizada fora do Brasil – e que aborda o caso brasileiro de uma perspectiva latino-americana (ver, entre outros, Webber, 2017; Rojas, 2018, 2020a). Ver também Mendes Loureiro, 2018.

5 Ver, por exemplo, Dos Santos, 2013; Lavinas, 2013.

6 Entre vários outros, ver Féliz, 2012; Gudynas, 2009; Katz, 2015; Riofrancos, 2020; Svampa, 2015.

7 Ver Katz, 2015; Svampa, 2015.
8 Gudynas, 2009.
9 Dados do Banco Mundial, disponíveis em <databank.worldbank.org/source/world-development-indicators>. Acesso em 18/12/2023. Exportações extrativistas incluem matérias-primas agrícolas, alimentos, combustíveis, minérios e metais.
10 Orair, 2015, 2016.
11 Therborn, 1979, p. 71.
12 Silva, 2009.
13 Rojas, 2018.
14 Fraser, 2015, p. 186.
15 Smolski, 2021.
16 Segundo dados do Banco Mundial, acessíveis em <https://data.worldbank.org/>. Acesso em 18/12/2023. Os dados sobre PIB *per capita* mencionados no restante deste capítulo são sempre dessa fonte.
17 Mendes Loureiro, 2018, p. 37.
18 Feierherd *et al.*, 2023.
19 Ver também Cornia, 2014.
20 Ocampo & Gómez-Arteaga, 2017.
21 Lavinas, 2017; Mendes Loureiro, 2022.
22 Singer, 2012.
23 Mendes Loureiro, 2018, 2020.
24 Varoufakis, 2015; Blecker, 2016; Klein & Pettis, 2021; Rugitsky, 2020, 2022.
25 Gallagher, 2016, p. 7.
26 Erten & Ocampo, 2012.
27 Levitsky & Roberts, 2011, pp. 10-11.
28 Rojas, 2017, p. 75.
29 Svampa, 2015, p. 48.
30 Webber, 2011.
31 Farthing & Kohl, 2014.
32 *Idem*; McNelly, 2020.
33 Sanchez-Lopez, 2019.
34 Obaya, 2021; Sanchez-Lopez, 2023.
35 Quinn, 2023.
36 Farthing & Kohl, 2014; McNelly, 2023.
37 McNelly, 2023.
38 Sobre o golpe, ver Farthing & Becker, 2021.
39 Molina, 2023.
40 Hylton & Tauss, 2022, p. 89.
41 *Idem*, p. 115.
42 Levitsky & Roberts, 2011; Feierherd *et al.*, 2023.
43 Santos, 2016, p. 165.
44 Rojas, 2020b, pp. 59-60.
45 Hylton & Tauss, 2022, pp. 93-101.
46 Lavinas, 2013, pp. 26-27; Feierherd *et al.*, 2023, p. 118.
47 Rojas, 2020b. Sobre os protestos de 2011, ver Webber, 2017, cap. 5.
48 Rojas, 2022.
49 Hylton & Tauss, 2022, pp. 104-109; Sankey, 2023.
50 Hylton & Tauss, 2022, p. 106.

[51] Valdés & Birke, 2021.

[52] Para as propostas tributárias, ver Resende & Rodrigues, 2023. Para as propostas acerca do extrativismo, ver Domínguez Martín, 2022; Metzger & Ponce Lara, 2022; Svampa & Viale, 2022; Agosin, 2023.

[53] Svampa & Viale, 2022.

[54] Rojas, 2022; Vergara, 2022.

[55] Malinowski, 2023.

[56] Hylton & Tauss, 2022, 2023.

[57] Hylton & Tauss, 2023, p. 84.

CAPÍTULO 9

Assetização de direitos e corrosão do modelo social de 1988 no Brasil*

Lena Lavinas e *Guilherme Leite Gonçalves*

Introdução

Desde a virada do século, o regime de bem-estar ancorado na Constituição de 1988 passa por um processo de restruturação profundo e sem precedentes, que tem na crescente assetização da provisão social seu traço definidor,[1] levando a uma completa desfiguração do modelo social pactuado ao longo dos anos da redemocratização. Este capítulo parte do pressuposto de que, à primeira onda de financeirização da política social que ganha tração a partir de 2003, se segue, agora, na gestão Lula 3, uma nova etapa que mais abertamente institui, por iniciativa do Estado, a capitalização e a multiplicação de classes de ativos[2] como mecanismo de provisão de bem-estar.

Na primeira onda, as formas de financiamento e acesso a bens e serviços públicos em áreas diversas (previdência, saúde, educação, moradia) introduziram a capitalização das aposentadorias e promoveram a colateralização dos benefícios sociais[3] como estímulo à expansão do crédito "pessoa física", tendo como efeito um fenômeno novo, o elevadíssimo e constante grau de endividamento das famílias para assegurar sua reprodução social. Esta, para além de se mercantilizar, se financeiriza. Na nova etapa, a emissão de títulos pelo Tesouro, em paralelo ao protagonismo crescente dos fundos de *private equity* e investidores institucionais, parece inaugurar um papel inédito para a política social, que se assetiza, redefinindo por completo a complementaridade entre ela e o

* Agradecemos a Leda Paulani e Cicero Araujo por seus comentários valiosos a uma versão preliminar deste artigo, bem como aos e às colegas que o debateram em nossas reuniões do grupo de pesquisa.

regime de acumulação financeirizado. Assiste-se, assim, a um desdobramento na subsunção da reprodução social que se move do capital portador de juros para o capital fictício.[4]

Novas categorias de risco emergem e comprometem a ideia de um sistema de proteção social redistributivo, que aspire à universalização dos direitos.[5] Ao mesmo tempo, a ênfase nas parcerias público-privadas (PPPs) como meio de concessão da prestação de serviços públicos com garantias estatais ao mercado privado torna-se uma estratégia da administração Lula 3 para minimizar incertezas da acumulação financeira.

Este capítulo pretende mapear a transição em curso entre modelos de provisão no Brasil do século XXI, adotando o prisma da financeirização da política social e suas consequências sobre lógicas emancipatórias e redistributivas. Para tanto, iniciaremos examinando o percurso de consolidação da hegemonia financeira no capitalismo brasileiro. Nas próximas três seções, analisaremos como seu desenvolvimento ativou, primeiro, um processo de financeirização elitizada (1981-1994) e, depois, de financeirização em massa (1995-2016). Essas dinâmicas foram atravessadas por expropriações de diversas ordens – dos bens, espaços e serviços públicos, das rendas salariais, dos direitos e garantias sociais e financeiras –, implementadas por diferentes formas (e intensidades) de violência institucional, pelos sucessivos governos que se alternaram no país desde o fim do século XX.

Discutiremos, no tópico seguinte, o processo de reconstrução e as novas medidas na área social da gestão Lula 3, avaliando seus vínculos com a acumulação financeira. Entre as inovações, destacam-se o Programa Desenrola Brasil, o Arcabouço Brasileiro para Títulos Soberanos Sustentáveis, o Tesouro Educa+, o RendA+, O Educa +Mulher, entre outros. Ao lado da retomada das PPPs, eles sugerem um novo ponto de inflexão na marcha de financeirização das políticas sociais. Tal ponto parece combinar metas de renegociação (sem perdão) das dívidas para beneficiar inadimplentes, reciclando-os para a tomada de novos empréstimos, tendo o Estado como fiador em caso de novo *default*. Isso sugere um processo de enfrentamento do excesso de expropriações financeiras presentes por meio de sua potencialização no futuro.

Paralelamente, a dimensão universalizante das políticas sociais é esvaziada tanto pela extensão, uma vez mais, das desonerações da folha de pagamento como pela reforma tributária, duas frentes em disputa que definirão a magnitude do orçamento social. A primeira se transformou num cavalo de batalha entre o governo federal e o Congresso, com a vitória da manutenção das desonerações[6] e, inclusive, sua ampliação.[7]

A segunda preocupa. O recém-criado Imposto sobre Valor Agregado (IVA) espelha a adoção de um modelo dual de tributação de bens e serviços. Ele se desdobra em dois tributos: Imposto sobre Bens e Serviços (IBS), de competência de estados, DF e municípios, e Contribuições sobre Bens e Serviços (CBS), tributo federal. Em tese, as CBS destinar-se-iam integralmente a financiar a Seguridade Social, tal como previsto no artigo 195 da Constituição. Contudo, lei complementar a ser regulamentada[8] vai estabelecer não apenas a alíquota plena do novo IVA, mas se as alíquotas básicas do IBS e das CBS serão idênticas (compartilhando igualmente a receita arrecadada) ou não. Vai também indicar todas as exceções e particularidades que devem beneficiar determinados setores, reduzindo sua tributação. Tampouco há garantias de que as CBS se destinem exclusivamente ao financiamento da Seguridade, que nem mesmo é mencionada na emenda constitucional (EC) 132, que dá início à reforma do sistema tributário nacional.[9]

Em simultâneo, avançam apostas, em parceria com a Comissão de Valores Mobiliários (CVM), de promoção de serviços básicos via capitalização de rendimentos individualizados: propriedade de ativos financeiros que podem financiar, ao serem associados ao orçamento, despesas com educação, moradia, saúde etc.

Essas pistas são fundamentais para refletirmos a respeito do último tópico sobre o advento de novos *drives* da acumulação financeira e a respeito da erosão continuada do modelo social implementado em 1988. Temos observado debates e medidas dirigidos à indispensável e urgente redução da taxa Selic. Lastreada pelos mecanismos de valorização do capital portador de juros, a financeirização até então tinha se organizado em torno do grau elevado da Selic. Com sua tendência de queda, necessária ao projeto de reindustrialização, lançado no início de 2024 pelo governo (Nova Indústria Brasil), as pressões por capitalização tendem a procurar outros espaços de rentabilidade para o capital fictício. Com isso, haveria uma mudança na qualidade da expropriação financeira: além de operar no sentido da tomada dos rendimentos salariais via pagamento de juros, agora se faz também através da criação de novas classes de ativos com o objetivo de garantir rendas futuras. Para operar tal mudança, torna-se imprescindível a desuniversalização das políticas sociais. Convertidas em direitos de propriedade, elas se tornam crescentemente ativos que podem ser negociados.

Da financeirização elitizada à financeirização em massa

O caso brasileiro ilustra exemplarmente como a financeirização ganhou a periferia. José Carlos Braga e Miguel Bruno *et al.* apontaram que tal processo surgiu precocemente no Brasil ao final dos anos 1970, quando bancos e grandes empresas começaram a substituir investimentos produtivos por produtos financeiros.[10] Desde então, a trajetória da financeirização no Brasil promoveu diferentes dinâmicas, cada qual com momentos expropriatórios particulares. Para compreender o atual estágio de expropriação dos direitos e políticas sociais, desencadeado sob as novas exigências da dominância financeira, é importante examinar o percurso anterior.

A primeira dessas dinâmicas foi denominada "financeirização elitizada" e ganhou tração entre 1981 e 1994. Seus antecedentes remontam ao pós-crise do "milagre econômico" (1967-1973), quando foram criados dispositivos compensadores da inflação passada com base em mecanismos orientados a indexar preços e salários.[11]

Ao longo da década de 1980, tal regime produziu um realinhamento da estrutura de classes brasileira. A alocação financeira dos recursos disponíveis não apenas levou à concentração do capital em torno das rendas oriundas da sua propriedade, como também subordinou o capital funcionante ao capital-propriedade. O resultado imediato desse processo foi a imposição da hegemonia dos setores bancários e rentistas, que conduziu à implementação do projeto neoliberal de liberalização da economia. Para tanto, foram necessárias transformações institucionais – abertura comercial, interrupção do intervencionismo estatal, desregulamentação, e restrição do investimento público – que levaram à ruptura com o padrão de crescimento até então vigente no Brasil. Do ponto de vista das classes médias assalariadas e trabalhadoras, tais mudanças aprofundaram seu rebaixamento social. Elas ficaram espremidas pelo recuo das ocupações tradicionais, pelo esgotamento do modelo de substituição de importações, pelas perdas salariais e pela escassez das boas oportunidades de emprego.[12] Essas classes permaneceram, porém, alijadas do sistema financeiro, em razão do seu débil nível de bancarização e detenção de ativos. Assumiram muito mais a função de exército industrial de reserva e de flexibilização das garantias trabalhistas, de modo a facilitar a satisfação das obrigações dos capitalistas funcionantes com o capital portador de juros. Esse quadro combinou exclusão financeira das classes populares, de um lado, e vantagens para a alta burguesia, de outro.

Com o advento do plano de estabilização monetária, implementado ao longo da década de 1990, a "financeirização elitizada" foi reajustada por um novo dispositivo de acumulação, que substituiu o sistema de ganhos inflacionários pelo de altos rendimentos com juros tomando a Selic como referência.[13] Esse novo sistema ancorou a capitalização na produção de derivativos e títulos de renda fixa vinculados à dívida pública interna. Tais ativos foram dotados de taxas de juros reais e nominais extremamente altas, que eram justificadas pelas metas austeras de controle da inflação,[14] notadamente a partir da introdução do tripé econômico e da abertura da conta de capital (1999). Isso permitiu que expansão e concentração financeira aumentassem sobremaneira, alcançando um nível não comparável a outros países emergentes.[15] Ao orientar a rota da financeirização claramente ao circuito do capital portador de juros, o programa monetário de então, erigido sob os preceitos neoliberais macroeconômicos, aprofundou o caráter elitista da dinâmica de financeirização então estabelecida com o favorecimento das altas finanças em detrimento da acumulação industrial. Se, de um lado, esse processo reduziu o investimento produtivo e o crescimento, de outro, promoveu os interesses rentistas sobre os serviços públicos e a Seguridade Social.[16]

Tal quadro se assentou ao longo do governo Fernando Henrique Cardoso (1994-2002), que transformou a economia brasileira numa "plataforma internacional de valorização financeira",[17] a partir da abertura e da desregulamentação financeiras e das privatizações. O Brasil passou a atrair capitais de curto prazo que ganhavam com juros elevadíssimos e com a tendência à apreciação cambial daí derivada, amplificando os ganhos em dólar. Com a expropriação dos bens públicos e a desobstrução dos controles legais sobre o sistema bancário, foi possível deflagrar um processo de transferência do poder de alocação de recursos do Estado para o sistema financeiro, que passou a determinar os circuitos do capital e as instâncias produtivas.[18]

Em tal contexto, o modelo nominal de Estado e de bem-estar da Constituição de 1988 defrontou-se com controle de investimentos públicos, regime de austeridade, desmonte do regime público de repartição, flexibilização do trabalho e cortes de gastos governamentais, que indicavam a disposição de desfinanciamento dos meios de aplicação dos direitos fundamentais, sobretudo dos direitos sociais. Para tanto, foi necessário deflagrar um movimento de reforma e mutação constitucional. Em primeiro lugar, o governo Cardoso incentivou intensamente emendas à Constituição.[19] De janeiro de 1995 até maio de 2000, foram aprovadas 28 emendas constitucionais, grande parte com propósitos de estabilização fiscal e reforma do Estado. Privatizações, reforma administrativa e redução de benefícios previdenciários foram implementadas por tais emendas. Ao trivializar a possibilidade de modificação do texto constitucional, o governo minimizava a força político-simbólica do pacto social estabelecido pela luta por redemocratização e promovia interesses inclinados à formação de um novo projeto.

Esses métodos expropriatórios de espaços públicos ou coletivos e de rendas salariais e do fundo público, empregados pela política de estabilização monetária, modificaram a realidade socioeconômica brasileira.[20] O resultado foi o aumento da renda *per capita* em apenas 2,7% ao ano entre 1981 e 2003, a queda do Brasil da oitava maior economia do mundo, em 1980, para a décima quarta em 2000, além do declínio significativo da participação do trabalho na renda nacional.[21]

A desaceleração econômica do final dos anos 1990 e do início dos anos 2000 confirmou esse quadro social regressivo e demonstrou que, não obstante a superação da inflação, ainda mantinha insatisfeitas expectativas de segurança social, mobilidade e redução das desigualdades. De todo modo, a reforma do Estado brasileiro nos anos 1990 criou condições para formar, durante a primeira era do Partido dos Trabalhadores, a segunda dinâmica de financeirização, qual seja, a "financeirização em massa".[22]

Financeirização em massa e superendividamento

Como estratégia de inclusão social, redefiniu-se o regime de bem-estar, enfatizando a concessão de crédito individual como meio de financiamento da reprodução social. O saldo de crédito "pessoa física" passa a crescer significativa e permanentemente a partir de 2003, graças à criação de linhas específicas (consignado e Fies), relaxamento dos parâmetros e outros mecanismos desenhados para franquear o acesso ao mercado de crédito tendo o Estado como fiador.[23] Sem dúvida, a expansão da cobertura e da eficácia da política de assistência, antes restrita aos idosos e portadores de deficiência (Benefício de Prestação Continuada – BPC), foi o lado mais exitoso da política de inclusão social e combate à pobreza com a criação do Programa Bolsa Família.

Contudo, e apesar da elevação do gasto social e do ligeiro aumento da massa salarial, a política social no seu conjunto seguiu premida pela política macroeconômica, com desonerações e desvinculações em alta, operando de forma pró-cíclica (à exceção de 2010). No reforço à financeirização, a reforma do Regime Próprio da Previdência Social (RPPS) de 2003 estendeu aos servidores públicos o teto de contribuição e valor do benefício vigente no regime geral, além de implementar o regime de capitalização. Nesse contexto, os benefícios e provisões públicas mantiveram-se limitados, o que acentuou a dependência das classes médias e trabalhadoras ao mercado.

A financeirização em massa não abdicou de instrumentos expropriatórios ilegítimos. É o caso, por exemplo, das medidas provisórias. Não obstante o fato de a emenda constitucional 32/2001 ter regulamentado seu uso ao prescrever limites materiais e procedimentos mais rigorosos para sua tramitação, houve um aumento no número de medidas provisórias editadas – de uma média de 40,3 por ano no primeiro mandato de Cardoso para 59,8 por ano no primeiro mandato de Luiz Inácio Lula da Silva (2003-2006).[24] O debate sobre a inefetividade da respectiva emenda não pode ser analisado desconsiderando a manutenção da política macroeconômica neoliberal. Mecanismos como o trancamento de pauta para a apreciação das medidas provisórias foram amplamente usados pelo presidente Lula da Silva a fim de aumentar seu poder sobre a agenda do Legislativo.

Em relação às primeiras, ao longo dos anos 2000, o PT deu continuidade ao Programa Nacional de Desestatização, criado por Collor de Mello através da MP 155/90 e, posteriormente, convertido em lei.[25] Uma vez que as empresas públicas mais rentáveis já haviam sido vendidas pelos governos anteriores, a falta de interesse pelas remanescentes pressionou-o a apostar no "aluguel" da administração ou da prestação de um serviço para o setor privado, tornando as concessões uma prática frequente dos governos Lula da Silva e Dilma Rousseff. No primeiro, foram leiloadas usinas hidrelétricas e cerca de 2,6 mil quilômetros de rodovias federais. No segundo, foi criado o Programa de Investimentos em Logística (PIL), responsável pelas concessões de portos e aeroportos.

O eixo central da financeirização em massa foram, porém, as expropriações financeiras. Tal processo desenvolveu-se globalmente, mas no Brasil foi impulsionado pela forte expansão do crédito e do endividamento durante as primeiras administrações do PT. Ele pressupõe, conforme Lapavitsas,[26] que o avanço do capital fictício sobre as empresas industriais e comerciais expõe o domínio dos bancos, que, por sua vez, buscam compensações na renda dos trabalhadores como fonte alternativa para seus lucros. Em razão das privatizações e do subfinanciamento dos serviços públicos, a satisfação dos meios de subsistência se fez cada vez mais dependente do financiamento bancário. A classe assalariada não dispunha, porém, de nenhum mecanismo de previsibilidade e controle dos riscos de seu empréstimo. Com a aparência de que se está sob fluxos de rendas futuras, as assimetrias de poder e informação entre os bancos e o prestatário mais pobre permitem a apropriação pelos primeiros de parte dos salários via pagamento de juros.[27] Na medida em que a expropriação financeira se torna fator fundamental dos ganhos bancários, os bancos passam também a assumir e pressionar o Estado para garantir a expansão permanente do crédito ao consumo.

Nesse sentido, uma das consequências da marcha ambígua da primeira era PT (expansão e mercantilização) foi o crescimento sustentado do nível de endividamento das famílias brasileiras, que passam a ter 40,57% de sua renda disponível comprometida com dívidas *vis-à-vis* o setor financeiro em dezembro de 2015, contra 16,51% em janeiro de 2005.[28] Surge, nesse processo, uma figura nova, de peso crescente, o pobre por dívida, isto é, aquele que cai abaixo da linha de pobreza em virtude do alto grau de comprometimento da renda domiciliar com reembolso de dívidas.[29]

Ancorados no acesso ao crédito de consumo, forjaram-se arranjos financeiros complexos que viabilizaram um fluxo permanente do capital portador de juros. Entre eles, destaca-se a (re)securitização do crédito. Embora a concessão de crédito individual tenha sido apresentada como fator de inclusão social, serviu, todavia, como instrumento para difundir globalmente políticas neoliberais e ocultar o caráter desigual presente nas relações especulativas com o sistema financeiro, possível através da colateralização da política social.[30]

Esse cenário nos permite repensar os traços do lulismo, termo cunhado por André Singer para expressar como o presidente Lula da Silva construiu um sistema de poder sustentado numa aliança com o subproletariado informal e orientado à sua inclusão no mundo assalariado com as garantias de uma "cidadania trabalhista".[31] Tal sistema teria gerado certa pacificação social em torno de um reformismo brando, o social-desenvolvimentismo, que abdicou de mudanças estruturais. Da perspectiva da financeirização em massa, o lulismo é, ao contrário, um arranjo que possibilitou os laços das classes populares com o mercado financeiro, antes inexistentes. Para atender às suas necessidades básicas dados os déficits da prestação estatal coletiva, tais classes viam-se pressionadas aos empréstimos bancários. Em mercados desregulados, a primeira sensação de empoderamento do crédito transformava-se, assim, no pesadelo do pagamento dos serviços da dívida. Trata-se, portanto, de um equilíbrio político altamente precário, na medida em que a força motriz da capitalização tende a converter o acesso ao consumo em expropriação financeira, (sub)proletários em expropriados. Dado o forte apelo normativo de Lula para as lutas sociais do país, o acordo lulista é, assim, um sistema que opera em condições de elevada desilusão.

Um novo ciclo conservador de sobre-expropriações

Tal descontentamento implodiu visivelmente no pós-crise financeira de 2008, quando se aprofunda um novo movimento expropriatório. O impacto do colapso dos preços das *commodities* no Brasil foi devastador. No início do governo Rousseff (2011), o crescimento desacelerou rapidamente. A fórmula anticrise foi compensada, na sequência, por programas de austeridade, que inauguraram um processo intenso e acelerado de sobre-expropriações de direitos.[32] Esse processo expôs o sistema político exacerbadamente ao risco do dissenso. Os protestos de junho de 2013 explodiram e, ao longo dos meses seguintes, se polarizaram entre grupos que criticavam *versus* os que defendiam políticas de mercado.[33] Embora à época Rousseff tenha reforçado o aparato repressivo,[34] não foi o suficiente para assegurar a política anticrise adotada: o vínculo histórico do PT com setores progressistas da sociedade e a contradição entre a campanha desenvolvimentista de 2014 e a formação de Ministério da Fazenda de perfil neoliberal mantiveram incertezas em torno da credibilidade da presidenta em ser fiadora da transição pós-crise.

A exigência de neutralizar o potencial de dissenso das sobre-expropriações impulsionou uma onda de autoritarismo a partir de 2016, com o golpe jurídico-parlamentar que levou ao *impeachment* da presidenta Dilma Rousseff.[35] A pior recessão já registrada no Brasil (crescimento negativo do PIB de 7,5% em 2015-2016) certamente contribuiu para sua destituição forçada. O governo Michel Temer superou as incertezas quanto à capacidade do governo petista em fazer valer o ritmo reclamado de austeridade. Temer aprovou rapidamente uma emenda constitucional de limitação do aumento real do gasto público por 20 anos e duas reformas trabalhistas capazes de romper as amarras ainda existentes à informalidade e à precarização.

Entretanto, em 2017-2018, o resultado dessas medidas se mostrava pouco animador, e a recuperação econômica seguia anêmica. A renda da família brasileira havia encolhido 7,6%, sendo que 50,8% da renda disponível estava comprometida com dívidas bancárias.[36] Havia 12,4% de desemprego no país. Ao mesmo tempo, os quatro maiores bancos privados haviam alcançado a mais alta taxa de lucros da história até então (em torno de R$ 53,9 bilhões). Essa aceleração do ritmo das expropriações andou *pari passu* com o aumento da violência jurídica e política, como, por exemplo, o uso excessivo da decretação de garantia de lei e ordem, bem como o recurso à intervenção federal em estados sob a responsabilidade de interventores militares. Ao final de sua gestão, Temer foi amplamente rejeitado, tendo atingido a menor taxa de aprovação entre os presidentes brasileiros: apenas 3% da população anuía às suas políticas.

Seu governo conseguiu ampliar os meios repressivos, necessários para blindar o processo de intensificação das expropriações de seu efeito dissensual. Por outro lado, não obstante o enorme incremento do autoritarismo, determinadas metas do regime de austeridade não foram concretizadas. A principal delas foi o fracasso de uma terceira reforma da Previdência, tentada por Temer ao longo de seu mandato. Esse fracasso evidencia haver um limite quanto ao grau de dissenso e desaprovação social suportável, cuja superação inviabilizava a própria continuidade da fórmula expropriadora adotada como solução para a crise. Dito de outro modo, a dinâmica de aceleração de expropriações depende de uma combinação relativamente equilibrada entre elementos coercitivos e consensuais. Isso só foi alcançado com o êxito de Bolsonaro em 2018.

A autocracia bolsonarista[37] mostrou-se bem ajustada às condições impostas pelo mercado financeiro durante a crise, iniciada em 2014, que postulavam por aumento do rigor e da aceitação social das políticas de austeridade. Ela foi capaz de gerar aceitação social. Converteu o conservadorismo radical na expressão dominante da insatisfação com as expropriações, desonerando o capital e criando falsos culpados por meio de práticas discriminatórias baseadas em uma ideologia da inferiorização, cuja adesão prolonga-se até os grupos mais expropriados (mulheres e negros), estimulados pelo que Fanon descreveu como "sonhos de possessão do colonizado".[38] Com isso, Bolsonaro conseguiu uma reforma previdenciária altamente controversa que elevou a idade de aposentadoria das mulheres e o número de anos de contribuição qualificada; a redução agressiva dos gastos públicos em áreas como educação, ciência, saúde e meio ambiente; a autonomia do Banco Central; e a aprovação do marco legal do câmbio e de capitais internacionais, antiga reivindicação do setor financeiro, visando facilitar a dolarização e a internacionalização das carteiras da elite brasileira, até então alocadas em ativos denominados exclusivamente em moeda nacional.[39]

O projeto autocrático bolsonarista foi abalado com a crise da covid-19.[40] A pandemia evidenciou a importância de provisões de saúde pública e do sistema científico. Com isso, o discurso da saúde universal readquiriu força no terreno político, enfraquecendo práticas discriminatórias, privatizantes e armamentistas. Ao mesmo tempo, em razão do desmantelamento da economia produtiva, os governos viram-se forçados à criação de medidas de socorro emergencial para diferentes setores econômicos e sociais. O Brasil não foi exceção, com a adoção do orçamento de guerra, da ordem de R$ 524 bilhões executados.[41] Essa iniciativa *ad hoc* concentrou cerca de 62% dos recursos em transferências monetárias que alcançaram por alguns meses 67 milhões de pessoas, revertendo temporariamente a primazia da austeridade. Ainda assim, o orçamento regular[42] do Ministério da Saúde voltou a declinar em termos reais nos anos subsequentes, acumulando perdas entre 2020 e 2022. Afora o curto período de graça imposto no auge da pandemia, o padrão procíclico e de aperto do gasto retomou sua hegemonia.

O modelo de equilíbrio entre violência e legitimidade não funcionou eficazmente diante da emergência de novos hábitos, estilos, valores e laços de solidariedade, costurados pelo combate à pandemia. A busca pela defesa universal da vida não se acomodava ao conservadorismo radical bolsonarista.

Se esse cenário enfraqueceu minimamente a aceitação social bolsonarista, garantindo a eleição de Lula em 2022 com uma pequena diferença de votos, não foi suficiente para consolidar formas institucionais ou movimentos consistentes em favor da universalização das políticas sociais, calcanhar de aquiles do nosso sistema de proteção social. Ao contrário, Lula 3 parece construir um programa para legitimar uma nova onda de financeirização, em que a política social passa a ser diretamente assetizada. O discurso e os modos de regulação do social baseiam-se, agora, na ideia da capitalização como meio privilegiado de assegurar, no futuro, bem-estar e proteção. Configura-se, assim, uma transição para um modelo de política social lastreada na acumulação de direitos de propriedade de ativos financeiros.[43] Isto é: os proprietários – antes exclusivamente beneficiários das políticas sociais – devem tornar-se titulares de direitos sobre rendas futuras. Com isso, Lula 3 sinaliza inaugurar um terceiro movimento expropriatório: a corrosão mais profunda da dimensão universal das políticas sociais, via ampliação dos vínculos com o capital fictício.

Isso poderia ser pensado como uma característica do *de-risking State*, que mobiliza organizações, instituições, normas implícitas e explícitas para absorver riscos para a acumulação financeira.[44] Nesse caso, a desuniversalização das políticas sociais se transforma em garantias estatais contra as incertezas de retorno do investimento financeiro.

A evidência de que existe uma dinâmica expropriatória em curso está dada pelo ineditismo de um programa de cunho social de grande envergadura lançado com pompa e circunstância no início da gestão Lula 3: o Programa Desenrola Brasil. Voltado para a solução dos altos níveis de inadimplência que inibem o acesso em massa ao mercado de crédito, ele se mostra indispensável num quadro de retração do gasto público por força de mudanças no marco regulatório com a aprovação do Novo Arcabouço Fiscal (NAF) em 2023, bem como se presta a reverter o recuo dos níveis de rentabilidade do setor bancário.[45]

Do desmonte à reconstrução

A volta do Bolsa Família reformado, ou o Novo Bolsa Família, elevando três vezes o valor médio do benefício (R$ 690,00 médios mensais por família,[46] agregando adicionais antes inexistentes, a partir do valor-base de R$ 600,00) e atendendo a 21,45 milhões de famílias, além da retomada da política de valorização real do salário mínimo, é medida que resgata, de imediato, o DNA de raiz da gestão Lula 3. Gestão essa que começa, de fato, já ao final de 2022, com a aprovação, pelo Congresso Nacional, da PEC da Transição (32/2022), autorizando, no primeiro ano de governo, aumento do gasto público.[47]

Esse início prolongado e ainda titubeante em algumas frentes mescla recomposição e refundação da capacidade estatal com sua ampliação, por meio de iniciativas inéditas que vão configurando pouco a pouco uma arquitetura formada por "arcabouços".

Outros exemplos de reconstrução significativos se destacam no campo da Segurança Alimentar e Nutricional (SAN). Tem lugar a reinstalação, pela segunda vez, do Conselho Nacional de Segurança Alimentar e Nutricional (Consea), desativado em 2019.[48] Retorna apoiado em uma Câmara Interministerial de Segurança Alimentar. É também reintroduzido em 2023 o Programa de Aquisição de Alimentos (PAA),[49] que, após um longo processo de desfinanciamento, havia sido substituído, em 2021, pelo Programa Alimenta Brasil, de impacto nulo. Combate à pobreza e combate à fome juntos retomam prioridades que nunca deixaram a agenda petista.

O governo federal também relançou o "Minha Casa, Minha Vida" (PMCMV) em julho de 2023, enterrando seu substituto implementado no governo Bolsonaro, o denominado "Casa Verde e Amarela".[50] A meta é construir dois milhões de moradias para a população de baixa renda até 2026. O programa contempla três faixas de renda familiar, tanto em áreas urbanas quanto em áreas rurais, e traz novidades em relação à sua primeira versão, inaugurada em 2009. Uma delas, e não das menos relevantes, é o fato de os favorecidos pelo Benefício de Prestação Continuada ou pelo Bolsa Família serem desonerados do pagamento da prestação mensal, fixada de acordo com o rendimento familiar. Não está claro se serão proprietários do imóvel ou se terão acesso a moradia social. A área mínima dos imóveis será maior, aumentando também o subsídio à faixa 1[51] (público-alvo com renda até dois salários mínimos, desde que viva em áreas urbanas[52] e esteja inscrito no CadÚnico). As faixas 1 e 2 contam com subsídio, que não incide sobre a faixa 3, contemplada com juros menores. Os juros variam entre 4% e 8,16% ao ano, a depender da faixa e da região.

Resta saber se a nova versão do PMCMV vai rever a garantia fiduciária sobre a qual se estruturou o programa no passado. Se, de um lado, essa cláusula expropriatória favoreceu o *boom* imobiliário em 2009, de outro, colocou em xeque, dados o perfil das famílias atendidas e o prazo de amortização (mais de três décadas), a efetividade da política habitacional para a baixa renda. Oliveira mostrou que, no segmento social (faixa 1) do PMCMV sobre o qual não incidia a alienação fiduciária, a taxa de inadimplência alcançou 43,3%[53] no início de 2019.[54] Já no segmento de mercado (faixas 1.5, 2 e 3), sob garantia fiduciária, a inadimplência permaneceu invariavelmente abaixo de 2% ao longo do tempo, em razão, justamente, de os atrasos além de três meses levarem ao despejo, com a retomada do imóvel pelos credores. E conclui:

> A decisão de retomada do imóvel [na faixa 1] é, portanto, política, ao contrário do segmento de mercado, refém da estratégia comercial e da regulamentação própria dos agentes financeiros, ainda que representado por bancos públicos. Não houve nenhuma retomada de imóveis do segmento social; desta forma, os contratos em atraso foram se acumulando ao longo dos anos, o que explica a elevada inadimplência. Ao contrário, no segmento de mercado, como em qualquer carteira de financiamento com alienação fiduciária, a rápida execução da garantia parece ter impedido o acúmulo de contratos em atraso, mantendo baixos os percentuais de inadimplência. Os bons números parecem ser, assim, resultado de uma política organizada de despejos, executada, no caso do PMCMV, por bancos públicos.[55]

Também o SUS dá início a um processo de recuperação com a retomada de programas prioritários em várias áreas, entre elas a expansão da atenção primária, a formulação de uma política nacional para a atenção especializada, a implementação do piso nacional da enfermagem com recomposição das equipes de programas como o Saúde da Família e o Mais Médicos, mais incentivos para a rede de hospitais filantrópicos, a reorganização da saúde indígena. Tudo isso foi possível porque, com o fim do teto de gastos (EC 95/2016), a partir dos recursos adicionais oriundos da PEC da Transição (EC 126), o governo retoma, em 2023, o princípio da aplicação do piso constitucional da saúde, que determina, desde 2015 (EC 86), a alocação de 15% da receita corrente líquida da união para o SUS. Essa mudança de regra no financiamento do SUS é de vital importância para superar o padrão recorrente de desfinanciamento da saúde pública, que levou a despesa privada com saúde no Brasil como proporção do PIB em 2020 a ser superior à participação do gasto público: 5,7% contra 3,9% respectivamente, um contrassenso considerando-se o direito constitucional à cobertura universal e integral em saúde. O gasto público com saúde representou naquele ano 41% apenas do gasto total do setor. Já o gasto *per capita* caiu ano a ano em termos reais desde 2014, recuando de R$ 615 para R$ 573 em 2020.

O grande desafio, claro está, reside, portanto, na recomposição do padrão de financiamento do SUS, cuja perda de receita entre 2018 e 2022, em razão da vigência do teto de gasto, totalizou R$ 75,8 bilhões.[56] Mas vazamentos para o privado também ocorrem, entre outros, com a multiplicação dos contratos de PPPs, "sob as mais variadas formas de fomento público e do regime da complementaridade, que implica a compra de serviços privados pelo SUS para suprir insuficiência pública".[57] Entre 2018 e 2023, dois conglomerados hospitalares filantrópicos, Sírio Libanês e Albert Einstein, passaram a gerir mais leitos na esfera pública que nas suas unidades, graças a parcerias com prefeituras, governos estaduais e o Ministério da Saúde. Segundo a *Folha de S. Paulo*, nesse período, as receitas provenientes do SUS quase triplicaram nos caixas dos hospitais privados sem fins lucrativos, passando de 4,65% para 12,77%.[58] Somaram, neste último ano, R$ 6,87 bilhões. Servindo-se das PPPs, das organizações sociais em saúde (OSS) e de vários mecanismos de renúncia fiscal, a medicina privada avança agora integrando verticalmente também o ensino universitário, através da criação de faculdades de medicina próprias[59] – que utilizam para sua prática unidades do SUS –, e unidades farmacêuticas e laboratoriais.

Além da progressão da concentração e da centralização de capital em saúde, promovida pela lógica da acumulação financeirizada, o hospital Albert Einstein, embora não tenha aberto capital, lançou um Certificado de Recebíveis Imobiliários (CRI), título de renda fixa isento de IR, com vencimento em 2025. Já o Sírio Libanês dispõe de um fundo patrimonial para financiar ensino e pesquisa e a abertura de unidades ambulatoriais. Esses são apenas alguns exemplos de financeirização do setor que não poupam nem mesmo a provisão pública e que reforçam a análise de Cordilha de que "*transformação*, mais que *desaparecimento* [da provisão pública], é o termo que define a trajetória dos sistemas de saúde no período neoliberal".[60] No caso da esfera pública, investimentos financeiros por parte dos fundos estaduais e municipais de saúde e o recurso recorrente a empréstimos bancários para financiar hospitais que prestam serviços ao sistema,[61] além das parcerias público-privadas, são exemplos de formas de financeirização "interna" do SUS.[62]

Frear e, no limite, reverter essa tendência de primazia do privado lucrativo e financeirizado na saúde supõe garantir que o financiamento do SUS será feito com base no piso constitucional, o que coloca uma contradição no âmbito da implementação do novo arcabouço fiscal. A LC 200/2023, que sancionou o novo regime fiscal, pode levar a que, a partir de 2025, aumentem pressões para impor uma desvinculação constitucional de valores mínimos para a saúde – e também para a educação.[63] Isso porque, com o aumento da arrecadação ao longo do tempo, haverá também elevação da receita vinculada ao piso desses setores, contrariando o limite máximo de 2,5% do crescimento anual das despesas previsto no Núcleo de Apoio Contábil e Fiscal (NAF). Ora, o NAF não pode promover o descumprimento do piso constitucional,[64] mas vai certamente levar a uma redução de outras despesas sociais carentes de tais garantias. Assim, passa a existir uma disputa por recursos comprimidos na área social, consequência da política de austeridade que o governo adotou com o novo regime fiscal. Diante disso, a equipe econômica dá sinais de que intenciona propor uma reforma constitucional que suprima tal vinculação de receita, para que os orçamentos da saúde e da educação caibam na camisa de força da regra fiscal, realimentando o desfinanciamento.[65]

Reformatando vínculos entre provisão social e finança

Do lado das inovações, na área social, algumas iniciativas são dignas de nota porque sinalizam uma mudança de rota. São elas o Programa Desenrola Brasil, o Arcabouço Brasileiro para Títulos Soberanos Sustentáveis, o Tesouro Educa+, o Renda+ e o Educa+ Mulher. Esses programas indicam, ao lado da retomada das PPPs em escopo e escala bem mais amplos, um *tournant* no desenho e no financiamento das políticas sociais.

O programa Desenrola Brasil pretende enfrentar os efeitos desastrosos da política de inclusão financeira via acesso ao crédito de consumo que foi marca registrada dos governos petistas entre 2003 e 2016 e que seguiu em alta durante a pandemia do coronavírus, quando o programa Auxílio Emergencial veio, a propósito, favorecer pela primeira vez um processo de renegociação em massa da dívida das famílias, potencializando novo ciclo de expansão do endividamento.[66] Essa onda de renegociação de dívidas se deu, à época, sob a liderança dos bancos privados, à margem de uma ação coordenada pelo Estado, se não pelo Conselho Monetário Nacional, que autorizou os cinco maiores bancos brasileiros a promover acordos com devedores e inadimplentes.[67] O resultado é conhecido: apesar do alto desemprego e da insegurança alimentar que se alastrava na pandemia, durante a vigência do Auxílio Emergencial endividados e inadimplentes contemplados pelo *bailout* correram aos bancos saldar suas dívidas. Com isso, caíram pela metade as taxas de inadimplência e pagamentos em atraso (carnês etc.) dando lugar, na sequência, a um repique na curva ascendente do endividamento familiar.[68]

Em meados de 2023, reflexo do processo de financeirização em massa via endividamento, o país contava 105 milhões de pessoas endividadas *vis-à-vis* o sistema financeiro, enquanto o número de endividados de risco[69] atingiu 15,1 milhões, e as taxas de inadimplência batiam recordes sucessivos.[70] Pelas estimativas da equipe econômica, ao menos 38 milhões de pessoas estariam inadimplentes e impedidas de retornar ao mercado de crédito, uma cifra que poderia dobrar segundo dados da Serasa Experian.[71] A forte alavancagem das famílias com a inadimplência em alta já vinha prejudicando a rentabilidade do setor financeiro, o que levou os bancos, na saída da pandemia, a contrair a oferta de crédito de consumo (não imobiliário, nem financiamento direcionado), responsável por 76% da geração de renda de juros.[72]

É nesse contexto de queda da rentabilidade dos bancos e adoção do novo arcabouço fiscal que represa a expansão do gasto público e limita com isso o crescimento do consumo das famílias, que enxugar a inadimplência se tornou indispensável para relançar o consumo via retomada do endividamento individual, pois as famílias são essenciais ao rentismo bancário. A particularidade do programa Desenrola Brasil é justamente ter seu foco na inadimplência, e não no altíssimo grau de endividamento das famílias. Os elegíveis ao programa foram aqueles com dívidas inadimplidas pendentes entre janeiro de 2019 e 31 de dezembro de 2022 e cadastrados nos birôs de crédito.

O programa, de interesse dos negativados, e com prazo para acabar em dezembro de 2023, estruturou-se em duas faixas.[73] A faixa 1 se voltou para devedores inadimplentes com renda individual inferior a dois salários mínimos mensais, enquanto a faixa 2 se destinou àqueles com rendimentos variando entre dois salários mínimos e R$ 20 mil mensais. A faixa 1 reuniria cerca de 21 milhões de inadimplentes, e a faixa 2, 11 milhões. O arcabouço legal e o grau de intervenção e cobertura do Estado diferem entre as faixas. Na faixa 1, o devedor inadimplente busca a plataforma digital Desenrola Brasil, disponibilizada pelo governo, para identificar se sua dívida, num montante máximo de R$ 5 mil, pode ou não ser negociada (inclusive débitos não bancários).[74] O reembolso pode ser feito à vista ou por financiamento bancário em até 60 meses, sem entrada, com parcelas mínimas de R$ 50,00. Nesse caso, conforme Lavinas e Mader, o Estado assume uma parcela significativa do risco: no caso de reincidência da inadimplência, assegura aos bancos, via um fundo garantidor, o pagamento do principal (estipulado após a renegociação da dívida), corrigido pela taxa Selic.[75] Foi estabelecido um teto nos juros de 1,99% ao mês nas repactuações de dívida da faixa 1, o equivalente a 26,68% ao ano – mais de quatro vezes o IPCA acumulado em 2023. No âmbito da faixa 2, o risco é inteiramente suportado pelas instituições financeiras. Ou seja, em contraste com a faixa 1, o incentivo à renegociação da faixa 2 é de natureza meramente regulatória: dívidas renegociadas geram "crédito presumido", reduzindo o capital mínimo requerido nas exposições dos bancos em seus ativos, proporcionando uma maior liquidez.[76]

Porém, a procura por repactuação ficou aquém do esperado pelo governo, apesar de os descontos serem em média de 85%. Na faixa 1, até final de 2023, apenas um milhão de pessoas (5% do público-alvo) renegociaram e parcelaram dívidas num montante de R$ 5 bilhões (US$1 bilhão), dívidas essas majoritariamente contraídas em bancos e financiadoras. O governo resolveu, então, estender por três meses o prazo de vigência do programa (março de 2024),[77] além de liberar o acesso à plataforma digital de renegociação de dívidas via bancos e birôs de crédito em busca de maior cobertura.

Até o Desenrola Fies mostrou retorno abaixo das expectativas, com somente 14% dos estudantes em *default*[78] renegociando suas dívidas.

Com o programa em curso ainda é prematuro examinar o impacto do Desenrola Brasil na curva de endividamento das famílias e na variação da demanda por crédito, que tende a crescer no lastro dos juros em queda e da derrubada do muro da inadimplência. Parece, contudo, confirmada a hipótese, já aventada por Lavinas *et al.*, de que a gestão da dívida das famílias vai adentrar o repertório da política social em tempos de capitalismo financeirizado.[79] Na prática, a gestão da dívida, sob garantias do Estado, está na vanguarda da reformulação institucional da política social, sinalizando que um dos *drives* da financeirização em massa – o endividamento – demanda fôlego para operar num plano sustentável.

A preocupação do Ministério do Trabalho em reformatar para ampliar as condições de acesso dos trabalhadores formais ao crédito consignado vai na mesma direção: alimentar a economia da dívida como forma de financiar a sobrevivência.[80] Desde sua criação, em 2003, o crédito consignado funcionou com sucesso porque franqueava empréstimos a taxas de juros menores a dois grupos, cuja característica comum é terem seus rendimentos garantidos pelo Estado: funcionários públicos e aposentados e pensionistas, que representam até hoje mais de 90% dos tomadores de crédito da modalidade.[81] Isso permitiu eliminar riscos de seleção adversa e de ausência de histórico de crédito mediante arranjos forjados entre o sistema bancário e a fonte pagadora (o Estado), para que a remuneração dos empréstimos se desse de forma automática com desconto em folha, alijando o devedor. Esse colateral nunca existiu para os trabalhadores do privado, ainda que formalizados, porque as empresas não se colocaram como garantidoras. O Estado pretende entrar agora reduzindo a intermediação e colocando como garantia a empréstimos bancários recursos da conta do FGTS (o trabalhador só poderia sacar do seu saldo o montante não comprometido com pagamento da dívida). A colateralização da política social segue avançando.

Outro aspecto inédito para financiamento de programas sociais extraorçamento é o Arcabouço Brasileiro para Títulos Soberanos Sustentáveis. Esses títulos, alinhados à agenda ESG e SDG 2030 e desenvolvidos com o apoio do Banco Mundial e do BID, destinam-se apenas a investidores não residentes, e os recursos, uma vez captados, serão vinculados a unidades orçamentárias, previstas na Lei Orgânica de Assistência Social (Loas). Ou seja, a previsão (inicial) de uma emissão de US$ 20 bilhões em títulos verdes, sociais e sustentáveis inaugura uma nova forma de amealhar recursos para o financiamento da política social, notadamente dos programas e setores que compõem o arco de prestígio da gestão Lula 3: a assistência social (Programa Bolsa Família etc.), a segurança alimentar e nutricional, a educação, a diversidade e o empoderamento (racial, de gênero), a habitação e, evidentemente, também o saneamento que, assentado no novo marco regulatório, coloca nas mãos do capital privado e dos investidores institucionais a responsabilidade de universalizar seu acesso no país. Trata-se, portanto, de trazer para o orçamento recursos lastreados em títulos e cuja captação implica compromisso do governo de alocar valor no mínimo equivalente em políticas/programas de interesse do investidor.

Como define o arcabouço, de forma ainda insuficiente, "o pilar fundamental dos títulos sustentáveis é a utilização de recursos para projetos ambientais e/ou sociais, cujos impactos devem ser avaliados e, quando viável, quantificados". Explícita, portanto, está a adesão ao modelo dos "*social impact bonds*", lógica que prima por um elenco previamente estabelecido de metas, prazos e resultados, e cujo fracasso implica pagamento de um prêmio ao investidor (*de-risking*), para além da remuneração de seu título.

Assentado em diversas resoluções adotadas desde 2020 pelo Banco Central e pela CVM e conforme às orientações da Associação Internacional de Mercado de Capitais (The International Capital Market Association – ICMA), marco de segurança jurídica, o arcabouço estabelece as obrigações do Brasil, como emissor, bem como seu compromisso com a divulgação de indicadores quantitativos e qualitativos de mensuração dos impactos ambientais e sociais. O documento já definiu o público-alvo, foco das iniciativas a serem financiadas através da emissão dos títulos sociais (negros, grupos comunitários, pessoas com deficiência e idosas, povos indígenas, desassistidos etc.), sugerindo que haverá uma fragmentação dessas ações que terão caráter focalizado e segmentado. Já estão listadas também as despesas elegíveis, prevendo investimentos em ativos tangíveis e intangíveis, bem como subsídios, créditos e isenções fiscais. Não há, todavia, menção a remuneração dos títulos, se haverá indexação compulsória, nem como irá funcionar o Comitê de Avaliação (formado por quem?) responsável por auditar o resultado dos investimentos, isto é, seu impacto social.

É prematuro afirmar se o Arcabouço Brasileiro para Títulos Soberanos Sustentáveis é tão somente uma estratégia de *marketing* institucional, permitindo ao governo criar um *benchmark* necessário para precificação dos ativos privados (o mercado privado de dívida ESG Brasil totaliza, em setembro de 2023, R$ 238 bilhões, segundo a Nint[82]), como pretendem alguns, ou se, de fato, ele é mais um tijolinho no processo de restruturação da arquitetura e do financiamento da política social e do campo dos direitos sociais.

O ponto é que ele não chega sozinho. É um arcabouço, dentro de outros arcabouços guarda-chuvas, como o fiscal, que impõe ajustes rígidos ao sistema de proteção social e compromete direitos universais. Títulos também financiarão individualmente a formação universitária que, supõe-se, será paga. Essa é a promessa do Tesouro Educa+, iniciativa conjunta da B3 e da STN. A partir de no mínimo R$ 30 mensais, e servindo-se de um simulador que evidentemente projeta ganhos futuros absolutamente imprevisíveis, é possível escolher uma das 16 opções de investimento que "possibilitam uma renda mensal para o financiamento da universidade ou outros objetivos educacionais que seus filhos possam ter no futuro, garantindo ganhos acima da inflação para os recursos poupados".[83] O investidor-cidadão, preocupado com a educação futura de seus filhos, tem de estipular *a priori* um valor atual do que vê como ideal para custear uma universidade ao final de ao menos 15 anos de poupança. Isso por si só já parece tarefa acessível a poucos, considerando como são definidas as mensalidades de cursos universitários, que vão das ofertas de EAD nas mais de 2.200 plataformas de *edtechs* cadastradas, financiadas em milhões de dólares por investidores institucionais e fundos de *private equity*, aos caríssimos cursos de medicina de elite que as redes de referência de hospitais privados passaram a integrar verticalmente, no seu processo de concentração e centralização de capital. Redes que, também elas, têm os mesmos atores no seu controle acionário.[84]

A rentabilidade do Tesouro Educa+ hoje, com horizonte de 2041 (portanto, 18 anos), é IPCA + 5,96% a.a. Após anos de contribuição regular, definida contratualmente, e chegada a hora de entrada na universidade, fluxos mensais de renda serão liberados ao longo de cinco anos para cobrir o pagamento das mensalidades. Como especifica o *site* do Tesouro Direto, "quanto mais títulos você puder comprar, maior vai ser sua renda no futuro para financiar as despesas com a universidade dos seus filhos".

O Renda + surge como novo complemento às aposentadorias, agregando mais uma opção à lógica da previdência privada, consolidada inicialmente na Reforma de 1998, marco da gestão FHC. Vale recordar que, como vimos, a lógica privatista foi estendida em 2003 ao regime próprio dos servidores públicos, quando, no primeiro governo Lula, se impõe teto de contribuição e de benefício idêntico ao do regime geral dos trabalhadores da iniciativa privada, de forma a incentivar a expansão dos fundos de pensão (privados e abertos) e as contas individuais de capitalização. Se o regime previdenciário complementar cresceu celeremente no bojo das sucessivas reformas no sistema público, que o tornavam desinteressante e o descreviam constantemente em risco, estimulando a ida da poupança do trabalhador para os bancos e fundos privados, o Renda + é o tijolinho mais recente dessa construção, cujo desenho (tal como o dos demais títulos) foi formulado ainda no governo Bolsonaro.

Esse título, lançado em 2023 pelo Tesouro Direto, pressupõe aplicações mensais por um determinado período, antes de ser possível realizar o resgate que não ocorre de uma única vez, mas se estende por 20 anos, também em remunerações mensais, corrigidas pela inflação + uma taxa fixa e sujeitas à tributação regressiva do Imposto de Renda para renda fixa. Resgates antecipados implicam penalidades. Segundo o governo, esse título público se dirige aos trabalhadores autônomos com renda estimada entre três e cinco salários mínimos.[85] Resta saber se a intermitência na ocupação e a volatilidade da renda, características da informalidade, não vão comprometer contribuições regulares e ininterruptas para o Renda+, tal como ocorre com a aposentadoria pública e o MEI, reduzindo a rentabilidade desse investimento.

No início de 2024, surge o Educa+ Mulher, um título específico para mulheres, pouco presentes no mercado de capitais, embora sobrerrepresentadas no universo dos endividados. Novamente, trata-se de um título para pessoas de baixa renda, cujo público-alvo são mulheres na faixa de 16 a 75 anos, especialmente mães solo. Pretende ajudá-las a custear seus estudos. A remuneração é atrelada apenas à inflação com prazos de vencimento previamente estabelecidos. As aplicações começam a partir de R$ 35 mensais. Tal como nos demais títulos recém-lançados, o resgate será feito mensalmente, nesse caso ao longo de 60 meses. O diferencial do Educa+ Mulher consiste em vincular o título a um seguro de vida do Banco do Brasil, que, em caso de morte ou invalidez, assegura a entrega de 12 cestas básicas[86] por um ano aos filhos e paga um prêmio de R$ 15 mil. Em caso de violência doméstica, o seguro fornece assistência jurídica e psicológica. Ora, direitos e políticas públicas já existem para esse fim. A pensão por morte para filhos de contribuintes do INSS tem cobertura bem superior, pois o benefício se estende até os 21 anos e tem valor mensal jamais inferior a um salário mínimo.

No quesito assistência jurídica em caso de violência de gênero, pode-se indagar por que a Defensoria Pública e as varas especializadas em violência doméstica[87] não seriam suficientes e eficazes para garantir um atendimento jurídico de qualidade às mulheres vítimas de violência. Da mesma maneira, os centros de referência das mulheres pelo Brasil afora oferecem assistência psicológica gratuita em caso de violência. Onde inexistem, a OAB indica a presença de um advogado para representar a vítima e defendê-la sem custos. Talvez ainda haja gargalos na provisão desses serviços, a demandar, portanto, multiplicação dos pontos de atendimento, mas não forçosamente sua privatização. Parte-se do pressuposto claramente equivocado de que a capitalização ofereceria vantagens que superariam a proteção previdenciária pública e as políticas públicas de combate à violência de gênero reivindicadas pelos movimentos de mulheres.

Da perspectiva das PPPs,[88] a principal inovação é sua extensão à área social. O ministro da Fazenda Fernando Haddad já participara do processo de formulação da lei 11.079/2004, que introduziu um novo tipo de contrato de concessão com grupos privados, que oferecem infraestrutura e serviços em troca de remuneração por parte do parceiro público. Em 2016, o decreto 8.874 considerou prioritários apenas os projetos de investimento sob parceria público-privada que tratam de obras em logística e transporte, mobilidade urbana, energia, telecomunicações e radiodifusão. Esse texto foi, porém, modificado pelo novo decreto 11.498/2023, assinado pelo vice-presidente Geraldo Alckmin e por Haddad. Ele passou a incluir um conjunto de setores sociais entre os projetos de investimentos prioritários, a saber, saneamento básico, irrigação, educação, saúde, segurança pública e sistema prisional, parques urbanos e unidades de conservação, equipamentos culturais e esportivos e habitação social.

Com isso, os fluxos de capital financeiro não apenas conseguem se expandir para áreas que, de alguma forma, lhes resistiam, mas também passam a influenciar ainda mais diretamente as condições da reprodução social. Isso implica uma mudança significativa nos modos de regulação da acumulação, sinalizando uma mudança de paradigma.[89] As PPPs se desenvolveram em particular nas gestões locais do PT e de aliados, introduzindo um novo modelo social de empresariamento destinado tanto à reorganização da infraestrutura urbana para reorientar territórios degradados ao mercado,[90] quanto à área de saúde, caso da Bahia.[91] Muito se discutiu sobre o papel dos megaeventos esportivos nesse processo. Nesse caso, a remuneração do Estado às empresas privadas responsáveis pelo fornecimento de infraestrutura e equipamentos urbanos se dava pela captação de recursos via emissão de títulos negociados no mercado financeiro, geralmente comprados em sua totalidade por gestores de fundos de pensão. Note-se que esse processo revelou o papel central das cidades e da poupança dos trabalhadores na expansão da acumulação financeira. Em Lula 3, o eixo passa a açambarcar a esfera social na sua totalidade.

Com essa mudança, o Estado também ampliou a forma como desempenha a função de garantidor do negócio privado nas parcerias citadas. Em abril de 2023, o Tesouro Nacional divulgou novas medidas de incentivo às PPPs que reforçam ainda mais a rede de segurança e estímulo aos investidores e empresas para assumirem prioridades no setor social.[92] Em primeiro lugar, foi estabelecida uma garantia federal, com recursos diretos do Tesouro, para os entes federados sustentarem operações com instituições financeiras internas e externas. O objetivo é que o lastro da União aumente a certeza de adimplência e, com isso, facilite a alavancagem do crédito. Os fundos constitucionais (FPM e FPE) servem de colateral aos bancos públicos e privados. Poderão ser acionados em caso de inadimplência por parte da esfera subnacional.

No decreto 11.498/2023, à garantia federal é somada uma indicação expressa de extensão da emissão de debêntures para financiar os novos setores, todos relativos à esfera social.[93] Isso significa, como afirma a nota já citada do Tesouro, que a captação de recursos privados para o financiamento de PPPs em áreas como educação, saúde, habitação social ou segurança pública ensejará alíquotas mais baixas de imposto sobre a renda tanto para pessoas físicas quanto jurídicas. Ao lado dos investidores institucionais, o fundo público participa agora diretamente enquanto fiador do capital privado que participa das PPPs.

Como resultado, 2023 registrou a maior quantidade de editais de concessões e PPPs já publicados na história do país. Foram mais de 340 até outubro, segundo a iRadarPPP.[94] Esse quadro mostra que o novo arcabouço fiscal e a restrição do investimento público colocam o Estado completamente dependente de PPPs para assegurar as expectativas de financiamento da esfera da reprodução social. Por outro lado, ele precisa criar uma estrutura normativa de proteção dos entes privados para minimizar os riscos que inibem as parcerias destinadas a projetos de infraestrutura, sempre mais suscetíveis de conflituosidade entre grupos sociais e choques na lucratividade. Por esse motivo, a gestão Lula 3 se alinha ao modelo de *de-risking State*. Nesse modelo, a pressão gerada pelas políticas de austeridade abre espaço para as PPPs, exigindo uma mudança do arcabouço institucional para estabelecer uma rede de segurança aos investidores e empresas executores da infraestrutura social.

Tais inovações indicam a centralidade da finança que avança no pódio da provisão social. Isso significa que a política social pensada como mecanismo de emancipação perde terreno, porque a lógica da capitalização repousa sobre exigências de valorização que só têm conseguido se realizar por meio de expropriações futuras.

À guisa de comentários finais

As tensões entre as dinâmicas de reconstrução, que acionam a institucionalidade do sistema de proteção social de 1988, e as de inovação, como as definimos aqui, e que ampliam o recurso à capitalização como promessa de renda futura, dissociada do orçamento social, revelam, mais do que contradições, caminhos divergentes e antagônicos que não podem ser pensados como complementares. A própria existência do novo arcabouço fiscal traduz a incompatibilidade de harmonização dos dois paradigmas em disputa. Blindar a recomposição do orçamento social ao impor restrições ao crescimento do gasto, que deve sempre permanecer bem abaixo do crescimento da arrecadação, é o que permite a captura da demanda social pelo sistema financeiro. Muito se fala em inserir os pobres no orçamento – orçamento este que vem sendo represado. Porém, poucos parecem atentar para o fato de que eles são crescentemente arrastados para dentro das planilhas dos bancos, via dívida, e agora também para circuitos financeiros onde são neófitos e expostos aos riscos e incertezas de mercados desregulados e especulativos. Sem falar que o social sai do orçamento cada vez que o atendimento às necessidades da reprodução se faz via direitos de propriedade.

A financeirização da política social parece ganhar novos contornos em vez de ter sua dinâmica de reprodução combalida e revertida no governo Lula 3. De fato, o governo tem ensejado esforços na reconstrução de programas e políticas que estiveram no olho do furacão na gestão Temer-Bolsonaro, sofrendo perdas e descontinuidade. Entretanto, também introduziu novos formatos de provisão social que têm em comum ampliar e multiplicar, via criação de novas classes de ativos, as formas de expropriação financeira, que não poupam as classes trabalhadoras, em particular o subproletariado. Dessa maneira, combina estratégias de reconstrução, mas também de desconstrução, estas expressas na assetização dos direitos sociais agora transformados em direitos de propriedade, erodindo, portanto, o modelo social da Constituição de 1988.

O que está por vir ainda é uma incógnita, mas a regra do jogo não é mais aquela que orientou a busca de fundação de um sistema universal de proteção social. Este é um momento de transição entre modelos de provisão, em que o papel do Estado se mostra mais uma vez determinante na direção que há de prevalecer. Os próximos anos da gestão Lula 3 certamente permitirão ver com mais clareza se a corrosão do modelo social de 1988 vai regredir ou, ao contrário, ganhar força, liderada pela acumulação financeira. Pelo andar da carruagem, parece improvável que se assista a um cavalo de pau. Mas, para resgatar o que é essencial na revitalização de bens coletivos, públicos e universais, há que enfrentar analiticamente os desafios impostos pela quadra financeirizada (e turbinada pela assetização) do processo de acumulação de capital.

Referências bibliográficas

ADKINS, L.; COOPER, M. & KONINGS, M. *The Asset Economy*. Cambridge, Polity, 2020.

ARAÚJO, E.; BRUNO, M. & PIMENTEL, D. "Financialization against Industrialization: A Regulationnist Approach of the Brazilian Paradox". *Revue de la Régulation*, 11, 2012. Disponível em <https://doi.org/10.4000/regulation.9604>. Acesso em 28/12/2023.

BAHIA, L. *et al.* "A tragédia brasileira do coronavírus". *Insight-Inteligência*, n. 93, abr./maio/jun. 2021, pp. 60-89.

BANCO CENTRAL DO BRASIL. *Relatório de estabilidade financeira* [*on-line*]. Brasília, 2023a.

____. *Relatório de cidadania financeira* [*on-line*]. Brasília, 2023b.

BIN, D. "The Dispossessing 2016 Coup d'État in Brazil". *International Journal of Politics, Culture, and Society*, 35, 2022, pp. 433-461. Disponível em <https://doi.org/10.1007/s10767-021-09405-8>. Acesso em 12/7/2023.

BIRCH, K. & MUNIESA, F. (ed.). *Assetization: Turning Things into Assets in Technoscientific Capitalism*. MIT Press, 2020.

BRAGA, J. C. de S. *Temporalidade da riqueza: teoria da dinâmica e financeirização do capitalismo*. Tese de doutorado. Campinas, Unicamp, 1985.

BRASIL. Banco Central do Brasil. "Relatório de Economia Bancária de 2022".

BRUNO, M. *et al.* "Finance-Led Growth Regime no Brasil: estatuto teórico, evidências empíricas e consequências macroeconômicas". *Revista de Economia Política*, 31, 5(125), 2011, pp. 730-750.

CORDILHA, A. C. "Impondo restrições, oferecendo soluções: como a financeirização pautou a trajetória do sistema público de saúde no Brasil". *In*: LAVINAS, L. *et al.* (org.). *Financeirização: crise, estagnação e desigualdade*. São Paulo, Contra--Corrente, 2024 (no prelo).

COSTA, P. R. *Pobres por dívida: o endividamento familiar e as estatísticas de pobreza entre 2008 e 2018 – uma análise a partir da pesquisa de orçamentos familiares*. Dissertação de mestrado. Rio de Janeiro, UFRJ, 2023.

COUTO, C. G. *Os mecanismos da governabilidade: sistema de governo e democracia no Brasil*. Tese de doutorado. São Paulo, USP, 2000.

DAFERMOS, Y.; GABOR, D. & MICHELL, J. "The Wall Street Consensus in pandemic times: what does it mean for climate-aligned development?". *Canadian Journal of Development Studies / Revue Canadienne d'Études du Développement*, 42(1-2), 2021, pp. 238-251.

FANON, F. *The Wretched of the Earth*. New York, Grove Press, 1963.

FINE, B. "Situating PPPs". *In*: GIDEON, J. & UNTERHALTER, E. (ed.). *Critical Reflections on Public Private Partnership*. London/New York, Routledge, 2021, pp. 26-38.

FUNCIA, F. "Empréstimo consignado SUS". *Domingueira da Saúde*, n. 27, 2015.

______. "Empréstimo consignado SUS: apropriação de recursos públicos pelo setor privado com redução de financiamento governamental". *17ª Carta de Conjuntura da USCS*, 2021.

______. "Nota Idisa-Abres contra o descumprimento do piso de saúde". *Domingueira da Saúde*, n. 32, set. 2023.

FUNCIA, F. & SANTOS, L. "Financiamento da saúde e piso federal do SUS". *Domingueira da Saúde*, n. 39, nov. 2023. Disponível em <http://idisa.org.br/domingueira/domingueira-n-39-novembro-2023?lang=pt>. Acesso em 18/1/2024.

GABOR, D. "The (European) Derisking State". *SocArXiv*, May 17 2023. Disponível em <https://osf.io/preprints/socarxiv/hpbj2>. Acesso em 2/12/2023.

GONÇALVES, G. L. "Às voltas com o novo padrão expropriatório: crise do bolsonarismo e luta política atual". *Revista Rosa*. São Paulo, 31 out. 2021.

Disponível em <https://revistarosa.com/4/novo-padrao-expropriatorio>. Acesso em 22/9/2023.

GONÇALVES, G. L. "Neoliberal Malaise, 2013 'June Journeys' and the Criminalization of the Protests in Brazil: a Re-reading Through Louis Althusser". *International Journal of Politics, Culture, and Society*, 36, 2023, pp. 499-526. Disponível em <https://doi.org/10.1007/s10767-022-09425-y>. Acesso em 29/12/2023.

GONÇALVES, G. L. & COSTA, S. *Um porto no capitalismo global: desvendando a acumulação entrelaçada no Rio de Janeiro*. São Paulo, Boitempo, 2020.

GONÇALVES, G. L. & LAVINAS, L. "Rentier Brazil". *Sidecar*, January 19 2022. Disponível em <https://newleftreview.org/sidecar/posts/rentier-brazil>. Acesso em 13/8/2023.

LAPAVITSAS, C. "Financialised Capitalism: Crisis and Financial Expropriation". *Historical Materialism*, 17(2), 2009, pp. 114-148. Disponível em <https://doi.org/10.1163/156920609X436153>. Acesso em 12/4/2023.

LAVINAS, L. *The Takeover of Social Policy by Financialization. The Brazilian paradox*. New York, Palgrave Macmillan, 2017.

____. "The Collateralization of Social Policy under Financialized Capitalism". *Development and Change*. Version of Record On-line, February 6 2018. Disponível em <https://onlinelibrary.wiley.com/doi/abs/10.1111/dech.12370>. Acesso em 10/10/2023.

LAVINAS, L.; ARAÚJO, E. & BRUNO, M. "Brazil: From Eliticized to Mass-Based Financialization". *Revue de la Régulation*, 25, 1st. semester, Spring 2019. Disponível em <https://journals.openedition.org/regulation/14491>. Acesso em 20/5/2023.

LAVINAS, L.; BRESSAN, L. & RUBIN, P. "Brasil: como as políticas de enfrentamento da pandemia inauguraram um novo ciclo de endividamento familiar". *In*: SINGER, A.; ARAUJO, C. & RUGITSKY, F. (org.). *O Brasil no inferno global: capitalismo e democracia fora dos trilhos*. São Paulo, FFLCH-USP, 2022, pp. 249-292.

LAVINAS, L. & GONÇALVES, G. L. "A expropriação dos direitos universais no lastro da assetização do bem-estar". *In*: LAVINAS, L. *et al. Financeirização: crise, estagnação e desigualdade*. São Paulo, Contra-Corrente, 2024 (no prelo).

LAVINAS, L. & MADER, B. "Desenrola: a gestão da dívida, novo marco da política social na era da financeirização?". *In*: LAVINAS, L. *et al. Financeirização: crise, estagnação e desigualdade*. São Paulo, Contra-Corrente, 2024 (no prelo).

LAZZARATO, M. "The Making of the Indebted Man; an essay on the neoliberal condition". Semiotext(e). *Interventions Series*, 2012.

MACHIAVELI, F. *Medidas provisórias: os efeitos não antecipados da EC 32 nas relações entre Executivo e Legislativo*. Dissertação de mestrado. São Paulo, USP, 2009.

OCKÉ-REIS, C. *et al.* "Evolução do piso federal em saúde". *Nota Técnica* n. 109. Disoc/Ipea, nov. 2023.

OLIVEIRA, M. R. de. *Da corrosão patrimonial aos despejos: os limites do financiamento no combate do problema da moradia no Brasil*. Tese de doutorado. Campinas, IE-Unicamp, 2021. Disponível em <https://hdl.handle.net/20.500.12733/2992>. Acesso em 15/4/2023.

PAULANI, L. M. *Brasil Delivery*. São Paulo, Boitempo, 2008.

ROMERO, M. J. & VAN WAEYENBERGE, E. "Beyond typologies: What is a Public Private Partnership?". *Critical Reflections on Public Private Partnerships*. Routledge, 2020, pp. 39-63.

SAAD-FILHO, A. "Crise no neoliberalismo ou crise do neoliberalismo?". *Crítica e Sociedade*, 1(3), 2011, pp. 6-19.

______. "Brazil: Development strategies and social change from import-substitution to the 'Events of June'". *Studies in Political Economy*, 94, 2014, pp. 3-29. Disponível em <https://doi.org/10.1080/19187033.2014.11674952>. Acesso em 18/5/2023.

SANTOS, L. "Participação privada no SUS chega a 85% em alguns serviços". *Consultor Jurídico*, 21/2/2024.

SERASA EXPERIAN. "Mapa da inadimplência", 2023. Disponível em <https://www.serasa.com.br/limpa-nome-online/blog/mapa-da-inadimplencia-e-renogociacao-de-dividas-no-brasil/>. Acesso em 3/1/2024.

SINGER, A. *Os sentidos do lulismo: reforma gradual e pacto conservador*. São Paulo, Companhia das Letras, 2012.

______. "Regime autocrático e viés fascista: um roteiro exploratório". *Lua Nova: Revista de Cultura e Política*, 116, 2022, pp. 53-82. Disponível em <https://doi.org/10.1590/0102-053082/116>. Acesso em 18/10/2023.

TELES, A. C. & DIAS, M. de O. "A evolução da privatização no Brasil". *International Journal of Development Research*, 12(7), 2022, pp. 57.426-57.435.

Notas

1 Birch & Muniesa, 2020; Adkins, *et al.*, 2020.

2 Trata-se de um conjunto de ativos com características comuns e que são objeto das estratégias de investimentos de fundos e investidores institucionais ou da chamada financeirização 2.0 – é a propriedade institucional em expansão com consequências adversas para formas variadas de provisão pública. Isso se traduz em novas formas de extração de rendas.

3 Lavinas, 2017.

4 Sobre a conceituação das categorias marxianas de capital portador de juros e capital fictício, bem como a análise do processo do desdobramento de uma forma a outra, ver Lavinas & Gonçalves 2024.

5 Lavinas & Gonçalves, 2024.

6 Cabe recordar que em 2011, na primeira gestão Dilma Rousseff, houve uma troca da base de cálculo para arrecadação das contribuições sociais do financiamento da Seguridade. A alíquota de 20% sobre a folha salarial foi substituída pela incidência de um tributo de 1,5% a 4,5% sobre a receita bruta das empresas. Havia uma proposta que não vingou de elevar gradativamente a alíquota de contribuição sobre o faturamento para assegurar as receitas da Seguridade. As renúncias tributárias, que vêm aumentando (exceto em 2021), afetam, sobretudo, o orçamento da Seguridade Social, que concentra 52% das renúncias.

7 A chamada PEC das Igrejas (PEC 5/2023), aprovada em Comissão Especial da Câmara por unanimidade com o apoio do governo, amplia a imunidade tributária de entidades religiosas de qualquer credo, isentando de tributação a aquisição de bens e serviços necessários à formação de patrimônio, à geração de renda e à prestação de serviços. O mesmo se aplica a entidades beneficentes ligadas a essas igrejas. Tributos indiretos com incidência sobre água e luz também devem ser isentos, bem como os salários de pastores (não pagam IR).

8 Lembrando que leis complementares a serem aprovadas em 2024 e 2025 apenas exigem maioria simples.

9 EC 132 elimina cinco impostos, sendo três federais, entre eles a Cofins, segunda maior fonte de financiamento do orçamento da Seguridade Social.

10 Ver Braga, 1985; Bruno *et al.*, 2011.

11 Lavinas *et al.*, 2019, p. 7.

12 Saad-Filho, 2014, pp. 19-20.

13 Lavinas *et al.*, 2019, p. 4.

14 Araújo *et al.*, 2012.

15 Bruno *et al.*, 2011; Lavinas *et al.*, 2019, p. 4.

16 Lavinas *et al.*, 2019, p. 4.

17 Paulani, 2008.

18 Saad-Filho, 2011, p. 7.

19 Couto, 2000, p. 97 e ss.

20 Gonçalves, 2023, p. 504.

21 Saad-Filho, 2014, p. 7.

22 Lavinas *et al.*, 2019, p. 8 e ss.

23 Lavinas, 2017.

24 Machiaveli, 2009, p. 17.

25 Teles & Dias, 2022.

26 Lapavitsas, 2009, p. 128 e ss.

27 *Idem*, pp. 129-131.

28 Banco Central do Brasil, 2023a.

29 Costa, 2023.

30 Lavinas, 2018.

31 Singer, 2012, p. 212.

32 Por sobre-expropriações, entendemos o aumento da violência jurídica e política para garantir lucros e capitalização a partir de cortes do gasto público e da restrição a direitos sociais em períodos de crise.

33 Gonçalves, 2023.

34 Por exemplo, a lei 12.850/2013 (Lei das Organizações Criminosas), amplamente usada para a detenção de ativistas das Jornadas de Junho, e a lei 13.260/2013 (Lei Antiterrorismo).

35 Bin, 2022.

36 Lavinas *et al.*, 2022.

37 Singer, 2022.

38 Fanon, 1963.

39 Gonçalves & Lavinas, 2022.

40 Gonçalves, 2021.

41 Bahia *et al.*, 2021.

42 Em valores constantes de 2021, o orçamento regular do MS em 2020 foi de R$ 147 bilhões (totalizando R$ 183,6 bilhões com a despesa extra destinada ao combate à covid-19); caiu para R$ 138,2 bilhões em 2021 (mas bateu em R$ 185,8 bilhões com a verba referente ao enfrentamento da covid), recuando para R$ 136,3 bilhões em 2022 (ano em que foi desativado o orçamento extraordinário).

43 Lavinas & Gonçalves, 2024.

44 Gabor, 2023.

45 Banco Central do Brasil, 2023a.

46 Em outubro de 2023. Ver <https://agenciabrasil.ebc.com.br/economia/noticia/2023-10/caixa-comeca-pagar-parcela-do-bolsa-familia-de-outubro>. Acesso em 12/12/2023.

47 Recomposição do orçamento em R$ 168 bilhões em 2023.

48 O Consea foi criado em 1993 na gestão Itamar Franco e desativado quando FHC lança o Programa Comunidade Solidária em 1995. Foi reinstituído em 2003 pelo presidente Lula.

49 O PAA foi criado originalmente em 2003, permitindo a aquisição de alimentos de pequenos produtores familiares com dispensa de licitação para acesso ao mercado de compras do governo federal.

50 O Casa Verde e Amarela teria entregado 1,4 milhão de moradias populares entre 2019 e 2022.

51 R$ 55.000,00.

52 Para quem vive na zona rural, são candidatas famílias com renda bruta anual de até R$ 31.680,00.

53 Sobre um total de 965 mil contratos ativos. Ver Oliveira, 2021, p. 174.

54 A inadimplência acima de 360 dias na faixa 1 alcançou novo recorde em 2022, 45%. Ver <https://www1.folha.uol.com.br/mercado/2023/03/inadimplencia-na-faixa-1-do-minha-casa-minha-vida-bate-recorde-e-atinge-45-dos-contratos.shtml>. Acesso em 3/4/2023.

55 Oliveira, 2021, p. 183.

56 Ocké-Reis *et al.*, 2023.

57 Santos, 2024.

58 Cf. <https://www1.folha.uol.com.br/equilibrioesaude/2023/12/einstein-e-sirio-libanes-ja-administram-mais-leitos-publicos-do-que-privados.shtml>. Acesso em 14/2/2024.

59 O Sírio Libanês e o Rede d'Or também criaram institutos de ensino e pesquisa nos anos recentes.

60 Cordilha, 2024.

61 Funcia, 2015; 2021.

62 Cordilha, 2024.

63 Na educação, o piso constitucional é de 18% da receita líquida de impostos e transferências.

64 Funcia, 2023.

65 Cf. <https://www1.folha.uol.com.br/mercado/2023/07/tesouro-sugere-limitar-crescimento-de-pisos-de-saude-e-educacao-sob-novo-arcabouco-fiscal.shtml e https://oglobo.globo.com/economia/noticia/2023/12/03/governo-trabalha-em-novas-regras-para-piso-de-saude-e-educacao-em-2025-diz-secretario-de-orcamento.ghtml>. Acesso em 15/4/2024.

66 Lavinas *et al.*, 2022.

[67] Ver, nesse sentido, Lavinas & Mader, 2024. Dívidas com cartão de crédito e cheque especial ficaram de fora desse pacote.

[68] Lavinas *et al.*, 2022.

[69] Para o Banco Central (2023a), o endividamento de risco se caracteriza quando dois ou mais dos critérios a seguir estão presentes: (i) inadimplência no pagamento de parcela do crédito; (ii) comprometimento da renda mensal para pagamento dos serviços da dívida superior a 50%; (iii) renda disponível mensal após pagamento do serviço da dívida abaixo da linha da pobreza; (iv) quando prevalecem dívidas com cheque especial, crédito pessoal sem consignação e crédito rotativo no cartão de crédito.

[70] Banco Central do Brasil, 2023b.

[71] Serasa Experian, 2023.

[72] Brasil, Banco Central do Brasil, 2022.

[73] O projeto de lei foi aprovado pela Câmara dos Deputados com ampla maioria em 5 de setembro de 2023, estendendo sua cobertura também a micros e pequenos empresários. Estende-se até 31 de dezembro de 2023.

[74] As dívidas fora do escopo de renegociação no âmbito do Desenrola Brasil são: todas as que se colocam como garantia real ou as que estão vinculadas a crédito rural, financiamento de imóveis e operações envolvendo *funding* ou risco de terceiros.

[75] Lavinas & Mader, 2024.

[76] *Idem*.

[77] O maior êxito do programa se concentrou nos 7 milhões de inadimplentes que tinham dívida inadimplida em valor inferior a R$ 100 e que lograram limpar seu nome com o Desenrola, pagando à vista ou parcelado.

[78] Em 2023, a dívida em atraso dos estudantes pendurados no Fies atingiu R$ 53 bilhões, com uma taxa de inadimplência de 53,7% (1,2 milhão de estudantes).

[79] Lavinas *et al.*, 2022.

[80] Lazzarato, 2012.

[81] Em termos de volume, o saldo do consignado para trabalhadores da iniciativa privada somou R$ 41,3 bilhões, contra o liberado para aposentados e pensionistas do INSS (exceto funcionários públicos), num montante de R$ 238,9 bilhões.

[82] Natural Intelligence, maior empresa de consultoria e avaliação ESG da América Latina.

[83] Ver <https://www.tesourodireto.com.br/blog/planeje-a-educacao-das-pessoas-que-voce-mais-ama-com-o-tesouro-educa.htm>. Acesso em 13/11/2023.

[84] Lavinas, 2023.

[85] Ver <https://www.infomoney.com.br/guias/tesouro-renda-mais/>. Acesso em 3/6/2023.

[86] Cestas básicas em valor individual de R$ 250,00.

[87] Juizados de Violência Doméstica e Familiar Contra a Mulher, com competência para julgar ações judiciais que envolvem violência doméstica, no âmbito da Lei Maria da Penha.

[88] Parcerias público-privadas aqui entendidas como uma das formas que toma a provisão de serviços na era neoliberal. É uma desestatização pela via da desregulamentação até a prática de generalizar a cobrança de tarifas pelo uso de serviços, assegurando aos investidores institucionais envolvidos nessa parceria segurança no retorno de seus investimentos (Dafermos *et al.*, 2022). Para Fine (2021), as PPPs são uma das modalidades de captura de receitas do setor público e das famílias que são crescentemente mobilizadas para apoiar a expansão do financiamento privado na provisão de infraestrutura econômica e social, através de mecanismos de acumulação financeira, que maximizam o retorno dos investimentos feitos pela finança privada.

[89] Romero & Van Waeyenberge, 2020.

[90] Ver, entre outros, Gonçalves & Costa, 2020, p. 87 e ss.

91 Ali foi criada, na administração Jacques Wagner, a primeira PPP em saúde do Brasil reunindo "bata cinza" e "bata branca", isto é, modelo exclusivo ao Brasil que agrega, num contrato único e sob a operacionalização de um mesmo consórcio privado, investimentos em infraestrutura, equipamentos e gestão (bata cinza), bem como serviços de assistência médica e todos os níveis de atenção (bata branca).

92 Cf. <https://www.gov.br/tesouronacional/pt-br/noticias/tesouro-anuncia-quatro-medidas-de-incentivo-a-parcerias-publico-privadas-ppp>. Acesso em 3/1/2024.

93 Cf. Art. 1º, § 7º, inciso II.

94 Ver <https://exame.com/brasil/em-2023-editais-de-concessoes-e-ppps-registram-maior-numero-na-historia/?trk=article-ssr-frontend-pulse_little-text-block>. Acesso em 12/12/2023. Segundo a iRadarPPP, há pouco mais de cinco mil contratos de concessão e PPPs em curso no país, seu número tendo crescido substantivamente a partir de 2017.

Capítulo 10

Entre Brasília e Washington: notas sobre um mimetismo recente*

André Singer, Cicero Araujo e *Leonardo Belinelli*

Introdução

Entre 2016 e 2023, Brasil e Estados Unidos viveram um paralelismo insólito no plano político. No mesmo ano em que se abriu a fenda no edifício constitucional brasileiro, com o *impeachment* sem crime de responsabilidade de Dilma Rousseff, o extremista de direita Donald John Trump chegou à Casa Branca sustentado por um discurso antidemocrático. Antes, vencera as primárias republicanas, cujo principal pré-candidato era, até então, o herdeiro de uma dinastia bem estabelecida: Jeb Bush, filho do ex-presidente George Bush e irmão do também ex-presidente George W. Bush. Depois, derrubou no pleito decisivo a postulante do Partido Democrata, Hillary Clinton, ligada à fração do *establishment* liderada pelo marido e ex-presidente Bill Clinton.[1]

Em pouco tempo, um êmulo trumpista começou a subir nas pesquisas verde-amarelas. No mês de abril (2017), Jair Bolsonaro passou de 8% para 14% das intenções de voto.[2] Capitão reformado do Exército, o parlamentar da direita radical ficara quase anônimo por seis mandatos na Câmara dos Deputados. O nome do ex-militar cresceu à medida que o lulismo era encantonado pela Operação Lava Jato. Com Lula preso e impedido de concorrer em 2018, Bolsonaro teria que superar Geraldo Alckmin, lançado pelo PSDB, para se haver com Fernando Haddad, indicado pelo PT para substituir o ex-presidente detido. Quando o tucano alçava voo, um grave atentado a faca em Juiz de Fora

* Alguns trechos do presente capítulo foram extraídos de Singer (2023). O autor agradece à Fundação de Amparo à Pesquisa do Estado de São Paulo (Fapesp), pela concessão da Bolsa de Pesquisa no Exterior (BPE), durante cuja vigência publicou o texto original.

(MG), às vésperas do Dia da Pátria, atraiu os holofotes que faltavam ao capitão reformado, que, operado às pressas e recolhido a hospital em São Paulo, acabou por sagrar-se presidente sem participar de debates, atraindo segmentos que, como nos EUA, queriam simplesmente votar "contra tudo o que está aí".

A mimetização de táticas trumpistas foi patente durante a campanha bolsonarista. Declarações toscas e chocantes, ataques à democracia, hostilização da mídia estabelecida, uso intensivo das redes sociais, insinuações de que seria prejudicado por fraude eleitoral foram alguns dos artifícios comuns.[3] Uma vez no Planalto, o pendor imitativo aumentou. Uso sistemático de *fake news*, questionamento das urnas eletrônicas, negação dos efeitos letais do coronavírus, mobilização de massas para ameaçar o Estado de Direito e, por fim, a tentativa de impedir o eleitorado opositor de chegar até os locais de votação em 2022. Tendo fracassado no propósito de reverter a derrota por meio de golpe, Bolsonaro promoveu o último ato de mimetização explícita: estimulou o 8 de janeiro de 2023, em Brasília, para simular a invasão do Congresso realizada em Washington a 6 de janeiro de 2021. Analistas situados ao Norte o perceberam de imediato. O escritor Ross Douthat, publicando no *New York Times*, caracterizou o ato como "imitação". Anne Applebaum mencionou na *The Atlantic* o desejo de criar um "eco visual". Yascha Mounk, na mesma revista, falou em *cosplay*, evento em que os participantes vestem fantasias para representar certos personagens famosos, no caso os invasores trumpistas do Capitólio.[4]

Como se sabe, os Estados Unidos são o país no qual a democracia moderna foi inventada; lá surgiram o presidencialismo, o federalismo, o sistema de freios e contrapesos, para não nos estendermos sobre a teoria da "igualdade de condições" e a dinâmica associativa descritas por Alexis de Tocqueville no século XIX.[5] Em contraste com a "grande revolução democrática" – como o viajante francês a chamou –, que marca a história dos americanos, a formação brasileira traz consigo uma mistura profunda de modernidade e atraso. Em decorrência, o país ao Sul sempre se viu aquém do par situado ao Norte da América, mantendo continuamente o desejo de alcançá-lo, em especial a partir da Proclamação da República, em 1889. O anseio de seguir a "via americana" tem plausibilidade: ambas as nações possuem extensão continental, foram colônias, ostentam passado escravista e heterogeneidade regional, com zonas marcadas por *plantations*.

Refletindo a respeito das aproximações, o controverso filósofo Roberto Mangabeira Unger sustentou, em entrevista concedida a Reinaldo Azevedo e Walfrido Warde, que

> [...] o Brasil é o país do mundo mais parecido com os Estados Unidos, embora nem os americanos, nem os brasileiros reconheçam isso. [...]. São duas sociedades de tamanho praticamente igual, fundadas na mesma base de povoamento europeu e escravidão africana. Estão entre as sociedades modernas e contemporâneas mais religiosas, e cada uma é, do seu tipo, a mais desigual. Os Estados Unidos são a mais desigual das democracias ricas, e o Brasil é um dos países mais desiguais da história da humanidade. Paradoxalmente, no meio dessas exclusões e desigualdades tremendas, o homem e a mulher comum continuam a acreditar que tudo é possível.[6]

Na mesma entrevista, Unger chama atenção para alguns contrastes:

> Em várias outras coisas, Brasil e Estados Unidos não são semelhantes, são opostos, sofrem de perversões inversas. Os americanos acreditam que, se uma instituição presta, foram eles que a inventaram. Eles são os inventores, os Licurgos coletivos da humanidade. A cultura de elite brasileira de tal forma despreza os nossos poderes e originalidade coletiva que todas as nossas instituições são copiadas, sobretudo copiadas dos Estados Unidos, e por isso mesmo não nos servem, são como roupa emprestada.[7]

De um ângulo bem distinto, como lembram os colegas Fernando Rugitsky e Pedro Mendes Loureiro em capítulo desta coletânea, o historiador Perry Anderson observa a antiga propensão da cultura nacional a voltar as costas ao mundo hispano-americano, "dirigindo seu olhar para a Europa e, depois, para os Estados Unidos". Contudo, a mirada admirativa, a prenunciar a disposição copiadora que nos chama atenção aqui, é contrarrestada por circunstâncias peculiares que fizeram do Brasil "o mais isolado e ensimesmado entre os gigantes mundiais". Do ponto de vista geográfico, "até pouco tempo atrás, a densa floresta tropical, o cerrado desabitado e o pântano intransponível separavam seu vasto interior de todos os seus vizinhos". Do ponto de vista histórico, "muitas águas separam o Atlântico Sul do Atlântico Norte e, por muito tempo, o Brasil só enxergou a outra margem de seu próprio oceano como fonte de escravizados. Nem mesmo Portugal conseguiu fincar vínculos fortes e presença marcante no imaginário contemporâneo" – este último ponto, para salientar a distância com a Europa. Somando as duas dimensões, o resultado é "uma cultura nacional com um grau de ensimesmamento único entre potências comparáveis [como a Rússia e a China], sem os vínculos das outras com seus vizinhos". Mas, no arremate do raciocínio, Anderson nos deixa este paralelo: "Somente os Estados Unidos – por trás de seus fossos oceânicos e da convicção de contarem com a preferência divina – competem com o Brasil em termos de introversão".[8]

As indicações são interessantes porque permitem enxergar uma espécie de jogo de espelhos, em que parte das características parece se refletir uma na outra e parte, ao contrário, parece projetar uma imagem invertida.[9] Se, durante parte expressiva de existência independente, houve razões para acentuar as diferenças entre Estados Unidos e Brasil, nos últimos anos emergiram fatores que podem ter suscitado disposição inversa.

No ensaio exploratório de interpretação histórica que segue, tratamos de lançar fios que possam iluminar aspectos do mimetismo recente, esperando que o exercício estimule pesquisas futuras. O texto destaca, de início, o impacto da desindustrialização paralela – processo em curso desde a década de 1980 – na emergência de um público disponível para a mensagem de correntes autoritárias. Discutimos, em seguida, o papel desempenhado pelas denominações evangélicas e pelas culturas regionais ligadas ao agronegócio. O capítulo solta, assim, "anzóis" em diversas direções, buscando apanhar nexos entre um processo econômico geral, características socioculturais comuns e formas políticas mimetizadas.

Diante do cenário desindustrializante, é possível que setores populares brasileiros, embora intermediários quando se olha o conjunto,[10] *especialmente localizados nos centros metropolitanos*, encontrem semelhanças com a falta de horizonte existente em segmentos norte-americanos. A ausência de bons empregos, oriundos, direta ou indiretamente, da atividade industrial, desempenharia, talvez, papel relevante no referido desencanto, o que, até certo ponto, pode estar por trás do crescimento da influência evangélica nas metrópoles. Em situação contrastante, fortalece-se no interior continental a expectativa de construir um futuro à sombra do emergente agronegócio, o que anima convergências culturais com o *hinterland* norte-americano. Eis as pistas que iremos explorar nas próximas seções.

Desindustrializações paralelas

Antes de ir adiante, convém definir o que entendemos por desindustrialização e crise da democracia. José Luis Oreiro e Carmem Feijó[11] destacam duas definições de desindustrialização. Uma, formulada por Robert Rowthorn e Ramana Ramaswamy,[12] então vinculados ao Departamento de Pesquisas do Fundo Monetário Internacional (FMI). Partindo do Norte Global, ambos definem o fenômeno como o declínio continuado da participação do emprego industrial (*manufacturing employment*) por mais de duas décadas.[13] Crítica, Fiona Tregenna amplia o escopo do fenômeno para defini-lo "em termos de um declínio continuado tanto na participação da indústria no total de empregos como na participação da indústria no PIB".[14]

Decidimos adotar a segunda acepção, mais ampla, sobre a qual é preciso fazer dois esclarecimentos, ainda com base em Oreiro e Feijó. A desindustrialização não implica decrescimento do emprego industrial absoluto. O importante situa-se na diminuição do impacto no PIB e na consequente perda de importância relativa na dinâmica do mercado laboral. Em segundo lugar, desindustrialização não é sinônimo de reprimarização, embora os dois fenômenos possam estar ligados. Vale esclarecer que o intuito aqui não é discutir o lugar da industrialização no processo de crescimento econômico – debate que divide os economistas –, mas tão somente suscitar reflexões sobre a relação entre as dificuldades da democracia e a desindustrialização.

Tendo em vista aproximar um processo econômico a dimensões sociais, culturais e políticas, cabe fazer o registro de uma perspectiva de matriz sociológica sobre o papel da industrialização no deslanche ou no emperramento da reprodução social. A "indústria", para além de um modo particular de produzir mercadorias, tornou-se uma "instituição social" que estabelece regras, papéis, expectativas e estabiliza padrões de comportamento.[15] Mesmo que a produção manufatureira e a respectiva classe operária raramente representem a maioria absoluta do produto bruto e da população economicamente ativa, o dinamismo industrial tem impacto sobre o conjunto. A pujança das fábricas define um padrão de eficiência técnica e organizacional para os outros ramos produtivos e influencia a orientação das relações tanto intra quanto interclasses. A ação coletiva dos *blue collars* tende a fixar um padrão para os demais setores assalariados.

No que diz respeito à democracia, uma série de estudos recentes tem apontado para o mergulho num quadro de impasses, o qual recebe uma variedade de denominações: além de "crise", fala-se em "recessão democrática", "erosão", "reversão global", "autocratização" etc. De acordo com Lürhmann e Lindberg, cuja descrição adotamos, vive-se desde 2017 uma terceira onda planetária de "autocratização", isto é, declínio de requisitos como sufrágio universal, eleições limpas, liberdade de associação e expressão, Poder Executivo eleito e diversidade de meios informativos.[16] Além da queda dessas garantias em *established democracies* – os Estados Unidos sendo explicitamente mencionados –, nações como Burundi, Hungria, Rússia, Sérvia e Turquia, além do Brasil, foram citadas pelos cientistas políticos como casos em que feições autocráticas teriam emergido recentemente. Para os autores, a primeira onda de autocratização teria ocorrido entre 1926 e 1942 e a segunda, entre 1961 e 1977.

Um ponto fundamental a salientar é que a ameaça autoritária deixou de atingir somente a periferia, chegando até lugares que há pouco congregavam o clube seletíssimo de democracias estáveis, ditas "consolidadas". Vive-se, portanto, uma situação incomum, que aproxima amplamente os acontecimentos de universos antes separados por diferenças qualitativas. Pior: o epicentro do drama se dá, como vimos, no berço da experiência democrática moderna.

A literatura acadêmica sobre industrialização e democracia é ampla e controversa.[17] Por isso, evitamos assumir sem restrições a hipótese de uma relação causal positiva entre ambas, isto é, de que a primeira leve forçosamente à segunda. Postularemos, em vez disso, algo mais restrito e menos polêmico; na verdade, uma versão "fraca" da relação que acabamos de mencionar, que consiste no seguinte: para começar, que processos de industrialização *podem ou não* favorecer processos de democratização, deixando de lado a discussão da bibliografia com pretensão a explicar a diferença. Segundo – e este é o ponto que nos interessa –, mesmo quando não os favorecem, uma vez que, por algum outro motivo, dada nação se converte à democracia, uma economia industrial instalada reforça o regime, providenciando-lhe, ao mesmo tempo, espessura no plano da sociedade e solidez no âmbito das instituições. Inversamente, a *desindustrialização* tende a fragilizar os mecanismos democráticos e, no limite, a desestruturá-los.[18]

Conforme essa linha de raciocínio, a lenta desindustrialização dos EUA[19] atingiu um ponto em que, diante dos custos sociais, os trabalhadores decidiram apoiar alguém que se colocava contra tudo o que cheirasse a *establishment*, inclusive a democracia. Moura e Corbellini contam que, durante reportagem de TV ao vivo em Des Moines, capital de Iowa, em fevereiro de 2016, um repórter perguntou a um sujeito que passava pela rua: "Por que você vai votar em Trump? A resposta veio direta e seca: 'Porque ele é diferente de tudo que está aí'". Um ano mais tarde, durante grupo focal no Rio de Janeiro com eleitores de classe C entre 35 e 45 anos, o moderador indagou a um dos participantes a razão de seu voto em Bolsonaro. Resposta rápida: "O Bolsonaro é diferente de tudo o que está aí".[20]

Teria o *turning point* da desindustrialização que atingiu os EUA chegado ao Brasil, ocasionando semelhante descrença em parcelas da classe trabalhadora e criando bases análogas para a sustentação de uma corrente autocrática de viés fascista?[21] Deixando de lado as frações burguesas, cuja sociologia nos remeteria a outras considerações, cabe notar, de partida, uma diferença fundamental. Os EUA, ao longo de um século de industrialização rápida, integraram a maior parte da população a padrões de vida mínimos, segundo os critérios utilizados pelos organismos internacionais. A piora das perspectivas materiais dos descendentes daquelas gerações, à medida que a desindustrialização avançou, parece, assim, ajudar a entender a adesão ao trumpismo de parcelas hoje empobrecidas. Ao contrário, no Brasil, manteve-se em condição marginalizada cerca de metade dos habitantes, os quais compõem um vasto subproletariado ainda à espera de oportunidades de integração, a saber, um agrupamento nunca atingido pela industrialização. Tendo executado medidas que favoreceram tal setor nos mandatos entre 2003 e 2010, Lula produziu um efeito de identificação.[22] Com isso, o lulismo fixou-se no Nordeste, o que foi crucial para a vitória da democracia em 2022. Portanto, o apelo autocrático não encontrou eco na base da pirâmide brasileira, porém em outros degraus do mundo do trabalho a convergência é plausível, como se verá mais adiante.

Em face da diferença acima, pode parecer inadequado comparar uma nação de renda média com outra, cuja economia é cerca de dez vezes maior. Ainda que os índices sociais americanos não sejam, em geral, tão elevados quanto os da Europa Ocidental, certamente são bem melhores do que os da semiperiferia.[23] Apesar da competição chinesa, cada vez mais acirrada, os Estados Unidos continuam na ponta do desenvolvimento científico e tecnológico, a muitas léguas do brasileiro, sem falar do poderio militar, até aqui incontrastável. No entanto, desde os anos 1980, os norte-americanos vêm deixando a condição de primeira potência industrial do planeta. A perda da pujança fabril pode ser constatada por dois ângulos. Segundo Marc Levinson, no início dos anos 1980, quando ainda detinham a liderança, os Estados Unidos contribuíam com 29% da manufatura global, em termos de valor adicionado; em 2016, tal aporte caiu para cerca de 18%. Em contrapartida, a China, que no início dos anos 1990 detinha menos de 5%, havia conseguido ultrapassá-los em 2010, tornando-se a maior produtora de bens manufaturados, até abocanhar cerca de 26% do valor adicionado global em 2016.[24]

Como seria de esperar, a menor participação da manufatura norte-americana na produção global reflete a decadência interna. Seguindo os mencionados critérios de Tregenna, dois índices nos dizem o suficiente: no início dos anos 1980, a indústria detinha cerca de 22% do Produto Interno Bruto (PIB); em 2018, a participação havia caído para 12% do PIB. No mesmo período, o número absoluto de trabalhadores na indústria, que havia atingido um pico de 19,5 milhões em 1979, ou 22% da força de trabalho à época, caiu para cerca de 12,5 milhões em junho de 2018, menos de 9% dos empregos.[25]

O Brasil iniciou o ocaso manufatureiro na mesma época. O impulso foi bloqueado no final dos anos 1970 com a "crise da dívida", causada pelo violento aumento dos juros norte-americanos, tido como um dos passos que deslancharam a implantação do neoliberalismo no Ocidente. A desregulação dos mercados financeiros na década seguinte, cristalizada no chamado Consenso de Washington, reduziu as margens macroeconômicas de corte industrializante, prejudicando as chances de retomada fabril.

Os norte-americanos, contudo, tinham chegado ao topo da indústria no final do século XIX.[26] A grande depressão dos anos 1930 não chegou a arrancá-los da posição, uma vez que os concorrentes haviam sido igualmente atingidos pela quebradeira. Ao saírem da crise, os estadunidenses seguiram na vanguarda com maior vigor, até o período considerado acima. O Brasil, por contraste, é um caso de desenvolvimento retardatário, cujo salto se deu a partir de 1930. Sob o "nacional-desenvolvimentismo", viveu quase cinco décadas de crescimento praticamente ininterrupto. Até que estancou, junto com outras sociedades latino-americanas, na sequência do impasse causado pela dívida externa. Desde ali, jamais recuperou o dinamismo anterior.

No início dos anos 1980, a participação brasileira na indústria de transformação mundial atingiu, segundo alguns cálculos, nada desprezíveis 6,4%, enquanto a fatia no PIB chegava a 21%. Alcançou um pico de 21,8% em 1985, quando passou a cair quase continuamente até marcar 11,3% em 2018. Naquele ano, a contribuição para a manufatura mundial havia se reduzido a 1,24%.[27] É verdade que, ao contrário dos EUA, o número absoluto de empregados na indústria cresceu de cerca de 6 milhões em 1986 para pouco mais de 7,5 milhões em 2018, em função do crescimento vegetativo da força de trabalho. Mas, em termos relativos, de um pico de 27% da força de trabalho total ocupada em 1986, caiu para pouco mais de 15% em 2017.[28]

Para onde foram os postos industriais? Uma parte, não há dúvida, viu-se devorada pela inovação tecnológica. Todavia, nos Estados Unidos, houve substancial deslocamento de capital produtivo das empresas para outros lugares (o assim chamado *offshore outsourcing*), principalmente o Leste Asiático, em particular a China. De lá, seus produtos – junto com aquilo que os capitais chineses, eles mesmos, geravam – eram enviados de volta ao mercado consumidor norte-americano, numa competição implacável.[29] Algo semelhante se deu no Brasil, com a diferença de que, obviamente, o deslocamento dos capitais norte-americanos não trouxe qualquer compensação local. As firmas nacionais simplesmente sucumbiram à competição asiática, seja no terreno das exportações, seja no doméstico.

O Brasil realizou o último deslanche fabril entre a segunda metade dos anos 1960 e o fim dos 1970. Com isso, candidatava-se a ingressar no clube dos desenvolvidos. Mas, nos 40 anos seguintes, *ao mesmo tempo que o regime democrático ganhava terreno*, as conquistas das décadas anteriores foram pouco a pouco sendo revertidas. À medida que a indústria se deslocou para o Oriente, o dinamismo arrefeceu, sendo o país pouco a pouco relegado a exportador de produtos primários na divisão internacional do trabalho,[30] o que deu azo a diferentes tipos de empreendimento. As regiões metropolitanas, que haviam atraído milhões de imigrantes em busca dos postos que a indústria fornecia, viram-se sem horizonte. O antigo empregado de macacão azul se transformou num faz-tudo, dando origem ao que Robert Kurz denominou de "sujeitos monetários sem dinheiro", expressão que, segundo Roberto Schwarz, "designa as massas humanas deixadas ao deus-dará pelas industrializações interrompidas do 3º Mundo".[31] A desindustrialização acabou limitando o conteúdo da democracia ao dificultar a efetivação de cláusulas progressistas da Carta de 1988.

Se olharmos para o centro capitalista, veremos que, numa escala distinta, os buracos criados pelo deslocamento das oficinas globais causaram efeitos análogos. O lento e contínuo retrocesso do padrão de vida, à medida que a China absorvia o setor manufatureiro, foi gerando vazios nos Estados Unidos. Segundo Wolfgang Streeck, durante um tempo, sucessivas estratégias econômicas criaram compensações relativas. A última delas, o fabuloso endividamento privado, terminou no *crash* de 2008.[32] A partir daí, o hiato, que antes se abrira discretamente, ficou patente. A desindustrialização minava os avanços obtidos ao longo do século XX. Em paralelo, ocorria a contínua desidratação da democracia.[33]

Refletindo sobre a vinculação dos fenômenos, Robert Brenner e Dylan Riley sustentam que "a política americana sofreu uma mudança tectônica ao longo dos últimos 20 anos, ligada a profundas transformações estruturais no regime de acumulação",[34] cada vez mais "político" em razão da incapacidade de promover crescimento – e, portanto, beneficiar os que vivem da venda da força de trabalho. Se tomarmos a escolaridade como *proxy* da situação material, os dados apresentados por Brenner e Riley destacam como o Partido Republicano tornou-se a agremiação da fração branca empobrecida da classe trabalhadora,[35] convertida, por fim, em alicerce de Trump.[36]

Mike Davis chama atenção para como a desindustrialização, parte do processo descrito por Riley e Brenner, favoreceu a "ansiedade" demonstrada pelos trabalhadores brancos que aderiram ao trumpismo. Como "evidência gritante de uma nova onda de desindustrialização e fuga de investimentos", o historiador destaca que,

> [...] em quase todos os distritos que "viraram casaca" dos democratas para Trump em 2016, poderiam ser encontradas notícias, no jornal local, de uma grande indústria fechando suas portas ou mudando-se para outra cidade: lembranças amargas de que não havia mais um "Obama *boom*" orientando a economia.[37]

No Brasil, a desindustrialização gerou um efeito difuso semelhante de precarização, com os descendentes dos operários, a miúde, tornando-se autônomos, quase sem proteção trabalhista, nos centros metropolitanos, onde se misturam a grupos proletários nunca, direta ou indiretamente, relacionados às fábricas. Nas cidades médias e pequenas, polarizadas pela produção rural em ascenso desde a década de 2000, tais setores podem ter sido atraídos por uma combinação entre maneiras de organizar a produção e *weltanschauung* "interiorano" (ver a última seção deste capítulo). No *front* urbano, contudo, compõem parcela expressiva dos 20 milhões de pequenos e microempreendedores, os quais optaram por Bolsonaro por terem se identificado como empregados de si mesmos, autoprojetando-se, por mais estranho que pareça, do lado "proprietário" da relação de classes.

Na última pesquisa Datafolha antes do segundo turno de 2022, nada menos que 77% daqueles classificados como "empresários" declararam intenção de sufragar Bolsonaro. Como disse Thaís do Carmo, 31, de Betim (MG), ao *Le Monde*: "Sendo empreendedora", "detesta" a esquerda.[38] Reportagem de Fernando Canzian na *Folha de S. Paulo* mostrou que, na única cidade pernambucana onde Bolsonaro teve mais votos que Lula, a renda familiar média era aproximadamente de 2,5 a 4 salários mínimos. Trata-se de polo empreendedorista voltado para a confecção de roupas. De acordo com o antropólogo Maurício de Almeida Prado, o discurso de menos Estado tem "aderência nesse pessoal batalhador". O cientista político Antonio Lavareda lembra que o segmento estabeleceu uma relação causal "entre a corrupção apontada pela Lava Jato e o empobrecimento da sociedade".[39] Lembremos que, nessa mesma pesquisa mencionada no início do parágrafo, Bolsonaro vencia Lula por 52% a 43% no segmento de 2 a 5 salários mínimos de renda familiar mensal.

Em suma, o fator desindustrialização pode ter colaborado para o mimetismo de Donald Trump por Jair Bolsonaro. Porém, é insuficiente para compreender o fato em si, uma vez que informa também outros países nos quais o mimetismo não ocorreu, ao menos na mesma envergadura e de modo tão premeditado e ostensivo. Examinemos, portanto, outras conexões.

O EFEITO EVANGÉLICO

No quesito religião, 72 horas antes do segundo turno da eleição de 2022, entre os evangélicos, 62% pretendiam sufragar o ex-capitão, enquanto apenas 32% declaravam votar em Lula.[40] Há aí um óbvio paralelo com os Estados Unidos, onde, a partir da década de 1980, desde a campanha de Ronald Reagan, os evangélicos do *Deep South* passaram a compor uma das bases da direita conservadora republicana, depois herdada por Trump. Para Davis,

> [...] o golpe de gênio de Trump [...] foi [ter] deixa[do] a direita religiosa criar o programa republicano, incluindo apoiadores de [Ted] Cruz como David Barton e Tony Perkins. E, para ter certeza de que teriam eles ao seu lado, Trump permitiu que escolhessem um de seus ídolos como vice na chapa.[41]

A tese de Davis é que a eleição de Trump representaria uma "fusão de duas insurgências republicanas que são, em sua origem, *antiestablishment*" e não apenas aquela apoiada no "populismo" voltado para a fração trabalhadora branca. Trata-se, portanto, de uma coalizão de forças heterogêneas, como a montada por Bolsonaro.[42]

É preciso voltar atrás para compreender a presença do conservadorismo evangélico na política norte-americana, o qual, colhendo no meio do caminho diferentes insatisfações, terminou por se projetar para além-fronteiras, alcançando o Brasil. Deixemos de lado a recapitulação detalhada das origens e do desenvolvimento do pensamento neoconservador, ao qual a direita evangélica se aliou.[43] Basta observar dois aspectos. Sua ascensão no *plano cultural* ocorre, aproximadamente, no momento em que a desindustrialização começa a ser percebida. Não por acaso, pois os neoconservadores apresentavam uma explicação para a crise que se instalava: tratava-se de uma "decadência moral" simbolizadora da perda da autoconfiança, da capacidade empreendedora e do espírito de trabalho duro que caracterizariam o *american way of life*.[44] Ali se criou a brecha que permitiu vincular os discursos neoconservador e neoliberal: o primeiro sublinhava o efeito corrosivo do hedonismo contemporâneo sobre o espírito norte-americano, e o segundo pretendia mostrar como esse cenário foi estimulado pelo excesso de regulações e proteções sociais, desencorajador da inovação e do empreendedorismo.

Na mesma época – e este é o segundo ponto –, a combinação teve um avanço notável ao se condensar em torno do Partido Republicano, graças à politização das igrejas evangélicas e assemelhadas. Eis que certas dimensões da cultura se tornaram o *locus* privilegiado de uma iniciativa concertada de setores da elite social e política, o neoconservadorismo e a direita cristã.[45] Dialogando com a classe trabalhadora branca que habita o "interior profundo", atingido pela desindustrialização, os profissionais da direita republicana conseguiram articular uma mensagem bem-sucedida que unia, num pacote heteróclito, angústias espirituais e ressentimento de classe.[46]

No Brasil, a Igreja pentecostal, um ramo do cristianismo evangélico, possui currículo antigo, como atesta a fundação da Assembleia de Deus (AD) no início do século XX. Segundo Marina Lacerda, a AD apoiou o regime militar de 1964, sendo relevante a "origem norte-americana de muitos missionários, formados dentro de uma ideologia antissoviética".[47] Já o neopentecostalismo teve forte impulso a partir do final dos anos 1970,[48] quando a desindustrialização por aqui começava, em particular com a fundação da Igreja Universal do Reino de Deus (Iurd), por Edir Macedo,[49] em 1977, seguida da Internacional da Graça de Deus (1980) e da Renascer em Cristo (1986). Inspirados em pares norte-americanos, os pastores usaram os meios de comunicação de massa (rádios e programas de TV)[50] para difundir crenças e valores. Embora descentralizadas do ponto de vista organizativo, há elementos discursivos comuns entre as múltiplas igrejas conhecidas no Brasil, como o que se refere ao conservadorismo. Entre as neopentecostais, em particular, introduziu-se uma articulação eficaz com o discurso neoliberal, graças à teologia da prosperidade. Entre outras características, essa modalidade de orientação teológica associa o dízimo e a oferta de bens por parte dos fiéis à conquista do sucesso econômico via graça divina. O sucesso da retórica financeira, no momento em que a industrialização encontrava limites, permite supor que o objeto prioritário do discurso foi constituído pelos "sujeitos monetários sem dinheiro".[51]

Seria, portanto, plausível identificar uma afinidade entre a crescente privação objetiva e a recepção popular de certo tipo de abordagem religiosa, como nos EUA. O sociólogo Ricardo Mariano anotava, com base no censo de 2000, que os pentecostais e os neopentecostais apresentavam renda e escolaridade inferiores à média da população, com parcela expressiva recebendo até três salários mínimos e exercendo ocupações modestas e/ou precárias. Do ponto de vista étnico-racial, seriam mais pretos e pardos do que a média da população brasileira, além de mais jovens.[52] Dez anos depois, o autor indicou que 63,7% dos evangélicos pentecostais e neopentecostais recebiam até um salário mínimo.[53]

Estudo realizado ao longo dos anos 2010 na periferia da zona sul de São Paulo atestou a lenta propagação de discurso antipetista entre trabalhadores evangélicos, em geral recebendo de dois a cinco salários mínimos familiares, e trabalhando como esteticistas, balconistas, seguranças e policiais, à medida que as dificuldades econômicas e as denúncias de corrupção contra o PT cresciam.[54] Talvez a mistura de antipetismo molecular com paleoconservadorismo[55] de origem norte-americana explique a tintura fanática observada na polarização de 2022. Nela, com uma linguagem que lembrava a dos agitadores norte-americanos da década de 1930 estudados por Lowenthal e Guterman,[56] concebiam-se adversários não como obstáculos a algum objetivo a ser alcançado, mas como um "corpo estranho à sociedade", encarnando o mal em si.

Falando em um templo da Igreja Batista Filadélfia, em Salvador (BA), pouco antes do segundo turno, um deputado-pastor disse que havia "uma guerra cívica única contra o mal iminente de uma possível vitória da esquerda nos estados que ainda têm segundo turno".[57] Um fiel de outra igreja contou à BBC que houve culto "em que o pastor chegou e falou que se o candidato Lula fosse eleito e fossem queimar as igrejas, ele ia mandar queimar primeiro quem votou nele [Lula]".[58] Uma terceira notícia deu conta de que um pastor que reúne cinco mil pessoas por semana em Belo Horizonte, capital de Minas Gerais, acusou Lula, no culto, de ser favorável ao aborto, à descriminalização das drogas, de querer liberar pequenos furtos e regular a mídia.[59]

A pressão foi tanta que o candidato petista, duas semanas antes do segundo turno, emitiu uma "Carta aos Evangélicos". Nela, assegurava que não criaria obstáculos "ao livre funcionamento dos Templos", que era "pessoalmente contra o aborto" e estava comprometido em "fortalecer as famílias para que os nossos jovens sejam mantidos longe das drogas". Ainda assim, empatados no segmento evangélico em dezembro de 2021, a atuação dos pastores deu a Bolsonaro uma vantagem de 20 pontos percentuais pouco antes do segundo turno.

Sendo católico, Bolsonaro investiu de maneira metódica na relação com dirigentes evangélicos. A partir de 2011, registra Lacerda, incorporou, em sua atuação legislativa, "temas relacionados à moral sexual".[60] Em 2016, além de ser casado com uma evangélica praticante, fez-se batizar por um pastor nas águas do rio Jordão. De 2018 em diante, emprestou visibilidade ao lema "Deus acima de todos", aplicou conceitos religiosos a decisões de Estado, nomeou evangélicos para o ministério e para o STF, opôs-se à proibição de cultos durante a pandemia e perdoou uma dívida de R$ 1,4 bilhão das igrejas em geral.[61] Como se vê pelo relato de Davis, acima, também nisso mimetizou Trump.

O peso da geografia

Além dos trabalhadores sem perspectiva de integração social e evangélicos, outros recortes permitem ver camadas adicionais de afinidade nas coalizões formadas pelo trumpismo e sua mimese verde-amarela. Referimo-nos aos que se condensam no "interior profundo", onde o estilo "novo-sertanejo" prevalecente no Brasil parece imitar *ipsis litteris* o gênero *country* estadunidense. É curioso, e igualmente decisivo, que as duas extremas-direitas tenham logrado se apropriar do catalisador geográfico-cultural. Conseguiram fazê-lo, unindo numa causa comum eleitores de diferentes extrações, ao aglutinar todo um território, mais ou menos como o lulismo fez na região Nordeste e o Partido Democrata fez nas áreas costeiras dos EUA.

O economista Bráulio Borges percebeu que a pátria bolsonarista em 2022 coincidia com a vastidão das *plantations*, que tiveram a renda real média aumentada em 30% entre 2019 e 2022. Trata-se, digamos assim, de um imenso enclave texano, que começa no norte do Rio Grande do Sul, passa por Santa Catarina, espalha-se pelo Centro-Oeste e sobe para o Norte, chegando, a Leste, até a fronteira nordestina. Esse *hinterland* possui emprego, dólares, cidades aprazíveis – onde se ouve música sertaneja e pratica-se tiro esportivo – e fervor direitista. O modelo exportador, com direito a xenofobia antinordestina e até discursos separatistas (mesmo que marginais), arrastou consigo segmentos da classe trabalhadora e parece ter como ideologia a noção de que a sociedade não precisa ser integrada, mas hierarquizada.

Sem dúvida, a dimensão material informa parte do fenômeno. Por exemplo, Bolsonaro afrouxou o controle sobre a destruição da floresta amazônica – tendo o desmatamento aumentado em cerca de 60%[62] –, bem como facilitou a invasão de reservas indígenas, o que trouxe madeireiros e mineradores do Norte, muitas vezes fora da legalidade, à coalizão extremista. Esta venceu nos 265 municípios da Amazônia Legal que concentram 70% das áreas desmatadas nas últimas três décadas. Em Novo Progresso (PA), onde, em 2019, fazendeiros promoveram o "Dia do Fogo",[63] ação coordenada de incêndios que a mídia registrou para todo o planeta, Bolsonaro contou com 80% dos votos. No segundo turno, obteve maioria nos estados do Acre, de Rondônia e de Roraima, praticamente empatando no conjunto da região.

Venceu, com folga, nas cidades mais ricas e brancas,[64] especialmente situadas no Sudeste, no Sul e no Centro-Oeste. No primeiro turno de 2022, chegou a avançar, embora discretamente, até em alguns estados do Nordeste, como Ceará, Sergipe, Bahia e Alagoas. No Sudeste, mesmo com margem menor do que em 2018, venceu em todas as unidades, com exceção de Minas Gerais.[65] Na segunda volta, ganhou na maioria dos estados (14 contra 13 vencidos por Lula) e em todos os do Sul e do Centro-Oeste,[66] regiões do agronegócio.

O superciclo de *commodities* surgido no começo de 2021 abriu uma perspectiva de empregos no interior. Em 2021, as exportações do agro cresceram 19,7% em valor, totalizando US$ 120,6 bilhões;[67] no ano seguinte, chegaram a US$ 159 bilhões – uma alta de 32%[68] –, embora haja estimativas que sugerem que, em volume, o aumento da quantidade exportada foi de apenas 1,5%.[69]

Esses aspectos, contudo, se entrelaçam com peculiaridades regionais. Segundo João Marcos Alem, o "neorruralismo" brasileiro, também chamado por ele de "neossertanejo" ou "caipira-*country*", fortaleceu-se precisamente onde foi mais intensa a modernização rural – isto é, a introdução de um capitalismo agrícola dinâmico – iniciada durante o período militar.[70] Esse impulso alterou o universo cultural – e, certamente, a bússola dos valores – de tais regiões, que aderiram a práticas características da indústria cultural, referências de comportamento, de lazer, de moda e de prioridades de vida para populações urbanas que as circundam e vivem delas. Esclarece o autor:

> As representações predominantes giram em torno das sociabilidades inovadas do ruralismo redivivo: o brilho das empresas, dos empresários, dos intelectuais e técnicos, das próprias técnicas, dos artistas, dos peões de rodeios enriquecidos, enfim, das pessoas e grupos, das práticas *country*, que sugerem estilos de vida e de comportamento muito distantes do Jeca Tatu de Monteiro Lobato, do sertanejo de Euclides da Cunha, dos jagunços de Guimarães Rosa ou dos caipiras de Antonio Candido e, na aparência, também distintos do estilo de vida dos velhos coronéis oligarcas.[71]

Atualmente, sua organicidade pode ser bem apreendida na metamorfose da música sertaneja, dando origem ao que se chama de "agronejo", estilo marcado pela ostentação da riqueza produzida pelo agronegócio.[72] O paralelismo com a cultura *country* norte-americana é sugestivo, a despeito dos distintos efeitos do processo de desindustrialização lá e cá. Nos Estados

Unidos, a desindustrialização abriu um vazio no "interior profundo", sem nada materialmente significativo que pudesse preenchê-lo. No Brasil, parte do vácuo foi ocupada pelo capitalismo agropecuário, cuja expansão permitiu o relançamento de sua potência ideológica.[73]

Convém agora nos acautelar no que tange à relação entre mudança econômica, território e comportamento político. Historicamente, o sucesso do capitalismo industrial norte-americano significou seu espraiamento, embora não homogêneo, por diferentes partes do território, por conta de uma espécie de divisão regional do trabalho entre os distintos ramos industriais bem como dos deslocamentos ao longo do tempo, conforme se abriam oportunidades de investimento.[74] Desse modo, ele cresceu ladeado por um capitalismo agrícola também forte, concentrado (mas não exclusivamente) nas *Great Plains*, ou no que temos chamado aqui de "interior profundo". A posterior desindustrialização, contudo, não afetou igualmente o território. *Grosso modo*, foi mais devastadora no *midwest*, enquanto as costas Leste e Oeste, cada qual a sua maneira, se adaptavam com menos trauma, graças às indústrias competitivas de alta tecnologia e ao pujante setor de serviços. O capitalismo agrícola, é verdade, permaneceu relativamente dinâmico, mas agora precisando enfrentar a competição internacional acirradíssima de potências agrícolas emergentes.[75]

Ao contrário, a evolução industrial brasileira permaneceu historicamente circunscrita aos centros urbanos, mais ou menos próximos do litoral. Enquanto isso, o "Oeste" mantinha-se preso a uma agropecuária de baixa produtividade, subordinado ao protagonismo das áreas metropolitanas. Hoje, sabemos, a situação se inverteu: por conta da desindustrialização, os núcleos metropolitanos perderam dinamismo, enquanto o "Oeste" rompeu a antiga subordinação, desencadeando intensa mecanização agrícola e outras formas de aumentar a produtividade do cultivo.

Na comparação com os Estados Unidos, salta à vista a diferença fundamental: enquanto o "Velho Oeste" em declínio se liga à extrema-direita, movido pela nostalgia de um passado afluente – querendo tornar-se *great again* –, o "Novo Oeste" faz uso da extrema-direita, e vice-versa, visando modificar a geografia do poder político e pareá-la com a geografia contemporânea do poder econômico. Por distintos motivos, cada qual vê a democracia como um obstáculo, se não "o" obstáculo, às suas pretensões.

As populações costeiras norte-americanas, no que se refere à disputa em curso, comportam-se aproximadamente como a do Nordeste do Brasil. Até aqui, em larga maioria, negam apoio à extrema-direita. Isso, apesar do abismo que as separa econômica e socialmente. O Nordeste é, historicamente, o que ficou para trás na modernização capitalista, enquanto as costas norte-americanas são as mais avançadas do processo. Embora atingidas pela precarização do trabalho e pela desigualdade neoliberal, as classes médias e populares da costa, mais escolarizadas, encontram melhores oportunidades de se encaixar nas chances oferecidas pelo mercado globalizado. Pelo menos é o que se infere do artigo de Brenner e Riley, citado acima. Podem não ter ascendido, mas também não rolaram ladeira abaixo, como aconteceu com suas assemelhadas do interior. A relativa preservação do *status quo* tem implicado lealdade à democracia – o que, nas atuais circunstâncias, significa sufragar o Partido Democrata. A região Nordeste brasileira, embora afetada por bolsões do agronegócio, pouco diverge, no plano da estrutura econômica, de seu padrão histórico. A maior diferença em relação ao próprio passado é que as camadas mais pobres – o subproletariado, numa denominação conceitual – foram mais bem atendidas nos governos lulistas, provocando um realinhamento do voto em 2006, o qual manteve o eleitorado posicionado ao lado da democracia em 2022.

As regiões metropolitanas do Sudeste brasileiro podem ser consideradas “espaços em disputa”. Em razão do declínio econômico, os habitantes teriam tantos motivos para se rebelar contra a democracia quanto o “cinturão da ferrugem” norte-americano. De outro lado, têm composição mais heterogênea do que a contraparte *ianque* (o *midwest*), pois, junto com setores intermediários em descenso, abrigam parcelas de subproletariado que, tal como no Nordeste, obtiveram ganhos no período lulista. Tudo somado, pode-se pensar que os centros metropolitanos têm papel semelhante ao dos *swing states* norte-americanos, presumindo-se, portanto, que uns e outros detenham palavra decisiva a respeito do futuro das respectivas democracias.

Considerações finais

Este capítulo perseguiu pistas que pudessem contribuir para elucidar o bem-sucedido mimetismo da extrema-direita norte-americana, sob o signo do trumpismo, pela extrema-direita bolsonarista. Logo depois da eleição do bilionário e apresentador de TV em 2016, o "Trump tropical", como Bolsonaro ficou conhecido *urbi et orbi*, iniciou uma escalada que o levou ao Palácio do Planalto. Desde o início do percurso, o capitão reformado do Exército brasileiro procurou imitar o bilionário norte-americano no que Abranches chama de "políticas de confrontação".[76] Como se trata de ensaio exploratório, as notas aqui coletadas quiseram apenas montar eventual guia para pesquisa bibliográfica e empírica posterior.

Indicamos um fator estrutural, a desindustrialização, relacionado à crise das democracias, tanto nas democracias centrais, em especial nos Estados Unidos, quanto no Brasil. O objetivo foi identificar um "terreno comum", entre outros possíveis, da ascensão das correntes de extrema-direita lá e cá. Partindo dele, buscamos avaliar efeitos sobre setores da classe trabalhadora que fossem capazes de revelar a formação de um público assemelhado sensível ao histrionismo bolsonaro-trumpista.

Em seguida, comentamos a influência das denominações evangélicas, que ampliaram a audiência e se politizaram no compasso da desindustrialização. Por fim, abordamos a penetração da cultura *country*/neossertaneja de corte conservador no *hinterland* dos dois espaços continentais. Enquanto a transformação religiosa forneceu aos dois agitadores examinados material comum para uma apropriação ideológica da fé popular, o preenchimento, pelo agronegócio, do vácuo deixado pela desindustrialização, seja em função de uma relativa decadência econômica no caso dos Estados Unidos, seja em função do ascenso do setor agropecuário dinâmico no Brasil, instigou orientações de conduta comparáveis.

Em síntese: a combinação de elementos geográfico-culturais e religiosos num cenário de deterioração das expectativas populares de ascensão social, dado o retrocesso da indústria, proporcionou à extrema-direita trumpista a oportunidade de pilotar uma poderosa, embora heterogênea, coalizão antidemocrática. Os mencionados paralelismos entre Brasil e EUA, por sua vez, teriam permitido à extrema-direita bolsonarista seguir de perto aqueles passos, obtendo sucesso equivalente na composição de um bloco multifacetado e capilar. Articulando o campo oposto, setores democráticos foram se unindo nos espaços restantes. Os lugares pró-democracia, contudo, exibem sinais invertidos entre si. A porção relativamente bem-sucedida do eleitorado norte-

-americano, concentrada nas regiões costeiras a Leste e a Oeste, transformou--se em bastião do Partido Democrata, enquanto a camada menos aquinhoada da sociedade brasileira, concentrada no Nordeste, ficou alinhada ao lulismo. Explorar semelhanças e diferenças entre os dois gigantes americanos talvez ajude a elucidar uma conjuntura que tem se mostrado, no mínimo, desafiadora.

Referências bibliográficas

ABRANCHES, S. *O tempo dos governantes incidentais*. São Paulo, Companhia das Letras, 2020.

AGÊNCIA BRASIL. "Indústria pagou, em 2018, R$ 308 bilhões em salários a 7,7 milhões". *Agência Brasil*, 18/6/2020. Disponível em <https://agenciabrasil.ebc.com.br/economia/noticia/2020-06/industria-pagou-em-2018-r-308-bilhoes-em-salarios-77-milhoes#:~:text=Pesquisa%20Industrial%20Anual%20Empresa%20(PIA,308%20bilh%C3%B5es%20em%20sal%C3%A1rios%2C%20retiradas>. Acesso em 10/10/2023.

AGÊNCIA DE NOTÍCIAS DA INDÚSTRIA. "Indústria brasileira é a 16ª em participação na produção mundial do setor, aponta CNI". *Agência de Notícias da Indústria*, 4/9/2020. Disponível em <https://noticias.portaldaindustria.com.br/noticias/economia/industria-brasileira-e-a-16a-em-participacao-na-producao-mundial-do-setor-aponta-cni/>. Acesso em 5/1/2023.

ALEM, J. M. *Caipira e country: a nova ruralidade brasileira*. Tese de doutorado em Sociologia. São Paulo, FFLCH-USP, 1996. Disponível em <https://www.teses.usp.br/teses/disponiveis/8/8132/tde-07092022-103257/pt-br.php>. Acesso em 24/2/2022.

ALVARENGA, D. "Com pandemia, indústria perde ainda mais participação no PIB e agronegócio ganha protagonismo". G1, 21/7/2021. Disponível em <https://g1.globo.com/economia/noticia/2021/07/21/com-pandemia-industria-perde-ainda-mais-participacao-no-pib-e-agronegocio-ganha-protagonismo.ghtml>. Acesso em 25/6/2023.

ANDERSON, P. *Brasil à parte (1964-2019)*. São Paulo, Boitempo, 2020.

ARAUJO, C. & BELINELLI, L. "A crise constitucional brasileira: ensaio de interpretação histórica (1988-2016)". *In*: SINGER, A.; ARAUJO, C. & RUGITSKY, F. (org.). *O Brasil no inferno global: capitalismo e democracia fora dos trilhos*. São Paulo, FFLCH-USP, 2022.

BAILEY, A. "U.S. agricultural exports face strong competition as countries around the world ramp up their trading games". *AG Week*, 16/12/2021. Disponível em

<https://www.agweek.com/business/markets/u-s-agricultural-exports-face-strong-competition-as-countries-around-the-world-ramp-up-their-trading-games>. Acesso em 18/1/2022.

BLUESTONE, B. & HARISSON, B. *The Deindustrialization of America: Plant Closings, Community Abandonment and the Dismantling of Basic Industry*. New York, Basic Books, 1982.

BONELLI, R. & PESSÔA, S. "Desindustrialização no Brasil: um resumo da evidência". *Texto para Discussão FGV-Ibrae* n. 7, março 2010.

BRENNER, R. & RILEY, D. "Seven theses on American politics". *New Left Review* 138, Nov./Dec. 2022.

BRESSER-PEREIRA, L. C. "Democracy and capitalist revolution". *Économie Appliquée* LXV(4), 2012, pp. 111-139.

BROWN, W. *Nas ruínas do neoliberalismo: a ascensão da política antidemocrática no Ocidente*. São Paulo, Politeia, 2019.

BRUCE, S. *Pray TV: Televangelism in America*. London/New York, Routledge, 2019.

CAMPOS, L. S. "As origens norte-americanas do pentecostalismo brasileiro: observações sobre uma relação ainda pouco avaliada". *Revista USP*, n. 67, set./nov. 2005, pp. 100-115.

CANZIAN, F. "Encolhendo e em crise, classe C vira motor do bolsonarismo". *Folha de S. Paulo*, 12/11/2022. Disponível em <https://www1.folha.uol.com.br/mercado/2022/11/encolhendo-e-em-crise-classe-c-vira-motor-do-bolsonarismo.shtml>. Acesso em 12/4/2023.

CARTA CAPITAL. "As intenções de voto entre católicos e evangélicos a 3 dias da eleição, segundo o Datafolha", 27/10/2022. Disponível em <https://www.cartacapital.com.br/cartaexpressa/as-intencoes-de-voto-entre-catolicos-e-evangelicos-a-3-dias-da-eleicao-segundo-o-datafolha/>. Acesso em 3/1/2023.

CARTA IEDI. "As *commodities* e a balança comercial do Brasil em 2022". *Carta IEDI*, edição 1.195. São Paulo, Instituto de Estudos para o Desenvolvimento Industrial, s/d. Disponível em <https://iedi.org.br/cartas /carta_iedi_n_1195.html>. Acesso em 27/12/2023.

CARVALHO, J. M. de. *Cidadania no Brasil: o longo caminho*. Rio de Janeiro, Civilização Brasileira, 2001.

CASARÕES, G. "O movimento bolsonarista e a americanização da política brasileira: causas e consequências da extrema-direita no poder". *Journal of Democracy em Português*, vol. 11, n. 2, 2022, pp. 7-44.

DAVIS, M. "O grande Deus Trump e a incrível classe trabalhadora branca". *Outubro*, n. 28, abr. 2017, pp. 101-132.

DILORENZO, S. & PRENGAMAN, P. "Bolsonaro usa táticas muito parecidas com as utilizadas por Donald Trump". *UOL*, 8/10/2018. Disponível em <https://noticias.

uol.com.br/internacional/ultimas-noticias/2018/10/08/bolsonaro-usa-taticas-muito-parecidas-com-as-utilizadas-por-donald-trump.htm?cmpid=copiaecola>. Acesso em 19/6/2022.

DOUTHAT, R. "Brazil's homage to Jan. 6 was an act of pure performance". *New York Times*, 11/1/2023.

ESPING-ANDERSEN, G. "As três economias políticas do *welfare state*". *Lua Nova*, 24, 1991, pp. 85-116.

FIESP. "Panorama da indústria de transformação brasileira". Departamento de Economia, Competitividade e Tecnologia – Fiesp/Ciesp, 11/1/2019, pp. 1-4.

FOLHA DE S. PAULO. "Bolsonaro melhora votação em quase todo o Brasil, com exceção de 4 estados", 5/10/2022. Disponível em <https://www1.folha.uol.com.br/poder/2022/10/bolsonaro-melhora-votacao-em-quase-todo-o-brasil-com-excecao-de-4-estados.shtml>. Acesso em 9/3/2023.

GONÇALVES, M. A. & CARRIELLO, R. "Desapareceu a perspectiva de um progresso que torne o país decente". *Folha de S. Paulo*, 11/8/2007. Disponível em <https://www1.folha.uol.com.br/fsp/ilustrad/fq1108200707.htm>. Acesso em 19/4/2023.

GOULARTE, J. *et al.* "Lula e Bolsonaro travam disputa por voto dos pequenos empresários". *O Globo*, 6/10/2022. Disponível em <https://oglobo.globo.com/economia/noticia/2022/10/lula-e-bolsonaro-travam-disputa-por-voto-dos-pequenos-empresarios.ghtml>. Acesso em 19/6/2023.

GRAZIANO DA SILVA, J. *A nova dinâmica da agricultura brasileira*. Campinas, IE-Unicamp, 1998.

G1. "Lula ganhou em 13 estados e Bolsonaro venceu em 14 no 2º turno das eleições 2022", 31/10/2022. Disponível em <https://g1.globo.com/politica/eleicoes/2022/eleicao-em-numeros/noticia/2022/10/31/lula-ganhou-em-13-estados-e-bolsonaro-venceu-em-14-no-2o-turno-das-eleicoes-2022.ghtml>. Acesso em 3/4/2023.

HARRIS, K. "Forty years of falling manufacturing employment". *Beyond the Numbers*, vol. 9, n. 16, Nov. 2020. Disponível em <https://www.bls.gov/opub/btn/volume-9/forty-years-of-falling-manufacturing-employment.htm>. Acesso em 23/7/2023.

HARVEY, D. *O neoliberalismo: história e implicações*. São Paulo, Loyola, 2011.

IBGE. "Censo 2010: número de católicos cai e aumenta o de evangélicos, espíritas e sem religião". *IBGE*, 26/6/2012. Disponível em <https://agenciadenoticias.ibge.gov.br/agencia-sala-de-imprensa/2013-agencia-de-noticias/releases/14244-asi-censo-2010-numero-de-catolicos-cai-e-aumenta-o-de-evangelicos-espiritas-e-sem-religiao#:~:text=Os%20evang%C3%A9licos%20foram%20o%20segmento,1980%2C%206%2C6%25>. Acesso em 19/3/2023.

INGLEHART, R. & WELZEL, Ch. *Modernização, mudança cultural e democracia.* São Paulo, Francis, 2009.

INTERNATIONAL TRADE ADMINISTRATION (ITA). "The State of Manufacturing in the United States", July 2010. Disponível em <https://web.archive.org/web/20130226011512/http://trade.gov/manufactureamerica/facts/tg_mana_003019.asp>. Acesso em 12/12/2022.

KRETER, A. C. & PASTRE, R. "Comércio exterior do agronegócio: balanço de 2021 e perspectivas para 2022". *Carta de Conjuntura*, 17/1/2022. Instituto de Pesquisa Econômica Aplicada (Ipea). Disponível em <https://www.ipea.gov.br/cartadeconjuntura/index.php/2022/01/comercio-exterior-do-agronegocio-balanco-de-2021-e-perspectivas-para-2022/#:~:text=A%20alta%20dos%20pre%C3%A7os%20internacionais,de%20baixa%20dos%20anos%20anteriores>. Acesso em 16/5/2023.

KURZ, R. *O colapso da modernização*. São Paulo, Paz e Terra, 1993.

LACERDA, M. "Contra o comunismo demoníaco: o apoio evangélico ao regime militar brasileiro e seu paralelo com o endosso da direita cristã ao governo Bolsonaro". *Religião e sociedade*, 42(1), 2022a, pp.153-176.

_____. "Paleoconservadorismo de Bolsonaro: o pesadelo brasileiro". *In*: SINGER, A.; ARAUJO, C. & RUGITSKY, F. (org.). *O Brasil no inferno global: capitalismo e democracia fora dos trilhos*. São Paulo, FFLCH-USP, 2022b.

_____. "Análise do voto evangélico ou a fortaleza bolsonarista". *Le Monde Diplomatique*, 23/8/2022c. Disponível em <https://diplomatique.org.br/analise-do-voto-evangelico-ou-a-fortaleza-bolsonarista/>. Acesso em 2/12/2022.

LEVINSON, M. "US Manufacturing in International Perspective". *Congressional Research Perspective*, Feb. 2018. Disponível em <https://sgp.fas.org/crs/misc/R42135.pdf>. Acesso em 28/12/2022.

LIMONGI, F.; TAVARES DE ALMEIDA, M. H. B. & FREITAS, A. "Da sociologia política ao (neo)institucionalismo: 30 anos que mudaram a ciência política no Brasil". *In*: AVRITZER, L.; MILANI, C. & BRAGA, M. do S. *A ciência política no Brasil (1960-2015)*. São Paulo, FGV Editora/ABCP, 2016.

LIPSET, S. "Some Social Requisites of Democracy: Economic Development and Political Legitimacy". *American Political Science Review*, 53(1), 1959, pp. 69-105.

LLANERAS, K. "Bolsonaro arrasa nas cidades mais brancas e ricas; Haddad nas mais negras e pobres". *El País*, 26/10/2018. Disponível em <https://brasil.elpais.com/brasil/2018/10/24/actualidad/1540379382_123933.html>. Acesso em 3/1/2023.

LOWENTHAL, L. & GUTERMAN, N. *Prophets of deceit: a study of the techniques of the American agitator*. New York, Harper, s/d.

LÜHRMANN, A. & LINDBERG, S. I. "A third wave of autocratization is here: what is new about it?". *Democratization*, vol. 26, n. 7, 2019, pp. 1.095-1.113.

MACHADO, L. "O que se sabe sobre o 'Dia do Fogo', momento-chave das queimadas na Amazônia". BBC, 27/8/2019. Disponível em <https://www.bbc.com/portuguese/brasil-49453037>. Acesso em 18/10/2022.

MARIANO, R. "Expansão pentecostal no Brasil: o caso da Igreja Universal". *Estudos Avançados*, 18(52), 2004, pp. 121-138.

MECKLER, L. "Hillary ganha apoio de executivos insatisfeitos com Donald Trump". *Valor Econômico*, 24/6/2016. Disponível em <https://valor.globo.com/mundo/noticia/2016/06/24/hillary-ganha-apoio-de-executivos-insatisfeitos-com-donald-trump.ghtml>. Acesso em 19/2/2023.

MINISTÉRIO DA AGRICULTURA E PECUÁRIA. "Exportações do agronegócio fecham 2022 com US$ 159 bilhões em vendas", 17/1/2023. Disponível em <https://www.gov.br/agricultura/pt-br/assuntos/noticias/exportacoes-do-agronegocio-fecham-2022-com-us-159-bilhoes-em-vendas#:~:text=As%20exporta%C3%A7%C3%B5es%20do%20agroneg%C3%B3cio%20somaram,commodities%20agr%C3%ADcolas%20influenciaram%20o%20desempenho>. Acesso em 18/4/2023.

MOLL NETO, R. "O neoconservadorismo nos Estados Unidos da América: as ideias de Irving Kristol e a experiência política no governo Ronald Reagan (1981-1989)". *Revista de História*, n. 180. São Paulo, 2021, pp. 1-35. Disponível em <https://www.scielo.br/j/rh/a/gvqCDJgvVDDPHqqxK8DpvVp/?lang=pt>. Acesso em 6/5/2022.

MORAES, R. "A desindustrialização da América (IV): resumo da ópera". Observatório Político dos Estados Unidos (Opeu), ago. 2018. Disponível em <https://www.opeu.org.br/2018/08/16/a-desindustrializacao-da-america-iv-resumo-da-opera/>. Acesso em 29/9/2022.

MORSE, R. *O espelho de Próspero: cultura e ideias na América*. São Paulo, Companhia das Letras, 1988.

MOURA, M. & CORBELLINI, C. *A eleição disruptiva: por que Bolsonaro venceu*. Rio de Janeiro, Record, 2019.

NASCIMENTO SILVA, Th. & GUERATO, D. "A evolução da desindustrialização no Brasil". *Nexos Econômicos*, 13(2), 2019, pp. 100-124.

OREIRO, J. L. & FEIJÓ, C. "Desindustrialização: conceituação, causas, efeitos e o caso brasileiro". *Brazilian Journal of Political Economy*, 30(2), 2010, pp. 219-232.

POMPEIA, C. "Concertação e poder: o agronegócio como fenômeno político no Brasil". *Revista Brasileira de Ciências Sociais*, 35(104), 2020.

POOLER, M. & HARRIS, B. "Novo *boom* das *commodities* pode reerguer o Brasil?". *Valor Econômico*, 27/7/2021. Disponível em <https://valor.globo.com/mundo/noticia/2021/07/27/novo-boom-das-commodities-pode-reerguer-o-brasil.ghtml>. Acesso em 7/11/2022.

REUTERS. "Hillary se destaca na batalha por apoio e dinheiro de Hollywood". G1, 27/4/2016. Disponível em <https://g1.globo.com/mundo/eleicoes-nos-eua/2016/noticia/2016/04/hillary-se-destaca-na-batalha-por-apoio-e-dinheiro-de-hollywood.html>. Acesso em 17/12/2022.

ROCHA, N. "Exaltar o agronegócio virou receita de sucesso na música brasileira. Entenda o fenômeno do agronejo". *Estadão*, 6/8/2023. Disponível em <https://www.estadao.com.br/cultura/musica/como-exaltar-o-agronegocio-virou-formula-de-sucesso-na-musica-entenda-o-fenomeno-agronejo/>. Acesso em 15/8/2023.

ROWTHORN, R. & RAMASWAMY, R. "Deindustrialization – Its Causes and Implications". *International Monetary Fund*, 1997. Disponível em <https://www.imf.org/external/pubs/ft/issues10/index.htm>. Acesso em 10/9/1922.

_____. "Growth, Trade and Deindustrialization". *IMF Staff Papers*, vol. 46, n. 1, 1999, pp. 1-28.

RUESHEMEYER, D.; STEPHENS, E. & STEPHENS, J. *Capitalist Development and Democracy*. Chicago, University of Chicago Press, 2002.

RUGITSKY, F. "Jogo aberto: a economia política do interregno". *In*: SINGER, A.; ARAUJO, C. & RUGITSKY, F. (org.). *O Brasil no inferno global: capitalismo e democracia fora dos trilhos*. São Paulo, FFLCH-USP, 2022.

SÁ, N. de. "Bolsonaro perde 'momento' e Lula 'se aproxima da volta por cima total'". *Folha de S. Paulo*, 25/10/2022. Disponível em <https://www1.folha.uol.com.br/colunas/nelsondesa/2022/10/bolsonaro-perde-momento-e-lula-se-aproxima-da-volta-por-cima-total.shtml>. Acesso em 3/1/2023.

SCHEIRING, G. & JEANNET, A.-M. "New perspectives on deindustrialization as socioeconomic disintegration", 2022. Disponível em "https://sase.org/blog/new-perspectives-on-deindustrialization-as-socio-economic-disintegration/". Acesso em 13/2/2023.

SCHWARTSMAN, H. "Bolsonaro é um imitador de Trump, e isso é motivo para preocupação". *Folha de S. Paulo*, 12/6/2023. Disponível em <https://www1.folha.uol.com.br/colunas/helioschwartsman/2023/06/bolsonaro-e-um-imitador-de-trump-e-isso-e-motivo-para-preocupacao.shtml>. Acesso em 19/6/2023.

SENRA, R. "Eleições 2022: 'perseguição contra cristãos já começou no Brasil. Só que dentro da Igreja'". BBC, 18/10/2022. Disponível em <https://www.bbc.com/portuguese/brasil-63285936>. Acesso em 28/12/2022.

SINGER, A. *O lulismo em crise: um quebra-cabeça do período Dilma (2011-2016)*. São Paulo, Companhia das Letras, 2018.

_____. "Regime autocrático e viés fascista: um roteiro exploratório". *Lua Nova*, 116, maio-jun. 2022.

SINGER, A. “Lula’s return”. *New Left Review*, 139, Jan.-Feb. 2023

STREECK, W. *Tempo comprado: a crise adiada do capitalismo democrático*. São Paulo, Boitempo, 2019.

TOCQUEVILLE, A. de. *A democracia na América: leis e costumes*, livro I. São Paulo, Martins Fontes, 2005 [1835].

TREGENNA, F. “Characterizing deindustrialization: an analysis of changes in manufacturing employment and output internationally”. *Cambridge Journal of Economics*, vol. 33, 2009, pp. 433-466.

____. “Deindustrialization and premature deindustrialization”. *In*: REINERI, E.; GHOSH, J. & KATTEL, R. (org.). *Elgar Handbook of Alternative Theories of Economic Development*. London, Edward Elgar Pub., 2018.

UNITED NATIONS DEVELOPMENT PROGRAMME (UNDP). *Uncertain times, unsettled lives: shaping our future in a transforming world (Human Development Report 2021/2022)*. New York, 2022. Disponível em <https://static.poder360.com.br/2022/09/idh-2021-2022-8set-2022.pdf>. Acesso em 17/4/2023.

UOL. “Desmatamento da Amazônia aumentou 59% sob Bolsonaro, aponta Inpe”, 30/11/2022. Disponível em <https://noticias.uol.com.br/meio-ambiente/ultimas-noticias/redacao/2022/11/30/deter-desmatamento-amazonia-2022.htm?>. Acesso em 3/2/2023.

VALLE, V. *Entre a religião e o lulismo: um estudo com pentecostais em São Paulo*. São Paulo, Recriar, 2019.

VALOR. “Quem é o André Valadão, pastor envolvido em polêmica com TSE, Bolsonaro e Lula”. *Valor Econômico*, 20/10/2022. Disponível em <https://valor.globo.com/politica/eleicoes-2022/noticia/2022/10/20/quem-e-andre-valadao-pastor-envolvido-em-polemica-com-tse-bolsonaro-e-lula.ghtml>. Acesso em 8/3/2023.

WOODWARD, B. *Medo: Trump na Casa Branca*. São Paulo, Todavia, 2018.

ZAKARIA, F. *From Wealth to Power: The Unusual Origins of America’s World Role*. Princeton, Princeton University Press, 1999.

Notas

1 Reuters, 2016; Meckler, 2016.

2 Cf. Moura & Corbellini, 2019, p. 93.

3 Dilorenzo & Prengaman, 2018.

4 Ver Douthat, 2023. Applebaum e Mounk estão citados no artigo de Douthat.

5 Tocqueville, 2005 [1835].

6 Os trechos aqui citados da entrevista, concedida em 21 de agosto de 2023, podem ser encontrados no YouTube em <https://www.youtube.com/watch?v=sYUwQ5OHg60>.

7 *Idem*.

8 Anderson, 2020, pp. 11-12.

9 Com outro sentido, a metáfora do espelho é utilizada por Richard Morse em *O espelho de Próspero* (cf. Morse, 1988).

10 Para uma discussão do papel desses setores intermediários – a classe média tradicional mais fatias importantes das classes populares – na eclosão da crise constitucional que levou ao *impeachment* da presidente Dilma Rousseff, ver Araujo & Belinelli, 2022.

11 Oreiro & Feijó, 2010.

12 Rowthorn & Ramaswamy, 1999.

13 *Idem*, p. 4.

14 Tregenna, 2009, p. 437. Em trabalho mais recente, Tregenna (2018) faz uma discussão da bibliografia de referência sobre a desindustrialização, em particular a chamada "desindustrialização precoce" (que inclui o caso brasileiro).

15 Para uma argumentação nesse sentido, com base na teoria sociológica clássica e contemporânea, ver Scheiring & Jeannet, 2022.

16 Lührmann & Lindberg, 2019.

17 Na ciência política norte-americana do século passado e contemporânea, essa literatura é subsidiária da que discute modernização e democracia, envolvendo uma gama de variações, sejam elas "economicistas", como em Lipset (1959), ou "culturalistas", como em Inglehart & Welzel (2009). Suas teorias costumam sofrer forte assédio das críticas da vertente neoinstitucionalista, eventualmente obrigando-as a modificações, ainda que preservando o núcleo das hipóteses originais. Ver, para uma análise das contribuições do neoinstitucionalismo, inclusive essas críticas, Limongi; Tavares de Almeida & Freitas, 2016. Uma reapresentação da hipótese que correlaciona desenvolvimento capitalista, industrialização e democracia, com novos argumentos e novas evidências empíricas, foi feita por Rueshemeyer; Stephens & Stephens, 2002. Na ciência social brasileira recente, a hipótese também foi resgatada por Bresser-Pereira, 2012.

18 Como resultado de processos de industrialização, a partir da segunda metade do século XIX, diversos regimes autoritários buscaram cooptar as emergentes classes trabalhadoras através da concessão de direitos sociais. Naquele século, o caso frequentemente citado é o das leis de seguro social introduzidas na Alemanha pelo chanceler Otto von Bismarck. No Brasil, como sabemos, foi o Estado Novo varguista (1937-1945) que, inspirado no fascismo italiano, promulgou a Consolidação das Leis do Trabalho (CLT). A bibliografia sobre direitos, cidadania e seu percurso em diferentes regimes políticos é farta, bastando mencionar, para a história brasileira, o já clássico estudo de Carvalho (2021). Uma vez superado o autoritarismo, os regimes democráticos subsequentes trataram de incorporar os direitos sociais às respectivas cartas magnas, mesmo nas circunstâncias em que o impulso industrializante já se enfraquecia – como foi o caso dos países da América Latina na década de 1980 –, impondo limites a seu cumprimento. Voltaremos a esse ponto a seguir.

19 Bluestone & Harrison (1982) já tinham observado que a revista *Business Week*, em 1980, havia feito um número especial a respeito da desindustrialização dos Estados Unidos. Aliás, no capítulo final do mesmo livro, eles advertiam sobre a necessidade de "reconstruir a rede de segurança social".

20 Moura & Corbelini, 2019, pp. 139 e 142.

21 Sobre a hipótese de autocratismo de viés fascista, ver Singer, 2022.

22 Sobre esse ponto, cf. Singer, 2018.

23 No *ranking* do Índice de Desenvolvimento Humano (IDH) em 2022, os Estados Unidos aparecem na 21ª posição (UNDP, 2022). Vale fazer um breve exame da série histórica do

índice, inaugurado em 1990. Os Estados Unidos foram o primeiro colocado nas primeiras sete medições e desde então apresentam tendência de queda, sendo, hoje, o segundo país de melhor IDH nas Américas, atrás do Canadá.

24 Levinson, 2018.

25 Harris, 2020. Se não há uma data precisa em que se possa marcar o ponto zero desse processo nos EUA, há indícios de que ele tenha começado já durante os anos 1970, e que, portanto, os Estados Unidos tenham sido o país que, entre os desenvolvidos, iniciou a onda desindustrializante. Cf. Rowthorn & Ramaswamy, 1997.

26 "Em 1885, os Estados Unidos haviam ultrapassado a Grã-Bretanha, abocanhando a maior parcela individual da produção manufatureira mundial" (Zakaria, 1999, p. 46).

27 Para os dados sobre a trajetória da participação da indústria de transformação no PIB nacional, cf. o relatório da Fiesp intitulado "Panorama da indústria de transformação brasileira" (Fiesp, 2019). Para o dado da participação mundial da indústria de transformação brasileira em 1980, cf. Bonelli & Pessôa, 2010, p. 8; para os dados de 2018, ver o informe da Agência de Notícias da Indústria (2020). Mas há alguma discrepância nesses últimos, conforme se vê em Alvarenga, 2021.

28 Para os dados sobre a evolução do número absoluto e relativo de empregados na indústria de transformação, cf. Nascimento Silva & Guerato, 2019; Agência Brasil, 2020.

29 Cf. a discussão sobre o deslocamento de capitais produtivos norte-americanos para o exterior em Moraes, 2018.

30 Rugitsky, 2022, p. 37.

31 Declaração dada em Gonçalves & Carrielo, 2007. Note-se, aliás, a diferença entre o "subproletariado" e o "sujeito monetário sem dinheiro"; o primeiro não viveu a integração nos empregos industriais; o segundo, ao contrário, viveu sua expectativa falhada.

32 Streeck, 2019.

33 Já existem muitos trabalhos sobre o que estamos chamando aqui de "desidratação" da democracia norte-americana que corre por conta da desindustrialização. Um modo de capturar esse fenômeno é olhar a perda consistente das bases tradicionais do Partido Democrata entre as classes trabalhadoras, à medida que o partido foi se distanciando de seu antigo compromisso com o "New Deal liberalism". Cf., entre outros, o artigo de Davis, 2017, discutido a seguir.

34 Brenner & Riley, 2022.

35 Cf. tabelas 5 e 6 de Brenner & Riley, 2022.

36 Cf. tabela 7 de Brenner & Riley, 2022.

37 Davis, 2017, pp. 120-121. A respeito da afirmação feita por Davis, ver a tabela 5 do artigo citado.

38 Sá, 2022. Ver, também, Goularte *et al.*, 2022.

39 As declarações de Prado e Lavareda se encontram em Canzian, 2022.

40 *Carta Capital*, 2022.

41 Davis, 2017, p. 106.

42 Singer, 2023.

43 Na origem, os neoconservadores formam um grupo de intelectuais seculares, ex-liberais e ex-trotskistas, o qual passou a influenciar a ala do Partido Republicano que, no final da década de 1970, promoveu a ascensão de Ronald Reagan à Casa Branca. Ver, a respeito, Moll Neto, 2021.

44 Bluestone & Harisson, 1982.

45 Harvey, 2011, p. 60.

46 Sobre a questão do ressentimento, ver Brown, 2019, cap. 5.

47 Saulo de Tarso Cerqueira Baptista, citado em Lacerda, 2022a, p. 158.

48 O movimento pentecostal chega ao Brasil na década de 1910, com as fundações da Congregação Cristã no Brasil (1910) e da Assembleia de Deus (1911), ambas por religiosos europeus. Um segundo momento-chave foi o período entre 1950 e 1960, quando dois missionários estadunidenses, vinculados à International Church of The Foursquare Gospel, fundaram a Igreja do Evangelho Quadrangular (1953) em São Paulo, seguida pela criação das igrejas Brasil Para Cristo (1955), Deus é Amor (1962) e Casa da Bênção (1964). Segundo Mariano (2004), os religiosos dessa segunda fase já utilizavam técnicas que depois seriam bastante usadas pelo neopentecostalismo: a ênfase na cura divina e o uso intensivo de meios de comunicação de massa.

49 Mariano, 2004. Para um exame a respeito do apoio de pentecostais ao regime militar e possíveis paralelos com o apoio neopentecostal a Bolsonaro, ver Lacerda, 2022a. Para o vínculo entre o pentecostalismo brasileiro e a cultura religiosa norte-americana, ver Campos, 2005.

50 Para um exame da questão nos Estados Unidos, ver Bruce, 2019.

51 Segundo Mariano (2004, p. 125), "[...] em 1985, com oito anos de existência, [a Iurd] já contava com 195 templos em 14 Estados e no Distrito Federal. Dois anos depois, eram 356 templos em 18 Estados. Em 1989, ano em que começou a negociar a compra da Rede Record, somava 571 locais de culto. Entre 1980 e 1989, o número de templos cresceu 2.600%. Nos primeiros anos, sua distribuição geográfica concentrou-se nas regiões metropolitanas do Rio de Janeiro, de São Paulo e de Salvador. Em seguida, expandiu-se pelas demais capitais e grandes e médias cidades. Na década de 1990, passou a cobrir todos os Estados do território brasileiro, período no qual logrou taxa de crescimento anual de 25,7%, saltando de 269 mil (dado certamente subestimado) para 2.101.887 adeptos no Brasil, de onde se espraiou para mais de 80 países. Em todos eles, conquista adeptos majoritariamente entre os estratos mais pobres e menos escolarizados da população".

52 Mariano, 2004, p. 122.

53 Como se vê nos dados divulgados pelo IBGE, 2012.

54 Cf. Valle, 2019, pp. 190, 201, 206 e 208.

55 "Paleoconservadorismo" é uma expressão para designar a cisão ocorrida no interior da corrente neoconservadora norte-americana na década 1990. Enquanto os neoconservadores defendiam que os Estados Unidos deveriam se portar como uma liderança global, os paleoconservadores sustentavam que o foco deveria ser a garantia da ordem social interna. Outra diferença seria o desprezo dos paleoconservadores pela democracia liberal (cf. Lacerda, 2022b, pp. 329-330).

56 Lowenthal & Guterman, s/d.

57 Em alguns estados, as eleições para governador ficaram, também, para o segundo turno.

58 Senra, 2022.

59 Valor, 2022.

60 Lacerda, 2022b, p. 324.

61 Lacerda, 2022c.

62 UOL, 2022.

63 Machado, 2019.

64 Llaneras, 2018.

65 *Folha de S. Paulo*, 2022.

66 G1, 2022.

67 Kreter & Pastre, 2022.

68 Ministério da Agricultura e Pecuária, 2023.

69 Carta Iedi, 2023.

70 Alem, 1996, pp. 1-2.

71 *Idem*, p. 4.

72 Rocha, 2023. Haveria que pensar se o "agronejo" é uma resposta ao "*funk* ostentação" que marcou o auge do lulismo.

73 Para uma historicização do fenômeno, ver Pompeia, 2020.

74 Cf. o relatório produzido pela International Trade Administration (2010), que mostra um mapa da evolução territorial da indústria norte-americana entre 1965 e 2005.

75 Bailey, 2021.

76 Abranches, 2020, p. 13.

PARTE 3
PENSAMENTO CRÍTICO

CAPÍTULO 11

Da revolução burguesa à modernização conservadora: o debate sobre 1964

Bernardo Ricupero

Afirma, em 1972, Fernando Henrique Cardoso:

> [...] é neste sentido limitado de uma "Revolução Econômica Burguesa" que se pode pensar nas consequências revolucionárias do movimento politicamente reacionário de 1964. Ele pôs a burguesia nacional em compasso com o desenvolvimento do capitalismo internacional e subordinou a economia nacional a formas mais modernas de dominação econômica. Neste sentido modernizou a máquina estatal e lançou as bases para a implementação de um setor público da economia, que passou a integrar-se no contexto do capitalismo internacional.[1]

Já Francisco de Oliveira retruca, no mesmo ano, que

> [...] o pós-64 dificilmente se compatibiliza com uma Revolução Econômica Burguesa, mas é mais semelhante com o seu oposto, o de uma contrarrevolução. Esta talvez seja sua semelhança com o fascismo, que no fundo é uma combinação de expansão econômica e repressão.[2]

Por sua vez, Florestan Fernandes, em *A revolução burguesa no Brasil*, publicado em 1975, procura entender o "estilo" de tal tipo de revolução num país como o Brasil, situado na periferia do capitalismo. Nessas nações, como não haveria "ruptura definitiva com o passado", ele, como destacara Oliveira, reapareceria, cobrando "seu preço".[3] Por outro lado, a revolução burguesa surgiria vinculada a mudanças, como indicara Cardoso, decorrentes da expansão do mercado capitalista e dos dinamismos das economias centrais.

Por volta da mesma época, intelectuais próximos ao Partido Comunista Brasileiro (PCB), como Carlos Nelson Coutinho, Ivan Otero Ribeiro, Luiz Werneck Vianna e José Chasin, fazem uso das análises de Vladimir Lênin, Georg Lukács e Antonio Gramsci sobre revoluções burguesas "não clássicas" para interpretar problemas como a cultura na qual Lima Barreto e outros intelectuais atuaram, a "questão agrária" e sua relação com o desenvolvimento capitalista brasileiro, a legislação trabalhista elaborada no período de Getúlio Vargas e o integralismo de Plínio Salgado.

Em poucas palavras, muito do debate intelectual e político posterior a 1964 se dá em torno de até que ponto o golpe e seus impactos econômicos, sociais e políticos poderiam ser entendidos com base na categoria de revolução burguesa. De início, a questão se coloca, basicamente, em termos marxistas, procurando-se avaliar se a derrubada do governo João Goulart e suas consequências deveriam ou não ser interpretadas a partir do "modelo clássico" de revolução burguesa. Progressivamente, passam-se a entender outras dimensões da vida brasileira e o próprio desenvolvimento capitalista do país em termos "não clássicos". A repercussão de tal discussão é tal que, mesmo com o refluxo do marxismo, a "modernização conservadora" – formulação que se popularizou a partir de tal debate – continua a ser uma caracterização bastante difundida a respeito da ordem econômica, social e política inaugurada com o golpe de 1964, funcionando até mesmo como chave interpretativa mais ampla da história brasileira.

Para analisar como, a partir de 1964, o golpe e aspectos importantes da economia, da sociedade e da política brasileira foram entendidos em termos de uma "modernização conservadora", trato do debate de cientistas sociais ligados à "escola paulista de sociologia" sobre se a ruptura recente poderia ser entendida nos termos de uma "revolução burguesa". Faço alusão também à discussão paralela protagonizada por intelectuais comunistas a respeito de como facetas relevantes da vida brasileira possivelmente deveriam ser interpretadas à luz de categorias como "via prussiana" e "revolução passiva".[4]

O período com o qual trabalho é, *grosso modo*, o dos anos 1970 – época ainda relativamente pouco estudada pelo pensamento político e social brasileiro, especialmente no que se refere às controvérsias de interpretação a respeito da natureza da ordem pós-1964.[5] Nesse contexto, a questão decisiva enfrentada era o "autoritarismo", que vinha acompanhado, de início, de um impressionante crescimento econômico, a taxa média do Produto Interno Bruto (PIB) brasileiro tendo aumentado 10,2% no período do "milagre", entre 1967 e 1973.[6] Pode-se identificar essa junção de autoritarismo político e crescimento econômico como a principal motivação da discussão a respeito de se 1964 poderia ser entendido nos termos de uma "modernização conservadora". Progressivamente, porém, o tema da "transição democrática" ganha terreno. Significativamente, o novo contexto político é acompanhado da desaceleração da economia, que tem como marco o primeiro choque do petróleo de 1973.

Uma questão está subjacente a este capítulo: até que ponto o debate dos anos 1970 sobre o caráter de 1964 e a nova ordem econômica, social e política que o golpe inaugurou pode nos ajudar a pensar o momento que vivemos agora? Parte-se da constatação de que as duas situações são muito diferentes; em poucas palavras, a Guerra Fria, que marcou a ditadura brasileira, não existe mais.[7] Por outro lado, acontecimentos recentes, no Brasil e no mundo, mostram que a democracia não está tão segura como nos acostumamos a achar e como gostaríamos de acreditar. Se 1964 forçou a revisar o que já tinha se convertido em quase certezas sobre a economia, a sociedade e a política brasileiras, vivemos um outro momento no qual somos convidados a questionar nossas crenças.[8] Nessa inspiração, arrisco-me a examinar como o debate sobre a natureza do pós-1964 pode nos ajudar a pensar o momento que vivemos.

O debate paulista sobre 1964 como revolução burguesa

O artigo de Cardoso, "O regime político brasileiro", no qual aparece originalmente a tese de que 1964 poderia ser entendido como equivalendo a uma "revolução econômica burguesa", foi originalmente escrito para seminário realizado, em 1971, na Universidade de Yale, que resultou no livro *Authoritarian Brazil*, organizado por Alfred Stepan em 1973.[9] No prefácio da coletânea, o organizador revela que o evento foi realizado devido à consciência de que o Brasil vivia um momento especial, no qual o autoritarismo político se combinava com o crescimento econômico que, em 1971, atingiu 11%.

No mesmo sentido, no ensaio, Cardoso está preocupado especialmente com a relação entre economia e política, que não quer pensar em termos lineares.

Em outras palavras, o regime político não derivaria imediatamente do modelo de desenvolvimento nem o contrário, apesar de reconhecer existir vínculo entre as duas instâncias. Volta-se especialmente contra as interpretações do pós-1964 do primeiro tipo, expressas por autores consagrados, como Celso Furtado e Hélio Jaguaribe, e, numa medida menor, critica também as análises de Cândido Mendes de Almeida e Roberto Campos.[10]

Segundo Furtado, o medo das reformas propostas pelo presidente João Goulart faria com que as classes dirigentes apelassem às Forças Armadas, que se comportariam como "gendarmes do *status quo* social".[11] Portanto, haveria disposição para sacrificar a democracia formal. Para além da política, as classes dirigentes estariam prontas a aceitar a estagnação social por meio de um modelo de pastorização. Jaguaribe acredita, por sua vez, que o golpe de 1964 corresponderia ao que chama de "modelo colonial-fascista". Recorrer-se-ia à repressão para manter a estabilidade da ordem social, correspondendo ao componente fascista do modelo. Buscar-se-ia, paralelamente, a integração subordinada do Brasil ao sistema ocidental liderado pelos EUA, correspondendo ao componente colonial do modelo.

Cardoso critica Furtado por imaginar que a política do regime instaurado em 1964 refletiria diretamente sua base social, segundo o sociólogo convertido em cientista político, identificada com a oligarquia agrária. Consequentemente, tal grupo estaria disposto a abrir mão do dinamismo econômico em favor da estabilidade social. De maneira semelhante, o aspecto "colonial" do modelo colonial-fascista de Jaguaribe enfatizaria a orientação conservadora da ordem sociopolítica pós-golpe. Em termos mais substantivos, o autor insurge-se particularmente contra a visão de que o modelo econômico implantado a partir de 1964 seria pouco dinâmico.

Em contraste, Cardoso, um dos autores, junto com Enzo Faletto, de *Dependência e desenvolvimento na América Latina*, livro publicado em 1969 com grande repercussão, enfatiza a transformação promovida pela ditadura. A mudança já começara, como indicara seu trabalho anterior, com as "corporações internacionais" passando, a partir da segunda metade da década de 1950, a produzir em alguns países latino-americanos, como a Argentina, o Brasil e o México, para seus mercados internos, o que caracterizaria uma "internacionalização do mercado interno".[12] A classe média seria a principal consumidora desses produtos, além de, na nova situação, a burocracia tecnocrática e as Forças Armadas ganharem importância. Por outro lado, para que a acumulação avançasse, seria necessário desarticular, pela repressão, os setores populares.

Em outras palavras, o golpe deslocaria o setor nacional burguês, favorecendo, em contraposição, a burguesia internacionalizada. Ter-se-ia chegado a uma espécie de acordo, com reminiscências bonapartistas, entre o Estado e a burguesia, no qual a segunda abriria mão de governar diretamente. Por outro lado, implementar-se-iam políticas que beneficiariam particularmente a burguesia. Já as empresas públicas se comportariam cada vez mais como empresas privadas.[13] As Forças Armadas, por seu turno, garantiriam a repressão dos trabalhadores e a contenção dos salários, aspecto essencial para a acumulação. Finalmente, a classe média oscilaria entre a "apatia complacente"[14] e a "euforia adesista".[15]

Nessa referência, Cardoso considera que seria necessário repensar o sentido da revolução burguesa no capitalismo dependente e associado. Em países nessa situação, não seria possível realizar revoluções burguesas "clássicas", como a da França e a dos EUA. Em poucas palavras, para as burguesias de países como o Brasil, "sua 'revolução' consiste em integrar-se no capitalismo internacional como associada e dependente".[16] Ou seja, ressalta a novidade da ordem que o golpe inaugura, chegando a interpretar, provocativamente, mas ainda em termos reticentes, a nova situação como equivalendo a uma revolução econômica burguesa. Em compensação, avalia que o movimento instaurado em 1964 é politicamente reacionário.

"O regime político brasileiro" provocou um vivo debate entre os intelectuais que formavam o Centro Brasileiro de Análise e Planejamento (Cebrap) – iniciativa liderada por Cardoso, que funcionava como uma espécie de refúgio contra a ditadura – a respeito das transformações que o Brasil vivia então.[17] Contra a tese do regime militar como revolução burguesa, levantam-se Francisco de Oliveira e Paul Singer. De acordo com o primeiro, em entrevista concedida a Marcelo Ridenti e Flávio Mendes, "a tese do Fernando é que a ditadura era a revolução burguesa no Brasil. [...]. Foi em reação a essa tese que eu elaborei a *Crítica à razão dualista* e o Paul fez uma crítica econômica ao Fernando".[18]

O sociólogo pernambucano radicado em São Paulo defende, em contraste, em "A economia brasileira: crítica à razão dualista"[19] – texto publicado no mesmo número da revista *Estudos Cebrap* que publicou o artigo de Cardoso –, que 1964 seria mais bem caracterizado como uma contrarrevolução. É verdade que, no ensaio, Oliveira volta-se mais abertamente contra a Comissão Econômica para a América Latina (Cepal) da Organização das Nações Unidas (ONU) - também principal alvo da teoria da dependência - e, em especial, contra Furtado, devido à crença na existência de uma pretensa oposição entre um setor "arcaico" e um setor "moderno" da economia latino-americana e brasileira.[20]

Identifica, diferentemente de Cardoso, a revolução burguesa com a Revolução de 1930, quando se abriria caminho para a "substituição das classes proprietárias rurais na cúpula do poder pelas novas classes burguesas empresário-industriais".[21] Em termos mais amplos, 1930 marcaria o fim da hegemonia agrário-exportadora e o início do predomínio urbano-industrial, com a produção passando a privilegiar o mercado interno.

Mas não deixaria de haver especificidade no desenvolvimento do capitalismo no Brasil. Diferentemente do "modelo clássico", no qual haveria choque da burguesia industrial com os proprietários rurais, com a Revolução de 1930 não se daria tal conflito. Devido à paralela crise econômica, o colapso das relações externas faria com que o papel dirigente dos proprietários rurais acabasse ficando numa espécie de vácuo. Mesmo assim, do setor agrícola viriam as divisas necessárias para a industrialização. Em compensação, a legislação trabalhista não chegaria ao campo.

Segundo Oliveira, a forma política da revolução burguesa no Brasil seria dada pelo populismo. Nessa referência, considera que passaria a haver uma hegemonia das classes burguesas empresário-industriais. Tal avaliação contrasta com a do principal teórico do populismo, Francisco Weffort,[22] segundo o qual, o pós-1930 caracterizar-se-ia precisamente por um "estado de compromisso", no qual nenhuma classe ou fração de classe substituiria a burguesia cafeeira de São Paulo como grupo hegemônico.[23]

O populismo promoveria a junção entre o "arcaico" e o "novo", o que se daria precisamente devido à nova legislação trabalhista. Ela estabeleceria a equalização dos salários dos operários, medida favorável à acumulação. No entanto, a legislação trabalhista não chegaria ao campo. Estaria justamente aí o elemento aparentemente "arcaico" na relação com o supostamente "moderno", identificada com a indústria. No entanto, a manutenção da agricultura tradicional criaria condições favoráveis para conservar baixos os preços dos alimentos, o que estimularia a reprodução da força de trabalho urbana. Além disso, viriam do campo os migrantes que formariam na cidade um verdadeiro exército de reserva, o que também rebaixaria o preço dos salários.

Ou seja, em termos originais, Oliveira considera que se estaria diante de uma acumulação primitiva que não seria apenas genética – como descreve Marx em *O capital*, ao tratar da separação dos trabalhadores de seus instrumentos de trabalho e da penetração do capitalismo em novos territórios –, mas estrutural, que não cessaria num momento específico, suprindo o capitalismo de força de trabalho e ocupando novas fronteiras.

Tal raciocínio faz com que "Economia brasileira: crítica à razão dualista" também avalie que não faria sentido falar em inchaço do setor de serviços ou terciário. Igualmente seria improcedente a caracterização da existência de uma urbanização com marginalidade na América Latina – grande tema da época –, que destacava o fato de boa parte dos migrantes rumar para as cidades sem, no entanto, encontrar trabalho nas indústrias. Seria esse grupo, de acordo com Oliveira, que formaria o enorme "exército de reserva", aspecto essencial para o rebaixamento dos salários da indústria. Além disso, pseudopequenos proprietários do setor de serviços ou terciário arcariam com boa parte dos custos de comercialização dos produtos industriais e agrícolas. Em termos semelhantes, por meio de mutirão, pobres tornar-se-iam proprietários de sua residência, o que reduziria o custo monetário de sua reprodução.

Oliveira considera, portanto, que a caracterização de Leon Trotsky a respeito do desenvolvimento "desigual e combinado" do capitalismo na Rússia czarista não se limitaria à situação analisada pelo revolucionário. No caso que interessa ao autor, "a expansão do capitalismo no Brasil se dá introduzindo relações novas no arcaico e reproduzindo relações arcaicas no novo".[24]

Em termos mais imediatos, a resistência de trabalhadores urbanos ao aumento da taxa de exploração abriria caminho para o golpe. Ou seja, o conflito entre o desenvolvimento das forças produtivas e as relações de produção seria resolvido pelo aumento da exploração do trabalho. Nesse sentido, a política seria indissociável da economia, até porque, "a contenção da classe trabalhadora se faz, principalmente, pela contenção dos salários".[25]

As diferenças entre a análise de Cardoso e a de Oliveira a respeito da ordem pós-1964 são notáveis. "O regime político brasileiro" enfatiza a importância de determinações vindas do capitalismo internacional na formação social do país, ao passo que "A economia brasileira: crítica à razão dualista" destaca o peso da luta de classes interna. Se o primeiro trabalho vê a ordem instaurada pelo golpe como novidade, o segundo não deixa de enxergar continuidade entre 1930 e 1964. Em especial, o sociólogo pernambucano radicado em São Paulo, ao chamar atenção para a vinculação do "arcaico" com o "moderno", relativiza o sentido da modernização promovida a partir de 1964, aspecto ressaltado pelo sociólogo carioca radicado em São Paulo.[26] No entanto, ambos concordam na identificação da repressão à força de trabalho como uma das principais motivações por trás do golpe. Mesmo assim, enquanto Cardoso vê 1964 como "movimento politicamente reacionário", mas que equivaleria, nas condições brasileiras, a uma "revolução econômica burguesa", Oliveira considera que política e economia seriam indissociáveis, com a repressão à força de trabalho garantindo condições extremamente favoráveis à acumulação capitalista.

Singer, por sua vez, em "As contradições do milagre", publicado no número 6 da *Estudos Cebrap*, aponta, em sentido diverso, para possíveis "limites" do "milagre".[27] Indicações disso seriam a inflação reprimida, um quadro de relativo desabastecimento e de falta de mão de obra. Em termos cíclicos, depois da depressão econômica, que durara de 1963 a 1967, teria havido a expansão da economia, favorecida pela significativa capacidade ociosa, e, como indicado por Oliveira, a presença de um numeroso exército de reserva. Num sentido mais amplo, o *boom* brasileiro teria se beneficiado do *boom* da economia mundial. No entanto, a expansão econômica promovida pelo milagre encontraria "barreiras físicas". Em termos mais imediatos, o economista imagina que a pressão inflacionária não seria capaz de ser contida pela política de controle administrado dos preços. Num sentido mais profundo, indica que a contenção da inflação, por meio do controle de preços e salários, não seria possível na democracia. Em outras palavras, a economia encontraria a política.

No debate econômico, que não corresponde plenamente ao escopo deste capítulo, começara-se a questionar a tese da estagnação associada ao golpe. O clima intelectual contra o "estagnacionismo" se relaciona, em grande parte, aos índices econômicos alcançados pelo "milagre" brasileiro, a média do crescimento chegando a 12,5% entre 1971 e 1973.[28]

A tese da estagnação tinha aparecido já em 1965, em *Subdesenvolvimento e estagnação na América Latina*, escrito por Furtado no exílio parisiense. O ex-ministro do Planejamento de Goulart avaliara que a industrialização por substituição de importações, ao passar da produção de bens de consumo não duráveis para a de bens de consumo duráveis e de capital, teria seus custos aumentados, afetando a balança de pagamentos. Agravar-se-ia, além do mais, o dualismo no mercado de trabalho, "ampliando-se o hiato entre o setor moderno e a economia pré-capitalista".[29] No setor urbano, cresceria, por sua vez, a população subempregada. Em termos mais profundos, a segunda fase da industrialização por substituição de importações exigiria um mercado interno que não se constituíra plenamente, já que não incorporara a maior parte da população devido à concentração de renda. O resultado final seria a estagnação econômica. Isto é, o Brasil e outros países latino-americanos encontrariam limites à sua industrialização em razão das suas diferenças dos casos "clássicos".

Já Maria da Conceição Tavares e José Serra, em "Além da estagnação: uma discussão sobre o estilo de desenvolvimento recente do Brasil",[30] escrito no Chile em 1971, consideram que a perda de dinamismo da industrialização por substituição de importações não estaria necessariamente relacionada à distribuição de renda. Depois do golpe de 1964, os gastos públicos teriam sido reduzidos, o crédito teria sido restringido e os salários teriam sido comprimidos drasticamente. O resultado é que, já em 1966, se aumentava a taxa de investimento e se conseguia atrair capital estrangeiro.

Preparar-se-ia, assim, o "milagre", que indicaria, nos termos do economista chileno Anibal Pinto, um certo "estilo de desenvolvimento". Em contraste com os países capitalistas desenvolvidos, nos quais teria havido a integração dos setores populares, no Brasil, a exclusão social e a concentração espacial teriam sido reforçadas, possibilidade não imaginada por Furtado. Em suma,

> [...] pode-se dizer que enquanto o capitalismo brasileiro desenvolve-se de maneira satisfatória, a nação, a maioria da população, permanece em condições de grande privação econômica, e isso, em grande medida, devido ao dinamismo do sistema ou, ainda, ao tipo de dinamismo que o anima.[31]

Condensando boa parte do debate indicado anteriormente, Florestan Fernandes, em *A revolução burguesa no Brasil*, procura entender o "estilo" de tal tipo de revolução num país como o Brasil, situado na periferia do capitalismo.[32]

Mais diretamente, com o livro, o antigo catedrático de Sociologia I – cadeira da qual Cardoso fora primeiro assistente – busca dar uma resposta a 1964, quando já o "golpe dentro do golpe", o Ato Institucional Número 5 (AI-5), o havia aposentado compulsoriamente da USP. Como explica, pouco depois da publicação do trabalho: "Para mim, não se tratava de isolar a sublevação militar de uma dominação de classes arraigadamente ultraconservadora e tão antidemocrática como antinacional".[33] Esse propósito não deixaria de estar vinculado ao próprio clima intelectual que passa a prevalecer no ambiente universitário brasileiro, em que se abandona "o uso do conceito de dominação burguesa, a teoria de classes e, especialmente, a aplicação da noção de revolução burguesa à etapa da transição para o capitalismo industrial nas nações capitalistas da periferia".[34]

A revolução burguesa no Brasil sai em 1975. Apesar da promessa do novo presidente, Ernesto Geisel, de uma distensão "lenta, gradual e segura", o cenário político ainda era de muita incerteza. A repressão, capitaneada pela "linha-dura", continuava. No mesmo ano em que é publicado o livro de Florestan, o jornalista Vladimir Herzog aparece morto nas dependências do II Exército em São Paulo. No que se refere ao livro *A revolução burguesa no Brasil*, ele não leva muito a sério a perspectiva da abertura, que conduziria, segundo seu autor, apenas a uma "democracia por cooptação", incapaz de verdadeiramente romper com a autocracia burguesa.

No entanto, Florestan não trata diretamente da conjuntura. A primeira parte do seu livro se concentra na análise da desagregação da ordem social escravocrata e senhorial, impulsionada pela independência política, e do estabelecimento de uma sociedade de classes no país. A partir daí, a segunda parte estuda a formação de uma "ordem social competitiva", que funcionaria como marco estrutural da revolução burguesa no Brasil. Finalmente, só na terceira parte se analisa o que seria a concretização de nossa revolução burguesa, com 1964. O golpe indicaria que, em países capitalistas dependentes e subdesenvolvidos, haveria, de maneira geral, uma "forte dissociação entre desenvolvimento capitalista e democracia".[35]

Como não poderia deixar de ser, uma questão perpassa *A revolução burguesa no Brasil*: houve uma revolução de tal tipo no país? Caso se entenda que esse é um processo que deve seguir o "modelo clássico", tal como ocorreu na Revolução Puritana Inglesa, na Revolução Francesa e na Guerra Civil

Americana, a resposta será negativa. Essas revoluções, que representam rupturas com o passado, não tiveram similar entre nós.

Florestan Fernandes interpreta, porém, a revolução burguesa não como um episódio histórico, mas como um fenômeno estrutural, que não segue um caminho único. Ou seja, ela seria um processo dinâmico, que ocorreria de acordo com as diferentes escolhas realizadas pelos agentes humanos no âmbito econômico, social e político. Portanto, tratar-se-ia, fundamentalmente, de estudar o que seria específico à revolução burguesa no Brasil.

Diversos fatores, que variariam de acordo com as condições históricas, determinariam como seria o padrão de dominação burguesa, como se daria a transformação capitalista e qual seria a relação entre eles. Além do mais, se se aceitassem como revoluções burguesas apenas os casos que se aproximam do "modelo clássico", ficariam de fora "casos atípicos", como o da Alemanha e o do Japão, e "casos comuns", como os que ocorreriam nos países capitalistas periféricos. A revolução burguesa no Brasil ofereceria, além do mais, especial interesse, já que, por estar relativamente adiantada, permitiria entender como ela se daria, em linhas gerais, em outros países de capitalismo dependente e subdesenvolvidos. Nesse sentido, o "estilo" de nossa revolução burguesa indicaria, de maneira similar aos "estilos de pensamento", tanto o que seria particular ao país quanto o que seria típico da situação periférica.

No Brasil, como na periferia capitalista em geral, não haveria o deslocamento dos velhos grupos dominantes por novos grupos. A oligarquia não perderia sua base de poder, bastando, para tanto, se modernizar. A atração que a burguesia sentiria pela oligarquia favoreceria esse comportamento, seus horizontes culturais sendo basicamente os mesmos, marcados por preocupações particularistas. Assim, estranhamente, "o mundo oligárquico reproduz-se fora da oligarquia".[36]

Haveria, a partir daí, uma unificação das classes possuidoras, que acabariam por se identificar com uma visão de mundo e um estilo de vida burgueses. Não seriam, porém, apenas seus interesses materiais que a oligarquia garantiria, sendo ela também que determinaria a repressão ao escravo e ao proletariado como eixos principais da revolução burguesa no Brasil. Num outro sentido, a associação com a oligarquia faria da burguesia brasileira uma classe ultraconservadora e mesmo reacionária, o que abriria caminho para o padrão autocrático de dominação.

A pressão externa, exercida pelo imperialismo, criaria um tipo particular de impotência burguesa no Brasil, fazendo com que a ação burguesa convergisse em direção ao Estado, contribuindo para que o elemento político ganhasse importância. Tudo isso faria com que, nessa situação, a dominação burguesa e a transformação capitalista obedecessem a um "eixo especificamente político". A revolução burguesa na periferia seria mesmo "um fenômeno essencialmente político".[37]

Essa orientação se intensificaria na fase do "capitalismo monopolista e do imperialismo total", que começaria na década de 1950 e adquiriria "caráter estrutural" com o golpe de 1964. Chegamos, assim, ao problema que Florestan Fernandes apresenta como central em *A revolução burguesa no Brasil*: a crise do poder burguês. Essa, diferentemente da assim chamada "crise da oligarquia", que seria apenas conjuntural, não resultando na perda de poder por parte do antigo grupo dominante, seria uma crise mais profunda.

Diversamente de Cardoso e de Oliveira, Florestan não considera, entretanto, que seria uma crise em razão dos riscos enfrentados pela dominação burguesa, o proletariado sendo até utilizado como "bode expiatório" para seu desfecho. Teria caráter de crise muito mais devido à percepção, por parte da burguesia brasileira, da necessidade de se adaptar às novas condições advindas da transição do capitalismo competitivo para o capitalismo monopolista, formulação que guarda semelhança com aquela de "O regime político brasileiro", defensora de que a revolução econômica burguesa no Brasil corresponde à integração da burguesia brasileira ao capitalismo internacional.

No entanto, segundo Fernandes, a implantação do capitalismo monopolista no Brasil coincidiria também com a crise mais ampla do sistema. Essa crise dataria da Revolução de 1917, quando passou a existir uma alternativa de civilização ao capitalismo. Ele, desde então, travaria uma incessante luta pela sobrevivência com o "socialismo". Na periferia, as "burguesias nacionais" funcionariam como "fronteiras internas do capitalismo", o que contribuiria para ressaltar, ainda mais, o aspecto político das revoluções burguesas.

A dominação burguesa revelar-se-ia, desde então, como ela realmente é: uma autocracia burguesa. Antes mesmo do golpe de 1964, o que haveria seria uma autocracia burguesa dissimulada. Com o golpe, que representaria a ruptura com o arsenal ideológico e com o horizonte cultural anterior da burguesia, não mais se procuraria esconder essa autocracia. Mas, como adverte

Gabriel Cohn, a autocracia da qual fala Florestan Fernandes não é sinônimo de autoritarismo. Ela corresponderia, na verdade, a "uma forma de exercício do poder e não de sua organização". Nesse sentido, a autocracia burguesa deve ser entendida como "a concentração exclusivista e privatista do poder".[38]

Ao identificar 1964 com uma autocracia burguesa, fruto da formação social brasileira, Florestan dialoga com a identificação do domínio militar com um regime autoritário. A formulação a respeito do autoritarismo então em voga é especialmente influenciada pelos trabalhos do sociólogo espanhol Juan Linz. No seu importante artigo de 1964, "An authoritarian regime: Spain", Linz caracterizara o governo franquista de seu país como um regime autoritário, o que fugia da dicotomia então comum entre democracia e totalitarismo.[39] O autor, apesar de não ser especialista no Brasil, chega a tratar do assunto no artigo "The future of an authoritarian situation or the institutionalization of an authoritarian regime: the case of Brazil", publicado em *Authoritarian Brazil*. No entanto, devido à dificuldade de institucionalização, avalia, surpreendentemente, que "o caso brasileiro representa mais uma *situação* do que um *regime* autoritário".[40] Em sentido diverso, a autocracia burguesa, da qual trata *A revolução burguesa no Brasil*, não desapareceria mesmo com o fim da Guerra Fria e dos governos militares, fatores que motivaram a redação do livro. Nesse sentido, a autocracia burguesa poderia conviver com a democracia, indicando quão frágil ela seria ou, para falar como nosso autor, como ela seria uma democracia restrita.

No que se refere ao nosso problema inicial, Florestan responde positivamente à questão de Fernando Henrique Cardoso a respeito de 1964 representar uma revolução burguesa. No entanto, qualifica-a, sugerindo que a revolução burguesa em países como o Brasil é um processo de longa duração, no qual o golpe seria um momento importante, e, como indicara Francisco de Oliveira, assumira paradoxalmente a forma de uma contrarrevolução.

***

Para além das ideias, a derrota que o golpe de 1964 representou para a esquerda fez com que a chamada "escola paulista de sociologia", distante que era do anterior arranjo político, ganhasse terreno. Em especial, as críticas de Cardoso, em "O regime político brasileiro", a escritores consagrados como

Celso Furtado e Hélio Jaguaribe tiveram, em grande parte, o papel de assegurar ao seu autor e a seu grupo uma melhor posição no campo intelectual.[41] Ao lançarem hipóteses sobre o caráter do pós-golpe, esses autores "paulistas" voltam-se contra autores bem situados no campo intelectual anterior a 1964, ligados ao Instituto Superior de Estudos Brasileiros (Iseb), especialmente contra Celso Furtado. Em termos mais amplos, no ambiente de derrota, suas teses, antes marginais, passam a ser valorizadas, até porque são críticas à ordem política que prevaleceu durante a República de 1946.

O contraste do desenvolvimento capitalista no Brasil com "casos clássicos" de revolução burguesa também aparece, por volta da mesma época, em trabalhos de intelectuais próximos ao PCB, como Coutinho, Ribeiro, Vianna e Chasin. O partido encontrava-se então sob forte repressão – 12 dos 32 membros do Comitê Central (CC) tendo sido mortos nos dois primeiros anos do governo Geisel, o que levou boa parte dos outros dirigentes do CC a se exilar.[42]

Em contraste com os autores "paulistas", os intelectuais comunistas tendem, em termos aparentemente mais restritos, a não identificar diretamente a revolução burguesa "não clássica" com 1964, mas com outros aspectos da história e da sociedade brasileiras. Para tanto, recorrem a "clássicos do marxismo", como a análise de Lênin sobre a "via prussiana" e sua reelaboração por Georg Lukács, além de, progressivamente, a interpretação de Antonio Gramsci a respeito da "revolução passiva".[43]

O debate sobre 1964 e nós

Se a reação a 1964 foi de surpresa e de inquietação, tais sentimentos voltaram a aparecer recentemente no Brasil em episódios como o de um *impeachment* altamente questionado e a eleição de candidato da extrema-direita à Presidência da República. Agravando a sensação de desorientação depois do golpe dos anos 1960, a repressão logo se fez acompanhar de um crescimento econômico em níveis surpreendentes. A busca de respostas a tais questões motivou boa parte da reflexão mais sugestiva sobre o Brasil. Mesmo que a atual crise política seja muito diferente daquela acontecida seis décadas atrás, até porque vivemos num contexto posterior à Guerra Fria, em que a corrosão da democracia ocorre por dentro dela e o desenvolvimento se tornou uma lembrança distante, também não dispomos de ferramentas conceituais para compreender o que ocorre nestes dias. De um momento para o outro, desfez-se boa parte das crenças que se formaram nas últimas décadas sobre a democracia brasileira, a começar pela convicção de que estaria consolidada.

Voltando ao debate que analisei acima, autores próximos à USP passaram, a partir do início da década de 1970, a debater se 1964 poderia ser entendido como uma revolução burguesa. Como vimos, Fernando Henrique Cardoso sugeriu, ainda de maneira reticente, que o golpe teria consequências econômicas equivalentes a uma revolução burguesa. Contra tal tese, reagiu Francisco de Oliveira, que entendeu 1964 como contrarrevolução. Florestan Fernandes explorou, por sua vez, o "estilo" específico que a revolução burguesa assumiria no Brasil, paradoxalmente, equivalendo a uma contrarrevolução. Em outras palavras, as formulações desses autores "paulistas" se dão em torno de uma discussão a respeito dos percalços do capitalismo brasileiro, em que identificam 1964 como ponto de inflexão, ao mesmo tempo que procuram confrontar o golpe com os "casos clássicos" de revolução burguesa.

Mas, paralelamente ao debate entre intelectuais uspianos a respeito de se 1964 poderia ser entendido nos marcos de uma revolução burguesa, intelectuais comunistas passaram a utilizar a categoria de "via prussiana" e outras afins para interpretar aspectos decisivos da vida brasileira. O que mais chama atenção nesse uso simétrico de termos afins se relaciona a não haver então muita comunicação entre os dois grupos que destacam o caminho "não clássico" do Brasil rumo ao capitalismo.[44] Mas talvez o mais importante esteja justamente aí: como uspianos e comunistas chegaram a "interpretações do Brasil" em muitos pontos semelhantes sem haver grande diálogo entre eles. Essa "coincidência" tem relação com um clima de opinião mais amplo, relacionado com o momento que o país vivia, marcado pelo crescimento econômico acelerado e a intensa repressão política.

Avançando na comparação, não deixa de ser irônico perceber que os universitários paulistas confrontaram mais diretamente a categoria de revolução burguesa à ordem econômica, social e política surgida depois de 1964. Já os comunistas associaram, talvez de maneira mais cautelosa, a "via prussiana" a alguns aspectos decisivos da vida brasileira. Na verdade, eles entenderam, ou passaram a entender, os fenômenos que estudaram – e o próprio golpe ainda recente – no âmbito mais amplo da forma como se dera a revolução burguesa no Brasil. Nessa referência, Coutinho, em texto um pouco posterior, avalia que todos os momentos-chave de transição brasileira para o capitalismo – "(Independência, Abolição, República, modificações do bloco de poder em 1930 e 1937, passagem para um novo patamar de acumulação em 1964)" – encontraram uma resposta "'à prussiana'".[45] Para além dos comunistas, esse tipo de leitura da economia, da sociedade e da política brasileira não deixa de estar próximo do tipo de leitura de Florestan Fernandes em *A revolução burguesa no Brasil.* Em termos mais amplos, tal interpretação se tornou difusa, associando-se 1964 e a orientação mais ampla da história brasileira à "modernização conservadora".

De maneira significativa, pouco antes do debate brasileiro sobre a experiência do país como revolução burguesa "não clássica", o sociólogo norte-americano Barrington Moore Jr. publica, em 1966, *Origens sociais da ditadura e da democracia.* O livro aparece em meio à agitação política e social nos EUA e tem grande impacto. Marca uma mudança nas ciências sociais que, como que voltando aos "clássicos", passam a privilegiar uma perspectiva macroscópica, interessada em entender a mudança social a partir da história comparada.[46] Por volta da mesma época, aparecem outros trabalhos, como os de Seymour Lipset, Reinhard Bendix, Samuel Huntigton, Anthony Giddens etc., que compartilham, apesar de muitas diferenças, tal orientação. Em termos mais amplos, a sociologia histórica comparada passa, desde então, a ser uma área bastante vigorosa das ciências sociais.

Moore Jr. trata basicamente dos papéis desempenhados pelos grandes proprietários rurais e camponeses na passagem de sociedades agrárias para industriais. Rejeita a visão da teoria da modernização, segundo a qual todas as sociedades seguiriam fundamentalmente o mesmo caminho rumo à modernidade. Em contraste, identifica três vias de modernização: a "revolução burguesa", a "revolução vinda de cima" e a "revolução camponesa", além de chamar atenção para a "exceção" indiana. No primeiro tipo de revolução, como teria ocorrido na Inglaterra, na França e nos EUA, um processo violento, protagonizado por "um grupo na sociedade com uma base independente, o qual ataca obstáculos [...] herdados do passado",[47] abriria caminho para a combinação de capitalismo na economia e democracia na política. Já na "revolução vinda de cima", como teria ocorrido na Alemanha e no Japão, uma aristocracia territorial teria derrotado uma revolução popular, mantendo sua posição dirigente durante a industrialização, o que acabaria favorecendo o fascismo. Por fim, numa "revolução camponesa", como a da Rússia e a da China, a vitória de um campesinato revolucionário acabaria levando ao comunismo.

Bastante depois de Moore Jr., Arno Mayer defende, já em 1981, que o antigo regime teria persistido em toda a Europa por um período bem mais longo do que normalmente se imagina.[48] Segundo a interpretação do historiador luxemburguês, o que chama de "crise dos trinta anos", entre a Primeira e a Segunda Guerra Mundial, seria fundamentalmente o resultado do esforço da aristocracia para manter seu domínio a todo custo, o que favoreceria soluções violentas e, finalmente, o advento do fascismo. Em outras palavras, já não entende mais o que Moore Jr. chamara de "revolução vinda de cima" como a exceção, mas como quase regra.

Ao estudar os seis principais países beligerantes da Primeira Guerra – Inglaterra, França, Itália, Alemanha, Império Austro-Húngaro e Rússia –, Mayer conclui que a Europa anterior a 1914 era agrária, pré-industrial e pré-burguesa. Em poucas palavras, "a economia era camponesa e a sociedade rural, dominada por nobrezas hereditárias e privilegiadas".[49] Apesar de ter perdido espaço, a principal fonte de riqueza e renda continuaria a ser a terra. A própria indústria seria dominada por pequenas fábricas trabalhadas por homens que seriam mais semelhantes a artesãos do que a operários. Nesse quadro, a aristocracia continuaria a ser a classe dirigente, exercendo hegemonia tanto social como cultural. Como resultado, a burguesia se sentiria atraída pela nobreza, com o sistema cultural e educativo ajudando a prolongar o antigo regime. Consequentemente, poder-se-ia afirmar que a aristocratização da burguesia teria sido mais forte do que o aburguesamento da nobreza.

Como pensar o Brasil – especialmente 1964 – a partir dessa discussão mais ampla sobre a revolução burguesa?

É interessante, em primeiro lugar, perceber como a análise de Moore Jr. a respeito da "revolução vinda de cima" tem sido tomada como a principal inspiração da caracterização da ordem econômica, social e política que emergiu do golpe como correspondendo a uma modernização conservadora.[50] Tal visão progressivamente se generalizou, tornando-se, como vimos, uma verdadeira chave interpretativa da história brasileira. Ironicamente, porém, junto com a popularização dessa análise, a referência à "revolução burguesa" praticamente desapareceu.

Em termos mais específicos, no que se refere aos nossos autores, há uma evidente afinidade entre a observação de Cardoso a respeito das "consequências revolucionárias do movimento politicamente reacionário de 1964"[51] e a interpretação do sociólogo norte-americano quanto às "revoluções vindas de cima". De maneira mais elaborada e em possível diálogo com Moore Jr., Florestan Fernandes não entende a revolução burguesa como um simples episódio histórico, mas, como vimos, como um fenômeno estrutural, que não segue um caminho único. Portanto, tratar-se-ia, fundamentalmente, de estudar o "estilo" específico que a revolução burguesa assume no Brasil.

De forma significativa, o sociólogo brasileiro identifica uma dissociação entre desenvolvimento capitalista e democracia na periferia capitalista, o que contrasta com as revoluções burguesas analisadas pelo sociólogo norte-americano, que resultariam justamente na combinação entre capitalismo e democracia.[52] Ou seja, Florestan, como a maior parte dos autores que discutimos, identifica uma afinidade entre o caso brasileiro e o que Moore Jr. chamou de "revoluções vindas de cima". Nessa orientação, os brasileiros destacam a relação entre velhas e novas classes dominantes, pensadas mesmo em termos de fusão entre a oligarquia e a burguesia, o que seria semelhante à relação entre a aristocracia e a burguesia europeia. No entanto, Cardoso e Florestan também atribuem grande peso às determinações vindas do capitalismo internacional, principal elemento que indicaria a especificidade da periferia no sistema do qual faz parte.

Em compensação, se tomarmos a "revolução vinda de cima" não como exceção, mas como regra, como indica a interpretação de Mayer, talvez o caso brasileiro tenha especial interesse. Se tal caminho é a orientação dominante na transição para o capitalismo, aqui se perceberia de maneira mais clara a orientação conservadora que as revoluções burguesas tenderiam a assumir. Por outro lado, a análise do historiador luxemburguês generaliza excessivamente, subestimando as particularidades das diferentes "vias ao capitalismo". De maneira contrastante, Florestan indica que, mesmo no Brasil, a ideologia e a utopia burguesa estiveram presentes, pressionando pela transformação da ordem social. De forma complementar, como indica Moore Jr., sugere que características subordinadas em determinadas sociedades podem ser dominantes em outras. Melhor dizendo, por meio da comparação, podem-se perceber possibilidades não desenvolvidas e imaginar variados resultados. A revolução burguesa pode, assim, ser mais bem entendida como problema de uma determinada época, mas que apresentou diferentes soluções nas sociedades que passaram pela transição para o capitalismo.

Nessa referência, talvez não devêssemos pensar tanto nos "casos" de revoluções burguesas, mas no seu "momento". Em outras palavras, a pergunta a ser feita é: até que ponto o debate sobre a revolução burguesa no pós-1964 ainda nos serve para entender os dilemas que enfrentamos atualmente?

Se uma questão central dessa discussão foi a relação entre capitalismo e democracia, o problema volta atualmente a ganhar centralidade não só no Brasil. Como vimos, Barrington Moore Jr. entendeu as revoluções burguesas principalmente por seu resultado, a combinação de capitalismo na economia e democracia na política. Florestan Fernandes enxergou, em contraste, uma dissociação entre capitalismo e democracia nas revoluções burguesas realizadas na periferia do capitalismo. Mais recentemente, Wolfgang Streeck[53] refinou o argumento de Moore Jr., indicando que a junção entre capitalismo e democracia se consolidou nos países capitalistas centrais num período histórico específico, o segundo pós-guerra. Mais especificamente, nos chamados "trinta anos gloriosos", num contexto de crescimento econômico praticamente constante e interrupto, capitalistas teriam escolhido abrir mão de parte de seus lucros, e trabalhadores teriam deixado de lado o socialismo como objetivo. Em poucas palavras, já num ambiente novo, em que o crescimento econômico está longe de ser certo, o compromisso entre capitalismo e democracia, destacado por Adam Przeworski,[54] deixa de ser algo dado. Nessa relação de incerteza, os países capitalistas centrais tornam-se, consequentemente, mais semelhantes aos países capitalistas periféricos.

Em termos ainda mais gerais, o tema da relação entre economia e política, que tanto preocupou os autores que discutimos, volta a ser decisivo. Vimos como Fernando Henrique Cardoso quis entender, no contexto do pós-golpe, tal relação de maneira não linear, mostrando que, apesar da influência de uma sobre a outra, a política não era determinada pela economia nem o inverso ocorria. Francisco de Oliveira assumiu posição diferente, apontando para o imbricamento entre economia e política, na medida em que a repressão à força de trabalho realizada pela ditadura garantiria condições extremamente favoráveis à acumulação capitalista. Florestan Fernandes, por sua vez, entendeu que a revolução burguesa na periferia seguia um eixo especificamente político, condicionando a dominação burguesa e a transformação capitalista em tais situações.

Muito da mais interessante reflexão atual sobre o capitalismo tem enfatizado como, numa situação de estagnação nos países capitalistas centrais, que já dura décadas, recorre-se a formas extraeconômicas de extração da riqueza, nas quais a coerção e o apelo ao Estado tornam-se decisivos. Tal quadro contrasta com o que seria "normal" no capitalismo, no qual, em termos meramente econômicos, trabalhadores venderiam no mercado sua força de trabalho a capitalistas. Tem-se chamado atenção, principalmente, para a forma como vem ocorrendo uma redistribuição da riqueza, pelo uso de mecanismos políticos, em favor de capitalistas. Autores como Dylan Riley e Robert Brenner chegaram a falar num capitalismo político, no qual "o poder político cru, mais do que o investimento produtivo, é a chave da taxa de lucro".[55] Ou seja, a fusão entre economia e política deixa de ser uma "exceção" da periferia do capitalismo, espalhando-se para o centro do sistema. De forma mais imediata, a intervenção política no capitalismo ganhou ainda maior impulso com a crise financeira de 2008 e a pandemia de covid-19.

Nessa orientação, e de maneira sugestiva, a formulação de David Harvey[56] sobre uma acumulação por expropriação guarda semelhança com a de Francisco de Oliveira sobre uma acumulação primitiva estrutural. Ambos consideram que a acumulação primitiva não se daria apenas na gênese do capitalismo, o geógrafo britânico avaliando até que, como esse seria um processo contínuo, no qual o capital sempre produziria novas fontes de expropriação, seria mais adequado falar em acumulação por expropriação. É verdade que Rosa Luxemburgo já assinalara, em *A acumulação do capital*,[57] que a maneira que o capitalismo encontra para enfrentar o problema de subconsumo é se expandir constantemente para formações sociais não capitalistas.[58]

De maneira comparável, a autocracia burguesa, da qual fala Florestan Fernandes, talvez seja mais compreensível no atual contexto, de ameaça à democracia, do que quando a obra *A revolução burguesa no Brasil* foi publicada e se iniciava o que ficou conhecido como a "transição do autoritarismo". Em termos mais fortes, é possível argumentar que a categoria não serve apenas para perceber a especificidade da periferia capitalista, mas, como argumentam André Botelho e Antônio Brasil, teria valor "heurístico para a compreensão do movimento mais geral da sociedade capitalista mundial".[59] Até porque, as revoluções burguesas "clássicas", ao assumirem um projeto democrático, transcendem sua origem de classe. Em contraste, a revolução burguesa no Brasil e na periferia, baseada no autoprivilegiamento das classes possuidoras, indica uma outra possibilidade de dominação burguesa e de transformação capitalista.

Esses diferentes significados associados à revolução burguesa talvez indiquem que o fenômeno não deve ser entendido como um acontecimento – mesmo que porventura um evento esteja na sua origem – ou mesmo uma conjuntura, mas como um processo de longa duração. Para além da gênese do capitalismo, é preciso entender sua contínua transformação.

Até porque, se o termo "revolução burguesa" saiu de moda, o problema para o qual ele aponta persiste. Nesse sentido, talvez a melhor explicação para que praticamente ninguém mais fale em "revolução burguesa" ou até mesmo em "revolução" seja precisamente o fato de que, além de não ocorrerem mais revoluções socialistas, o tempo das revoluções burguesas "clássicas" passou, a combinação entre capitalismo e democracia tendo se tornado cada vez mais difícil. Não por acaso, a burguesia passa a ser por toda parte uma classe cada vez mais conservadora, preocupada em manter seus privilégios. Por outro lado, esse não é o primeiro momento em que a burguesia deixou de ser revolucionária, o heroísmo que algum dia demonstrou tendo sido substituído por um "sóbrio realismo".

Mas, mesmo que não se fale mais em "revolução burguesa", ela não deixa de ocorrer, o capitalismo assumindo as mais variadas orientações. O que faz com que talvez a principal consequência de nossa atual miopia seja que já não dispomos de um importante instrumento conceitual para lidar com as mudanças que enfrentamos.

Referências bibliográficas

ANDERSON, P. *English questions*. London, Verso, 1992.

BAPTISTA, K. A. *O Cebrap como centro de referência para as ciências sociais nos anos setenta*. Tese de doutorado em Sociologia. Araraquara, Unesp, 2009.

BASTOS, E. R. *et al. Conversas com sociólogos brasileiros*. São Paulo, Editora 34, 2006.

BIANCHI, A. "O Brasil dos gramscianos". *Crítica Marxista*, n. 43, 2016.

BOTELHO, A. & BRASIL, A. "Prefácio". *In*: FERNANDES, F. *A revolução burguesa no Brasil: ensaio de interpretação sociológica*. Curitiba, Kotter; São Paulo, Contracorrente, 2020.

BOTELHO, A.; RICUPERO, B. & BRASIL, A. "Cosmopolitism and Localism in the Brazilian Social Sciences". *Canadian Review of Sociology*, n. 54, 2017.

CARDOSO, F. H. "O regime político brasileiro". *Estudos Cebrap*, 2, 1972a.

____. *Empresário industrial e desenvolvimento econômico no Brasil*. São Paulo, Difel, 1972b.

____. *Autoritarismo e democratização*. Rio de Janeiro, Paz e Terra, 1975.

CARDOSO, F. H. & FALETTO, E. *Dependencia y desarrollo en América Latina*. México D.F., Siglo Veintuno Editores, 1988.

CARONE, E. *O PCB. 1964 a 1982*. São Paulo, Difel, 1982.

CARVALHO FRANCO, M. S. *Homens livres na ordem escravocrata*. São Paulo, Kairós, 1983.

CHASIN, J. *O integralismo de Plínio Salgado*. São Paulo, Ciências Humanas, 1978.

COHN, G. "A revolução burguesa no Brasil". *In*: MOTTA, L. D. (org.). *Um banquete nos trópicos*. São Paulo, Senac, 1999.

COUTINHO, C. N. "A democracia como valor universal". *Encontros com a Civilização Brasileira*, 9, 1979a.

____. "Cultura e sociedade no Brasil". *Encontros com a Civilização Brasileira*, n. 17, 1979b.

____ "Uma via não clássica para o capitalismo". *In*: D'INCAO, M. A. (org.). *História e ideal: ensaios sobre Caio Prado Junior*. São Paulo, Brasiliense, 1989.

COUTINHO, C. N. *et al*. *Realismo e antirrealismo na literatura brasileira*. Rio de Janeiro, Paz e Terra, 1974.

CZAJKA, R. *Páginas de resistência: intelectuais e resistência na "Revista Civilização Brasileira"*. Tese de doutorado em Sociologia. Campinas, Unicamp, 2005.

FERNANDES, F. *A revolução burguesa no Brasil*. Rio de Janeiro, Guanabara, 1976.

____ "Respostas às intervenções: um ensaio de interpretação sociológica crítica". *Encontros com a Civilização Brasileira*, n. 4, 1978.

FICO, C. "Ditadura militar brasileira: aproximações teóricas e historiográficas". *Tempo & Argumento*, vol. 9, n. 10, 2017.

FRASER, N. "Expropriation and Exploitation in Racialized Capitalism: A Reply to Michael Dawson". *Critical Historical Studies*, 3, 1, 2016, pp. 163-178.

____. *Cannibal capitalism*. London, Verso Books, 2023.

FURTADO, C. "De l'oligarchie à l'État militaire". *Les Temps Modernes*, 23, 257, 1967.

____. *Subdesenvolvimento e estagnação na América Latina*. Rio de Janeiro, Paz e Terra, 1968.

FURTADO, C. *Celso Furtado: correspondência intelectual (1949-2004)*. São Paulo, Companhia das Letras, 2021.

GASPARI, E. *A ditadura encurralada*. São Paulo, Companhia das Letras, 2003.

GLASIUS, M. "What authoritanism is... and is not: a practice perspective". *International Affairs*, 94, 3, 2018.

HARVEY, D. *The new imperialism*. Oxford, Oxford University Press, 2003.

JAGUARIBE, H. "Stabilité sociale par le 'colonial-fascisme'". *Les Temps Modernes*, vol. 23, n. 257, 1967.

KOHAN, N. "A filosofia da práxis no Brasil". Entrevista de Carlos Nélson Coutinho. *Revista Praia Vermelha*, 22, 2, 2013.

LAGO, L. A. C. do. "A retomada do crescimento e as distorções do 'milagre': 1967--1973". *In*: ABREU, M. de P. (org.). *A ordem do progresso: cem anos de política econômica republicana (1889-1989)*. Rio de Janeiro, Campus, 1990.

LAHUERTA, M. *Intelectuais em transição: entre a política e a profissão*. Tese de doutorado em Ciência Política. São Paulo, USP, 1999.

LINZ, J. "The future of an authoritarian situation or the institutionalization of an authoritarian regime: the case of Brazil". *In*: STEPAN, A. *Authoritarian Brazil*. New Haven, Yale University Press, 1976 [1973].

LUXEMBURGO, R. *A acumulação do capital*. São Paulo, Nova Cultural, 1985 [1913].

MANNHEIM, K. *Conservatism: a contribution to the sociology of knowledge*. New York, Routledge, 2007.

MARX, K. *O capital*, vol. I. São Paulo, Nova Cultural, 1983.

MAYER, A. *The persistence of the Old Regime: Europe to the Great War*. London, Verso, 2010.

MONTERO, P. & MOURA, F. (org.). *Retrato de grupo: 40 anos do Cebrap*. São Paulo, Cosac Naify, 2009.

MOORE JR., B. *Origens sociais da ditadura e da democracia*. São Paulo, Martins Fontes, 1983 [1966].

MOTTA, R. P. S. *As universidades e o regime militar. Cultura política brasileira e modernização autoritária*. Rio de Janeiro, Jorge Zahar, 2014.

NOBRE, M. "Da 'formação' às 'redes': filosofia e cultura depois da modernização. *Cadernos de Filosofia Alemã*, 19, 2012.

OLIVEIRA, F. "A economia brasileira: crítica à razão dualista". *Estudos Cebrap*, 2. São Paulo, 1972.

POULANTZAS, N. *Poder político y clases sociales en el Estado capitalista*. México D.F., Siglo Veintuno, 1969.

PRZEWORSKI, A. *Capitalismo e social-democracia*. São Paulo, Companhia das Letras, 1989.

RIBEIRO, I. O. *Agricultura, democracia e socialismo*. Rio de Janeiro, Paz e Terra, 1988.

RICUPERO, B. *Caio Prado Jr. e a nacionalização do marxismo no Brasil*. São Paulo, Editora 34, 2000.

RIDENTI, M. & MENDES, F. "Do dualismo ao ornitorrinco: entrevista com Francisco de Oliveira". *Cadernos CRH*, 25, 2012.

RILEY, D. & BRENNER, R. "Seven theses on American politics". *New Left Review*, 138, 2022.

SINGER, P. "As contradições do milagre". *Estudos Cebrap*, 6, 1973.

SKIDMORE, Th. *De Castelo a Tancredo*. Rio de Janeiro, Paz e Terra, 1988.

SKINNER, Q. *Visions of politics*, vol. I. Cambridge, Cambridge University Press, 2011.

SMITH, D. *Barrington Moore Jr: Violence, Morality and Political Change*. London, Macmillan, 1983.

SORJ, B. *A construção intelectual do Brasil contemporâneo – da resistência à ditadura ao governo FHC*. Rio de Janeiro, Jorge Zahar, 2001.

STEPAN, A. *Authoritarian Brazil*. New Haven, Yale University Press, 1976 [1973].

STREECK, W. "How will capitalism end?". *New Left Review*, 87, 2014.

TAVARES, M. da C. & SERRA, J. "Além da estagnação: uma discussão sobre o estilo de desenvolvimento recente do Brasil". *In*: BIELSCHOWSKY, R. (org.). *Cinquenta anos de pensamento na Cepal*. Rio de Janeiro, Record, 2000 [1971].

THOMPSON, D. *Pessimism of the intellect: a history of the New Left Review*. London, Merlin, 2007.

VIANNA, L. W. *Liberalismo e sindicato no Brasil*. Rio de Janeiro, Paz e Terra, 1976.

____. *A revolução passiva no Brasil: iberismo e americanismo no Brasil*. Rio de Janeiro, Revan, 1997.

WEFFORT, F. *O populismo na política brasileira*. Rio de Janeiro, Paz e Terra, 1978.

Notas

1 Cardoso, 1972a, p. 106.

2 Oliveira, 1972, p. 71.

3 Fernandes, 1976, p. 202.

4 No entanto, não tenho a ilusão de esgotar o estudo sobre o tema. Sinal do impacto do pós-1964 nas ciências sociais do período é, como indica Luiz Werneck Vianna (1997), que a modernização conservadora é seu grande tema, como se percebe em "A economia brasileira: crítica da razão dualista" (1972), de Francisco de Oliveira; *Politique et dévélopement économique: strutctures de pouvoir et systéme de décision au Brésil* (1973), de Luciano Martins; *A revolução burguesa no Brasil* (1975), de Florestan Fernandes; *São Paulo e o Estado Nacional* (1975), de Simon Schwartzman; *Elite and state-building in imperial Brazil* (1975), de José Murilo de Carvalho; *Capitalismo autoritário e campesinato* (1976), de Octavio Velho; *Liberalismo e sindicato no Brasil* (1976), do próprio Werneck Vianna;

The agrarian roots of modernization in Brazil: 1880-1930 (1979), de Elisa Reis. Num sentido mais profundo, a obra de Caio Prado Jr. pode ser interpretada como tratando do que Carlos Nélson Coutinho (1989) caracterizou sugestivamente como uma "via não clássica" ao capitalismo. Ver também Ricupero, 2000.

5 Mesmo análises penetrantes, como a de Marcos Nobre sobre o "paradigma da formação", perdem de vista disputas por trás da questão que examinam. O autor vincula, de maneira sugestiva, a categoria de "formação" ao contexto nacional-desenvolvimentista, quando Celso Furtado e Antonio Candido destacariam a "cristalização de instituições sociais que representavam realizações, mesmo que parciais e incompletas, do 'moderno brasileiro' (numa palavra: o 'sistema literário', para Candido: o 'mercado interno' para Furtado)" (Nobre, 2012, p. 25). No entanto, com o golpe de 1964 e, depois, o "milagre econômico", o paradigma seria repensado, destacando-se, numa perspectiva autocrítica e negativa, antes ausente, suas limitações. O texto emblemático de tal momento seria "Economia brasileira: crítica à razão dualista", de Francisco de Oliveira, que colocaria em questão a própria relação entre "arcaico" e "moderno". Tal questionamento teria sido preparado por *Dependência e desenvolvimento na América Latina*, de Enzo Faletto e Fernando Henrique Cardoso, livro que indicaria os entraves ao projeto nacional-desenvolvimentista. Nobre acaba incorrendo, entretanto, no que Quentin Skinner (2011) chama de "mitologia das doutrinas". Mais especificamente, *à la* Arthur Lovejoy, descreve o "paradigma da formação" como uma espécie de ideia-unidade, que é comunicada de um intelectual para outro. Subestima, assim, a motivação, por trás do artigo de Oliveira, de questionar a tese de Cardoso a respeito de 1964 como uma "Revolução Econômica Burguesa", pensada fundamentalmente ainda em termos modernizadores.

6 Lago, 1990.

7 É verdade que, com o retorno da bipolaridade, agora entre EUA e China, tem se falado numa nova Guerra Fria. No entanto, está ausente nessa disputa o principal da Guerra Fria "original", o enfrentamento entre dois modelos de organização social.

8 Botelho; Ricupero & Brasil, 2017.

9 O artigo foi publicado em inglês como "Associated-Dependent development: theoretical and practical implications" e, em português, no número 2 da *Estudos Cebrap*, como "O regime político brasileiro", sendo depois reeditado como "O modelo político brasileiro" (1972) no livro com o mesmo nome.

10 Os principais trabalhos que foram publicadas, em 1967, em número especial organizado por Furtado e dedicado ao Brasil da prestigiosa revista francesa *Le Temps modernes*. Da publicação participaram intelectuais conhecidos, como o sociólogo Hélio Jaguaribe, o físico José Sérgio Leite Lopes, o crítico literário Otto Maria Carpeaux e o romancista Antonio Callado. De maneira significativa, também abriu espaço para autores mais jovens, como o crítico de cinema Jean-Claude Bernardet e, em especial, para representantes da emergente "escola paulista de sociologia", como Florestan Fernandes, Fernando Henrique Cardoso e Francisco Weffort. Furtado, em carta do exílio francês a Fernandes, indica a importância da iniciativa: "Será a primeira vez que uma revista dessa categoria publica um número especialmente dedicado a nosso país, aqui na Europa" (Furtado, 2021, pp. 116-117).

11 Furtado, 1967, p. 590.

12 O foco da análise de *Dependência e desenvolvimento na América Latina* volta-se para esses casos, como indicam seus autores: "A novidade da hipótese não está no reconhecimento da existência de uma dominação externa", mas no reconhecimento da "especificidade da situação atual de dependência" (Cardoso & Faletto, 1988, p. 164).

13 Pouco mais tarde, o autor chega a falar em "burguesia de Estado". Como tem consciência, a categoria combina dimensões aparentemente contraditórias: "uma classe que se baseia na apropriação *privada* dos meios de produção" e o Estado que "aponta para o controle *público*" (Cardoso, 1975, p. 11).

14 Cardoso, 1972a, p. 102.

15 *Idem*, p. 103.

16 *Idem*, p. 101. Se teria escolhido, de certa maneira, um caminho diante do precipício que o sociólogo identificara na sua tese de livre-docência, *Empresário industrial e desenvolvimento econômico no Brasil*, defendida em 1963, quando considerara que "ilhada entre as motivações e interesses de tipo tradicional que a prendem por um lado ao latifúndio e à concepção tradicional de existência e, por outro lado, ao capitalismo internacional ao qual se associou para crescer economicamente, a burguesia industrial se vê na contingência de realizar uma política à beira do abismo" (Cardoso, 1972b, p. 197).

17 Sobre o Cebrap, ver Baptista, 2009; Lahuerta, 1999; Montero & Moura, 2009; Sorj, 2001.

18 Ridenti & Mendes, 2012, p. 604. Mais especificamente, "A economia brasileira: crítica à razão dualista" (1972) e "As contradições do milagre" (1973) teriam surgido do debate a respeito de "O regime político brasileiro", num dos famosos "mesões" do Cebrap, "realizados em torno de uma grande mesa onde se discutiam trabalhos de membros do Cebrap e de pesquisadores ligados a este, e sobre eles". Infelizmente, a respeito deles "praticamente não subsistiu registro escrito" (Sorj, 2001, p. 54).

19 Oliveira, 1972.

20 No entanto, critica tanto a Cepal como a teoria da dependência por ambas entenderem o desenvolvimento como relacionado à "oposição entre nações", e não à "oposição entre classes sociais internas" (Oliveira, 1972, p. 8). Trata, consequentemente, em boa medida, as duas perspectivas de forma indiferenciada, considerando que o privilegiamento das relações externas "transforma a teoria do subdesenvolvimento numa teoria da dependência" (*Idem*, p. 22).

21 Oliveira, 1972, p. 33.

22 Weffort, 1978.

23 Por outro lado, os dois autores concordam, em crítica à teoria da dependência, que, para entender o capitalismo do Brasil e de outros países latino-americanos, seria preciso privilegiar as lutas de classe internas, e não as contradições entre as nações.

24 Oliveira, 1972, p. 32.

25 *Idem*, p. 65.

26 Em alguma medida, a diferença de perspectivas remete a uma anterior, surgida na cadeira de Sociologia I da USP, entre Cardoso e Maria Sylvia Carvalho Franco. Enquanto o autor de *Capitalismo e escravidão no Brasil meridional* enfatizara o choque entre capitalismo e escravidão e a possibilidade de mudança, a autora de *Homens livres na ordem escravocrata* ressaltara como o capitalismo se articula com o que é considerado tradicional e a tendência de conservação.

27 Singer, 1973.

28 Lago, 1990.

29 Furtado, 1968, p. 87.

30 Tavares & Serra, 2000 [1971].

31 *Idem*, p. 593.

32 O sociólogo paulista parece, por sua vez, usar o termo "estilo" com referência ao trabalho de um autor que tinha sido para ele uma grande influência, Karl Mannheim, que tratara de diferentes "estilos de pensamento". O sociólogo húngaro, por sua vez, inspirara-se

na história da arte, como indica sua citação de um especialista da área, Johann Eishner: "Identificamos um trabalho sem data precisa ao traçar a presença nele de características do estilo de um período particular; em compensação, o nosso conhecimento do estilo desse período será aprofundado em outros pontos pela obra específica" (Eishner *apud* Mannheim, 2007, p. 43).

33 Fernandes, 1978, p. 202.

34 *Idem*, p. 203.

35 Fernandes, 1976, p. 22.

36 *Idem*, p. 175.

37 *Idem*, p. 294.

38 Cohn, 1999, p. 404.

39 Em termos mais amplos, o *Totalitarian and authoritarian regimes* (1973), do sociólogo espanhol, é considerado a primeira discussão extensiva do conceito de autoritarismo (Glasius, 2018). Mas, já no artigo de 1964, Linz afirmara que estudiosos consideraram não ser necessário falar na existência de um regime político autoritário, já que os governos entendidos como fazendo parte dessa categoria seriam vistos como instáveis, tendendo a evoluir ou para a democracia ou para o totalitarismo. Defendia, entretanto, que o regime autoritário teria um caráter próprio e distinto. Como tipo ideal, o conceito destacaria certos aspectos da realidade: 1) ser um sistema político com pluralismo limitado, não respondível; 2) não corresponder à orientação de uma ideologia elaborada, mas a certas mentalidades mais difusas; 3) não promover mobilização política; 4) um líder ou pequeno grupo exercer o poder em limites mal definidos, mas bastante previsíveis.

40 Linz, 1976 [1973], p. 235.

41 Com o pós-1964 passa a haver mais espaço para visões críticas da política anterior da esquerda e que eram até então marginais, como as de Cardoso. Sinal disso é a *Revista da Civilização Brasileira* – principal publicação esquerdista entre 1965 e 1969 – em que se tornam cada vez mais frequentes as contribuições de cientistas sociais da USP, como Octavio Ianni (membro do conselho editorial), Weffort, Fernandes e Cardoso. Czajka, 2005.

42 Carone, 1982. Depois da derrota da luta armada, a "comunidade de informação", que se confundia com a "linha-dura", procurava, por meio de repressão, evitar o avanço da abertura. Usou, assim, o PCB como uma espécie de espantalho (Gaspari, 2003), justificado pela influência, real e imaginária, do partido no MDB. O ministro da Justiça, Armando Falcão, chegou a atribuir a vitória da oposição nas eleições de 1974 aos comunistas (Skidmore, 1988).

43 Tendem a entender as categorias como equivalentes (Bianchi, 2016), como explicita Carlos Nélson Coutinho: "É interessante observar ainda que o conceito lukasciano de 'via prussiana' é essencialmente análogo ao conceito gramsciano de 'revolução passiva' (ou 'revolução-restauração' ou 'revolução pelo alto'), com o qual Gramsci pretende sintetizar a ausência de participação popular e o tipo de modernização conservadora que foram próprios do caminho italiano para o capitalismo" (Coutinho, 1979a, p. 45).

44 Carlos Nélson Coutinho enfatiza, em entrevista ao argentino Nestor Kohán, especialmente o não contato entre cariocas e paulistas: "Havia então uma clara diferença (quase uma oposição!) entre os marxistas do Rio de Janeiro (quase todos vinculados ao PCB) e os marxistas de São Paulo (quase todos professores universitários e sem partido)" (Kohan, 2013, p. 106). É verdade que as diferenças devem ser relativizadas. Werneck Vianna foi um comunista carioca que fez doutorado na USP, o que provavelmente contribuiu para que fosse uma espécie de ponte entre os dois grupos. Por sua vez, o paulista e comunista Chasin

estudou filosofia na USP, e a revista *Temas de Ciências Humanas*, à qual esteve ligado, tinha como projeto principal fazer a crítica à sociologia uspiana.

45 Coutinho, 1979, p. 26.

46 Smith, 1983.

47 Moore Jr., 1983, p. 5.

48 É verdade que antes mesmo de Moore Jr., o grupo que toma o controle, em 1962, da recente *New Left Review* questiona, na série de artigos que ficaram conhecidos como as "teses Anderson - Nairn", a visão dominante a respeito da Inglaterra como "primeiro país paradigmático do capitalismo industrial" (Thompson, 2007, p. 13). Nessa referência, a Revolução Puritana (1640) é entendida como "uma revolução burguesa apenas por aproximação" (Anderson, 1992, p. 17). Por sua vez, Nicos Poulantzas (1969) coloca em questão a existência de um "modelo típico" de revolução burguesa, defendendo a singularidade de cada experiência revolucionária. Para tanto, examina os casos inglês, francês e alemão. No que diz respeito à revolução burguesa "paradigmática", a Francesa, considera-a como "uma revolução burguesa politicamente *fracassada*" (*Idem*, p. 224), que seria limitada pela grande presença, no campo e na cidade, da pequena propriedade.

49 Mayer, 2010, p. 7.

50 Fico, 2017; Motta, 2014.

51 Cardoso, 1972a, p. 106.

52 Moore Jr. confessa, por sua vez, sugestivamente que o significado atribuído à "revolução burguesa" possivelmente "constitui de tal modo uma simplificação que poderia ser uma caricatura do que realmente ocorreu". Exemplo disso seria como a escravidão das plantações dos EUA teria se "desenvolvido como parte integrante do capitalismo industrial" tendo "representado um obstáculo muito maior para a democracia do que para o capitalismo" (Moore Jr., 1983, p. 42).

53 Streeck, 2014.

54 Przeworski, 1989.

55 Riley & Brenner, 2022, p. 6.

56 Harvey, 2003.

57 Luxemburgo, 1985 [1913].

58 Mais recentemente, Nancy Fraser (2016, 2023) radicalizou tal perspectiva, defendendo que no capitalismo a expropriação conviveria com a exploração. Além de dar início ao capitalismo por meio da escravidão racializada, da pilhagem colonial e das *enclosures*, ela seria constitutiva do capitalismo maduro, tanto na periferia como, cada vez mais, no centro, onde a mera exploração de trabalhadores assalariados estaria progressivamente perdendo espaço para a expropriação.

59 Botelho & Brasil, 2020, p. 16.

CAPÍTULO 12
O ESTILO DE INTERPRETAÇÃO HISTÓRICO-ESTRUTURAL*

Alexandre de Freitas Barbosa

INTRODUÇÃO

Este capítulo procura situar os conceitos de "subdesenvolvimento" e "dependência" na longa duração. No período recente, eles têm aparecido geralmente de forma adjetivada e desprovidos de valor heurístico. A economia é "subdesenvolvida" ou o capitalismo é "dependente", sem precisar o objeto e o significante que deveriam lhe dar sentido.

Isso ocorre em virtude da camisa de força que se ergueu sobre as assim chamadas "teorias" do subdesenvolvimento e da dependência. Como se elas fossem estanques, datadas e não necessitassem de um esforço de atualização teórica e histórica. Para recuperar o seu sentido, propusemo-nos, na primeira parte do texto, mapear a origem e a consolidação de um "estilo de interpretação histórico-estrutural no Brasil".[1]

Em seguida, escolhemos duas variantes teóricas desse estilo de interpretação, condensadas nas obras de Celso Furtado e Florestan Fernandes, de modo a explicitar as suas convergências, especialmente no contexto pós-1964.

A terceira parte do texto lança algumas questões com o propósito de reabilitar o potencial crítico e cognitivo desse estilo de interpretação no atual contexto histórico e intelectual. As condições objetivas (complexificação da

* Uma versão preliminar deste texto foi elaborada para o Colóquio "Le Brésil, pays indépendant? Penser la 'Théorie de la dépendance' 200 ans après 1822", realizado nos dias 21 e 22 de novembro de 2022 na Sorbonne Nouvelle, em Paris. Agradeço aos colegas do Grupo de Pesquisa Pensamento e Política no Brasil do Cenedic/FFLCH-USP, cujos comentários e críticas me permitiram elaborar esta nova versão.

economia-mundo capitalista e do sistema centro-periferia), mas também as subjetivas (crescentes disciplinarização e academicização do conhecimento) aparecem como os principais desafios.

A recuperação desse estilo de interpretação – desde que adaptado à nossa contemporaneidade e enriquecido por novas variantes teóricas – é condição para concebermos novos projetos e imaginarmos novas utopias. De quebra, herdamos um acervo de hipóteses, formulações teóricas e estruturas conceituais que, apesar de marcadas por sua historicidade, nos auxiliam nessa empreitada de forjar novas interpretações com poder explicativo.

O ESTILO DE INTERPRETAÇÃO HISTÓRICO-ESTRUTURAL NO BRASIL

Os autores filiados a esse estilo de interpretação – como podemos cravar hoje com certo distanciamento histórico – estão conscientes do seu papel de protagonistas no esforço de "redescoberta" do Brasil. Isso significa conceber o território nacional, e suas relações econômicas e sociais construídas historicamente, como parte de uma totalidade mais ampla: o capitalismo sempre reconfigurado em escala mundial.

Entretanto, não se trata de um esforço coletivo previamente acordado, por meio do qual cada pensador empreendesse uma tarefa baseada numa suposta divisão do trabalho intelectual. Na prática, esses intelectuais buscavam fincar suas interpretações, contendo sínteses particulares do processo histórico.

Para quem olha em retrospecto, é possível mapear uma sequência de variantes teóricas. Ao mesmo tempo, percebe-se que tais interpretações são feitas da mesma matéria, da mesma historicidade. Para o estudioso que projeta uma nova leitura do "futuro passado",[2] esses autores se defrontam com a mesma problemática, além de partirem de uma perspectiva multifacetada da totalidade social, o que torna inevitável um debate, por vezes silencioso, entre suas obras.

Nesse sentido, elas refletem a "constituição linguística das suas experiências temporais" ainda não plenamente decodificada. Para fazê-lo, precisamos revelar como esses personagens aliam os "eventos" conjunturais às "estruturas" de maior fôlego, descritas por meio do uso de conceitos vinculados ao mesmo universo semântico, conforme ressalta Koselleck.[3]

O esforço aqui encetado torna-se possível, uma vez que o estilo de interpretação histórico-estrutural foi abandonado a partir dos anos 1980. Aqueles que pareciam diferentes passam a ser vistos como partícipes de um mesmo "estilo", não uniformizador, mas que ganha vigor analítico com a explicitação das diferenças.

É certo também que cada variante teórica desse estilo de interpretação carrega consigo a sua utopia, pois a interpretação se transforma em ferramenta de compreensão voltada para a ação, ora no sentido do desenvolvimento nacional, da superação do subdesenvolvimento, do passivo colonial ou da dualidade básica, ora no sentido de uma sociedade igualitária potencialmente socialista. Finalmente, a transformação produtiva, as reformas de base e a alteração das relações de dependência estão no cardápio de todos os autores.

Em seguida, apontamos o alicerce comum – o método histórico-estrutural – que torna esses autores partícipes de um mesmo estilo de interpretação, embora seus edifícios sejam construídos a partir de diversas arquiteturas conceituais, originando sequências e variantes teóricas peculiares.

O MÉTODO HISTÓRICO-ESTRUTURAL COMO MÍNIMO DENOMINADOR COMUM

De acordo com o esforço de sistematização realizado neste ensaio, o método histórico-estrutural, tal como praticado no Brasil pelos seus vários expoentes, apresenta, em linhas gerais, as seguintes premissas metodológicas:

- a dimensão econômica assume um peso decisivo, encarada a partir das estruturas de longa duração, que sofrem mudanças e continuidades e interagem dinamicamente com as estruturas sociais e de poder;
- o enfoque é, portanto, interdisciplinar, acionado por meio de um resgate da dinâmica das estruturas historicamente enraizadas e transformadas no espaço. Cabem aqui tanto uma "economia histórica" quanto uma "sociologia histórica", geralmente estabelecendo entre si pontos de contato;
- as estruturas econômicas e sociais na periferia são constantemente recicladas a partir das transformações verificadas no centro do ca-

pitalismo, o que pressupõe o subdesenvolvimento, a heteronomia, a dependência ou a dualidade;

- tais transformações abrem (e fecham) oportunidades de interação entre o centro e a periferia do capitalismo, mas não de maneira mecânica. Há espaço para novas formas de ação do Estado e dos vários segmentos sociais. As "possibilidades nacionais", por mais que delimitadas "de fora", são construídas "de dentro";
- em face das várias possibilidades conjunturais, definidas no espaço da política, novas ideias emergem. O pensamento parte da interpretação das estruturas, de modo a forjar uma ação consciente sobre o processo;
- as teorias sociais e econômicas "universais" são ferramentas imprescindíveis, porém insuficientes, pois devem ser adaptadas de maneira criteriosa para desvendar a particularidade da periferia e sua inserção na totalidade do capitalismo.

Essas premissas metodológicas – relevância do fator econômico, aposta na dinâmica das estruturas na longa duração, enfoque interdisciplinar, vinculação às transformações do capitalismo por meio da articulação desenvolvimento--subdesenvolvimento e dominação-dependência, ênfase nas potencialidades da ação política do Estado e dos grupos sociais internalizados, concepção do pensamento como força transformadora e adaptação criteriosa das teorias "universais" – podem ser encontradas nas variantes teóricas aprofundadas pelos diversos autores. Elas constituem o mínimo denominador comum do método histórico-estrutural, fornecendo os alicerces para a construção de novos conceitos, a filtragem dos modelos teóricos "externos" e a elaboração de uma narrativa histórica capaz de revelar nossos dilemas e contradições.

Apesar das diferenças teóricas e de orientação ideológica, os autores que compartilham do estilo de interpretação histórico-estrutural, como nós o concebemos, se reconhecem como interlocutores. Há os abridores de caminhos (Caio Prado Jr.). Os que vêm depois tomam os predecessores como ponto de partida, produzindo uma síntese mais afinada com os dilemas do presente (Celso Furtado). E há aqueles que escrevem em busca de alternativas às interpretações que vão se tornando clássicas (Ignácio Rangel). Outros se propõem tarefas de síntese globalizante, informada por uma perspectiva proveniente da sociologia histórica (Florestan Fernandes).

Nesse sentido, a herança cepalina de uns, o maior apreço pelo método marxista de outros e as várias formas de ecletismo bem temperadas implicam diferenças sadias que enriquecem a prática do método. Assim, a "perspectiva histórico-estrutural",[4] tal como adotada no Brasil, pode ser marxista, não marxista ou potencialmente marxista.

Em vez de enquadrarmos *a priori* e de forma taxativa os autores a partir de suas variantes teóricas, exagerando a diversidade, o nosso objetivo é situá-los como parte de uma unidade, sintetizada na seguinte linha diretriz: como eles concebem a gênese e o desenvolvimento do capitalismo no Brasil a partir de suas particularidades históricas?

Voltando às premissas metodológicas que caracterizam o método, a presença decisiva do fator econômico está em todos esses autores. Já em 1942, Caio Prado aponta que, se vamos à "essência da nossa formação", nos constituímos como uma "vasta empresa comercial" para alimentar o "comércio europeu". Aí está o "caráter dominante", que perpassa toda a colônia e se impregna na totalidade da vida social. Portanto, "há uma linha mestra e ininterrupta de acontecimentos", "dirigida sempre numa determinada orientação".[5]

Ignácio Rangel, em 1953, prefere diferenciar "as "relações internas de produção" e "as relações externas de produção" como duas formações básicas que "não se limitam a coexistir", pois se encontram em permanente conflito. A "economia brasileira", nos seus diversos períodos históricos, é "uma nas relações que a compõem, e outra nas relações com outras economias".[6] Tal perspectiva não contradiz com a caiopradiana, para quem o "sentido da colonização", ou das atividades que conformam o "núcleo orgânico", delimita as possibilidades de inserção das atividades "acessórias" e "subsidiárias" e, portanto, "inorgânicas".[7]

Celso Furtado vai fincar a estaca do subdesenvolvimento como um "processo histórico autônomo", não "como uma etapa pela qual tenham passado as economias que já alcançaram patamar superior de desenvolvimento". Nesse sentido, a Revolução Industrial se mostra incapaz de propagar, pela via do comércio internacional, nas diferentes escalas, o sistema capitalista de produção. Uma "cunha capitalista" se estabelece de cima sobre "sistemas econômicos seculares, de variados tipos, mas todos de natureza pré-capitalista", levando à emergência de "estruturas híbridas".[8]

Florestan Fernandes confere especial relevo à dimensão econômica, especificando a diferença entre a "satelização colonial" e a "satelização pelos mecanismos de mercado", quando as parcelas do excedente econômico, retidas no país no pós-Independência, encontram novas formas de aplicação reprodutiva fora do circuito da produção escravista. Entretanto, o setor "novo" mostra-se insuficiente para promover a irradiação do "mercado capitalista moderno", antes se aproveitando de "um verdadeiro conglomerado de formas de mercado e de produção de desenvolvimento desigual".[9]

Portanto, nesses autores, as estruturas econômicas nunca aparecem como um todo indiferenciado, mas compostas de setores, segmentos e espaços da economia que se transformam historicamente, imprimindo sentido ao processo por meio de suas interações e contradições. Essa interpretação complexa do econômico faz coro à concepção braudeliana de que "a economia, em si mesma, evidentemente não existe"[10] como movimento linear, inercial, feito de uma só camada, e sem interação com as demais esferas da vida social.

O aspecto interdisciplinar encontra-se entronizado nessas interpretações. No caso dos economistas – Furtado e Rangel –, basta mergulhar nas suas obras para perceber que o econômico aparece a todo momento tecido junto com o social.

Rangel, por exemplo, descreve a mudança da "economia escravista" para a "economia latifundiária" pautada por relações de produção internas "feudais", como parte de um quadro mais amplo de passagem de um sistema político unitário para outro marcado pelo federalismo. Essa transição não se explica sem a emergência de um capital mercantil nacional, o novo grupo social que aparece como personagem central do drama a partir do último quarto do século XIX.[11]

Em *Formação econômica do Brasil*, ao contrapor o "desenvolvimento" brasileiro ao dos Estados Unidos, Furtado faz interagirem as "diferenças sociais" entre os dois territórios. Paralelamente, essas diferenças aparecem condensadas em estruturas ideológicas, sintetizadas nas figuras emblemáticas de Visconde de Cairu e Alexander Hamilton. Ao recorrer às estruturas econômicas, sociais e culturais, compreendidas de maneira integrada, Furtado explica o porquê da ausência de uma "política de industrialização" no Brasil do século XIX.[12]

Além da interação entre o econômico e o não econômico, a história não é encarada como um fardo do passado, mas como um conjunto de estruturas sociais e econômicas recicladas em cada novo ciclo do presente. Desse modo, "o tema do desenvolvimento penetra de cheio na historiografia", como afirma Caio Prado. Senão, como interpretar países com a "nossa estrutura socioeconômica", que,

> [...] embora enquadrados no sistema geral do capitalismo, estão longe de apresentar uma estrutura, um comportamento econômico e mesmo relações de produção que, no seu conjunto, se podem identificar ao que ocorre nas sociedades de alto amadurecimento capitalista?[13]

O mergulho na história deve permitir a compreensão de como essas estruturas sociais e econômicas se transformam e se atualizam, apresentando fissuras e, portanto, exigindo novas formas de encaminhar os dilemas constantemente recolocados. Se a estrutura social é fator decisivo para todos os autores, a explicitação da "dinâmica de classes no mundo subdesenvolvido", como elemento que empresta sentido às "opções econômicas", encontra sua realização máxima em Florestan Fernandes.[14]

A terceira premissa do método histórico-estrutural é a referência incontornável à condição colonial, heterônoma, dependente, periférica, subdesenvolvida, ou marcada pela dualidade, conforme o período analisado e as escolhas conceituais dos vários intérpretes.

De forma sintética, para os integrantes do estilo de interpretação histórico-estrutural, o Brasil se faz, desfaz e refaz a partir da sua interação complexa e contraditória com o sistema mundial caracterizado pela expansão e pela transformação do capitalismo, sempre desigual e polarizado. Mas não da mesma maneira, pois se alteram as formas básicas de organização interna da periferia em termos econômicos, sociais e políticos (subdesenvolvimento) e as formas de articulação "dependente".

Portanto, o "Brasil" é um lugar, ou vários lugares, no sistema mais amplo, condicionado a partir de fora, mas dotado de dinâmica própria a ser compreendida nas estruturas em movimento, conforme as suas novas formas de encaixe com o "exterior".

Essa quarta premissa metodológica é decisiva e destoa das vertentes de interpretação abertas por Gilberto Freyre, Sérgio Buarque de Holanda e Raymundo Faoro – a despeito de sua riqueza interpretativa –, que não partem do mesmo nexo estruturante entre as relações internas e externas em constante transformação e das condições de possibilidade sempre renovadas.

Florestan, por exemplo, refere-se a "uma história econômica, social e cultural peculiaríssima, que nos dá a justa medida do que pode e do que deve ser a dita civilização (ocidental) a partir de uma condição colonial permanente, embora instável e mutável".[15] A condição heterônoma sobressai mesmo em um capitalismo diferenciado pela industrialização, "porém subdesenvolvido e dependente". A "dupla articulação"[16] se dá pela manutenção das formas arcaicas internamente, justamente porque as novas formas de engate ao sistema hegemônico internacional se irradiam de maneira limitada.

Celso Furtado, por sua vez, disseca o processo coligado e heterogêneo de expansão do sistema econômico mundial. Se o "desenvolvimento" leva a transformações tecnológicas e da estrutura social, o "subdesenvolvimento", em um contexto de imobilismo social e lento desenvolvimento das forças produtivas, canaliza o excedente para a mimetização dos padrões de vida das elites no século XIX.

Mais adiante, Furtado amplia o alcance analítico da "teoria do subdesenvolvimento" dos anos 1950 e 1960. Já no final dos anos 1970, Furtado se dedica à compreensão das transformações da totalidade do sistema capitalista, "em expansão horizontal e vertical", engendrando "uma constelação de formas sociais heterogêneas", "no tempo e no espaço", o que permite investigar os "segmentos periféricos" – a partir dos seus processos de acumulação, das relações externas marcadas pela dependência, do papel do Estado e das formas de dominação social dos países "que se instalaram no subdesenvolvimento".[17]

Portanto, Caio Prado Jr., em 1942, inicia o estilo de interpretação histórico-estrutural no Brasil, que alcança o seu ápice com Furtado, Florestan e seus discípulos nos anos 1970. Lembremos que a colônia "é apenas a parte de um todo, incompleto sem a visão deste todo".[18] Se o "todo" é condição para compreender a originalidade/modernidade da colônia, as transformações ocorridas nos séculos XIX e XX incidem diretamente sobre a nação independente que precisa superar o "passivo colonial",[19] no momento em que depara com as novas injunções do capitalismo "financeiro" e sua manifestação "imperialista".

Em texto de 1954, Caio Prado elabora, em nosso entender, a sua formulação mais acabada sobre as relações entre capitalismo, economia nacional e dominação imperialista. O "sistema colonial" ainda lhe parece dominante na economia brasileira em meados do século XX, constrangendo a possibilidade de emergência de um "capitalismo propriamente brasileiro", erigido de forma autônoma no nosso território. Pois o que temos de "capitalismo" é uma forma "exterior e sobreposta".[20]

Isso não significa que o Brasil se encontra num estágio "pré-capitalista", devendo "apressar" a evolução no sentido do capitalismo. Mas que "o sistema colonial da economia brasileira", adaptado à nova manifestação do imperialismo, não permite um novo surto econômico interno, a não ser que se processem alterações qualitativas no sentido de uma "economia verdadeiramente nacional".[21]

Ao fim e ao cabo, para Caio Prado,[22] "as relações que caracterizam a organização econômica e a estrutura social do país" definem "a nossa posição no sistema internacional do capitalismo". Entretanto, se estão maduras "as condições objetivas para a reação anti-imperialista", as condições subjetivas estão defasadas em virtude da ausência de uma "consciência nacionalista largamente difundida". Portanto, novos arranjos políticos e sociais são factíveis desde que elaborados "a partir de dentro" de modo a "libertar as contingências em que nos coloca o sistema internacional do capitalismo no qual nos entrosamos como parte periférica e dependente".

Se as quatro premissas metodológicas anteriores são construídas a partir de interpretações diversas da realidade histórica, e com base em categorias diversas, o eixo estruturante é o mesmo. Já no caso da quinta e da sexta premissas metodológicas, a lógica argumentativa revela-se praticamente idêntica entre os quatro intelectuais.

Quanto ao estatuto científico dos seus procedimentos intelectuais (sexta premissa), há a aposta na originalidade do trabalho teórico com as ferramentas conceituais existentes, sem o propósito de elaborar uma nova ciência "autônoma" nos trópicos.

Caio Prado é bem explícito nesse ponto, quando afirma que não se trata de "'inventar' uma ciência nova e original", mas sim de aproveitar "a experiência teorizada de outros povos" para "a constituição de uma economia que seja expressão teórica de nossa experiência própria".[23] Florestan Fernandes parece ecoar a formulação de Caio Prado: "A realidade social mais complexa e diferenciada abre ao investigador possibilidades de conhecimento que não são oferecidas pela realidade menos complexa e diferenciada". Portanto, o desafio é utilizar o patrimônio cultural acumulado pelas ciências sociais por meio de uma "criteriosa adequação" às condições histórico-sociais do objeto/sujeito de estudo.[24]

Para Ignácio Rangel, seguindo na mesma toada, "*as ciências estrangeiras*, antigas e modernas, contêm enormes acervos de verdades", revelando "o que há de essencial nos processos de cada uma das economias" que coexistem de maneira diferenciada ao longo do tempo e do espaço no país.[25] Daí a necessidade de buscar a historicidade das leis, acompanhando o comportamento de formações marcadas pela dualidade, sempre resposta, e em conexão com o movimento mais amplo da economia internacional. Enfim, um método para analisar o real na sua particularidade e em constante transformação, acessando o repertório fornecido pelas "ciências estrangeiras".

Já Furtado se caracteriza pelo enfrentamento direto da ciência econômica falsamente universal e desprovida de eficácia explicativa. A título de provocação, o intelectual se pergunta: como "eliminar o fator tempo e ignorar a irreversibilidade dos processos econômicos históricos?". Nesse sentido, a teoria do desenvolvimento econômico transcende as categorias da análise econômica.[26]

A compreensão das estruturas subdesenvolvidas deve partir de uma compreensão objetiva dos problemas relacionados à sua condição histórica. Em vez de ficar no campo da doutrina, travestida de teoria científica, o desafio do economista dos países subdesenvolvidos é partir do real para formular "variantes teóricas", levando em consideração a existência de premissas diversas no que concerne ao comportamento desses conjuntos sociais complexos. Para então concluir que esse esforço analítico não tem qualquer pretensão de construir uma "ciência econômica nova".[27]

A virada interpretativa de Furtado ao conceber variantes teóricas para as estruturas subdesenvolvidas, que exigem uma reflexão autônoma desde que vinculadas às transformações processadas pelo capitalismo no âmbito da divisão internacional do trabalho, completa-se da seguinte forma: o conhecimento do subdesenvolvimento em termos qualitativos e diferenciados é precondição para uma autêntica política de autotransformação nacional.[28]

Podemos agora apresentar de maneira resumida a quinta premissa do método histórico-estrutural, que coloca os intelectuais e suas interpretações como partícipes do processo de compreensão e superação dos dilemas da sociedade em transformação.

Rangel, em livro publicado em 1957, depois de responder à pergunta "por que se desenvolve o Brasil?", se impõe o desafio de "assentar a política desenvolvimentista nas forças em operação dentro do próprio sistema da economia nacional", mas sem subordinar nosso desenvolvimento à "boa vontade alheia". Trata-se, portanto, de despertar "as energias desconhecidas", "as forças latentes", o que exige disciplinar e ordenar a ação do Estado, e de um conjunto de grupos sociais que não se contentam com o "desenvolvimento espontâneo e acidental".[29]

Caio Prado fornece a mesma senha para qualquer perspectiva de atuação política coerente com o método de análise. O fenômeno econômico apenas pode ser revelado a partir do processo histórico, o que exige "penetrar-lhe o dinamismo e dirigi-lo para os fins que nos interessam".[30] Em outras palavras, "as normas de conduta social e econômica não se propõem e não se podem propor fora e acima dos fatos que tal política e tais normas objetivam orientar e conduzir";[31] fatos e normas que compõem a face conjuntural de estruturas de longa duração, cuja dinâmica cabe ao intelectual destrinchar para agir sobre o real, não de forma isolada, mas ancorado nas forças sociais e políticas.

Para Florestan, especialmente a partir dos anos 1960, a equação pode ser definida da seguinte forma: a *intelligentsia* não está separada da participação social, que deve ser "radical" por meio da sua vinculação a outras forças culturais, canalizando as aspirações de setores divergentes e das massas populares em torno de movimentos de "revolução dentro da ordem" ou, até mesmo, "contra a ordem".[32] Ele acena para uma crítica ideológica dos grupos dominantes e aponta as potencialidades do contexto histórico, recorrendo aos métodos científicos de compreensão da sociedade brasileira.

Essas variantes teóricas são construídas a partir de posições sociais que os intelectuais ocupam no contexto do desenvolvimento nacional ou da emergência da sociedade de classes. A elaboração de categorias analíticas é informada pelas respectivas posições sociais no contexto do Brasil Desenvolvimentista (1945-1964), como intelectuais orgânicos do Estado (Rangel e Furtado), como intelectuais críticos da academia (Florestan) ou como intelectuais marxistas independentes (Caio Prado Jr.).[33]

A conjunção entre posições sociais e categorias analíticas define a forma como são percebidos os dilemas e contradições do desenvolvimento e suas manifestações econômicas, sociais e políticas. Se as propostas de ação política divergem em alguma medida, dando origem a diversos projetos-interpretações-utopias, o núcleo metodológico comum fornece um repertório que ainda hoje se revela fecundo para descortinar os impasses da (de)formação nacional.

Sequências e variantes teóricas

Em um instigante texto sobre as "imagens", os "retratos" e as "interpretações" do Brasil, Renato Ortiz capta a existência de uma tradição expressa em um conjunto de "leituras" sobre a "nossa" realidade, por meio das quais se torna possível acessar a "herança nacional". O seu foco é a cultura enquanto manifestação coletiva, processada a partir da mediação de artistas e intelectuais, com foco na primeira metade do século XX.

Na sua análise crítica, o sociólogo questiona o conceito de "identidade nacional" por seu caráter essencialista. Também destaca a frágil unidade que se alicerça em torno do "Estado-nação". Se, de um lado, "a nação era vista como o lugar privilegiado no interior do qual os seus cidadãos podiam conjuntamente organizar o seu destino, o Estado teria o papel de conduzi-los nesse caminho". Isso não parece mais factível com o processo contemporâneo de mundialização, pois "a nação é atravessada de forma desigual e diferenciada" por esse movimento mais amplo, gerando uma proliferação de identidades.[34]

Como posicionar o estilo de interpretação histórico-estrutural a partir dessa leitura crítica? Mesmo em autores como Celso Furtado e Ignácio Rangel, que podem ser classificados como técnicos nacionalistas ou intelectuais orgânicos do Estado, os processos de industrialização e de desenvolvimento nacional são destrinchados a partir de suas contradições e tensões. As suas formulações sobre o subdesenvolvimento e a dualidade carregam forte teor crítico. A despeito de suas projeções utópicas, elas são construídas a partir de uma atitude metodológica antiessencialista, pois focadas nas transformações estruturais cotejadas historicamente. É apenas a partir delas que se pode falar de projetos de desenvolvimento nacional.

Os dois economistas, junto com Caio Prado e Florestan Fernandes, inovaram justamente por perceber a conjugação entre o "atraso" e o "moderno", reciclando-se internamente em cada ciclo histórico e aproveitando-se das rupturas ocasionadas no sistema capitalista internacional. A nação jamais foi considerada como um ponto de fuga, mas problematizada a partir das suas relações com o centro do capitalismo, por vezes levando à entronização do subdesenvolvimento e da dependência, como se depreende das obras de alguns desses autores nos anos 1970, como veremos adiante.

Já Marcos Nobre parece perder de vista a complexidade do que chama de "paradigma da 'formação'". Partindo de uma leitura enviesada sobre a existência de uma necessária oposição entre arcaico e moderno, ele se refere a uma dimensão dualista que não estava no cerne do estilo de interpretação histórico-estrutural. Para o autor, a "positividade" nacional ganha da "negatividade" em termos da deformação das estruturas.

Nobre enquadra Fernando Henrique Cardoso, Francisco de Oliveira e Roberto Schwarz como representantes de um "momento reflexivo" do paradigma da "formação". Tais autores teriam percebido a continuidade da problemática sob uma nova chave, uma vez que moderno e arcaico aparecem amalgamados, ou melhor, o moderno passa a legitimar a dominação ideológica do atraso. Não se dá conta de que a perspectiva inovadora desses autores está sedimentada no estilo de interpretação do qual eles são partícipes.

É nesse sentido que a compreensão de André Botelho sobre as "interpretações do Brasil" como portadoras de um repertório cognitivo, com suas contingências e descontinuidades, nos fornece uma embocadura teórica apropriada. A partir da noção de "sequências", como construções do pensamento ao longo do tempo, realizadas "por autores de diferentes gerações e orientações ideológicas, mas enlaçados por desafios, conflitos e linguagens também compartilhados",[35] podemos demarcar as variantes teóricas que compõem o que chamamos de estilo de interpretação histórico-estrutural.

Para além da unidade, da uniformidade e da estabilidade de uma forma de pensar o Brasil, segundo Botelho, podem ser divisadas "'lascas' interessantes", assim como "fissuras" capazes de apontar para novas perspectivas analíticas.[36] No nosso caso, se há unidade metodológica, não se percebe uniformidade ou estabilidade entre as variantes teóricas do estilo de interpretação histórico-estrutural, que se nutre das divergências e formulações dissonantes, uma vez que todas elas possuem um eixo comum, o método.

Em vez de constrangidos por uma direção unívoca, a "acumulação intelectual" e o "estoque teórico e metodológico" armazenado no âmbito desse estilo de interpretação permitem conciliar unidade com diversidade, ou "repetição com diferença" nos termos de Botelho.[37] Com o acréscimo de que as sequências ou variantes teóricas se fazem sentir não apenas diacronicamente, mas também de forma sincrônica.

Por ora, a título de exercício teórico e empírico, listamos algumas das variantes teóricas compreendidas no que chamamos de estilo de interpretação histórico-estrutural:

- Caio Prado Jr. e a sua concepção de sentido da colonização, fundacional para esse estilo de interpretação, incluídas aqui as suas formulações sobre a industrialização no Brasil.
- Celso Furtado, caracterizado como o ápice desse estilo, contemplando as formulações acerca do subdesenvolvimento e do "sentido da industrialização", assim como as relacionadas ao "subdesenvolvimento industrializado".
- Ignácio Rangel, compreendido como o "outro" de Celso Furtado, ao oferecer um marco analítico para a compreensão do desenvolvimento das forças produtivas na ditadura militar e das novas contradições resultantes.
- Florestan Fernandes, ao filtrar as contribuições anteriores e, com foco na estrutura social, deslindar as condições que levam à consolidação do capitalismo monopolista dependente.
- A terceira geração é composta de intelectuais do Cebrap, como Fernando Henrique Cardoso, Francisco de Oliveira e Paul Singer, e da Escola de Campinas, por meio das contribuições de Maria Conceição Tavares, João Manuel Cardoso de Mello e Antônio Barros de Castro, entre outros.

Esse mapeamento provisório é precondição para a sistematização de um organograma analítico, contendo o acervo de variantes teóricas que conferem pujança analítica ao estilo de interpretação histórico-estrutural no Brasil. Trata-se de um ponto de partida incontornável para formatar novos projetos--interpretações-utopias para o Brasil contemporâneo, ressignificando os conceitos de subdesenvolvimento e dependência, entre tantos outros.

Antes de prosseguirmos, vale ressaltar que os autores selecionados não esgotam as variantes teóricas contidas no estilo de interpretação histórico-

-estrutural. Foram vários os autores das ciências humanas que se debruçaram sobre a problemática do desenvolvimento do capitalismo no Brasil entre 1940 e 1980. As sequências são mais complexas que o quadro descrito acima, pois devem contemplar, por exemplo, as vertentes analíticas de Darcy Ribeiro e Milton Santos, também ancoradas no método histórico-estrutural.

Furtado e Florestan: confluência de perspectivas teóricas no pós-1964

Celso Furtado, quando relata sua ida para o exílio, refere-se à sua "geração" como "superada" pela "corrente dominante da história que mudou de rumo".[38] Já na leitura mais distanciada de Florestan, o seu "acerto" teórico, e o da escola de sociologia da USP, teria se transformado em "aberração histórica"[39] com a execução do golpe de 1964. Do nosso ponto de vista, importa ressaltar que as pontes desperdiçadas durante o Brasil Desenvolvimentista seriam erguidas quando os fragmentos daquela geração se reencontram, movidos agora pela luta em torno da redemocratização.

Os intelectuais críticos da academia, depois do golpe de 1964 – incluindo os expurgados da cidadela universitária, que criaram outros espaços de atuação, como o Cebrap, por exemplo –, alargariam o seu horizonte analítico de modo a apurar como se dera a reconfiguração do capitalismo, por meio de um novo arranjo entre estruturas econômicas e de poder internas no novo contexto internacional.

Superando os seus discípulos, Florestan se propõe a refinar seu método de análise não apenas no sentido marxista, mas também captando a longa duração da "revolução burguesa no Brasil", da Independência ao golpe de 1964, destacando, inclusive, as novas contradições impostas pela contrarrevolução burguesa.

Seguindo as pistas de Oliveira, "Florestan não é lido como um clássico do subdesenvolvimento nem da dependência, apesar da presença explícita dos dois temas na sua bibliografia".[40] No seu entender, "a obra de Furtado reorientou a produção teórica de Florestan", resultando "numa obra profundamente original", pois dela teria se apropriado, "utilizando ademais a sua bagagem extraordinária e a influência do marxismo".[41]

A mencionada reorientação inicia-se no Brasil, antes do golpe de 1964, e se completa no exterior quando conclui *A revolução burguesa no Brasil*. Furtado é relido pelo mestre paulista numa outra chave, não mais como o ideólogo do desenvolvimento. A sua contribuição é o método de análise da transformação assincrônica das estruturas econômicas, sociais e políticas no "subdesenvolvimento", como resultado da articulação com o "desenvolvimento" dos países centrais. Mas Florestan não o faz à maneira furtadiana. O seu marxismo returbinado se socorre do método histórico-estrutural para lançá-lo a um novo patamar.

No livro *Sociedade de classes e subdesenvolvimento*, Florestan se propõe a analisar "as influências estruturais e dinâmicas da ordem social global sobre a absorção e a expansão do capitalismo no Brasil, uma sociedade nacional do 'mundo subdesenvolvido'".[42]

Se o subdesenvolvimento era "uma formação capitalista e não simplesmente histórica" – conforme a crítica de Francisco de Oliveira a Furtado[43] –, Florestan se arvora a construir a sua variante teórica. Em suas palavras, "a economia de mercado capitalista das sociedades subdesenvolvidas contém uma dimensão estrutural e certos dinamismos econômicos que são determinados por sua condição heteronômica essencial".[44]

Florestan encara as transformações da estrutura social e de poder como fatores decisivos para a compreensão do "econômico". Dessa forma, pode-se compreender, por meio de uma nova elaboração conceitual, "o regime social de produção capitalista dependente".[45] Esse regime se caracteriza por uma drenagem do excedente econômico para fora (não apenas no setor exportador) e por uma manutenção no plano interno de técnicas de produção anacrônicas e de formas produtivas heterogêneas, que resvalam para o nível da estrutura de classes.

As bases anticapitalistas, extracapitalistas e semicapitalistas nas relações de produção permitem reforçar o capitalismo dependente ao compensar dinamicamente a insuficiência dos fatores de propulsão autônomos com maior capacidade de irradiação. As formas de heteronomia se fazem mais complexas, envolventes e eficazes à medida que avança a industrialização. O regime de classes da sociedade dependente sofre então uma espécie de "esvaziamento histórico", assumindo "formas e funções adicionais" que impedem a superação do subdesenvolvimento.[46]

O pano de fundo categorial acima exposto prepara o terreno para a obra *A revolução burguesa no Brasil*, publicada em 1974.[47] No prefácio à segunda edição de 1976, ele afirma que lida com a "história em processo", seguindo "o traço lógico *sine qua non* da sociologia diferencial (ou histórica) de Marx aos nossos dias".[48] A terceira parte da obra, que nos interessa diretamente, foi escrita no segundo trimestre de 1973 e contempla a sua "contribuição teórica".[49]

A revolução burguesa no Brasil não deve ser buscada em um episódio histórico, mas encarada como um fenômeno estrutural, não linear, sujeita a uma trajetória de zigue-zagues. A lenta desagregação do regime escravista-senhorial acarreta a formação de uma sociedade de classes específica e heterônoma, marcada pela "dupla articulação" entre o interno, "resquícios coloniais" nas relações de produção, e o externo, novas formas de geração do excedente econômico.

O sociólogo paulista desenvolve o argumento de que existem vários padrões históricos de desenvolvimento do capitalismo, ademais suscetíveis de manifestações variáveis no espaço, em virtude dos "interesses estamentais ou de classe" acionados para a sua viabilização. É nesse sentido que ele se debruça sobre "a fase de irrupção do capitalismo monopolista no país", acentuada ao final da década de 1950 e que adquire caráter estrutural após o golpe de 1964.[50]

Apesar das mudanças em relação à fase de "eclosão do mercado capitalista especificamente moderno" (1808 a 1860) e à fase de "formação e expansão do capitalismo competitivo" (1860 a 1950), a condição estrutural heteronômica se mantém, por meio de uma transformação no modo com que se processa a "dupla articulação". Em nenhuma delas há ruptura com a associação dependente e tampouco a "superação dos estados relativos de subdesenvolvimento", aguçados pela satelização imperialista que impõe a extrema concentração social e regional da renda e da riqueza. Portanto, "a nação jamais chega a ser definida como objetivo central do desenvolvimento capitalista".[51]

O ponto de chegada desse processo está na relação entre a "decisão externa" de converter o Brasil em uma economia monopolista dependente – que possui dimensões econômicas e políticas – e a "decisão interna" de unificar a ação governamental e a vontade empresarial por meio de um fluxo de modernização institucional, que assume vários significados de 1930 em diante. Isso porque a "decisão interna", tomada na Revolução de 1930, quando sobrevém a "crise do poder oligárquico", requer um movimento de maior envergadura em termos de acumulação de capital, que termina por se ajustar aos anseios das classes e elites dominantes. Nesse sentido, "a distância entre o governo JK e o regime instaurado a partir de 1964 parece muito curta". Faltava uma operação no plano da política para socorrer o Estado apenas para as classes dominantes, solucionando, assim, "a crise do poder buguês".[52]

Tampouco a decisão interna é de natureza apenas econômica. O seu conteúdo político se expressa no modo como os estratos dominantes das classes média e alta percebem o "destino do capitalismo" no Brasil. O impasse vivido nos estertores do capitalismo competitivo dependente – o qual pode ser situado ao longo do segundo governo Vargas – é resolvido gradualmente por meio das "pressões privatistas internas e externas", que levam ao alijamento da "classe dos outros", composta de uma "congérie de massas trabalhadoras e destituídas". Assim se atualizam e sedimentam os processos elementares de uma nova solidariedade de classe entre as várias frações da burguesia e das elites dirigentes.[53]

Como corolário desse movimento que se "completa" com o golpe de 1964, o controle direto do Estado aparece como a "única real garantia de autoproteção para o predatório privatismo existente". Daí por que não faz sentido falar de "capitalismo de Estado", pois o seu papel está voltado para o florescimento das grandes corporações privadas independentemente da origem de capital. O Estado já não pode mais funcionar como contrapeso, pois tende a se transformar na própria "espinha dorsal" do processo de reprodução do capitalismo monopolista dependente.[54]

Analisando a revolução burguesa como um fenômeno estrutural e histórico, o autor depara com a sua consumação em autocracia burguesa, qualificada como uma "versão tecnocrática da democracia restrita".[55] O "desenvolvimento econômico" emerge agora como sinônimo de "um padrão capitalista altamente racional e modernizador".

Segundo esse prisma, não existe "traição à revolução nacional", já que esta se limita ao controle do Estado pelos vários segmentos da burguesia, incluídas aqui as oligarquias rurais reconvertidas, que têm seus interesses soldados na defesa comum do "desenvolvimento acelerado" e da "revolução institucional".[56]

A viabilidade do capitalismo "dependente" e "subdesenvolvido", na sua irrupção monopolista, decide-se "no terreno político". Não se trata tampouco de uma "revolução frustrada". Ao contrário, as "burguesias nacionais" comportam-se como as vanguardas políticas do mundo capitalista. O seu atraso, o seu caráter antidemocrático e contrarrevolucionário se explicam pelo "avanço da história", que assume nova feição na contemporaneidade periférica.[57]

No caso de Celso Furtado, que até então estivera na linha de frente do processo político, a ida ao exílio gera uma ruptura na sua trajetória como intelectual público, mas também na sua reflexão sobre o subdesenvolvimento e as possibilidades da sua superação. Conforme seu relato autobiográfico, percebera que "as relações econômicas internacionais estavam em rápida evolução, independentemente da confrontação política alimentada pela Guerra Fria". Daí a "opção" de circular no mundo universitário do centro para "aprofundar o conhecimento do processo de dominação-dependência", que mudara a história do Brasil, subitamente "globalizada", "marginalizando aqueles que acreditaram no desenvolvimento autônomo do país".[58]

Agora que o economista passa a fazer parte do *establishment* acadêmico internacional,[59] pode aprimorar o seu método de análise. De um lado, o espaço para propostas de ação lhe está vedado, e, de outro, a história sofre uma ruptura, exigindo uma atualização da sua interpretação.

Essa nova atitude já estava presente no seminário realizado no Instituto Latino-Americano e do Caribe de Planejamento Econômico e Social (Ilpes), no Chile, em junho de 1964, pouco antes de sua partida para Yale. Nessa ocasião, reuniram-se economistas e sociólogos com o objetivo de fazer uma releitura crítica dos textos clássicos da Comissão Econômica para a América Latina e o Caribe (Cepal), abordando a "problemática do desenvolvimento/subdesenvolvimento", a partir dos acontecimentos históricos recentes da América Latina. Além de quadros técnicos da Cepal, como Norberto González, Osvaldo Sunkel e José Medina Echavarría, participaram os sociólogos Fernando Henrique Cardoso e Francisco Weffort.[60] Trata-se de um momento fundacional para a "teoria da dependência", fazendo confluir agendas de pesquisa que corriam paralelas.

O Furtado dependentista[61] aparece em toda a sua plenitude na sua obra de 1974, quando detalha a redefinição das relações centro-periferia. O capitalismo se expandia agora em escala mundial por meio das empresas transnacionais (criando um mercado intrafirmas) e dos fluxos financeiros de capitais. A industrialização periférica, que ele defendera como um processo mais amplo de autotransformação nacional, não levara à gestação de sistemas econômicos e sociais integrados, mas à desarticulação produtiva. O subdesenvolvimento assumia novos significados com a ampliação da heterogeneidade estrutural.[62]

Numa sutil autocrítica, menciona os "mitos" que cumprem o papel de orientar a visão do processo social, base para todo e qualquer esforço analítico. Ora, a concepção que ele sustentara quando se dedicara à "superação do subdesenvolvimento" fora ultrapassada pela constatação de que o desenvolvimento econômico não poderia ser universalizado com a reconfiguração das relações entre centro e periferia.[63]

A nova realidade permite-lhe iluminar certas dimensões do processo, subestimadas quando o desenvolvimento era visto como parte integrante da dinâmica de autotransformação nacional. Além de afirmar que o processo de industrialização na periferia mostra-se qualitativamente distinto, Furtado detecta que o sistema capitalista, em sua totalidade, engendra a homogeneização e a integração no seu centro unificado, abrindo um crescente fosso entre o centro e a periferia. Tendo como referência o Brasil, ele percebe que o sistema produtivo se clona para atender a uma minoria modernizada.[64]

É então que Furtado chega, por outros caminhos e com termos próprios, à mesma conclusão de Florestan: "as economias da periferia nunca serão 'desenvolvidas', no sentido de similares às economias que formam o atual sistema capitalista".[65] E mais, a transição do subdesenvolvimento para o desenvolvimento é dificilmente concebível no quadro da dependência.[66] Assim, ele traduz seu novo "achado" para os quadros teóricos que antes esposara. A divisão internacional do trabalho torna-se pesada e insuperável, plantando suas raízes na periferia por meio do "subdesenvolvimento industrializado".

A industrialização, apesar de suas mudanças estruturais importantes, segue reforçando os traços de "heteronomia", para utilizar a linguagem de Florestan. Para Furtado, muda a forma de manifestação da "modernização" – conceito utilizado para descrever a importação de padrões de consumo sem alteração da estrutura social, que caracterizara o período de "expansão para fora" do último quarto do século XIX.

Numa analogia talvez forçada entre situações tão díspares, ele percebe na "dependência cultural" o elo que marca a continuidade entre a economia exportadora e a industrialização periférica. As relações diversas entre o centro e a periferia, agora sob o império das empresas transnacionais, travam a transformação redentora que ele antes vaticinara. O velho reaparece trajando novos figurinos. A modernização agora internalizada gera descontinuidades no tecido produtivo e social, aprofundando a heterogeneidade tecnológica.[67]

Na sua última obra teórica, revista em 2000, o economista-cientista social lança o desafio para as próximas gerações: qualquer reflexão sobre o desenvolvimento deve conduzir a "uma progressiva aproximação entre teoria da acumulação, teoria da estratificação social e teoria do poder",[68] assim como na perspectiva metodológica do sociólogo Florestan Fernandes.

Conforme a interpretação de Furtado sobre o modelo econômico engendrado nos anos 1970, o dinamismo da renda não se fazia acompanhar de um avanço da acumulação reprodutiva – que estivesse assentada na diversificação produtiva com aumento de produtividade e internalização dos setores de bens de capital –, gerando, assim, uma "dessimetria entre o setor produtivo e a sociedade".[69] O perfil da demanda bifurcava-se, propiciando nichos de mercado distintos, mas não estanques. O padrão de consumo das minorias modernizadas difundia-se para 20% da população, enquanto os outros 80% se situavam na base da pirâmide do mercado de trabalho organizado, ao qual se somavam as várias formas de trabalho não capitalistas.

Em síntese, a estrutura social da "economia periférica" não funciona como uma trava à expansão econômica, antes resulta do padrão de acumulação concentrador. Para então completar: o Estado – em vez de se opor à "modernização" ou se apresentar como uma opção a ela – pode no máximo "ampliar as avenidas de uma industrialização que tende a perder fôlego".[70]

Trabalhando com tipos ideais – "economias industriais" ou "centrais" e "economias periféricas" ou "periferia semi-industrializada" –, ele destrincha as mutações mais amplas ocorridas no sistema capitalista do século XX, vinculando-as às alterações verificadas nas relações centro-periferia associadas a novas configurações na divisão internacional do trabalho. Enfim, o que está no seu radar é uma "visão sintética do processo desenvolvimento-subdesenvolvimento e de dominação-dependência".

Ao partir para uma análise da totalidade sistêmica, da perspectiva da periferia, Furtado estabelece um corte histórico entre o "capitalismo dos sistemas nacionais, tutelados por Estados rivais, por definição nacionalista e voltado para o mercado interno", e "o capitalismo das grandes firmas, naturalmente cosmopolita, orientado para o livre-cambismo e para a livre transferência de recursos entre os países".[71]

O corte histórico pode ser definido em torno de meados do século XX, quando a industrialização periférica avança e se consolida, inserida nessa mutação mais ampla. Mesmo alguns países que se engajaram de forma decisiva no esforço de industrialização, ampliando o campo de ação de Estado, como no caso brasileiro, acabariam se transformando em condutores da "modernização", travando o avanço da acumulação reprodutiva e a possibilidade de realização de reformas sociais estruturais.

Se, em *O mito do desenvolvimento econômico*, Furtado tecia dúvidas sobre a relação entre o sistema capitalista e a "necessidade" de "relações assimétricas com os subsistemas econômicos e as formas de exploração social que estão na base do subdesenvolvimento",[72] agora ele vê a "polaridade" centro-periferia, desenvolvimento-subdesenvolvimento, dominação-dependência como um fato histórico, não necessário, mas que deve ser analisado como a "consequência inelutável" da forma de expansão do "modo capitalista de produção", condicionando, assim, "a evolução subsequente das estruturas do sistema".[73]

O que podemos depreender do contraponto entre Furtado e Florestan no pós-1964? As variantes teóricas são dinâmicas. Podem engendrar aproximações e convergências aparentemente inusitadas, em virtude seja da mudança nas posições sociais dos intelectuais, seja da sua busca constante por "alcançar" as transformações históricas por meio da renovação dos seus aparatos conceituais.

Portanto, ao se refazerem, as variantes teóricas tornam o estilo de interpretação histórico-estrutural mais repleto de hipóteses e de ferramentas analíticas, ao contrário da pobreza metodológica dos neopositivistas adeptos do falseamento das teorias.

Desafios metodológicos para uma nova práxis

Em 2016, um ciclo histórico chega ao fim no Brasil.[74] Nesse contexto repleto de incertezas, muitos analistas do campo da esquerda, atropelados pelo presente avassalador, passaram a adotar uma perspectiva histórica rasa. Eram "os quinhentos anos de escravidão" ou "as elites que nunca aceitaram a democracia" os responsáveis por nosso fracasso civilizatório. Navegavam na contramão das versões antecessoras e quase ufanistas a alardearem que, nos anos 2000, o "social-desenvolvimentismo" teria vingado na semiperiferia industrializada, mais especificamente no Brasil, enquanto as economias do centro se esfacelavam.

O momento é propício para resgatar a capacidade de reflexão crítica, fugindo das posições extremas que carregam nas tintas ideológicas. Nosso ponto de partida é o seguinte: dos anos 1980 em diante, segmentos expressivos da esquerda acadêmica - mas também da esquerda política e social - abandonaram um estilo de interpretação enraizado no pensamento brasileiro, aqui chamado de "histórico-estrutural".

Acreditou-se, então, que bastava assumir o poder, democraticamente, para promover a distribuição de renda e a ampliação da cidadania. Se o socialismo estava sempre no horizonte, aparecia mais como válvula de escape a impedir qualquer discussão séria sobre a reconfiguração do capitalismo "subdesenvolvido" e "dependente" no país. Tal atitude contribuiu para uma práxis de bitola estreita, abdicando da teoria no sentido forte do termo. As reformas de estrutura saíram da agenda. Ou melhor, os "reformistas" agora eram eles, os neoliberais, com as suas reformas de base pelo avesso.

Luiz Werneck Vianna, já nos anos 1990, defendia que a agenda da cidadania deveria se encontrar com a política, no sentido de promover, segundo a sua leitura gramsciana, uma "estatalização por baixo da vida social". Tratava-se de "conceber", por meio da mobilização social e da ampliação dos direitos e da cidadania, "um novo Estado para a nação".[75] Gildo Marçal Brandão, em 2005, endossa essa perspectiva, ao mencionar que a sociedade civil revigorada não remetia à nação, e tampouco a "democratização" remetia ao desenvolvimento. No seu entender, ao se encerrar o capítulo do "desenvolvimentismo", o "problema do desenvolvimento", com todas as suas nuances e dimensões, também saíra de cena.[76]

O afloramento de uma nova práxis demandaria um esforço teórico, jamais empreendido, de interpretação do capitalismo realmente existente no território nacional, de maneira conjugada às transformações setoriais e espaciais processadas na economia-mundo capitalista.

Nesse mesmo período, junto com as mudanças observadas nas dimensões econômica e sociopolítica do mundo material, ocorreram mudanças também no mundo do pensamento.[77] Se a produção acadêmica brasileira nas ciências humanas avançou muito nas suas várias avenidas disciplinares, ela perdeu sua veia crítica fundada na capacidade de totalização dos movimentos do real. O Brasil se transformou em um *case* para consumo das redes de pesquisa transnacionais. Tal atitude metodológica estilhaçou as conexões entre as estruturas econômicas, sociais e políticas, que passaram a ter vida autônoma.

Olhando em retrospecto, nos anos 1960 e 1970 chegamos ao ápice do pensamento universal quando a ciência social latino-americana se encontrava na sua adolescência. Em vez de amadurecimento, a vida adulta das nossas ciências sociais – bifurcadas em múltiplas claques – sofreu um processo de regressão marcado pelo complexo de inferioridade.

Aqui se encaixa como uma luva a provocação de Darcy Ribeiro,[78] que sintetiza a disposição norteadora dos pensadores que comungam do estilo de interpretação histórico-estrutural: "O intelectual do mundo subdesenvolvido tem de ser 'subdesenvolvido' também?". Seguindo o seu raciocínio, podemos dizer que viramos "subdesenvolvidos" no sentido pejorativo, ao abandonarmos o estilo de interpretação histórico-estrutural.

A própria inserção periférica deixou de ser problematizada, quando a "globalização" passou a obscurecer a estrutura hierárquica da economia-mundo capitalista e seus sucessivos reajustamentos. Mesmo o "neoliberalismo" e a "financeirização" – tão utilizados pelo pensamento de esquerda – pareciam sugerir que estávamos no mesmo compasso dos países do centro. A redefinição da condição periférica e as novas e complexas manifestações do subdesenvolvimento e da dependência estavam fora do cardápio da esquerda acadêmica, em grande medida recolonizada em termos metodológicos.

O compromisso com a totalidade e a intencionalidade da história – características do estilo de interpretação histórico-estrutural, dotado de categorias abertas, sedimentadas numa perspectiva metodológica crítica – pode imprimir novo sentido à atividade intelectual no país. Precisamos desestabilizar os avanços moleculares das ciências sociais, tão ciosas de sua autonomia, para incorporá-las numa abordagem sistêmica dos desafios estruturais da sociedade brasileira.

Ora, foi na periferia do capitalismo, mais especificamente na América Latina, que a "teoria de modernização" sofreu o seu mais profundo ataque, ao contrário do que sugere Jessé Souza.[79] O paradigma etapista e eurocêntrico fundado no "ainda não", negador da contemporaneidade[80] – como se estivéssemos fadados a seguir o caminho "normal" do desenvolvimento dos países centrais –, seria questionado pelo estilo de interpretação histórico-estrutural, caracterizado pela sofisticação metodológica e pela originalidade. O próprio "universal" – modelo imputado ao "centro" – surgia redefinido por meio de suas relações econômicas, sociais e políticas com a periferia.

Ao abandonar esse escudo metodológico, a teoria da modernização voltou com novas roupagens, geralmente "neoinstitucionalistas" e importadas de maneira acrítica. A partir do momento em que ficou evidente que nem todos os países seguiriam as etapas estipuladas por Rostow[81] na sua fábula travestida de história econômica, alternativas foram cunhadas pelos teóricos acadêmicos do "centro" para incorporar os "novos fatos" sob uma aparência científica.

Douglass North,[82] por exemplo, com o intuito de capturar a "divergência" no "desenvolvimento" das nações, utiliza como variável explicativa "a persistência de instituições deficientes". Os países subdesenvolvidos seriam aqueles caracterizados por um "conjunto contrário de incentivos" que favorecem "a atividade reprodutiva não produtiva" – geradora de monopólio e de ineficiência, por obra e força da interferência das elites políticas tradicionais e improdutivas.

Mais recentemente, Daron Acemoglu e James Robinson prosseguiram nessa narrativa ao focarem a relação entre as instituições políticas e as instituições econômicas, partindo da oposição binária entre instituições "inclusivas" e "extrativas".[83] Tal como em Rostow e North, o modelo de sociedade é o Ocidente, ora representado pela Inglaterra, ora pelos Estados Unidos. A "dependência da trajetória" é a maneira de incorporar a história por meio da sua rejeição. Tomam-se as sequências de fatos e eventos temporais, encadeados a partir de uma interpretação que já conhece o ponto de chegada, para assim estabelecer apenas dois caminhos possíveis. Bem diferente do enfoque proposto de maneira alternativa por William Sewell Jr.,[84] em que a "dependência da trajetória" deve levar em conta a heterogeneidade causal nos vários tempos e espaços, mas também a complexa temporalidade das várias estruturas que compõem cada sociedade, algo que está no DNA metodológico do estilo de interpretação histórico-estrutural tal como praticado no Brasil entre 1940 e 1980, como pretendemos demonstrar.

Se esse novo paradigma "neoinstitucionalista" se encaixa bem no figurino dos neoliberais, não deixa de ser revelador que ele tenha conquistado segmentos importantes da esquerda acadêmica.

No outro lado do espectro teórico e ideológico, alçou-se o movimento decolonial, liderado por professores universitários localizados prioritariamente nas universidades dos Estados Unidos, contando com uma ampla frente de teóricos do Sul, reivindicando a "morte do desenvolvimento". A absorção crítica dessas novas interpretações, especialmente na América Latina, também se favoreceu do abandono do escudo metodológico fornecido pelo estilo de interpretação histórico-estrutural.

Um dos expoentes dessa nova interpretação, Wolfgang Sachs[85] caracteriza o "desenvolvimento" como o programa político da era pós-colonial, associado à narrativa hegemônica do Ocidente na sua expansão para o Terceiro Mundo. Ignoram-se, de forma deliberada ou não, as formulações anti-hegemônicas da Cepal, das "teorias" do subdesenvolvimento e da dependência e dos nacionalismos asiático e africano da descolonização. O "desenvolvimento" é definido pela noção linear de progresso, pelo economicismo voltado ao crescimento a qualquer preço e pela classificação binária do mundo entre nações ricas e pobres.

Ao classificar o desenvolvimento como um "termo vazio", mero produto da colonização europeia e da transformação dos Estados Unidos em potência mundial, soterra-se todo o esforço de crítica ao sistema internacional hierárquico e às várias situações de dependência e subdesenvolvimento oriundas da expansão do capitalismo. O terreno fica livre para a crítica ambiental e cultural, mas desprovido de uma embocadura metodológica capaz de compreender a totalidade do sistema e da sua rede de relações econômicas, sociais, culturais e políticas.

Entretanto, no caso da crítica decolonial, nada impede que o "desenvolvimento" possa fugir da cilada economicista em que foi colocado. Há conexões possíveis a serem estabelecidas com o estilo de interpretação histórico-estrutural.

O que fica do esforço de reconstrução desse estilo de pensamento? O movimento rumo ao passado apenas faz sentido se ele atuar sobre o futuro. Não se trata de usar a fórceps, e fora do seu enquadramento histórico, as variantes teóricas desse estilo de interpretação que se nutre da tensão entre elas, apenas frutífera por estarem estas ancoradas no mesmo método. Há espaço para essa forma de pensar na universidade brasileira de hoje e nos espaços sociais anti-hegemônicos existentes no país?

Esse patrimônio metodológico e teórico – não como exercício meramente intelectual, mas como ferramenta de transformação social – precisa ser (re)conhecido, para que surjam "novas interpretações com poder explicativo", as quais não devem necessariamente partir das mesmas chaves analíticas.[86]

Acreditamos ser esse um passo decisivo para ressignificar os conceitos de dependência e subdesenvolvimento e, mais importante ainda, para compreender o movimento coligado das estruturas econômicas e sociais no contexto de uma democracia limitada e de uma inserção externa que atenta contra as perspectivas de transformação nacional. Enfim, para que sejamos capazes de situar a Nova República e o que vem em seguida na longa duração e assim enfrentarmos o olho do furacão.

Referências bibliográficas

ACEMOGLU, D. & ROBINSON, J. *Why nations fail: the origins of power, prosperity and poverty*. New York, Crown Business International, 2013.

BARBOSA, A. de F. *O Brasil desenvolvimentista e a trajetória de Rômulo Almeida: projeto, interpretação e utopia*. São Paulo, Alameda, 2021.

BOTELHO, A. "Um certo 'ar de família': formação, inserção, linhagens, sequências". *In*: MACCHIONE, A. & BARBOSA, A. de F. (org.). *Celso Furtado e os 60 anos de formação econômica do Brasil*. São Paulo, Edições Sesc, 2021.

BRANDÃO, G. M. "Democratização e desenvolvimento: um programa de pesquisa". *In*: BOTELHO, A.; BASTOS, E. R. & VILLAS BÔAS, G. (org.). *O moderno em questão: a década de 50 no Brasil*. Rio de Janeiro, TopBooks, 2008.

BRAUDEL, F. *La dynamique do capitalisme*. Paris, Flammarion, 2006.

CHAKRABARTY, D. *Al margen de Europa: pensamiento poscolonial y diferencia histórica*. Barcelona, Tusquets Editores, 2008.

FERNANDES, F. *Sociedade de classes e subdesenvolvimento na América Latina*. 3. ed. Rio de Janeiro, Zahar Editores, 1975 [1968].

_____. *A sociologia no Brasil*. Petrópolis, Vozes, 1977.

_____. *A revolução burguesa no Brasil: ensaio de interpretação sociológica*. 3. ed. Rio de Janeiro, Guanabara, 1987 [1974].

FONSECA, P. C. D. "Desenvolvimentismo: a construção do conceito". *In*: CALIXTRE, A. B.; BIANCARELLI, A. M. & CINTRA, M. A. M. (org.). *Presente e futuro do desenvolvimento brasileiro*. Brasília, Ipea, 2014.

FURTADO, C. *A pré-revolução brasileira*. Rio de Janeiro, Fundo de Cultura, 1962.

FURTADO, C. *Desenvolvimento e subdesenvolvimento*. 3. ed. Rio de Janeiro, Fundo de Cultura, 1963 [1961], p. 171-177.

____. *O mito do desenvolvimento econômico*. 4. ed. Rio de Janeiro, Paz e Terra, 1974.

____. *Formação econômica do Brasil*. 23. ed. Rio de Janeiro, Companhia Editora Nacional, 1989 [1959].

____. *Os ares do mundo*. Rio de Janeiro, Paz e Terra, 1991.

____. *Introdução ao desenvolvimento: enfoque histórico-estrutural*. 3. ed. revista pelo autor. São Paulo, Paz e Terra, 2000.

KOSELLECK, R. *Futuro passado: contribuição à semântica dos tempos históricos*. Rio de Janeiro, Contraponto, 2011.

NOBRE, M. "Depois da 'formação'". *Revista Piauí*, nov. 2012.

NORTH, D. *Instituciones, cambio institucional y desempeño económico*. México, Fondo de Cultura Económica, 2006 [1990].

OLIVEIRA, F. de. "Pensar com radicalidade e especificidade". *Lua Nova*, n. 54, 2001.

____. "Diálogo na nova tradição: Celso Furtado e Florestan Fernandes". *In*: NOVAES, A. (org.). *A crise do Estado-Nação*. Rio de Janeiro, Civilização Brasileira, 2003a.

____. *Crítica da razão dualista*. São Paulo, Boitempo, 2003b.

____. *A navegação venturosa: ensaios sobre Celso Furtado*. São Paulo, Boitempo, 2003c.

ORTIZ, R. "Imagens do Brasil (Anexo)". *Universalismo e diversidade: contradições da modernidade-mundo*. São Paulo, Boitempo, 2015.

PALMA, G. "Dependency: a formal theory of underdevelopment or a methodology for the analysis of concrete situations of underdevelopment". *World Development*, vol. 6, 1978.

PRADO JR., C. *Formação do Brasil contemporâneo*. São Paulo, Martins, 1942.

____. *Diretrizes para uma política econômica brasileira*. São Paulo, Gráfica Urupês Ltda., 1954.

____. *A revolução brasileira*. São Paulo, Brasiliense, 1966.

____. *História e desenvolvimento: a contribuição da historiografia para a teoria e prática do desenvolvimento brasileiro*. 3. ed. São Paulo, Brasiliense, 1989 [1968].

RANGEL, I. *Introdução ao estudo do desenvolvimento econômico brasileiro*. Salvador, Progresso, 1957.

____. *Dualidade básica da economia brasileira*. Rio de Janeiro, Contraponto, 2005 [1957].

RIBEIRO, D. *O processo civilizatório: etapas de evolução sociocultural*. 5. ed. Petrópolis, Vozes, 1979.

ROSTOW, W. W. *Etapas do desenvolvimento econômico (um manifesto não comunista)*. 4. ed. Rio de Janeiro, Zahar Editores, 1971.

SACHS, W. "Apresentação: O dicionário do desenvolvimento revisitado". *In*: KHOTARI, A. *et al.* (org.). *Pluriverso: um dicionário do pós-desenvolvimento*. São Paulo, Elefante, 2021.

SEWELL JR., W. *Logics of history: social theory and social transformation*. Chicago, The University of Chicago Press, 2005.

SINGER, P. *Economia política do trabalho*. São Paulo, Hucitec, 1977.

SOUZA, J. *A tolice da inteligência brasileira: ou como o país se deixa manipular pela elite*. São Paulo, Leya, 2015.

VIANNA, L. W. *A revolução passiva: iberismo e americanismo no Brasil*. 2. ed. Rio de Janeiro, Revan, 1997.

Notas

1 Decidimos centrar o foco da análise no Brasil, dada a complexidade de abordar o tema sob o prisma latino-americano. Importa ressaltar, contudo, que essa reflexão não parte de uma suposta especificidade "nacional", devendo ser encarada no contexto regional e em diálogo com outras sociedades periféricas.

2 A noção de "futuro passado" parte do pressuposto de que "o espaço contemporâneo da experiência é o centro de todas as histórias". É a partir dele que se podem produzir novas leituras do passado, realizadas a partir de um futuro "cronológico", fugindo, assim, à ficção do "factual". Cf. Koselleck, 2011, pp. 134-138, 141, 169-170.

3 *Idem*, pp. 16-18, 134-138.

4 Singer, 1977, p. 4. O autor em questão utiliza o conceito entre aspas para explicitar a sua apropriação marxista do método.

5 Prado Jr., 1942, pp. 14, 25-26.

6 Rangel, 2005 [1957], pp. 298, 323.

7 Prado Jr., 1942, pp. 114, 143, 152-154, 182, 225, 341-343.

8 Furtado, 1963, pp. 171-177. A primeira edição da obra é de 1961.

9 Fernandes, 1987, pp. 226, 230, 236, 246. A primeira edição é de 1974.

10 Braudel, 2006, p. 10.

11 Rangel, 2005 [1957], pp. 303-304, 312-316. Como o autor bem salienta, "o latifúndio não é um instituto puramente feudal – como a nossa escravidão não era um instituto puramente escravista". Ambos os institutos se combinam com "formas capitalistas" nas "relações externas de produção".

12 Furtado, 1989 [1959], pp. 100-105.

13 Prado Jr., 1989, pp. 19-20, 23. A primeira edição é de 1968.

14 Fernandes, 1975 [1968], pp. 24-25, 57, 84.

15 *Idem*, p. 14.

16 Fernandes, 1987 [1974], p. 242.

17 Furtado, 2000, pp. 26-29, 80-83.

18 Prado Jr., 1942, pp. 13-15.

19 A noção de "passivo" refere-se a elementos do passado que continuam "salientes" no presente, como a "produção extensiva" e as "relações sociais" de "cunho colonial". A

superação do passivo é a condição para que o "organismo em franca e ativa transformação", desde o século XIX, possa "tomar forma" no século XX. Prado Jr., 1942, p. 7.

20 Prado Jr., 1954, pp. 75-76, 82-83.

21 *Idem*, pp. 77, 136-138, 154.

22 Prado Jr., 1966, pp. 302-303, 315-318.

23 Prado Jr, 1954, p. 53.

24 Fernandes, 1975 [1968], pp. 15-19.

25 Rangel, 2005 [1957], pp. 286-287, 293.

26 Furtado, 1963 [1961], pp. 20-21, 87, 105-107.

27 Furtado, 1962, pp. 97-98, 100-101.

28 *Idem*, pp. 9-10, 38, 107, 114.

29 Rangel, 1957, pp. 9-11.

30 Prado Jr., 1954, p. 5.

31 *Idem*, p. 105.

32 Fernandes, 1977, p. 247.

33 Barbosa, 2021, pp. 27-29, 256-259.

34 Ortiz, 2015, pp. 139-153.

35 Botelho, 2021, pp. 35-36, 40.

36 *Idem*, p. 35.

37 *Idem*, pp. 44, 47.

38 Furtado, 1991, pp. 63-64

39 Fernandes, 1977, p. 233

40 Oliveira, 2003a, pp. 476-477.

41 *Idem*, *ibidem*.

42 Fernandes, 1975, p. 9. Esse capítulo é escrito em 1967.

43 Oliveira, 2003b, pp. 32-34.

44 Fernandes, 1975 [1968], p. 25.

45 *Idem*, p. 22.

46 *Idem*, pp. 20-21, 48, 51, 57.

47 Fernandes, 1987 [1974].

48 *Idem*, pp. 5, 9.

49 *Idem*, p. 3.

50 *Idem*, pp. 224-225.

51 *Idem*, pp. 222-224.

52 *Idem*, pp. 256-259.

53 *Idem*, pp. 265-267.

54 *Idem*, pp. 215-217, 260-261.

55 *Idem*, p. 268.

56 *Idem*, pp. 224, 300-301, 362-363.

57 *Idem*, pp. 293-297.

58 Furtado, 1991, pp. 66-67.

59 Oliveira, 2003c, p. 27.

60 Furtado, 1991, pp. 30-31.

61 Ver essa caracterização em Palma, 1978, p. 898.

62 Furtado, 1974, pp. 22, 25-28.

63 *Idem*, pp. 15-16.

64 *Idem*, pp. 45-46, 88.

65 *Idem*, p. 75.

66 *Idem*, p. 87.

67 *Idem*, pp. 78-89.

68 Furtado, 2000, p. 30.

69 *Idem*, pp. 82-83.

70 *Idem*, pp. 122-123.

71 *Idem*, pp. 115-118.

72 Furtado, 1974, p. 94.

73 Furtado, 2000, pp. 75-76.

74 Podemos sugerir como periodização histórica preliminar que a Nova República (1985-2016) é sucedida pelo "interregno não republicano" (2016-2022). Nesse sentido, a eleição de Lula tem o potencial de abrir um novo ciclo na história do país.

75 Vianna, 1997, pp. 53-54, 88-89.

76 Brandão, 2008, pp. 391-392, 400.

77 As dimensões do mundo material e do pensamento, pela perspectiva do desenvolvimento, devem ser compreendidas de maneira associada. Ver Fonseca, 2014, p. 30.

78 Ribeiro, 1979, p. 21.

79 Souza, 2015, pp. 12, 25, 35-37.

80 Chakrabarty, 2008, pp. 33-35.

81 Rostow, 1971, pp. 13-26. O autor parte do pressuposto de que não existe um sistema internacional econômico e de poder, como se os países corressem em raias separadas, saltando da "sociedade tradicional" para a "decolagem" e, depois, para a "maturidade" e a "era do consumo de massa". A primeira edição em inglês do livro é de 1959.

82 North, 2006 [1990], pp. 16-20, 143-146.

83 Acemoglu & Robinson, 2013, pp. 36-37, 43-44, 102-107, 428-431.

84 Sewell Jr., 2005, pp. 6-11, 100-102.

85 Sachs, 2021, pp. 17-20.

86 Oliveira, 2001, pp. 89, 92 e 94.

CAPÍTULO 13
A DEPENDÊNCIA 4.0*

Leda Maria Paulani

INTRODUÇÃO

Como é sabido, a assim chamada "teoria da dependência" surge na América Latina, nos anos 1960. Não é consensual que se trate exatamente de uma "teoria",[1] uma vez que envolve autores não só de formação e posicionamento distintos em muitos temas, mas também de diferentes filiações teóricas, ainda que com clara predominância do marxismo.[2] Para aquilo que nos interessa neste capítulo, é suficiente ficarmos com a apropriada observação de Fiori,[3] para quem todas as versões da escola dependentista "remetem, de uma ou outra forma, à confluência da teoria marxista do imperialismo, em particular de sua visão pós-leninista, com a crítica cepalina da teoria neoclássica do comércio internacional".

Essa observação feita por Fiori nos é muito adequada por duas razões. Em primeiro lugar, partimos do princípio de que as transformações experimentadas pelo sistema capitalista desde o início dos anos 1980, em particular aquelas trazidas pela ampla liberalização dos mercados de bens e de ativos, com a consequente perda de graus de liberdade dos Estados Nacionais, não alteraram o pressuposto fundamental da prevalência de uma organização hierárquica no sistema capitalista mundial. Em outras palavras, de nosso ponto de vista, a tendência à transnacionalização, que é da lógica do capital e se fortaleceu nas últimas quatro décadas, apesar de ter aumentado a interdependência das

* Uma versão menor deste artigo foi publicada na *Latin American Perspectives*, vol. 49, n. 2, mar. 2022. A versão apresentada neste volume reproduz, com algumas alterações, aquela publicada na *Revista da Sociedade Brasileira de Economia Política*, n. 64, set./dez. 2022. O artigo é parte de uma pesquisa que conta com apoio de bolsa de produtividade em pesquisa do CNPq. Para esta versão, os dados do gráfico sobre despesas com a balança de rendas no Brasil foram atualizados.

economias nacionais, não produziu um cenário de nações irmanadas pelos mesmos interesses capitalistas globais. Permaneceu o impulso às disputas hegemônicas e às rivalidades interestatais (ou seja, não vingou o cenário de "ultraimperialismo", imaginado por Karl Kautsky,[4] no qual poderosos Estados Nacionais se tornariam aliados em prol da acumulação de capital). Permaneceram também, como variáveis importantes, a existência de um "centro", território de origem das "empresas-mãe" dos grandes conglomerados mundiais e, principalmente, território de onde emana o progresso tecnológico, e uma "periferia", que se beneficia pouco e sofre muito com as consequências dos processos de concentração e centralização de capital orquestrados pelo centro. Isso posto, para nós, permaneceu também, ainda que sob novas roupagens, a questão do imperialismo – clássico problema do *approach* marxista.

A segunda razão para escolhermos a citada observação de Fiori está relacionada ao segundo elemento que aí aparece, ou seja, a crítica cepalina à teoria neoclássica do comércio internacional. O pressuposto aqui é o de que as vantagens que derivam da posição dos estados que estão no centro do sistema devem assumir, para além da dominação geopolítica, também uma feição material, objetivada em transferências de valor que, sob variadas formas, vão impulsionar a acumulação de capital nessas economias. Na análise cepalina, que vem de Prebisch (e é depois aprofundada pelos teóricos da dependência), essa transferência se dava por meio das relações de troca, sempre desfavoráveis aos países periféricos. A crítica à teoria neoclássica passava pela desconstrução do postulado das vantagens comparativas, sustentáculo teórico da situação que gerava essas perdas, e passava também, por conseguinte, pela defesa da industrialização na periferia como remédio para o subdesenvolvimento.

Decorridos quase três quartos de século dessa contenda teórica, com as transformações operadas mundialmente no sistema capitalista e com países como o Brasil tendo se industrializado e depois se desindustrializado, parece claro que se alteraram também as formas por meio das quais se efetivam os ganhos dos países que estão no centro do sistema. O objetivo deste capítulo, portanto, é refletir sobre as formas contemporâneas de produção de vantagens econômicas para as economias do centro. Em outras palavras, partindo-se do princípio de que continua a haver países centrais e países periféricos, e considerando-se que o desenvolvimento capitalista dos últimos continua subordinado ao dos primeiros, a análise vai cuidar primordialmente do pedágio que pagam os países da periferia para garantir essa inserção subordinada. Isso significa que não serão tratados, ou o serão apenas marginalmente, outros aspectos importantes da relação de dependência, como as questões políticas e/ou sua inter-relação com a questão das classes sociais na dialética dos interesses internos/externos.

No que se segue, faremos inicialmente um breve resgate teórico das posições que, nos anos 1960/1970, colocaram nas relações de troca a causa fundamental dos mecanismos de transferência. Na sequência, apresentaremos, de forma sumária, aqueles que constituem, a nosso ver, os traços fundantes do processo contemporâneo de acumulação, pois a forma como enxergamos hoje a dependência tem relação direta com eles. A partir daí, discorrendo sobre as diferentes formas de dependência material que podem hoje ligar países centrais e países periféricos, apresentamos a "dependência 4.0". O histórico das diferentes formas de inserção da economia brasileira no sistema mundial associadas à questão da dependência vem em seguida. Considerações finais trazendo algumas evidências empíricas desse novo tipo de subordinação fecham o texto.

Dependência e relações de troca

Como se sabe, tem início com Raúl Prebisch, no âmbito da Comissão Econômica para a América Latina (Cepal), a percepção de que o comércio internacional mantém como subdesenvolvidos os países assim considerados, chocando-se, nessa medida, com os pressupostos ricardianos. Em seu clássico artigo de 1949,[5] Prebisch vai advogar, a partir de constatações mais empíricas que teóricas, a necessidade de a América Latina se industrializar para superar o subdesenvolvimento. Percebendo a tendência dos preços dos produtos primários a se reduzirem ao longo do tempo, concluiu que, mantendo-se a estrutura produtiva tal como se encontrava, a deterioração dos termos de troca era a consequência inevitável. A debilidade tecnológica e os baixos salários da periferia, bem como a reduzida elasticidade-renda dos produtos comercializados por esses países, estavam entre as razões levantadas para explicar tal tendência. O comércio internacional, portanto, não era um jogo de soma zero, em que as transações eram boas e justas para ambos os lados.

Havia aí perdedores e ganhadores, e os perdedores eram sempre os mesmos. Em outras palavras, a continuidade das relações comerciais assentadas nesse tipo de divisão internacional do trabalho trazia permanentes vantagens para os países já desenvolvidos, deixando a periferia do sistema cada vez mais para trás.

A partir do trabalho de Prebisch e da profusão de debates em torno das causas do subdesenvolvimento, ficou consagrada a ideia de que as trocas entre bens e serviços produzidos em diferentes países podem trazer contínuas desvantagens para alguns deles, ou para um grupo específico deles. No âmbito da teoria marxista, o primeiro teórico a se referir a esse fenômeno e tentar explicá-lo foi certamente Arghiri Emmanuel. Usando o termo "troca desigual", esse autor grego publica, em 1969,[6] um livro com esse título, buscando encontrar, a partir do citado *approach* teórico, as razões para as permanentes perdas sofridas pelos países periféricos.

Como o termo já indica, Emmanuel, buscando respeitar as leis que comandam o processo de acumulação tal como elaboradas por Marx, vai encontrar na esfera da circulação, ou seja, no plano da formação dos preços, a explicação para o citado fenômeno. Importante lembrar que Emmanuel não vai considerar como transferência de valor a redistribuição da mais-valia que ocorre pela via da concorrência entre os capitais e que dá origem aos preços de produção. De fato, não se trata aí de troca desigual, mas de um rearranjo, empurrado pela concorrência, que decorre da necessidade de que o trabalho não pago extraído da classe trabalhadora remunere a totalidade do montante investido em cada negócio, e não apenas aquela parte destinada à aquisição de capital variável (força de trabalho).[7]

O que nosso autor busca, portanto, são as razões pelas quais, no âmbito das relações internacionais, ocorrem trocas que não se dão pelos preços de produção, sendo, por isso, desiguais. A resposta que ele encontra baseia-se nas premissas que decorrem do raciocínio de Marx sobre o processo de concorrência entre os capitais que gera esses preços. Para Emmanuel, quando se consideram as trocas entre países, a mobilidade plena pressuposta não existe, pois existe apenas para os capitais. Não existindo para a força de trabalho, os salários e taxas de mais-valia não se equalizam entre os países. Como os salários são em geral mais baixos nos países periféricos, tende a subir, relativamente ao que seria normal, a relação entre os preços de produção das mercadorias produzidas nos países mais desenvolvidos *vis-à-vis* daquelas produzidas nos países menos desenvolvidos, caracterizando a troca desigual.

A solução de Emmanuel foi objeto de grande discussão, sobretudo por conta de suas consequências para questões práticas da luta de classes, uma vez que implicava reconhecer que, de alguma forma, os trabalhadores dos países do centro eram os responsáveis pela exploração magnificada que ocorria na periferia. Outros autores marxistas buscaram outras respostas, como Charles Bettelheim, que lembrou das diferenças no desenvolvimento das forças produtivas em distintos países; Samir Amim, que se referiu a "condições desiguais de exploração" (diferenças salariais maiores que as diferenças entre produtividades); e Mandel, que vai enquadrar o fenômeno na ideia do desenvolvimento desigual e combinado que resgata de Trotsky.[8] Todavia, queremos colocar em foco aqui a contribuição brasileira para essa discussão, principalmente a de Ruy Mauro Marini, pois sua interpretação leva ao polêmico conceito de superexploração da força de trabalho, que merece reflexão.

A percepção de relações de troca sempre prejudiciais aos países periféricos levou também à ideia, presente em quase todas as vertentes dependentistas, de que o subdesenvolvimento não era uma situação que se devesse somente a desacertos sociais e políticos internos (ainda que estes pudessem ter algum peso na manutenção da situação), mas o resultado necessário da lógica mundial da acumulação. Na expressão tornada célebre por André Gunder Frank, tratava-se aí do "desenvolvimento do subdesenvolvimento". Na mesma linha, Ruy Mauro Marini entendia a dependência "como uma relação de subordinação entre nações formalmente independentes, em cujo marco as relações de produção das nações subordinadas são modificadas ou recriadas para assegurar a reprodução ampliada da dependência".[9]

Mas de que modo operavam exatamente os mecanismos econômicos que perpetuavam a relação de dependência? Das contribuições canônicas de Lênin, vinha a ideia de que, superada a etapa colonial, em que predominavam os expedientes de pilhagem extraeconômica, eram a força dos monopólios, a importância crescente dos investimentos externos e o poder das altas finanças que reiteravam a posição de domínio dos países centrais (imperialistas). A vertente mais crítica da teoria da dependência, de filiação teórica claramente marxista, ecoa em parte essa tradição, na qual as relações de troca não têm papel determinante. Theotônio dos Santos, por exemplo, em seus estudos sobre dependência e imperialismo dos anos 1970, vai atribuir às corporações multinacionais, que se instalam nas economias dependentes, a consolidação da dependência tecnológico-industrial que, para ele, acontece a partir dos anos 1950, constituindo a última etapa do processo que construiu historicamente a relação de dependência.[10]

Também Vânia Bambirra, que escreve na mesma época que Theotônio e Marini, vai comungar com esse tipo de interpretação. Cunhando o termo "integração monopólica mundial", ela vai destacar a situação de países como o Brasil, que, apesar de dependentes, se industrializavam, mas o faziam sob o controle dos capitais das nações imperialistas sobre os setores mais dinâmicos da economia, gerando uma articulação cada vez mais profunda entre os interesses estrangeiros e aqueles das classes dominantes locais.[11]

Todavia, àquelas alturas da reflexão teórica, depois de as relações de troca terem sido trazidas para uma posição de destaque no âmbito da discussão sobre o subdesenvolvimento e as formas de superá-lo, era natural que a teoria da dependência se voltasse para elas. Ademais, o fenômeno da deterioração dos termos de troca parecia confirmar a percepção de que, com o desenvolvimento progressivo do capitalismo, o domínio das nações mais avançadas sobre as mais frágeis prescindia por completo de mecanismos outros que não fossem os exclusivamente econômicos.[12]

Assim, é já na segunda seção de seu famoso *Dialética da dependência*, de 1973, que Marini vai se propor a descobrir "o segredo da troca desigual".[13] Apesar de atribuir o subdesenvolvimento não a um único fator, mas a uma dinâmica polarizadora mundial comandada pelos imperativos da acumulação originados nos países centrais, ele parte do princípio de que a deterioração dos termos de troca é algo que requer uma explicação específica. Considerado o pano de fundo no qual o fenômeno ocorria, era evidente que as continuadas quedas de preços dos produtos primários (alimentos e matérias-primas) não podiam ser associadas à elevação de produtividade e, portanto, à efetiva redução de valor desses bens.

A resposta que Marini encontra tem dupla face. Por um lado, ele se refere às diferenças de produtividade entre nações distintas e, portanto, à existência, no mercado mundial, de diferentes preços de produção para um mesmo setor produtivo, ensejando a apropriação de mais-valia extra. Por outro, quando se trata de distintas classes de mercadorias, ele aponta uma espécie de capacidade que têm as nações mais avançadas, por conta de seu poder monopólico, de "iludir a lei do valor", implicando, para as nações menos favorecidas, a obrigação de entregarem gratuitamente às primeiras uma parte do valor que produzem.

É por conta desse raciocínio que Marini chega ao conceito de superexploração da força de trabalho. Em suas palavras: "O que aparece claramente, portanto, é que as nações desfavorecidas pela troca desigual [...] procuram compensar a perda de renda gerada pelo comércio internacional por meio do recurso de uma maior exploração do trabalhador".[14] E a forma predominante de efetivar essa exploração superlativa era expropriar parte do fundo de consumo dos trabalhadores, transformando-o em fundo de acumulação de capital. Em outros termos, tratava-se de agudizar a extração de trabalho excedente pagando à força de trabalho um salário abaixo de seu valor, ou seja, superexplorando-a. Essa solução invertia aquela encontrada por Emmanuel, pois colocava as diferenças salariais como consequência, e não como causa, da troca desigual, tirando das costas dos trabalhadores do centro a responsabilidade pela exploração aumentada sofrida pelos trabalhadores da periferia.

Segundo a economista Ana Esther Ceceña,[15] com *Dialética da dependência*, Marini dá um salto epistemológico. De fato, sua leitura ganhou enorme destaque por conta da intensa utilização que fazia dos conceitos e leis extraídos diretamente de Marx. Foi o trabalho de Marini, portanto, o que mais contribuiu para que a problemática da dependência se consolidasse como teoria no âmbito do *approach* marxista, conseguindo explicar, por meio da lógica própria ao processo de acumulação, as condições específicas do desenvolvimento capitalista em áreas não centrais como a América Latina.

A teoria da dependência de Marini, como não podia deixar de ser, ensejou numerosos debates, até porque esse marxista brasileiro era, antes de tudo, um militante,[16] de modo que se somavam às contestações teóricas, também as disputas políticas dentro e fora do marxismo. Esses debates envolveram vários dos achados de Marini, mas a superexploração da força de trabalho foi o que mais ganhou espaço e é até hoje objeto de discussão.[17] A controvérsia se justifica em função do papel que o conceito desempenha na arquitetura teórica por ele construída.

Para Marini, há, nas economias dependentes, uma desconexão entre as esferas da produção e da circulação (herdada de sua condição de economias exportadoras não industriais) que torna a produção industrial independente das condições salariais dos trabalhadores. Esse fator, em conjunto com um exército industrial de reserva poderoso, coloca a superexploração como o expediente por excelência do processo de acumulação nessas economias. Por um lado, a extração magnificada de trabalho não pago coloca-se como compensação a relações internacionais de troca sempre adversas; por outro, dada a citada desconexão, esse expediente reiteradamente utilizado não provoca problemas na etapa de circulação e realização das mercadorias industriais (já que estas, em sua maioria, não fazem parte da cesta de consumo dos trabalhadores). Com isso, as economias dependentes ficam presas numa sorte de armadilha que as impede de transitar para o estágio mais avançado do processo capitalista de desenvolvimento, caracterizado pela predominância da mais-valia relativa. A elevação da produtividade da força de trabalho, quando existe, é débil, dificilmente atingindo os setores produtores de bens de salário, sendo, portanto, insuficiente para produzir a necessária transição do paradigma da superexploração para o paradigma da produtividade. Resumidamente, a lógica do processo nas economias dependentes não exige que a acumulação de capital se efetive por meio da mais-valia relativa, e essa não exigência perpetua aí a superexploração da força de trabalho como mecanismo distintivo de operação do sistema nas economias dependentes.

Como adiantamos, a teoria da dependência de Marini, sobretudo o conceito de superexploração, foi objeto de intenso debate e muitas críticas. Destacamos aqui duas delas, vindas de direções bastante diferentes. Em artigo famoso, Fernando Henrique Cardoso e José Serra,[18] adversários de Marini também do ponto de vista político, contestaram a hipótese da superexploração, alegando que ela expressaria formas primitivas de mais-valia absoluta que estariam claramente perdendo espaço, por exemplo, no Brasil, com os avanços de seu processo de industrialização. No âmbito da teoria marxista, Augustín Cueva também rejeitou a ideia, argumentando que o capitalismo não precisa de mecanismos outros para se desenvolver, e que a sub-remuneração da força de trabalho viola os princípios da acumulação.[19] À época, Marini respondeu e rebateu todas as críticas, e não só com relação à superexploração, mas também com relação a outras acusações, como a de que sua teoria levaria à admissão de um permanente estagnacionismo nas economias dependentes.

Todavia, é o mesmo Marini quem vai, duas décadas à frente, fazer uma atualização de suas reflexões em face do avanço da assim chamada globalização.

Em texto de 1995, ele afirma que o traço distintivo da globalização é o comércio intrafirmas, o que leva a uma homogeneização da produtividade do trabalho por conta de uma sorte de padronização que as novas tecnologias propiciam. Além disso, por força desse mesmo revolucionamento tecnológico, torna-se muito mais fácil e rápido conhecer essas novas condições de produção e, pois, os parâmetros para a determinação dos preços. Em conjunto, esses novos elementos estariam indicando que o mercado mundial chegara à maturidade, permitindo a vigência cada vez mais acentuada da lei do valor. Isso posto, reduziam-se as possibilidades de transgressão da referida lei, antes detidas pelas nações industrializadas por conta de seu poder monopólico. Na mesma medida, reduziam-se também as chances de apropriação de mais-valia extra e, portanto, da obtenção de superlucros por parte dessas mesmas economias.[20] Dissipavam-se, assim, as condições que antes permitiam a existência da troca desigual.

Mas o acirramento da concorrência entre os capitais colocava mais uma vez em posição de destaque a superexploração. Nesse movimento, afirma Marini, desempenha papel destacado a superexploração da força de trabalho, cada vez mais facilitada, por sua vez, pelo crescente nível de desemprego gerado pelas novas tecnologias.[21] O problema, para a teorização anterior de nosso autor, é que ela se generaliza, estendendo-se inclusive para os centros avançados e deixando, nessa medida, de ser um traço distintivo das economias dependentes.[22] Sem troca desigual e com a superexploração generalizada da força de trabalho, em que marcos definir a continuidade da situação de dependência?

Marini deixa, no mesmo texto, algumas pistas sugestivas. Para ele,[23] apesar de todas essas substantivas transformações, os países desenvolvidos têm dois trunfos nas mãos. O primeiro é sua imensa superioridade em matéria de P&D, constituindo um verdadeiro monopólio tecnológico, que agrava a condição dependente dos demais países. O segundo diz respeito ao controle que eles exercem sobre a transferência das atividades industriais aos países mais atrasados, seja passando a estes últimos primordialmente as indústrias menos intensivas em conhecimento (e acrescentaríamos hoje "e mais poluidoras"), seja dispersando as etapas de produção em diferentes países, impedindo o surgimento de economias nacionalmente integradas. Por fim, Marini refere-se também às massas consideráveis de conhecimento e inversão implícitas nas novas tecnologias, tornando ainda mais difícil reduzir a distância que separa as economias dependentes dos centros avançados. Esses temas remetem à discussão sobre os traços fundantes do processo contemporâneo de acumulação que discutiremos na sequência.

CAPITALISMO CONTEMPORÂNEO, RENTISMO E IMPERIALISMO

Um dos aspectos mais estudados do processo de acumulação tal como ele hoje se dá é a chamada "financeirização". Analisada principalmente por marxistas, regulacionistas e pós-keynesianos, ela se refere à existência de um predomínio da acumulação financeira sobre a acumulação produtiva. Há muita controvérsia sobre seu real significado, e mesmo sobre sua importância. Em seu último livro, o economista francês François Chesnais, um dos primeiros marxistas a estudar o fenômeno, apresenta uma definição com a qual concordamos, e que nos é conveniente porque faz menção a aspectos que reforçam a hipótese da prevalência de relações de dominação e, portanto, de imperialismo, na arquitetura atual do sistema. A financeirização, afirma Chesnais,

> [...] refere-se ao caráter pervasivo das características do capital portador de juros identificadas por Marx na seção V do Livro III de *O capital*. Elas devem ser tomadas em combinação com as implicações do elevado grau de centralização/concentração de capital hoje existente.[24]

Para Chesnais, a formação acelerada de grandes blocos de capital por meio do processo de centralização, que predomina em períodos de crise como o atual, vai ocorrendo em paralelo ao agigantamento dos mercados financeiros e por meio da utilização de sofisticados expedientes financeiros, como, por exemplo, os fundos de *private equity* e suas operações de *leveraged buy outs* (LBOs).[25] Em texto anterior, escrito ainda antes da grande crise de 2008, o mesmo Chesnais já definira o imperialismo associando-o diretamente a esse intenso processo de centralização de capitais (que se aprofundou depois da crise):[26]

> O imperialismo contemporâneo está fortemente relacionado à dominação de uma forma precisa de capital, a saber, o altamente concentrado capital monetário portador de juros e dividendos que opera nos mercados financeiros e alimenta o

pervasivo fetichismo do dinheiro, mas é totalmente dependente da mais-valia e da produção.[27]

Concordamos com Chesnais tanto em relação à definição que ele elabora sobre a financeirização (como diretamente associada à difusão do capital portador de juros e à formação de gigantescos blocos de capital) quanto em relação à forma como ele interpreta o imperialismo contemporâneo (como o domínio do altamente concentrado capital monetário portador de juros e dividendos). Para nós, no entanto, a financeirização é apenas a expressão mais evidente de um processo de acumulação que se tornou "rentista", entendido este último termo como o predomínio dos ganhos que derivam da simples "propriedade" do capital (juros, renda absoluta, renda diferencial, renda de monopólio e dividendos) sobre os ganhos que derivam do "funcionamento" do capital (lucro e superlucro).[28] Enquanto, para os primeiros, os fluxos de rendimentos existem como "direitos" e assentam-se na mera propriedade do ativo (capital monetário, terra, ações), para os segundos, os rendimentos aparecem como resultado da produção de valor novo e da acumulação de valor excedente, que a operação do capital produz. Não por acaso, nas *Teorias da mais-valia*, falando do capital portador de juros, Marx vai chamar o dono do capital monetário de "capitalista jurídico", e aquele que toca a produção de "capitalista econômico", sendo que nada muda na história se esses dois personagens forem interpretados pela mesma pessoa.

Lucro, juro e renda da terra são as formas que assume a mais-valia, e que Marx discute no Livro III de *O capital*. Rentismo, portanto, sempre esteve associado ao capitalismo, sendo inclusive visto pela economia política, desde a sua origem (Marx incluso), como um entrave para a acumulação. Qual a novidade então da etapa atual? A novidade, que aprofunda as contradições, está na combinação de uma série de elementos que fazem com que os ganhos que derivam da mera propriedade tenham importância crescente diante daqueles que derivam do processo de acumulação. Além da onipresença do capital portador de juros, temos ainda, entre os mais relevantes, um tipo moderno de renda absoluta, que vem se tornando cada vez mais importante, a renda do conhecimento, típica das mercadorias-conhecimento, e as rendas de monopólio oriundas da importância também crescente das marcas. Vejamos brevemente cada uma delas.

No capítulo XXIV do Livro III de *O capital*, falando justamente sobre como o capital portador de juros aliena e fetichiza a relação fundante do sistema que é a relação capital-trabalho, Marx afirma que "o valor das mercadorias é determinado não pelo tempo de trabalho que sua produção custou originalmente, mas pelo tempo de trabalho que custa sua reprodução".[29] Assim, aquelas mercadorias que não necessitam de tempo de trabalho para sua reprodução, como os *softwares*, por exemplo, deveriam ter preço zero, uma vez que não possuem valor. No entanto, tal como os donos de terra, os proprietários desse saber não o liberam para a produção se uma renda não lhes for paga. O preço dessa mercadoria constitui-se, portanto, desse tipo moderno de renda absoluta, a renda do conhecimento.[30]

Sobre a renda de monopólio, Marx vai dizer, no capítulo XLV do mesmo Livro III de *O capital*, que a renda diferencial e a renda absoluta são as únicas formas normais de renda, e que "fora delas, a renda só pode basear-se num autêntico preço de monopólio, que não é determinado nem pelo preço de produção das mercadorias, nem pelo seu valor, mas pela necessidade e pela capacidade de pagar dos compradores".[31] No caso das marcas, o que elas fazem é transformar os preços de produção das mercadorias comuns em preços de monopólio. A marca, se bem-sucedida, singulariza a mercadoria e transforma seu produtor em monopolista, que se apropria então dessa renda.[32] Isso posto, podemos afirmar que o rentismo é um traço marcante do processo contemporâneo de acumulação, alterando os meios e os resultados da relação de dependência.

Nova dependência, novíssima dependência e dependência 4.0

Desde sua origem, o termo "dependência" aparece guarnecido de qualificativos. Em seu livro de 1969,[33] Fernando Henrique Cardoso e Enzo Faletto já falam, por exemplo, de "um novo tipo de dependência", que se daria agora "num plano mais complexo".[34] A referência aí é à internacionalização dos mercados nacionais decorrente dos investimentos externos diretos das grandes multinacionais europeias e americanas nos países latino-americanos nos anos 1950/1960. Também Celso Furtado coloca como título de um livro de 1982 *A nova dependência – dívida externa e monetarismo*, para se referir ao processo de transnacionalização não só de vários setores produtivos, mas principalmente do setor financeiro, bem como às consequências desses processos para países periféricos como o Brasil.[35]

Já José Luís Fiori vai falar, em livro de 1995, de uma "novíssima dependência". Com a globalização já madura, Fiori vai chamar atenção para o acesso ainda mais restrito das periferias ao conhecimento e às tecnologias de ponta do que na época da internacionalização dos mercados internos,[36] e para o constrangimento que a competição global pelos investimentos impõe aos países periféricos no sentido de direcionarem a gestão macroeconômica para padrões cada vez mais homogêneos e imutáveis. Vale registrar a inequívoca convergência desse tipo de visão com a de Marini no artigo de 1995, sobretudo no que concerne ao acesso restrito das periferias ao conhecimento e às tecnologias de ponta.

Coloquemos, então, essas denominações num *continuum* e sigamos as pistas já deixadas pelos pensadores que são personagens da história intelectual da dependência. Assim, teríamos, de início, a "dependência original", que seria aquela "cepalina", derivada da posição primário-exportadora dos países periféricos; o benefício à acumulação dos países centrais decorria aí das relações comerciais caracterizadas por trocas desiguais, que possibilitavam a transferência, para esses países, de parcela do valor que deveria permanecer na periferia.

Na sequência, teríamos a "nova dependência", em dois momentos, sendo o primeiro, apontado por Cardoso e Faletto, aquele da internacionalização dos mercados internos, e o segundo, indicado por Furtado, aquele originado pelo acúmulo de dívida externa. No caso da "nova dependência I", o benefício para a acumulação dos países centrais decorria justamente da garantia de mercados extras para suas multinacionais, que a internacionalização propiciara. Em tempos de crise de sobreacumulação,[37] em que os mercados já começavam a escassear nos centros dinâmicos, trocar a mera possibilidade de vendas externas pela garantia de vendas internas foi um ótimo negócio. Com isso, parcela não desprezível do valor internamente gerado passou a fluir para os locais de origem das matrizes industriais a título de remuneração do capital empregado na produção. Assim, das relações comerciais passamos às relações que envolvem remuneração de fatores de produção como instrumentos que garantem a transferência de valor dos países periféricos para os centrais.

A "nova dependência II" também está associada à remuneração de fatores de produção, só que, em vez de remuneração de capital produtivo "funcionante", deparamos agora com remuneração da "propriedade" do capital monetário. Trata-se, então, de transferir para fora do país uma parcela do valor internamente gerado para remunerar os donos do capital monetário. O caráter rentista dessas transferências já é aí evidente, mas tornou-se ainda mais claro, beirando a pura e simples espoliação, com o choque dos juros de 1979, promovido pelos EUA para refrear as especulações em torno do enfraquecimento da hegemonia americana e, principalmente, da destituição da moeda americana de seu papel de dinheiro mundial.[38] De outro lado, a assunção de gordas dívidas por parte dos países periféricos, sobretudo os latino-americanos, prestou um grande favor a uma riqueza financeira que se acumulava nas praças financeiras do mundo, ávida por valorização. Por fim, não é demais lembrar que a necessidade de reverter à circulação internacional parcela do valor internamente gerado decorrente da "nova dependência I" foi uma das razões que empurraram os países periféricos, principalmente aqueles que haviam recebido muitas multinacionais, a assumir os vultosos empréstimos necessários depois do primeiro choque do petróleo de 1973.

E chegamos com isso à "novíssima dependência", tal como a denominou Fiori, com argumentos, como vimos, que nos permitem associá-la também a Marini. Como já adiantamos, Fiori associa essa forma de dependência à globalização, entendida esta última como "uma nova formatação capitalista", que envolve vários aspectos "gerando uma reorganização espacial da atividade econômica e uma claríssima re-hierarquização de seus centros decisórios".[39] Nessa nova formatação, a interdependência entre os atores se eleva, a estrutura da oferta, o progresso tecnológico e os processos decisórios se concentram, ao mesmo tempo que os mercados, principalmente os financeiros, são desregulados, e a estrutura produtiva se segmenta. O resultado, então, para os países da periferia é que o acesso à tecnologia se restringe, pois "sua [das tecnologias de ponta – LMP] utilização flexível e segmentada corresponde a um controle concentrado".[40] Ademais, a competição global pelos investimentos (e pelo acesso subordinado às novas tecnologias) empurra as economias periféricas para uma gestão macroeconômica "sadia", em que os Estados periféricos perdem espaço para operar políticas ativas de investimento e perdem também a capacidade de financiar políticas sociais de natureza universal.

Concordamos inteiramente com essa análise de Fiori, mas, de nosso ponto de vista, ele não especificou de que forma toda essa nova armação capitalista, que concentra as decisões "num conjunto de três a cinco governos somados a um número não superior a 200 empresas",[41] resulta em vantagens materiais para os países centrais. Para facilitar a investigação sobre esses canais de transmissão, lembremos de início que os elementos centrais da "novíssima dependência" para Fiori são, de um lado, a natureza do progresso tecnológico e, de outro, a coação imposta às economias periféricas para que comandem a política macroeconômica seguindo os princípios e máximas definidos nos centros decisórios dos países avançados. É a partir disso que propomos aqui rebatizar a "novíssima dependência", termo que Fiori criou para distinguir essa dependência produzida pela globalização daquela associada à internacionalização dos mercados internos, de "dependência 4.0". As razões para tanto serão apresentadas na sequência, cabendo antes observar que, evidentemente, me beneficio aqui, para propor tal alteração, de um quarto de século a mais no calendário.

A primeira razão é que, partindo da acertada visão de Fiori, como também da de Marini, premonitórias de fato, já que os textos foram escritos em 1995, a terminação "4.0" permite atualizar a importante questão da natureza do progresso tecnológico na presente etapa. Tornou-se comum falar em "indústria 4.0" para fazer referência ao avanço daquilo que se chamou de "terceira revolução industrial" (baseada nas tecnologias de informação e comunicação – TICs –, na eletrônica e na internet), porque esse avanço foi de tal maneira profundo que tem sido visto como uma quarta revolução.[42] As consequências dessa grande transformação vão no sentido de reforçar alguns traços já percebidos por Fiori ainda antes de virem à tona os desdobramentos "4.0": o aumento da concentração no que diz respeito aos processos decisórios, ao andamento do progresso técnico e à escala do capital propriamente dita, uma estrutura produtiva cada vez mais segmentada e, acrescentamos nós, um espraiamento universal da utilização dos produtos 4.0 típicos, que se tornam insumos indispensáveis para praticamente qualquer tipo de produção.

Assentada na internet das coisas, na inteligência artificial, na computação em nuvem e na robótica, essa quarta revolução tem como indiscutíveis protagonistas as mercadorias-conhecimento, anteriormente discutidas, produzidas, regra geral, por gigantes corporativos, operando em mercados desregulados e com finanças desreguladas. A prevalência das mercadorias-conhecimento parece confirmar as hipóteses aqui adiantadas sobre a natureza rentista do processo contemporâneo de acumulação, sendo essa a segunda razão (a primeira é a natureza do atual progresso tecnológico) para propormos que se chame a "novíssima dependência" de "dependência 4.0". Associar a natureza rentista do capitalismo contemporâneo à "novíssima dependência" permitirá não só guarnecê-la dos canais de transmissão que viabilizam os ganhos materiais dos países centrais, como mostrar que tais canais têm a ver também com o segundo dos elementos que Fiori aponta como fundamentais, qual seja, o constrangimento que a competição global pelos investimentos impõe aos países periféricos quanto à forma de gerir sua política macroeconômica.

Quando colocamos em continuidade, a partir das definições de "dependência original", "nova dependência I" e "nova dependência II", os canais principais por meio dos quais os ganhos materiais são transferidos dos países do centro para os da periferia, percebemos um movimento que sai das relações comerciais e adentra as relações que envolvem pagamento a fatores de produção, e, num segundo momento – mas fazendo parte desse mesmo tipo de pagamento –, passamos para relações tipicamente rentistas, pois o valor é transferido agora não a título de remuneração do capital produtivo que funcionou e produziu valor novo, valor excedente e lucro, mas pura e simplesmente como pagamento aos proprietários do capital monetário. Ao passarmos da "nova dependência II" para a "dependência 4.0", estamos acrescentando a esse tipo de transferência (o pagamento do serviço da dívida sob a forma de juros) outros tipos de pagamento de natureza rentista. Além dos empréstimos convencionais, é preciso considerar também os pagamentos decorrentes de outros investimentos financeiros, sobretudo os investimentos em carteira, trazidos em profusão pela abertura financeira – ações, debêntures, títulos de dívida públicos e privados –, títulos que Marx chamou, não custa lembrar, de capital fictício. Por fim, as relações comerciais voltam a ser elementos importantes de transferência de valor, mas por razões que extrapolam a questão dos termos de troca e têm a ver com a natureza rentista do atual processo de acumulação. Trata-se do pagamento das mercadorias-conhecimento,[43] que é tipicamente pagamento de renda. Em outras palavras, nesses casos, mesmo que as relações de troca se deem aos preços de produção, estará havendo transferência de valor, já que os países mais avançados detêm as novas tecnologias e são remunerados por essa propriedade, sendo necessário lembrar aqui também do pagamento de *royalties*. Há, além disso, a renda da marca, também embutida nos preços de muitos bens, fazendo deles preços de monopólio e configurando a troca desigual (incluindo-se igualmente aqui os pagamentos para licença de uso da marca, como é típico dos processos de *franchising*).

Feito o inventário dos canais de transmissão de valor no âmbito da "dependência 4.0", cabem duas últimas observações. A primeira é que se intensifica enormemente o movimento em direção ao pagamento de remunerações que se identificam com a renda e que são devidas como "direitos" pela mera propriedade (do capital monetário, da tecnologia, das marcas). E aqui entram não só os juros devidos a todo tipo de aplicação financeira (empréstimos convencionais ou investimentos em carteira), como também os dividendos e, eis a novidade, boa parte daquilo que aparece como lucro, mas que constitui, na realidade, renda. Consideremos um exemplo. No mundo da indústria 4.0, tornou-se comum o termo "economia de plataforma" para se referir a um processo de servicização acelerada da indústria, com a transformação das empresas em verdadeiras plataformas digitais e a consequente mudança de preços relativos em favor dos serviços cognitivos e digitais em detrimento dos meios de produção físicos, como máquinas e equipamentos. Vêm junto com isso, quase naturalmente, o domínio de muitos setores por gigantes corporativos e aquilo que já vem sendo chamado na literatura de "uberização" do processo de trabalho.[44] No caso da empresa Uber, quais as relações de produção que a determinam? Inúmeros trabalhadores autônomos (não assalariados) que pagam, com uma determinada parte de seu tempo de trabalho, o "insumo" de que precisam para trabalhar, ou seja, o acesso à plataforma walrasiana digital, de propriedade da Uber, que promove o encontro da oferta com a demanda de serviços de transporte. Mas o que eles pagam? Quanto custa esse insumo para quem o produz? Cada "unidade" de acesso à plataforma Uber custa exatamente zero, pois não há tempo de trabalho necessário para a produção de cada acesso adicional. Contudo, um preço é gerado, e ele tem que ser pago, ou a plataforma não é liberada para uso. A substância desse "preço" é pura renda, devida aos proprietários da plataforma. Como a Uber é uma empresa transnacional baseada em San Francisco, Califórnia, ela captura como renda parte substantiva do tempo de trabalho de motoristas em todo o mundo (ela atua em mais de 700 regiões metropolitanas), que flui em direção aos Estados

Unidos e vai fomentar a acumulação da gigante americana ou o luxo suntuário de seus controladores e de suas oligarquias burocráticas.[45]

Cabe, neste ponto, lembrar, em que pesem as controvérsias em torno do conceito de superexploração, que é muito difícil observar fenômenos desse tipo e não os associar ao achado teórico de Marini. Se é verdade que as condições que serviram de base ao teórico brasileiro para enunciá-lo como característica distintiva das economias dependentes hoje já não estão mais presentes (e não só em função do acirramento da concorrência internacional, mas também porque os bens industriais passaram a fazer parte da cesta de bens dos trabalhadores mesmo nas economias mais atrasadas – *vide* os celulares), não é menos verdade que a chamada economia de plataforma tem gerado, sob o enganoso rótulo atribuído aos trabalhadores de "empresários de si mesmos", condições de trabalho dignas do século XIX, com jornadas muito extensas de custoso e intensivo trabalho. Por fim, não deixa também de ser verdade, independentemente do nome que se dê a isso, que a remuneração dos trabalhadores é estabelecida de modo distinto nos diversos países, sendo normalmente bastante mais baixa nos países não centrais. Assim, a piora geral das condições de trabalho em todo o mundo gerada pelas novas tecnologias coloca-se de forma ainda mais dura para os trabalhadores das economias dependentes.

A segunda observação tem a ver com a lógica que impele as economias periféricas, há quatro décadas, a viver com poupança externa. Trata-se de uma dependência viciosa, pois o preço do acesso aos capitais internacionais é o comprometimento cada vez maior do valor novo internamente produzido com a remuneração desses capitais, o que vai gerando, por sua vez, um aumento da necessidade dessa mesma poupança para que se mantenha o equilíbrio das contas externas e assim por diante. Contudo, a principal consequência para os países da periferia não é nem essa transferência em si, ainda que esse seja o benefício material capturado pelos países centrais exportadores de capital, mas aquilo a que Fiori já se refere no artigo de 1995: a coação permanente que eles sofrem, na competição global pelos ditos investimentos, quanto à forma de gerir sua política macroeconômica. Só os países "bem-comportados", aqueles que "fazem toda a lição de casa",[46] é que são devidamente contemplados.

Não é difícil perceber que esse tipo de subordinação é muito mais aderente às observações dos clássicos pensadores do imperialismo que escreveram nas décadas iniciais do século XX, do que às teorias sobre troca desigual e deterioração dos termos de troca que dominaram as reflexões sobre imperialismo e dependência em meados desse século. Hilferding, em seu trabalho sobre o capital financeiro, de 1910, foi dos primeiros pensadores a chamar atenção para o fato de a exportação de capitais funcionar como um elemento claro de subordinação entre as nações. Decorrido mais de um século desde a edição da obra, essa sagaz observação nunca foi tão verdadeira. O Brasil é um caso exemplar dessa submissão. Vamos a ele.

A DEPENDÊNCIA 4.0 E O BRASIL

Reconstituiremos aqui brevemente as diferentes formas que historicamente caracterizaram a inserção da economia brasileira no sistema mundial capitalista.[47] Acompanhando-as, observaremos também as diferentes fases da relação de dependência que acabamos de discutir.

Podemos dividir em cinco fases distintas a história da inserção da economia brasileira no processo de acumulação capitalista. Em todas elas, é evidente o caráter de subordinação da relação estabelecida com as economias do centro. A primeira fase é aquela da expansão dos estados territoriais originários, onde o Brasil se coloca como reserva patrimonial, base de operação de força de trabalho compulsória e fonte de fornecimento de metais preciosos e matérias-primas. Em outras palavras, nesse primeiro momento, o país constitui-se em puro e simples objeto de espoliação, expediente típico da fase de acumulação primitiva então em curso. Na segunda fase, o país aparece como produtor de bens primários, de baixo valor agregado. Num período que abrange desde a época do Exclusivo Metropolitano até o início do século XX, a economia brasileira, singrando ao sabor de um processo determinado desde fora, vai funcionar como alavanca da acumulação de capital no centro, produzindo matérias-primas e produtos agrícolas a baixo custo.

Consideradas conjuntamente, as duas primeiras fases somam mais de quatro séculos, até que finalmente, nos anos 30 do século passado, acontece, para retomar os termos do diagnóstico de Celso Furtado, o "deslocamento do centro dinâmico da economia",[48] abrindo-se assim a possibilidade de que o processo de acumulação passasse a ser determinado desde dentro, com sua dinâmica sendo pautada pelas variáveis relacionadas à economia doméstica.

Essa nova conjuntura, resultado da combinação de fatores políticos internos com a gravidade da crise econômica mundial que então se alastrava, preparou as condições para a terceira fase de inserção da economia brasileira no movimento mundial de acumulação. Acossado já pelo problema da sobreacumulação, o capital do centro vai encontrar na economia brasileira, na segunda metade dos anos 1950, o mercado que começava a escassear no mundo desenvolvido. O país torna-se, assim, objeto do deslocamento espacial do capital dos países centrais, fazendo com que o processo de acumulação "determinado desde dentro" fosse comandado, nos setores mais dinâmicos, pelas necessidades e pelos imperativos do capital de fora.

Apesar disso, foi nesse período, ou seja, a partir de 1930, que se gerou a primeira possibilidade efetiva de a economia brasileira deixar para trás sua crônica dependência. Foi esse o objetivo das tentativas nacional-desenvolvimentistas levadas a efeito por governos de variados tipos. De forma difusa e até *avant la lettre*, como no caso de Vargas, esses diversos governos, seja em períodos democráticos ou ditatoriais, foram percebendo aquilo que a "teoria da dependência" acabou por demonstrar: que as economias nacionais não caminham em linha reta e naturalmente das fases menos desenvolvidas para aquelas mais avançadas, marcadas pela indústria e pelo desenvolvimento tecnológico de ponta. O subdesenvolvimento, como mostrara Furtado, é um tipo de desenvolvimento capitalista que torna os países periféricos, graças à sua posição na divisão internacional do trabalho, dependentes e reféns do imperialismo dos países do centro.[49] Pragmaticamente, isso significava que era preciso apostar na indústria, ou ficaríamos eternamente ao sabor de relações de preço lesivas aos interesses nacionais, pois implicavam transferência de valor.

O aprofundamento da crise de sobreacumulação que despontara nos anos 1970 se encarregou de colocar um ponto-final às tentativas nacional-desenvolvimentistas e jogar a economia brasileira nas turbulentas águas do processo de financeirização, então em pleno curso. Constituindo a quarta fase da história aqui sumariamente descrita, a riqueza financeira, que, incitada pela própria crise, crescia a taxas muito elevadas, vai encontrar no Brasil a demanda por empréstimos que faltava a um capital financeiro robusto e ávido por aplicações.

O segundo choque do petróleo e o chamado choque dos juros, ambos deflagrados em 1979, tinham aberto um período de elevada inflação doméstica, que só encontraria término, depois de várias e conturbadas experiências de estabilização, com a edição do Plano Real em 1994. Junto com isso, o país se viu enredado na crise da dívida externa, uma vez que não conseguia gerar por suas próprias forças os recursos em moeda forte necessários para enfrentar a nova alta dos preços do petróleo e a quadruplicação do valor dos serviços da dívida externa. Em 1987, o Brasil entra em moratória. Mesmo com ela, entre 1970 e 1990, o país paga aos credores externos US$ 140 bilhões a título de juros. Nessa quarta fase, o Brasil era o retrato de uma economia periférica já industrializada, vitimada pela marcha acelerada da financeirização do capitalismo em nível mundial.

No começo dos anos 1990, a persistência de elevadíssimas taxas de inflação, combinada com a dívida externa pendente de resolução desde a moratória, colocava a economia brasileira à margem do afluente mercado financeiro internacional. O Estado brasileiro, pelas mãos de Fernando Collor/Itamar Franco e depois Fernando Henrique Cardoso (FHC), abraça conscientemente os dogmas neoliberais e começa a tomar as providências para alterar essa situação e possibilitar o ingresso ativo do país na era da financeirização, transformando-o em potência financeira emergente. A primeira dessas providências foi resolver o problema da dívida externa, o que foi conseguido através do atendimento às exigências de credores e agências multilaterais (a securitização dos débitos, a abertura do mercado brasileiro de títulos privados e públicos e a abertura financeira da economia, com a retirada gradativa dos controles ao livre fluxo internacional de capitais).

A resolução dos débitos em moratória possibilita o rápido acúmulo de reservas, com o retorno dos capitais ao país, o que contribui para o sucesso do Plano Real em sua tarefa de estabilizar monetariamente a economia, "civilizando" o ambiente macroeconômico para a valorização financeira. A partir da estabilização monetária, outras providências foram tomadas no mesmo sentido, como a concessão de isenções tributárias a ganhos financeiros de não residentes, alterações legais para dar mais garantias aos direitos dos credores do Estado, e uma reforma previdenciária para cortar gastos públicos e abrir o mercado previdenciário ao capital privado. Em paralelo, adotou-se uma política monetária de elevadíssimos juros reais e controle fiscal rígido, além de se colocar em marcha o processo de privatização. A política de juros reais elevados beneficiava duas vezes o capital rentista, pois elevava seus rendimentos, ao mesmo tempo que tornava muito baratos os ativos reais e financeiros aqui produzidos.

A partir de 1999, o país completa seu traje de candidato a potência financeira emergente. Graças à forte crise cambial que se inicia em 1998, na esteira das crises monetárias dos países emergentes que atravessaram toda a década, o governo FHC, em janeiro do ano seguinte, início de seu segundo mandato, altera o regime cambial do país na direção do câmbio flutuante e adota o tripé macroeconômico, com seu regime de metas de inflação. Mesmo a ascensão de Lula ao governo federal não traz mudanças nesse quadro. A liquidez é rigidamente controlada, os juros permanecem em patamares extremamente altos e os superávits primários elevam-se para além dos níveis exigidos pelo próprio FMI. Ademais, medidas adicionais são tomadas no sentido de completar o processo de inserção da economia brasileira nos circuitos mundiais de acumulação financeira: extensão da reforma da previdência ao funcionalismo público, reforma da lei de falências no sentido de priorizar os interesses dos credores financeiros, adoção de medidas para aumentar o grau de abertura financeira. Mas esse ativismo financeiro não se dá sem consequências para a forma da inserção produtiva do país.

A permanente tendência à sobrevalorização que a política de inserção financeira produzia levou à desindustrialização.[50] Assim, um resultado duplamente perverso vai sendo produzido nesta quinta fase: de um lado, somos eternos pagadores de renda; de outro, nossa matriz produtiva regride ao patamar da segunda fase e nos coloca novamente como uma economia extrativa e primária, produzindo quase exclusivamente bens de baixo valor agregado. A participação dos produtos manufaturados em nossa balança comercial, que ultrapassara os 60% no início dos anos 1990, encontra-se hoje na esfera dos 35%. Dos dez produtos mais exportados pelo país nos últimos oito anos, apenas um não se encontra na categoria dos produtos básicos (a exportação de automóveis em 2017). Os produtos campeões são soja, minério de ferro, óleos brutos de petróleo, açúcar, carne de boi... Do ponto de vista de um mundo que vai mergulhando na indústria 4.0, esse resultado não poderia ser pior, pois a perda de importância da indústria vai afastando cada vez mais o país da possibilidade de uma acoplagem tecnológica.

Eximo-me de relatar o que se passou nos governos do Partido dos Trabalhadores, porque, do ponto de vista que aqui nos concerne, eles nada alteraram. A tentativa de retomar os investimentos públicos com o Programa de Aceleração do Crescimento (PAC), lançado por Lula em 2006, bem como a política de proteção ao conteúdo nacional que fez parte do que ficou conhecido como "nova matriz macroeconômica" no primeiro mandato da presidenta Dilma, foi desmantelada pelo agravamento da crise internacional de 2008/2009, cujas pesadas consequências chegaram definitivamente ao Brasil nos primeiros anos da segunda década do século. Sem entrar no mérito dos programas sociais de alto impacto que esses governos adotaram, e que tiveram indiscutíveis consequências do ponto de vista da pobreza e da desigualdade, vale apenas observar que o fato de sua política econômica ter reafirmado, regra geral, a deletéria forma de inserção do país no capitalismo mundial que se iniciara nos anos 1990 foi seguramente uma das razões pelas quais a preservação desses programas foi colocada em xeque, deitando por terra o pouco que foi conseguido.

Considerações finais

Isso posto, é possível considerar que a reiterada absorção de poupança externa que o Brasil experimenta há praticamente três décadas representa um tipo mais atual e mais perverso de dependência. Sem necessidade de que haja perdas nas relações de troca, a transferência de valor dos países centrais para os periféricos está garantida pelo volume de passivo externo que cada economia carrega. Quando isso se combina com a deliberada intenção de produzir ganhos superlativos aos capitais externos, como acontece no Brasil desde meados dos anos 1990, o benefício para esses capitais é ainda mais patente. Não há dúvida, nesse caso, que se trata de captura de excedente. Se os países periféricos engolirem porções cada vez maiores de poupança externa, aí sim, não importando o que ocorra com os termos de troca, estarão garantidas a captura do excedente e a valorização do valor dos capitais externos, em detrimento dos capitais e do trabalho dos países menos desenvolvidos.

O Brasil, como procuramos demonstrar, é um caso emblemático desse tipo moderno e complexo de subordinação. Não só a economia doméstica fica presa a um círculo vicioso de dependência de poupança externa que se reproduz indefinidamente, como o Estado Nacional perde vários graus de liberdade no manejo de sua política econômica.[51] Além da poupança externa, é preciso lembrar, para que se configure o conjunto das operações que constituem o que chamamos aqui de "dependência 4.0", dos pagamentos de renda que estão presentes também nas relações comerciais, seja pelo pagamento de *royalties*, pelas licenças de uso de marca, ou pela aquisição de mercadorias-conhecimento. Uma análise dos microdados das operações registradas no balanço de pagamentos permitiria avaliar com maior precisão quantitativa a evolução recente da captura de valor efetuada por esses diversos canais (IEDs, investimentos em carteira, empréstimos convencionais, compra de bens e serviços), o que não foi possível fazer para este trabalho. Contudo, o gráfico a seguir, elaborado a partir de dados agregados, parece suficiente para demonstrar o impacto, em termos de transferência de valor, da reiterada absorção de poupança externa e da ratificação da "dependência 4.0" no Brasil no último quarto de século. Ele mostra a evolução de duas séries de números-índice que têm o ano de 1980 como base: a série do PIB, calculada a partir dos dados do IBGE, e a série das despesas com remuneração dos capitais externos registradas no balanço de pagamentos, calculada a partir dos dados disponibilizados pelo Bacen.

Gráfico 13.1 – Despesas com balança de rendas exceto ordenados x PIB – índice 1980 = 100

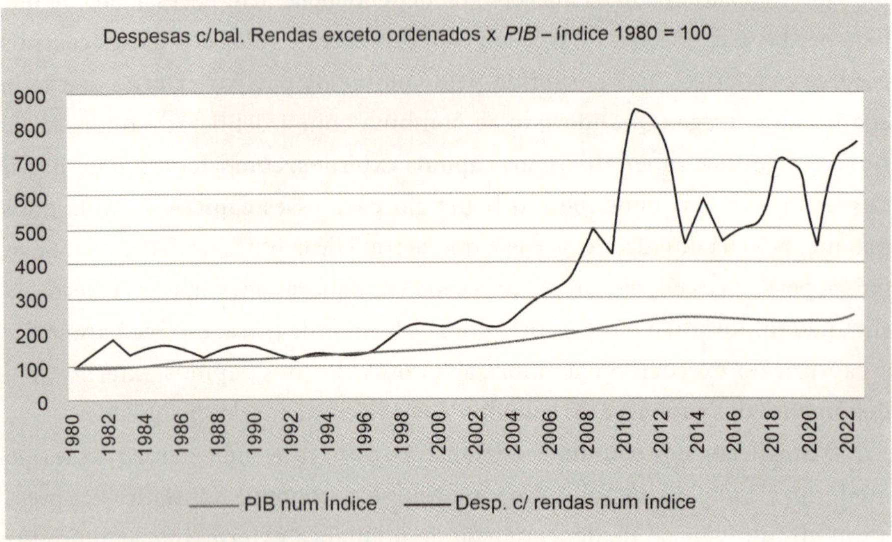

Fonte: PIB (Ipeadata); Balanço de Pagamentos até 2014 (Bacen, 2019a), Balanço de Pagamentos de 2015 a 2018 (Bacen, 2019b) – Elaboração própria.

É visível a mudança de comportamento da curva das despesas em relação à curva do PIB a partir de 1994, ano importante pelo alcance da estabilidade monetária e pelo andamento das providências para liberar os fluxos de capital, garantir ganhos superlativos ao capital externo e transformar o país em "potência financeira emergente". É a partir desse ponto que a dependência 4.0 torna-se firmemente estabelecida no Brasil.

Referências bibliográficas

ABÍLIO, L. C. "Uberização e o trabalhador *just-in-time*". *Trabalho, Educação e Saúde* (*on-line*), vol. 19, 2021.

AMARAL, M. S. *Teorias do imperialismo e da dependência: a atualização necessária frente à financeirização do capitalismo.* Tese de doutorado. São Paulo, IPE-USP, 2012.

BAMBIRRA, V. *O capitalismo dependente latino-americano.* Florianópolis, Insular, 2013 [1974].

BORGES NETO, J. M. "Ruy Mauro Marini: dependência e intercâmbio desigual". *Crítica Marxista*, n. 33, 2011, pp. 83-104.

BRESSER-PEREIRA, L. C. "As três interpretações da dependência". *Perspectivas, São Paulo*, vol. 38, 2010, pp. 17-48.

BRESSER-PEREIRA, L. C. & GALA, P. "Por que a poupança externa não promove o crescimento". *Revista de Economia Política*, vol. 27, n. 1, 2007, pp. 3-19.

BRUNO, M. A. P. & PAULANI, L. M. "Developmentalist policies in financialized economies: contradictions and impasses in the Brazilian case". *Brazilian Journal of Political Economy*, vol. 44, n. 2, April/June 2024.

CARCANHOLO, M. "O atual resgate crítico da teoria marxista da dependência". *Trabalho, Educação e Saúde* (*on-line*), vol.11, n. 1, 2013a, pp. 191-205.

_____. "(Im)precisões sobre a categoria superexploração da força de trabalho". *In*: ALMEIDA FILHO, N. (org.). *Desenvolvimento e dependência: cátedra Ruy Mauro Marini.* Brasília, Ipea, 2013b, pp. 71-98.

CARCANHOLO, R. A. "Sobre o conceito de mais-valia extra em Marx". *Anais* do V Encontro Nacional de Economia Política (Encontro da SEP). Fortaleza, 2000.

CARDOSO, F. H. & FALETTO, E. *Dependência e desenvolvimento na América Latina: ensaio de interpretação sociológica.* 4. ed. Rio de Janeiro, Zahar, 1977 [1969].

CECEÑA, E. "Meu querido Ruy". *In*: MARTINS, C. E. & SOTELO VALENCIA, A. (org.). *A América Latina e os desafios da globalização: ensaios dedicados a Ruy Mauro Marini.* São Paulo, Boitempo; Rio de Janeiro, Editora PUC-Rio, 2009.

CHESNAIS, F. "The economic foundations of contemporary imperialism". *Historical Materialism*, vol. 15, 2007, pp. 121-142.

____. *Finance capital today: Corporations and banks in the lasting global slump*. Leiden, Boston, Brill, 2016 (Historical Materialism Book series).

____. "La théorie du capital de placement financier et les points du système financier mondial oú se prepare la crise a venir". *A L'Encontre*, 30 Septembre, 2019. Disponível em <http://alencontre.org/economie/la-theorie-du-capital-de-placement-financier-et-les-points-du-systeme-financier-mondial-ou-se-prepare-la-crise-a-venir.html>. Acesso em 10/5/2021.

CIPOLLA, F. P. "Valor de mercado, preço de mercado e o conceito de mais-valia extraordinária". *Revista da Sociedade Brasileira de Economia Política*, n. 12, 2003, pp. 87-106.

DARDOT, P. & LAVAL, C. *Never ending nightmare: The Neoliberal Assault on Democracy*. London/New York, Verso, 2019.

EMMANUEL, A. *Unequal exchange – A study of the imperialism of trade*. New York/London, Monthly Review Press, 1972 [1969].

FIORI, J. L. "A globalização e a novíssima dependência". *Em busca do dissenso perdido*. Rio de Janeiro, Insight, 1995.

FURTADO, C. *A nova dependência: dívida externa e monetarismo*. Rio de Janeiro, Paz e Terra, 1982.

____. *Formação econômica do Brasil*. São Paulo, Companhia das Letras, 2006 [1959].

____. *Desenvolvimento e subdesenvolvimento*. Rio de Janeiro, Contraponto/Centro Internacional Celso Furtado, 2009 [1961].

GOWAN, P. *A roleta global*. Rio de Janeiro, Record, 2003.

HARVEY, D. *O novo imperialismo*. São Paulo, Loyola, 2004.

HILFERDING, R. *O capital financeiro*. São Paulo, Abril Cultural, 1985 [1910] (Coleção Os Economistas).

KATZ, C. *A teoria da dependência – 50 anos depois*. São Paulo, Expressão Popular, 2020.

LEITE, L. M. "O canal mais oculto do imperialismo: breve genealogia da categoria da troca desigual a partir das formulações pioneiras sobre o tema". *Anais* do 19º Colóquio Internacional Marx e os Marxismos. Rio de Janeiro, Universidade Federal Fluminense, 2019. Disponível em <https://www.niepmarx.blog.br/MM/MM2019/AnaisMM2019/MC11/MC113.pdf>. Acesso em 26/7/2022.

MARINI, R. M. "Procesos y tendencias de la globalización capitalista". *In*: MARINI, R. M. & MILLÁN, M. (org.). *La teoría social latinoamericana* (4 tomos). Cidade do México, El Caballito, 1995.

____. "Dialética da dependência". *In*: TRESPADINI, R. & STÉDILE, J. P. (org.). *Ruy Mauro Marini – vida e obra*. São Paulo, Expressão Popular, 2005 [1973].

MARTINS, C. E. *Globalização, dependência e neoliberalismo na América Latina*. Tese de doutorado em Sociologia. São Paulo, FFLCH-USP, 2003.

MARX, K. *O capital*, vol. I, tomo II. São Paulo, Nova Cultural, 1983a [1867].

____. *O capital*, vol. III, tomo I. São Paulo, Nova Cultural, 1983b [1895].

____. *O capital*, vol. III, tomo II. São Paulo, Nova Cultural, 1983c [1895].

OLIVEIRA, E. M. G. *A economia do conhecimento e uma nova forma de dependência no capitalismo brasileiro*. Tese de doutorado. Salvador, FE-UFBA, 2017.

OLIVEIRA, F. *Crítica à razão dualista - o ornitorrinco*. São Paulo, Boitempo, 2003.

PAULANI, L. M. "A inserção da economia brasileira no cenário mundial: uma reflexão sobre a situação atual à luz da história". *Boletim de Economia e Política Internacional - Ipea*, n. 10, 2012.

____. "Acumulação sistêmica, poupança externa e rentismo: observações sobre o caso brasileiro". *Estudos Avançados*, vol. 27, 2013a.

____. "Acumulação e rentismo: resgatando a teoria da renda de Marx para pensar o capitalismo contemporâneo". *Brazilian Journal of Political Economy*, vol. 36, n. 3, 2013b.

PRADO, E. F. S. *A desmedida do valor*. São Paulo, Xamã, 2005.

RIFKIN, J. *A terceira revolução industrial*. São Paulo, M. Books do Brasil, 2012.

SCHWAB, K. *A quarta revolução industrial*. São Paulo, Edipro, 2016.

SERRA, J. & CARDOSO, F. H. "Desventuras da dialética da dependência". *Estudos Cebrap*, n. 23, 1979.

SLEE, T. *Uberização: a nova onda do trabalho precarizado*. São Paulo, Elefante, 2017.

SOTELO VALENCIA, A. "Dependencia y sistema mundial: ¿convergencia o divergencia? Contribución al debate sobre la teoría marxista de la dependencia em el siglo XXI". *Revista da Sociedade Brasileira de Economia Política*, n. 17, 2005.

TEIXEIRA, R. A. & ROTTA, T. N. "Valueless knowledge-commodities and financialization". *Review of Radical Political Economics*, vol. 44, n. 1, 2012.

Notas

1 Veja-se, por exemplo, Fiori (1995) e Bresser-Pereira (2010). Para o primeiro, trata-se mais propriamente de uma *escola*, envolvendo artigos e livros de vários autores que, nos anos 1960 e 1970, se debruçaram sobre a América Latina, enquanto, para o segundo, trata-se de uma *interpretação* sociológica e política, que passou a concorrer com a interpretação nacional burguesa do mesmo objeto.

2 De acordo com Bresser-Pereira (2010), a interpretação da dependência se divide em três versões, todas com a mesma raiz teórica marxista, a saber, a da superexploração, a da contradição nacional-dependente e a da dependência associada. Essa posição, contudo, não é unânime. Martins (2003), Sotelo Valencia (2005) e Amaral (2012), por exemplo, veem

na última das versões, a da dependência associada de Cardoso e Faletto (1977 [1969]), uma matriz mais weberiana que marxista. Para Martins (2003), nessa versão, a autonomia do político acaba por subordinar os conceitos mais materialistas, de origem marxiana. Existe, no entanto, o termo *teoria marxista da dependência*, que é amiúde encontrado na literatura sobre o tema. Ele se refere, porém, apenas à primeira das vertentes, que tem em Ruy Mauro Marini, Theotônio dos Santos e Vânia Bambirra seus nomes mais conhecidos. Veja-se a respeito M. Carcanholo, 2013a.

3 Fiori, 1995, p. 215.

4 Kautsky, como se sabe, protagonizou com Lênin uma clássica discussão sobre o futuro do capitalismo, em que o segundo apostava num aprofundamento das contradições, enquanto o primeiro, num período caracterizado por uma evolução mais ou menos pacífica.

5 *El desarrollo económico de la América Latina y algunos de sus principales problemas.*

6 A publicação original é na língua francesa, sob o título *L'échange inégal*. A edição aqui utilizada, em inglês, é da *Monthly Review Press*, de 1972.

7 Como fica claro, concordamos nesse ponto com Emmanuel, mas a questão é polêmica. Alguns autores não concordam com essa posição e entendem que o processo de transformação dos valores em preços de produção implica, sim, uma espécie de troca desigual, por conta da transferência de valor dos setores com menor composição orgânica do capital para aqueles com maior composição orgânica. Leite (2019), por exemplo, vai criticar Emmanuel justamente por essa razão, enquanto Borges Neto (2011) vai esposar a mesma posição que abraçamos aqui. Um problema análogo é o que se refere às noções de valor de mercado, ou valor social, e de mais-valia extra, que permite superlucros. Voltaremos a esse tema mais adiante.

8 Katz, 2020, pp. 79-81.

9 Marini, 2005 [1973], p. 141.

10 Veja-se Amaral, 2012, pp. 42-44.

11 Veja-se Bambirra, 2013 [1974], pp. 124-126.

12 Nos termos de Marini (2005 [1973], p. 150), isso significava que "a exploração internacional pode descansar progressivamente na reprodução de relações econômicas que perpetuam e amplificam o atraso e a debilidade dessas nações [as mais débeis]". Nesse sentido, vale lembrar que David Harvey, em seu livro *O novo imperialismo*, encontra uma explicação para essa mudança de forma no exercício do poder imperial. Para ele, é a ascensão dos EUA após a Segunda Guerra que consolida a lógica especificamente capitalista do poder. O governo americano encontrara formas de dominação imperial que, respeitando nominalmente a independência dos demais países, os dominava por meio de "alguma combinação de relações comerciais privilegiadas, patronato, clientelismo e coerção encoberta" (Harvey, 2004, pp. 46-49).

13 Segundo Borges Neto (2011, p. 86), esse tema já está presente em artigo de Marini de 1967. Todavia, é no famoso ensaio de 1973 que o tema ganha inegável destaque, já batizado com o termo "troca desigual" e associado à superexploração da força de trabalho.

14 Marini, 2005 [1973], p. 153.

15 Ceceña, 2009, p. 43.

16 A mesma Ceceña (2009) observa que o pensamento de Marini deve ser colocado como parte do esforço coletivo de construção de visões de mundo emancipatórias, que ganhara enorme impulso nos anos 1960/1970. Cabe registrar que a observação, assim como a condição de militante, vale também para Teothônio dos Santos e Vânia Bambirra, os outros dois pensadores brasileiros normalmente elencados no âmbito da teoria marxista da dependência.

17 Veja-se a respeito M. Carcanholo, 2013b.

18 Serra & Cardoso, 1979.

19 Veja-se Katz, 2020, p. 269.

20 Conforme assinalado em nota anterior, é discutível a associação feita por alguns autores entre troca desigual e transferências de valor relacionadas à transformação dos valores em preços de produção. Lá indicamos que um problema análogo é o que se refere às noções de valor de mercado, ou valor social, e de mais-valia extra, que permite superlucros. De nosso ponto de vista, também neste caso, não se pode dizer que as empresas mais produtivas "extraem" valor das empresas menos produtivas. Portanto, também não há aí troca desigual. Como o valor é socialmente determinado pelo método de produção mais utilizado num determinado ramo, as empresas de produtividade superior não extraem valores das menos produtivas, mas produzem elas mesmas mais valor por unidade de tempo, porque produzem mais valores de uso. Em posição contrária a essa, temos R. A. Carcanholo (2000); em posição favorável, Borges Neto (2011). Cipolla (2003) tenta resolver a contenda introduzindo a questão da relação entre valor de mercado e preço de mercado. A resolução, porém, tem como ponto de partida o postulado da existência de transferências de valor das empresas menos produtivas para as mais produtivas, colocando-se, portanto, em posição contrária àquela aqui defendida. A relação dessa discussão com a teoria de Marini está em que a primeira das explicações sobre troca desigual por ele encontradas consiste justamente no transporte, para o plano do comércio internacional, das considerações quanto às possibilidades de obtenção de mais-valia extra. Assim, no processo de concorrência entre capitais externos e internos numa mesma esfera de produção, as nações mais avançadas extrairiam valor das mais atrasadas, posição a nosso ver equivocada. Como lembra Borges Neto (2011, p. 93), o próprio Marx diz o contrário no capítulo XX do Livro I, quando afirma que, no mercado mundial, o trabalho mais produtivo conta também como mais intensivo, ou seja, produz mais valor por unidade de tempo. De qualquer forma, nesse *aggiornamento* de sua teoria da dependência, elaborado em 1995, Marini está descartando a importância de ambos os fatores e, portanto, da própria troca desigual.

21 Marini, 1995 [1973], p. 9.

22 *Idem, ibidem.* Independentemente das transformações trazidas pela globalização, há autores que consideram que não é necessário aceitar a ideia da superexploração para que seja possível defender as teses sobre a dependência. Segundo Katz, Samir Amin é um desses autores.

23 Marini, 1995 [1973], p. 6.

24 Chesnais, 2016, pp. 15-16. Tradução minha.

25 *Private equities* são títulos de participação em empresas já estabelecidas, mas ainda não cotadas em bolsa. Os fundos de *private equity* são esquemas coletivos de investimento nesse tipo de título. As *LBOs* são transações que podem transferir o controle de uma empresa a um grande bloco de capital ou a grandes investidores por meio da utilização alavancada do fluxo de caixa dessa empresa como colateral na emissão de títulos de dívida.

26 O FMI faz um alerta, em boletim emitido ao final de 2018, para o crescimento descontrolado dos *leveraged loans* (cuja emissão teria chegado a US$ 1,3 trilhão em 2018) e para a perigosa deterioração dos padrões de empréstimo. Chesnais (2019) chama atenção para isso, destacando a explicação adiantada pelo próprio FMI para tal crescimento: com anos e anos de taxas de juros extremamente reduzidas e abundância de dinheiro barato circulando pelo sistema financeiro internacional, os "investidores famintos por rendimentos" (*yield-hungry investors* – o termo é do próprio FMI) estão se dispondo a tolerar níveis cada vez

mais elevados de risco. O referido boletim do FMI está disponível em <https://blogs.imf.org/2018/11/15/sounding-the-alarm-on-leveraged-lending/>. Acesso em 24/7/2024.

27 Chesnais, 2007, p. 121. Tradução minha.

28 O que se segue reproduz de modo sintético o que está em Paulani, 2013b.

29 Marx, 1983b, p. 298.

30 Veja-se, a respeito, Teixeira & Rotta, 2012. Para uma posição distinta, que entende o preço das mercadorias-conhecimento como *juro* e não como *renda*, veja-se Prado, 2005.

31 Marx, 1983b, pp. 229-230.

32 Não por acaso, tornou-se praticamente um bordão dos modernos manuais de administração a afirmação de que a marca "cria valor", ou falar do "valor criado pela marca". Equivocados do ponto de vista da economia política, tais motes são expressivos do fenômeno ao qual nos referimos.

33 O conhecido livro de Cardoso & Faletto foi publicado pela primeira vez em castelhano pela editora Siglo XXI, do México, em 1969. A primeira edição em português aparece, no ano seguinte, no Brasil, pela Zahar do Rio de Janeiro.

34 Cardoso & Faletto, 1977 [1969], p. 129.

35 Furtado, 1982, pp. 121-128.

36 Um pouco mais tarde, em livro de 2003, Francisco de Oliveira vai tocar no mesmo ponto, indicando a dificuldade ainda maior, dado o incremental paradigma molecular-digital em curso, de as economias periféricas realizarem o chamado *catch up*.

37 Compartilho aqui com Harvey (2004) e Chesnais (2016) o diagnóstico sobre a natureza da crise dos anos 1970, até hoje não resolvida de todo: trata-se de uma crise de sobreacumulação, vale dizer, de excesso de capital em relação às possibilidades de sua valorização produtiva.

38 Veja-se, a respeito, Gowan, 2003.

39 Fiori, 1995, p. 220.

40 *Idem*, p. 224.

41 *Idem*, p. 223.

42 Segundo Schwab (2016), o termo *indústria 4.0* foi utilizado pela primeira vez na Feira Industrial de Hannover, na Alemanha, em 2011. Não há ainda, contudo, consenso sobre sua utilização. Por exemplo, Jeremy Rifkin, conhecido estudioso da temática do avanço tecnológico, continua a falar sobre terceira revolução industrial e não sobre quarta revolução ou sobre indústria 4.0 (veja-se Rifkin, 2012).

43 Especificamente com relação a esse elemento e sua importância na nova configuração da dependência, veja-se E. M. G. Oliveira (2017).

44 Vejam-se, a respeito, Slee, 2017, e Abílio, 2021.

45 Oligarquias burocráticas é um termo de Dardot & Laval (2019) para se referirem aos altos executivos das grandes corporações.

46 A grande mídia corporativa, em tudo alinhada aos interesses do mercado financeiro, aderiu sem peias a essas ardilosas metáforas.

47 Reproduzimos aqui, com ligeiras alterações, aquilo que já se encontra em Paulani, 2012, e Paulani, 2013a.

48 Furtado, 2006 [1959], p. 274.

49 Furtado, 2009 [1961].

50 Bresser-Pereira & Gala, 2007.

51 Bruno & Paulani (2024) demonstram, com base na história recente do país, e com a utilização de várias séries de dados, de que modo o regime financeirizado inviabiliza qualquer tentativa de política desenvolvimentista.

CAPÍTULO 14
DEPOIS DA HEGEMONIA NEOLIBERAL: UMA LEITURA DE FRANCISCO DE OLIVEIRA

Camila Goes

INTRODUÇÃO

Nos últimos anos, o teórico gramsciano Peter Thomas tem se dedicado a realizar uma crítica dos vários enfoques da "pós-hegemonia",[1] promovendo um amplo debate internacional que contou com resposta até mesmo do influente cientista político indiano Partha Chatterjee, entre outros.[2] Chatterjee endossou a crítica de Thomas deixando claro já no título de sua intervenção que, em seu entendimento, não se trataria de uma mera polêmica abstrata a respeito do rigor de uma categoria com relação a sua matriz gramsciana, mas da constatação de que "a luta pela hegemonia não cessou".[3] Centrado sobre o debate indiano, dos anos 1980 à atualidade, Chatterjee defende que a política hegemônica ainda está de pé e que a abordagem de Gramsci continua a lançar *insights* valiosos para explicar as transformações contemporâneas das relações de poder.[4]

Como se sabe, a noção de "hegemonia" já era usada e discutida muito antes de as notas carcerárias de Antonio Gramsci se tornarem conhecidas. Como demonstra Cospito, a categoria cumpriu um papel central no desenvolvimento da social-democracia russa tanto antes quanto depois da Revolução de Outubro de 1917.[5] No entanto, foi só com a publicação dos *Cadernos do Cárcere* na Itália dos primeiros anos do pós-guerra, seguida de sua parcial tradução para o espanhol nos anos 1950, para o português nos anos 1960 e para o inglês no início dos anos 1970 que se iniciaria um amplo processo de difusão internacional e interdisciplinar. Entre os que passaram a usar o conceito, parecia haver uma mesma convicção compartilhada: "A hegemonia, independente de como for definida, pode promover tanto *análises históricas realistas* sobre a formação das ordens políticas modernas, como uma perspectiva sugestiva para teorizar *seu potencial contemporâneo de transformação*".[6]

A fórmula da hegemonia como equilíbrio orgânico entre coerção e consenso e as demais reflexões sobre os momentos de crise e de ascensão de movimentos autoritários sob a batuta de líderes carismáticos seriam algumas das contribuições teóricas de Gramsci que ajudariam a refletir não só sobre a situação italiana, mas transitariam pelo mundo de modo a pensar a política no século XX. Nos primeiros anos do século XXI, no entanto, tanto a relevância como a coerência conceitual da hegemonia começariam a ser colocadas em questão.[7] No Brasil, em fins do século anterior, esse problema já havia emergido na obra de Francisco de Oliveira (1933-2019) à maneira de um enigma para pensar a nova forma de dominação burguesa inaugurada pelo neoliberalismo. Na tentativa de decifrá-lo, Oliveira oscilou entre reconhecer uma vocação hegemônica ao projeto neoliberal – cujos contornos, no Brasil, teriam sido definidos sob a liderança de Fernando Henrique Cardoso (FHC), seu *condottiere* – e abandonar a própria noção de hegemonia. Para o sociólogo, havia uma diferença crucial naquela conjuntura que, em seu ponto de vista, arriscava tornar o conceito gramsciano impróprio.

Seria contraproducente posicionar a perspectiva de Oliveira segundo a tipologia elaborada por Thomas para classificar, especialmente em meio anglófono, as diferentes elaborações da "pós-hegemonia". Para evidenciar a grande diferença de Oliveira com relação a essas formulações, destaco o que, segundo Thomas, as unificaria. Em todas as versões correntes da pós-hegemonia haveria uma dívida comum com a obra de Ernesto Laclau e Chantal Mouffe e uma mesma inclinação ao pós-marxismo. Notadamente, Francisco de Oliveira não realiza um deslocamento destes em sua obra, tendo a inspiração marxista e o enfoque da economia política presentes em todo o seu percurso teórico, conforme abordarei mais adiante. Mas há um aspecto central da explicação de Thomas sobre as teorias da pós-hegemonia que pode ser útil para compreender o pensamento político de Oliveira. Segundo Thomas, os debates em torno da obra gramsciana ao longo dos anos 1970 teriam estabelecido a revolução passiva "não como *uma forma* da hegemonia burguesa, mas como *o paradigma da hegemonia como tal*".[8] Seria baseados nesse paradigma que os teóricos teriam vislumbrado "além" da hegemonia.

No caso de Oliveira, como buscarei demonstrar na primeira parte deste capítulo, era justamente sobre o desmantelamento do campo de significados criado pela longa "revolução passiva" brasileira que se buscava pensar com o delineamento do enigma hegemônico, mas não só. Essa era a parte do problema posto por Oliveira que abordava o passado, demarcando a corrosão das condições necessárias ao estabelecimento da democracia no país. O outro aspecto de sua crítica alertava para os terríveis cenários que poderiam decorrer desse processo. Conforme o sociólogo, a dominação estaria passando a assumir abertamente uma "cara totalitária".[9] De modo contraintuitivo, o sociólogo via a política ser esvaziada no momento em que possivelmente estivessem se ampliando a "participação da cidadania" e a representação democrática no Brasil, ao longo dos anos 1990 e 2000.

Segundo hipótese lançada em introdução à coletânea *Brasil no inferno global* organizada por André Singer, Cicero Araujo e Fernando Rugitsky em 2022, Oliveira seria um dos poucos que teriam percebido "por baixo da estabilidade e avanços que o país desfrutou desde os anos 1990, como ao mesmo tempo corroíam-se as reservas de sociabilidade democrática acumuladas desde os anos de luta contra a ditadura até a Constituição de 1988". Possivelmente sua percepção tivesse propiciado "uma visão da semiperiferia sobre a totalidade capitalista em devir".[10] Embora não tenha analisado a crise da ordem neoliberal deflagrada em 2008 – momento em que a tensa relação entre neoliberalismo e democracia suscitaria maior debate público e acadêmico –, Oliveira parece ter percebido as rachaduras por onde emergiriam, ao menos desde 2016,[11] a manifestação dramática dessa crise, com o surgimento de alternativas autoritárias *stricto sensu*. E, nesse momento, a hipótese da "pós-hegemonia" reapareceria pela mão de outro conceito de inspiração gramsciana, o "interregno", cuja elaboração por parte de uma série de teóricos políticos e sociais contemporâneos seria muito mais próxima ao raciocínio proposto por Oliveira durante os anos 1990 e 2000, conforme buscarei demonstrar na segunda parte do texto.

Revolução passiva ou "hegemonia inacabada"

A chave de interpretação dada pelo conceito de revolução passiva foi desenvolvida por Gramsci majoritariamente em suas análises sobre o processo tardio de unificação italiana. Tendo à contraluz o modelo "clássico" da Revolução Francesa, Gramsci buscava explicar "a brilhante solução" dada à condução do *Risorgimento*, "nas formas e nos limites em que ele se realizou, sem 'Terror', como 'revolução sem revolução', ou seja, como 'revolução passiva'".[12] Destacava-se, sobretudo, a forma como a classe dirigente italiana teria conseguido absorver habilmente as elites dos grupos inimigos, formando, com isso, uma ampla classe dirigente que, por "revolução passiva", permitira a formação do Estado moderno na Itália. Essa dinâmica revelava uma luta por "guerra de posições" que levaria, mais de meio século depois, num momento de crise de hegemonia, ao advento do fascismo.[13]

Entre outras coisas, Gramsci buscava alcançar uma interpretação mais avançada do processo de unificação em seu país e denunciar o conteúdo político das críticas conservadoras endereçadas ao regime parlamentar que teria se seguido ali.[14] Sua análise de como, no contexto italiano, a modernização capitalista fora dirigida por uma coalizão conservadora encontraria profícuas analogias com o processo de modernização brasileiro conduzido pelo Estado, sobretudo a partir dos anos 1970.[15] No Brasil, o debate teórico e político girava ao redor de como interpretar os "anos de chumbo" que haviam modernizado o país "pelo alto" e o particular processo de transição à democracia então em curso. Francisco de Oliveira, que naquela altura já possuía uma trajetória política e intelectual considerável, ocuparia um lugar de destaque nessa querela.[16] Em seu influente ensaio de 1972, *Crítica à razão dualista*, dedicado a pensar a economia brasileira a partir de 1930, Oliveira já demonstraria a forma como – ao contrário da revolução burguesa "clássica" – o deslocamento de hegemonia entre as classes dominantes brasileiras não havia exigido uma ruptura total do sistema, por razões históricas e que depois se tornariam estruturais.[17]

Posteriormente, Oliveira chegaria a afirmar que a chave de interpretação gramsciana ajudaria não só a iluminar o caso brasileiro, mas todas as grandes acelerações ocorridas na história do capitalismo moderno conduzidas por Estados e regimes autoritários.[18] No Brasil, seria um complemento necessário à teoria do subdesenvolvimento,

> [...] pois, se o subdesenvolvimento, tal como teorizado por Raúl Prebich e Celso Furtado, não é uma etapa do desenvolvimento capitalista, mas sua forma peculiar na periferia do sistema, ele não pode ser entendido sem os elementos coercitivos, com ausência da revolução burguesa, que caracteriza a "revolução passiva" em chave gramsciana.[19]

Para Oliveira, entretanto, o marco mais importante desse processo no Brasil não seria o golpe de 1964 – como na tese defendida por Fernando Henrique Cardoso[20] –, mas a Revolução de 1930, quando a indústria passara a ser o setor-chave para a dinâmica do sistema.

O período de 1930 a 1980 seria sintetizado por ele a partir do conhecido *slogan* de Kubitschek: "A vertigem da aceleração de um desenvolvimento de quinhentos anos em cinquenta anos de história".[21] Para o sociólogo, esse teria sido o momento de ampliação da dominação burguesa de classe no Brasil, sem que tivesse sido acompanhada, no entanto, por uma hegemonia expansiva. Afinal, "o longo período de 1930 a 1984, com sua sequência de golpes, atesta um formidável e permanente *ajuste de contas* e, portanto, a ausência de consenso".[22] A "longa revolução passiva" seria marcada por um pesado ajuste entre os principais blocos burgueses e a disputa pelo controle sobre a nova classe operária em uma sucessão de golpes ou quase golpes.

A ideia de um "domínio sem hegemonia" tem sido proficuamente desenvolvida por intelectuais que se apropriaram da perspectiva gramsciana para pensar a modernização capitalista em contextos periféricos.[23] Confluentemente, Oliveira lançaria mão da ideia de "hegemonia inacabada" e "hegemonia imperfeita" para pensar o restrito alcance da dominação burguesa brasileira, como se poderia verificar, a exemplo do caso italiano, na conformação regional do país.[24] A Revolução de 1930 teria amplificado a unificação do mercado, derrubado as fronteiras estaduais, criado o espaço para a circulação ampliada das mercadorias, significando com isso imenso reforço à acumulação do capital. No entanto, a circulação ampliada dos capitais seria "travada pela própria fratura na unidade nacional, ou pelas formas inacabadas ou imperfeitas de sua resolução". São Paulo teria vencido, mas não alcançado a hegemonia, "porque seu mecanismo de dominação é o mercado, e este é insuficiente para forjá-la".[25]

Segundo Oliveira, essa hegemonia incompleta teria criado um "monstro" – a aliança de interesses entre a burguesia industrial e as oligarquias agrárias retrógradas –, que seria responsável por ter deixado "intacta a questão agrária, irresoluta a questão do mercado de trabalho no campo, com o que reiterava a própria questão agrária e, por extensão, também sem resolução a questão negra no coração da própria industrialização". Sempre enfatizando a dinâmica nacional da política entre as classes, Oliveira reforçaria que o sistema fundado sobre essa aliança entraria em colapso repetidas vezes. Não obstante, seria sempre reposto pelo poder das armas a serviço da burguesia industrial, mesmo quando já havia perdido a exclusividade da dominação econômica que passara a ser dividida, ao menos desde o golpe de 1964, com forte parcela da burguesia internacional. Nas palavras de Oliveira, "uma hegemonia inacabada teve por consequência, por fim, o culto mais completo e acabado do autoritarismo, esse permanente ciclo pendular entre populismo e intervenção militar".[26]

Seria só nos anos 1980 que nasceria, na perspectiva de Oliveira, uma nova cultura hegemônica por parte das classes subalternas, originada da experiência da ditadura e da emergência de um novo operariado. A complicação é que, coincidentemente à emergência dessa nova sociabilidade, forjada entre 1964 e 1990 – considerada "época de forte invenção política"[27] –, também se insinuaria um outro processo, cujo sentido era em tudo o seu oposto. Diferentemente do que havia se dado nos países de capitalismo desenvolvido, o neoliberalismo no Brasil não se apresentava como uma reação à social-democracia e ao Estado de Bem-Estar Social, mas contra um processo ainda incipiente de ampliação da esfera pública e dos direitos da cidadania. Ressalte-se que, embora embrionária, a força dessa inovação política imprimiria marcas importantes ao processo de redemocratização. Entre estas, Oliveira ressaltava duas que considerava principais. Em primeiro lugar, o renascimento do sindicalismo sobre novas bases, com a emergência das frações do proletariado que operavam na base produtiva das multinacionais do automóvel. Em segundo lugar, o deslocamento do campo das políticas sociais operado pelos novos movimentos sociais, que teriam obrigado o Estado militar autoritário ao desenho de um conjunto de políticas – "verdadeira inovação na *longue durée* brasileira".[28]

A política era vista, então, como um campo dinâmico, em constante mudança ou em permanente invenção. A força de uma invenção, nos termos de Oliveira, seria equiparável ao que Gramsci chamou de hegemonia, "no sentido de uma cultura que torna indeclináveis as questões propostas, que obriga o adversário a jogar com as linguagens, situações, instituições e cultura inventadas, as quais se tornam, assim, a cultura dominante".

A categoria de hegemonia era, assim, dialeticamente definida como sendo a produção conflitiva de consenso.[29] Tendo isso em vista, compreende-se como Oliveira identificou, na nova política nascida das lutas contra a ditadura, uma clara vocação hegemônica. Do ponto de vista partidário, a nova sociabilidade democrática ganharia forma com a criação do Partido dos Trabalhadores (PT), tendo Francisco de Oliveira entre seus fundadores.

Embora animado com a movimentação da sociedade brasileira, naquele momento Oliveira já modulava seu otimismo, atento ao preambular neoliberal e à sua redução drástica de horizontes. Em artigo publicado na imprensa, em março de 1980, o sociólogo era categórico ao afirmar que, a despeito da maior dependência e perda de soberania, a internacionalização das economias capitalistas era um fato irredutível.[30] Para Oliveira, não seria mais possível defender um mercado que ficasse reservado para a atuação da burguesia nacional. O tom pessimista era reforçado em matéria do mês seguinte, em que assegurava não enxergar possibilidades de geração de novos empregos ou de melhores salários. "O sonho acabou", dizia Oliveira.[31]

Entre 1982 e 1984,[32] o sociólogo realizaria um estágio de pesquisa na França em que, nas palavras dele, pôde estudar o Estado de Bem-Estar Social *in loco*.[33] No retorno ao Brasil, e sob o impacto da experiência francesa, mudaria bastante seu léxico, deixando para trás a concepção que via na social-democracia apenas uma ilusão.

Para Oliveira, naquele momento, restaria à luta de classes buscar alternativas dentro do Estado. O *Welfare*, em sua visão, abriria um espaço para o conflito em que, na metáfora com o jogo de xadrez, "os territórios de cada peça – no caso, de cada direito – são previamente mapeados e hierarquizados, isto é, não se trata de um campo isomorfo e isônomo". Os adversários saberiam quando estivessem invadindo determinada área, pois "a hierarquia da dama, da torre ou do cavalo seria *dada*". A luta consistiria, então, em buscar alternativas que anulassem a posição previamente hierarquizada, e o poder de fogo, das peças mais importantes. A metáfora do xadrez serviria para destacar o que seria característico da construção da esfera pública: "A construção e o reconhecimento da alteridade, do outro, do terreno indevassável de seus direitos, a partir dos quais se estruturam as relações sociais". Ao contrário, nos "Estados de mal--estar", a metáfora seria a do jogo de damas: "Com uma penada, o governo poderia reduzir salários, aumentar impostos a seu bel-prazer, confiscar bens – menos os da burguesia".[34]

O desafio estaria em construir um espaço de esfera pública e de democracia em que os interesses dos sujeitos políticos pudessem prevalecer à pura lógica do mercado e do capital. Nisso, as relações entre as classes não mais buscariam a anulação da alteridade, mas se ajustariam numa perequação mediada pelo "fundo público". A democracia representativa seria o espaço institucional em que classes e grupos sociais poderiam intervir, constituindo, com isso, um "terreno do público", acima do privado.[35] Ao realizar isso, o Estado de Bem-Estar Social teria politizado a relação do fundo público com cada segmento da reprodução social. O ataque da direita aos gastos públicos, com a crise do fim dos anos 1980, abalaria, portanto, os fundamentos da democracia moderna, que correria o risco de se ver transformada "numa democracia de interesses", em que o Estado passaria a ser "completamente subordinado ao capital", o que, segundo Oliveira, seria "uma homenagem a Marx, vinda de seus mais ferrenhos adversários".[36]

Foi também no fim dos anos 1980 que a luta de classes, "codificada" entre um padrão renovado de uma força autoritária e excludente, e a possibilidade de avanços democráticos apareceriam na primeira eleição direta para a Presidência do Brasil. Segundo Oliveira, essa disputa eleitoral teria gerado mesmo uma "crise de hegemonia" – sem paralelos e precedentes até então – dada a ascensão do candidato petista ao segundo turno do pleito.[37] Lula estava à frente de uma coalizão de partidos que congregava todas as siglas de esquerda, cujas bases sociais eram muito heterogêneas; do outro lado, um *outsider* das classes dominantes, conduzindo "messianicamente" toda a direita.[38] A possibilidade de alçar ao Executivo nacional um representante da nova cultura democrática sofreria, contudo, uma enorme derrota nas eleições de 1989, com a qual se iniciaria o feroz ciclo neoliberal.

Nas palavras de Oliveira, "a contrarrevolução tresloucada de Collor mandou 'pro brejo' toda a esperança de mudança social *progressista*, vale dizer, mudança que tentasse varrer com as vastas desigualdades".[39] Teria se instaurado a partir de então "uma espécie de conservadorismo que se pode resumir em mudança social *regressiva*, isto é, um anseio generalizado e difuso por estabilidade, segurança, ordem e, *par contre*, o medo à mudança social progressista".[40] É nesse momento que se nota um processo de inflexão no raciocínio de Oliveira. O sociólogo começava, então, a arriscar novas hipóteses de interpretação para a relação de dominação social que emergia sob o neoliberalismo. Esta não poderia ser entendida mais, em sua opinião, como um projeto hegemônico.[41]

Pensando a eleição e a reeleição de Fernando Henrique Cardoso, alguns anos depois, entretanto, ele se contradiria. Diferentemente de Collor, que teria sido um "estouro imprevisto", o projeto conduzido por FHC seria duradouro, possuiria longa elaboração social e contaria, na figura do presidente, com um "*condottiere* no sentido mais rigoroso do termo", e a excepcionalidade de sua personalidade seria um elemento constitutivo da hegemonia.[42] A reeleição de FHC continuaria a ser vista como parte da estratégia política de um grupo com pretensões hegemônicas. Para Oliveira, desde a Revolução de 1930 não surgia um grupo com essas características: "Ao longo desses anos, extremamente violentos, os conflitos significaram a impossibilidade de hegemonia de um grupo que soldasse as diferenças sociais e as traduzisse politicamente".[43] FHC teria sido capaz de capitanear um processo em curso havia três décadas – ou seja, desde o golpe de 1964 –, traduzindo para o plano político a difícil articulação entre burguesia industrial, financeira, rural, setores da classe média, empresas multinacionais e ambiente internacional. Aqui, mais uma vez, o sociólogo propunha uma definição do fenômeno: "Existe dominação e hegemonia. Pode-se dominar politicamente, economicamente, mas só há hegemonia quando você faz o dominado pensar como você".[44]

O desenrolar desse processo, ao longo dos anos 1990, levou Oliveira a delinear um problema teórico e político de amplas proporções. Para ele, fora "sedutor pensar o processo de mudanças (cujo caráter regressivo colocaria sob suspeita sua caracterização como 'transformador') em curso no Brasil sob o crivo do conceito gramsciano de hegemonia".

Isso porque, desde a expansão capitalista acelerada pela ditadura militar – "ela mesma a expressão da impossibilidade da hegemonia" –, as bases materiais, sociais, regionais, territoriais da dominação burguesa no país teriam sido radicalmente modificadas. Não apenas como continuidade do longo processo desatado nos anos 1930, mas também como ruptura da "revolução passiva" brasileira. Afinal, tanto os dominados não seriam atores da mudança, quanto o deslocamento de classes no interior do bloco dominante não teria exigido liquidar classes ou frações perdedoras – "uma espécie de 'eterno retorno' da própria Revolução de Trinta".[45] Esse processo, em grande parte conduzido sob regimes de exceção claramente antidemocráticos, teria produzido tanto classes dominantes como classes dominadas nacionais.

A ditadura teria sido liquidada graças à reativação destas últimas, em especial do movimento operário e sindical, o que teria exacerbado a crise no bloco dominante, que já não seria capaz de continuar com a repressão. Com a redemocratização formal em 1984, as contradições no interior do bloco dominante teriam se aguçado ainda mais. Sem o expediente da repressão, a iniciativa das classes dominadas dificultava imensamente a resolução de questões centrais à nova fase de expansão. Para a burguesia, por outro lado, não era funcional se apropriar do espaço democrático. "A formalização dessa 'irresolução', com o avanço dos direitos da cidadania, em geral, na Constituição de 1988, dramatizou o impasse."[46] Com as eleições de 1989, quase que todo o arcabouço da "revolução passiva" veio abaixo com o terremoto, "quase 7 na escala Richter", produzido pelos 45% de votos conquistados por Lula. Do outro lado, por pressão, amalgamou-se todo o vasto bloco burguês que quase sai do terreno da "revolução passiva" para uma "forma messiânica de poder, quase um cesarismo, que encarnou em Collor".[47]

Aprendida a lição, volta a funcionar a fusão entre economia e política com a eleição de FHC. "As classes dominantes no Brasil juraram nunca mais deixar-se contaminar pela democratização; *impeachment* nunca mais."[48] O problema é que já não se tratava mais de uma impossibilidade de hegemonia plena, típica dos casos de revolução passiva, nem mesmo de sua possibilidade, tendo em vista a ampla disseminação dos valores dominantes, como o da estabilidade monetária. Uma diferença crucial daquela conjuntura colocava em xeque o próprio conceito de hegemonia: o neoliberalismo renunciava ao projeto de universalização dos valores burgueses. No Brasil, essa renúncia significava nada menos que o fim do processo contraditório de "revolução passiva", iniciado com a Revolução de 1930 e encurralado desde o fim dos anos 1970 pelas classes subalternas e seus novos recursos políticos. Esse processo assumiria, na periferia do capitalismo, abertamente "uma cara totalitária".[49] A partir de então, dominantes e dominados não compartilhariam mais de um mesmo campo semântico. "Há uma negação – ou sua tentativa – da contestação no mesmo campo de significados, o que dilui a política e o conflito." Assim, apesar da aparência de hegemonia finalmente lograda, Oliveira sugeria ser mais produtivo pensar em termos de "totalitarismo" – o conceito seria mais adequado para pensar o processo de destruição operado pelo neoliberalismo, cujo sonho seria o do "*apartheid* total".[50]

A "era da indeterminação" ou interregno

Já avançada a década do "desmanche",[51] Francisco de Oliveira se dedicaria a apresentar os contornos do que passava a denominar como "totalitarismo neoliberal". A "revolução passiva", que havia nos levado plenamente à modernidade capitalista, concluía-se, inaugurando um novo ciclo de dominação. Extrapolando o raciocínio do caso brasileiro ao contexto global, o sociólogo ressaltava que o movimento de retorno ao indivíduo, ao reino do privado, e o desmantelamento da institucionalidade, assim como o movimento crepuscular do Sol, iriam se pôr "em toda parte". A nova forma de dominação colocava em risco toda institucionalidade contemporânea, concebida

> [...] desde a Revolução Francesa, com o Código Napoleônico, até o Estado do Bem-Estar; que se universalizou, mesmo para os países da periferia do capitalismo, sob formas de simulacros, bem ou mal acabadas, seja do contrato mercantil, seja do Estado do Bem-Estar.[52]

As especificidades históricas da paisagem nacional produziam, entretanto, uma cadência particular ao anoitecer do mundo. Afinal, a incompatibilidade radical entre dominação burguesa e democracia não seria uma novidade, mas traço constitutivo da formação da sociedade brasileira.[53] A tentativa de anular a política penosamente construída pelas classes dominadas – chegando até a Constituição de 1988 – revelar-se-ia um intenso e acelerado processo que teria levado a uma "subjetivação perigosa" por parte das burguesias: "do que se trata é de algo mais radical, que é a privatização do público, sem a correspondente publicização do privado que foi a contrapartida, ou a contradição, que construiu o sistema do Estado do Bem-Estar".[54]

A hipótese levada adiante por Oliveira era a de que estaria em curso uma regressão do universal abstrato que havia criado o Estado como "comunidade ilusória" para o "mero chão de interesses privados que, já agora, não se universalizam".[55] Isto é, não haveria mais a necessidade de se livrar de sua forma de interesses privados, ainda que na aparência, "*tal o nível da dominação*, ou sobretudo da experiência subjetiva vivida pela burguesia".[56] Ainda que não se tratasse de um fenômeno criado por FHC, teria sido sob sua batuta que a "ideologia oficial" de "carga simbólica mortífera" teria se expandido de forma extraordinária.[57] O mostrengo neoliberal brasileiro, que, "como um Frankenstein", era constituído de "pedaços de social-democratas, antigos e novos oligarcas do Nordeste, populistas de direita, trânsfugas de esquerda", passava por uma metamorfose. Sua face real passava a ser a do totalitarismo.[58] Globalização sem autonomia dos sujeitos sociais e dos indivíduos poderia desembocar, segundo alertava o sociólogo em 2002, numa "Auschwitz além de Auschwitz: sem fornos crematórios, mas onde se consomem se não os corpos, pelo menos qualquer possibilidade de contato humano".[59]

Vale destacar neste ponto que há, no raciocínio de Oliveira, certa identificação entre as noções de hegemonia e democracia, vinculação já indicada por Gramsci anteriormente.[60] Mas há uma distinção importante entre ambos os pontos de vista – enquanto o comunista italiano estaria interessado em desvendar o significado mais realista e concreto da democracia, vinculando-o à noção de hegemonia, é possível perceber, nesse ponto do pensamento do sociólogo brasileiro, uma certa inclinação normativa. A própria escolha do conceito de "totalitarismo" reforça esse viés. Aqui, a ideia de hegemonia mistura-se não só à de democracia, mas à própria política, aproximando a referência gramsciana da reflexão de autores como Hannah Arendt, Claude Lefort e Habermas.[61] O fenômeno definia-se pelo encolhimento ou pela anulação do espaço público dos direitos e pelo alargamento do espaço privado dos interesses de mercado, mas seria só mais bem especificado cerca de duas décadas depois por Marilena Chaui. A filósofa explicava se tratar de um totalitarismo de novo tipo:

> [...] novo porque, em lugar de a forma do Estado absorver a sociedade, vemos ocorrer o contrário, isto é, a forma da sociedade absorve o Estado. [...]. Sua grande novidade está em definir todas as esferas sociais e políticas não apenas como organizações, mas como um tipo determinado de organização que percorre a sociedade de ponta a ponta e de cima [até] em baixo: a empresa – a escola é uma empresa, o hospital é uma empresa, o centro cultural é uma empresa. Eis por que o Estado é concebido como empresa, sendo por isso espelho da sociedade e não o contrário, como nos antigos totalitarismos.[62]

O enigma da hegemonia permanecia em pé, apesar disso. Afinal, saber se a dominação neoliberal – com ou sem democracia – podia ser compreendida a partir da fórmula gramsciana independia, no limite, de sua forma política. O problema ganharia ainda maior complexidade com a chegada de Lula e o Partido dos Trabalhadores ao governo federal. Estar-se-ia em face de um ressurgimento do conflito hegemônico? A perspectiva gramsciana teria ganhado nova vida? O inusitado está em que Oliveira, que havia fundado o PT no início dos anos 1980, tivesse oscilado quanto à atribuição de uma vocação hegemônica aos governos da direita, mas que, no período lulista, jamais tivesse aventado a possibilidade de entendê-lo como "contra-hegemonia". Contraintuitivamente, o sociólogo não hesitaria mais a esse respeito, abandonando de vez o conceito. Os termos do debate eram bem sintetizados no título de um dos seus textos dedicados ao tema: "O enigma de Lula: ruptura ou continuidade?".[63] Segundo Oliveira, a eleição de Lula tinha tudo para parecer ser não só o encerramento da "era FHC" como também o fim do "longo ciclo da via 'passiva' brasileira".[64] Nesse caso, o autor parecia rememorar a hipótese da revolução passiva para enfatizar a possibilidade de ruptura com a dominação burguesa – então em seu ciclo neoliberal – sinalizada pela vitória do candidato petista.

Os termos da "conjuntura de confusão" haviam sido colocados já no calor do momento, como é possível ver em texto publicado na *Folha de S. Paulo* poucos meses após a primeira vitória de Lula, intitulado "Entre São Bernardo e a avenida Paulista?". Para Oliveira, o governo Lula ou ultrapassava a "era FHC" ou estaria "definitivamente classificado dentro dela, e, no futuro, historiadores e sociólogos reconhecerão um longo período de hegemonia neoliberal que englobará FHC e seus sucessores por um tempo que, hoje, ainda não é previsível".[65]

Oliveira sugeria aqui algo como uma hegemonia da "pós-hegemonia" neoliberal. Por um lado, não havia mais, por parte das classes subalternas, um projeto que postulasse um desafio hegemônico, tal como teria sido o caso da candidatura petista na eleição de 1989. Por outro, a nova forma da hegemonia burguesa, de tipo neoliberal, teria como característica a apresentação sem disfarces de sua "face mortífera", de exclusão em sentido forte, de negação dos direitos. Para nosso autor, esse conjunto de modificações na forma da dominação promovida pelo neoliberalismo teria até mesmo modificado a estrutura de classes no Brasil, como explicaria em seu importante ensaio *O ornitorrinco* lançado em 2003.

Em primeiro lugar, a representação de classe havia perdido sua base, e o poder político, a partir dela, havia se enfraquecido. Mas esse não seria o problema maior. Segundo Oliveira, as capas mais altas do antigo proletariado teriam se convertido em administradores de fundos de previdência, frutos da "última floração do *Welfare* brasileiro, que se organizou basicamente nas estatais".[66] O imbróglio estava no fato de que, nessas funções, os trabalhadores estivessem interessados na rentabilidade de tais fundos, que, ao mesmo tempo, financiavam a restruturação produtiva que, por sua vez, produzia desemprego. Seria essa a convergência programática entre PT e PSDB. Não se tratava de equívoco, nem de tomada de empréstimo de programa, mas de uma verdadeira nova classe social, que se estruturava "sobre, de um lado, técnicos e economistas *doublés* de banqueiros, núcleo duro do PSDB, e [de outro], trabalhadores transformados em operadores de fundos de previdência, núcleo duro do PT".[67]

Ao contrário das esperanças que viam renascer o conflito hegemônico no recém-empossado governo Lula, Oliveira decretava que o Brasil-ornitorrinco estaria desprovido do momento ético-político; não haveria consciência e, portanto, tampouco hegemonia. Tratava-se da "tormenta selvagem" de que falava desde fins dos anos 1980, agora formulada como "voragem da financeirização", um "buraco negro".[68] O estilhaçamento das relações de classe radicalizava num grau insuspeitado as tensões sociais, o que solicitaria um passo político de tal envergadura que a própria implosão das relações de classe desautorizava esperar.[69] A política institucional estaria girando em falso, pois os condicionamentos e constrangimentos impostos pela globalização tornariam "inúteis", segundo Oliveira, as instituições democráticas e republicanas – eram os bancos centrais que se tornavam as verdadeiras autoridades nacionais. O processo de financeirização do capital teria instituído uma nova relação Estado-mercado levada a cabo por essa nova classe social que, entretanto, não seria detentora da soberania – ela negociaria com o capital financeiro, verdadeiro poderoso, os acessos aos fundos públicos. Teria se tornado inadequado, portanto, falar em hegemonia, porque não haveria direção moral da sociedade.

Ainda às voltas com o problema de como decifrar o enigma sem recorrer mais à ideia de "totalitarismo neoliberal" ou aprofundá-la, Oliveira lançaria uma nova hipótese em 2007, logo no início do segundo governo Lula – para ele, estaríamos agora diante de uma "hegemonia às avessas".[70] A formulação decorria do que o sociólogo colocava como uma "provocação gramsciana", típica da era da globalização. O país precursor dessa nova forma de dominação teria sido a África do Sul. Em resumo, essa ideia poderia ser formulada da seguinte maneira: "Enquanto as classes dominadas tomam a 'direção moral' da sociedade, a dominação burguesa se faz mais descarada".[71] No caso da África do Sul, as classes dominadas teriam derrotado o *apartheid*, e o governo oriundo dessa derrota teria se rendido ao neoliberalismo. Assim, segundo Oliveira, a liquidação do *apartheid* manteria o mito da capacidade popular para vencer seu temível adversário, enquanto legitimava a desenfreada exploração pelo capitalismo mais impiedoso.

O Brasil estaria próximo desse caso. A "era da invenção" teria não apenas fornecido a direção moral da sociedade brasileira em relação à resistência à ditadura, como também teria criado a ideia de que a pobreza e a desigualdade estariam no primeiro plano da política. Nesse sentido, o Bolsa Família poderia ser comparado à derrota do *apartheid*, bem como a eleição de Lula parecia ter desafiado os preconceitos de classe e as barreiras da desigualdade. Assim, a condição de mito à qual Lula seria elevado teria como resultado prático a despolitização da questão da pobreza e da desigualdade, de modo que ela passasse a figurar como um problema puramente administrativo. Em suma, estar-se-ia introduzindo um fenômeno novo. Mais que isso: estaria em curso uma "revolução epistemológica", para a qual ainda não se disporia de ferramenta teórica adequada.[72] Por trás do conjunto de aparências representadas pelos governos de Lula, o elemento "força" teria desaparecido da equação "força + consentimento". Essa nova forma de dominação social inverteria os termos gramscianos, sendo própria e funcional do capitalismo mundializado. Para compreendê-la, a "herança marxista-gramsciana poderia ser o ponto de partida", mas já não seria mais "o ponto de chegada".[73]

Em síntese, seria possível identificar ao menos dois argumentos importantes delineados por Oliveira para decifrar o enigma hegemônico colocado pelo neoliberalismo. Em primeiro lugar, a "hegemonia inacabada" própria da revolução passiva brasileira teria chegado ao fim. Iniciava-se, então, a "era da indeterminação", em que dois fenômenos emergem: o "totalitarismo neoliberal" e a "hegemonia às avessas". Por um lado, a burguesia passara a não se preocupar em disfarçar, nem mesmo em aparência, o seu sonho de "*apartheid* total". Por outro, sem um projeto de inclusão, mínimo que fosse, teria topado até mesmo conceder a direção moral da sociedade para os representantes que, outrora, haviam desafiado redirecionar os rumos da sociedade contemporânea no sentido da expansão dos direitos.

Ambas as estratégias, no entanto, entrariam em crise a partir de 2008. O neoliberalismo "zumbi" parece, então, ter exacerbado as características do "totalitarismo neoliberal" identificadas por Oliveira no Brasil. Sem projetos hegemônicos de superação neoliberal à vista, a resposta à ameaça autoritária iminente pode ter sido, por sua vez, uma ressuscitação da "hegemonia às avessas", ou do "neoliberalismo progressista", como veremos mais adiante. Assistiríamos, portanto, a um período de interregno em que versões acentuadas do "totalitarismo neoliberal", por um lado, e da "hegemonia às avessas", por outro, digladiar-se-iam sem perspectivas de superação da ordem vigente. Ou seja, Oliveira teria identificado desde o solo nacional elementos que, alguns anos depois, seriam interpretados como "sintomas mórbidos" contemporâneos.

É possível observar, conforme argumentarei em seguida, alguns pontos de encontro entre o raciocínio do sociólogo brasileiro das décadas de 1990 e 2000 e alguns dos teóricos contemporâneos que têm recorrido à hipótese do interregno para interpretar a crise contemporânea, entre os quais destaco Boaventura de Sousa Santos, Chantal Mouffe, Nancy Fraser e Wolfgang Streeck. No caso de Santos, o paralelo é anterior à crise. Consoante a Oliveira, ainda em meados dos anos 1990, o sociólogo português havia diagnosticado uma crise profunda do paradigma social, político e cultural que sustentaria a política moderna. Assim como Oliveira dizia estar em face de uma "revolução epistemológica", para Santos, estaríamos diante de uma convulsão epocal e de uma transição paradigmática: "o regime geral de valores parece não resistir à crescente fragmentação da sociedade, dividida em múltiplos *apartheids*".[74] Recorrendo a conceitos análogos, o português alertava estar emergindo, então, um "fascismo societal".

A sensibilidade sociológica de ambos os intelectuais da periferia e da semiperiferia do capitalismo advertiria a latente crise de hegemonia que estaria sendo provocada pelo processo acelerado de desmanche de direitos – e de premissas basilares a um sentido mesmo de sociedade – associando-a a uma subversão sorrateira, pelo neoliberalismo, dos pressupostos da democracia moderna. Mas, se em meados dos anos 1990 e 2000, alguns pudessem considerá-los descomedidos ou exagerados, é certo que, ao menos desde 2016, a emergência dramática dessa crise se tornou candente.

Esse processo é explicado por Santos, mas não por Oliveira, cujas últimas obras de fôlego não endereçariam a crise de 2008. Para o sociólogo português, o mundo criado pelo neoliberalismo, após a queda do Muro de Berlim, teria chegado ao fim com a crise financeira (2008-2011). O problema estaria, justamente, em que nenhum outro mundo tivesse tomado relevo até então. Com o objetivo explícito de acabar com o socialismo, o neoliberalismo teria, na verdade, acabado, "de maneira silenciosa e insidiosa, sem que caíssem muros", com qualquer que fosse o sistema social, econômico ou político liderado pelo Estado.[75] A alternativa, posta pelos direitos universais, que teria tido na social-democracia do pós-guerra sua forma mais avançada – o "capitalismo democrático" de que falará Wolfgang Streeck, ou, poderíamos pensar, o "capitalismo com hegemonia" –, teria sido de uma vez por todas ultrapassada pelo neoliberalismo.

Tendo isso em vista, Santos concluía estarmos vivendo "um período de interregno", tal qual havia primeiramente sido formulado por Gramsci em um de seus parágrafos dedicados às crises de hegemonia:

> Se a classe dominante perdeu o consenso, isto é, não é mais "dirigente", mas unicamente "dominante", detentora de pura força coercitiva, isto significa precisamente que as grandes massas se separaram das ideologias tradicionais, não acreditam mais naquilo que antes acreditavam etc. *A crise consiste precisamente no fato de que o velho morre e o novo não pode nascer: neste interregno se verificam os fenômenos mórbidos mais variados.*[76]

A "crise de autoridade" ou "crise de hegemonia" vivenciada por Gramsci era aquela dos partidos parlamentares europeus do pós-guerra,[77] situação em que se havia rompido a relação entre representantes e representados. A crise teria subvertido o funcionamento normal do regime parlamentar, no qual a "democracia política tende a fazer coincidir governantes e governados (no sentido de governo com o consenso dos governados)".[78] Segundo Gramsci, uma vez que essa relação se rompesse, as situações imediatas tornar-se-iam "delicadas e perigosas", porque o campo se abriria "às soluções de força, às atividades de potências obscuras representadas pelos homens providenciais ou carismáticos".[79] Na Itália, a crise da democracia liberal do pós-guerra teria coincidido, justamente, com uma "crise de hegemonia". Por isso Gramsci alertava para os perigosos rumos que uma crise política poderia tomar, dada a situação particular que o interregno italiano encontrara com a ascensão do fascismo.

Também Oliveira e Santos haviam advertido sobre os riscos ascendidos com o neoliberalismo, recorrendo a interpretações que sugeriam o fim não só da democracia, mas da própria esfera política. Na perspectiva de Chantal Mouffe, a democracia deveria ser pensada como um processo de articulação e rearticulação de elementos heterogêneos e compósitos de uma tradição, tal qual Gramsci havia sublinhado com o seu conceito de hegemonia. Neoliberais e neoconservadores estariam disputando a tradição democrática, buscando redefinir conceitos, como o de liberdade e igualdade, e desarticular a ideia de liberdade da ideia de democracia. Diante dessa ofensiva, dever-se-ia pensar um projeto de democracia radical que almejasse "criar outro tipo de articulação entre elementos da tradição democrática liberal, não mais vendo direitos em uma perspectiva individualista, mas os concebendo, antes, como 'direitos democráticos'". E, com isso, "criar uma *nova hegemonia*".[80]

A teórica, assim como Oliveira, ainda apostava suas fichas no "retorno do político" em inícios dos anos 1990. A nova hegemonia almejada por Mouffe, assim como para o sociólogo brasileiro desse período, não precisaria ser necessariamente anticapitalista, mas centrada nos valores democráticos, tendo a multiplicidade, a pluralidade e o conflito como a *raison d'être* da política. Duas décadas depois, em 2013, falando sobre a crise da União Europeia, Mouffe constataria uma "crise orgânica". Em sua visão, não haveria um projeto que pudesse oferecer uma identificação entre os cidadãos europeus que mobilizasse suas paixões políticas numa direção democrática.[81] A União Europeia teria se constituído por consumidores e não por cidadãos.

Em tempos de crise econômica e política de austeridade, era razoável, portanto, que alguns questionassem sua utilidade, sem se atentar ao importante objetivo alcançado de pacificação do continente. O modelo neoliberal estaria em crise, mas não havia nenhum outro disponível. Era nesse sentido que Mouffe recordava a famosa frase de Gramsci: "O velho está morrendo, mas o novo ainda não nasceu".[82] A hipótese seria retomada cinco anos depois, em 2018, para referir-se à crise econômica de 2008 e à recessão global que se seguiu, em especial sobre o continente europeu.[83] Segundo Mouffe,

> [...] na ocasião da crise econômica, uma série de contradições se condensaram, levando ao que Gramsci chama de *interregnum*: um período de crise durante o qual uma série de premissas consensuais estabelecidas em torno de um projeto hegemônico são desafiadas.

A solução para a crise ainda não estaria à vista, o que caracterizaria, nos termos da teórica, o "momento populista".

O "momento populista" seria, portanto, a expressão de diversas resistências às transformações políticas e econômicas observadas durante os anos de hegemonia neoliberal. Essas transformações teriam levado a uma situação de "pós-democracia", com a perda de dois pilares do ideal democrático: a igualdade e a soberania popular. O projeto de Mouffe é o de intervir nessa crise hegemônica a partir de um "populismo de esquerda", entendido como uma estratégia discursiva de construção de uma fronteira política entre "o povo" e "a oligarquia", de modo a recuperar e aprofundar a democracia.[84] Assim, embora diagnosticasse um momento "agonístico", Mouffe seguia firme em sua aposta numa saída política à situação de crise orgânica.

Partindo dos mesmos conceitos, Nancy Fraser daria o nome de "neoliberalismo progressista" ao bloco hegemônico que teria entrado em crise. Em sua visão, o neoliberalismo não seria uma visão de mundo total, podendo se aliar a projetos diferentes e até antagônicos. Em aliança com os movimentos progressistas, o neoliberalismo desse tipo teria realizado, no melhor dos casos, uma "mudança de consciência", mas não teria, de fato, transformado as "estruturas, instituições e práticas".[85]

O "neoliberalismo progressista" não teria produzido

> [...] ganhos materiais reais para a esmagadora maioria das pessoas que suas correntes progressistas afirmavam representar. E como poderia, dado que as vitórias legais coincidiram com um ataque maciço aos direitos trabalhistas e às condições de vida da classe trabalhadora?

Não é difícil ver no conceito de "neoliberalismo progressista" – entendido como um bloco hegemônico que retira dos movimentos sociais a direção intelectual e moral da sociedade, mas que ao mesmo tempo promove um ataque aos direitos dos trabalhadores – semelhanças com aquilo que Oliveira nomeava "hegemonia às avessas". Para a autora, justamente, a hegemonia teria a ver com "a autoridade política, moral, cultural e intelectual de uma determinada visão de mundo – e com a capacidade dessa visão de mundo de se incorporar em uma aliança durável e poderosa de forças sociais e classes sociais". Para Fraser, o "neoliberalismo progressista" teria desfrutado de hegemonia por várias décadas, mas no momento atual estaria se despedaçando.[86]

Segundo a autora, tanto à direita quanto à esquerda, as narrativas neoliberais não teriam mais credibilidade – o que, conjugado ao "desejo pelo novo", configuraria uma crise de hegemonia. As soluções "mórbidas" encontradas, como a eleição de Donald Trump em 2016, teriam falhado em adotar políticas diferentes das neoliberais. Teria surgido, na verdade, um tipo de "populismo econômico". Para Fraser, isso mostraria uma situação que combinaria duas coisas em um "amálgama tenso".

> Primeiro, um enfraquecimento dramático da autoridade do neoliberalismo – uma menor confiança em suas ideias, políticas e na ordem institucional subjacente a elas; em segundo lugar, a incapacidade, pelo menos até o momento, de gerar uma alternativa plausível, tanto no nível político quanto no nível institucional.[87]

Por isso, a ideia do "interregno" proposta por Gramsci seria tão útil na opinião da autora. Em outra ocasião, recorreria novamente a conceitos gramscianos para esclarecer sua estratégia teórica de interpretação:

> Minha estratégia não é separar distribuição e reconhecimento, mas sim analisar a construção e a desconstrução de um senso comum hegemônico e, com isso, a ascensão e queda de um bloco histórico associado – tudo com o objetivo de avaliar as perspectivas de uma transformação social emancipatória.[88]

As noções de reconhecimento e de distribuição eram centrais para a análise por razões históricas. Desde meados do século XX, nos Estados Unidos e na Europa, as hegemonias capitalistas teriam sido forjadas pela combinação de visões sobre esses dois aspectos diferentes da justiça. Para Fraser, Trump e o trumpismo teriam sido possíveis em razão do descrédito do nexo normativo distintivo de distribuição e reconhecimento do "neoliberalismo progressista". Ao analisar a construção e o desmembramento desse nexo, seria possível esclarecer "não só o trumpismo, mas também as perspectivas, pós-Trump, de um bloco contra-hegemônico que pudesse resolver a crise".[89] Para a pensadora norte-americana, seria necessário organizar um novo bloco hegemônico cuja força dirigente estivesse concentrada nas classes trabalhadoras, recuperando o lugar dos sindicatos, bem como dos partidos políticos e dos movimentos sociais. Restaria a dúvida se isso seria possível no capitalismo ou se só com um projeto que se propusesse ultrapassá-lo.[90]

Se Fraser ainda admitia essa dúvida, Wolfgang Streeck, por sua vez, seria muito mais pessimista. Na visão do alemão, confluente às hipóteses lançadas por Oliveira a respeito do caso brasileiro, a política teria se tornado um campo minado: "Faça o que fizer a política para resolver um problema, ela cria outro – no curto ou no longo prazo. O que põe fim a uma crise agrava a outra; a cabeça de Hidra que se corta, crescem duas novas cabeças".[91] A compreensão da crise do "capitalismo democrático", na visão do teórico alemão, só seria possível se fosse estendida "como o ponto alto (até aqui) de um desenvolvimento que começou no fim dos longos anos 1960, isto é, por volta de 1975".[92] A crise da política e da economia teria se iniciado, portanto, em meados dos anos 1970, tendo se prolongado, até 2008, por meio da compra do tempo. Para Streeck, desde então, a crise não poderia mais ser suspensa ou adiada. Embora tivesse sido sempre frágil, a fraqueza acumulada que caracterizaria o capitalismo contemporâneo, segundo o diagnóstico do autor, não comportaria mais nenhuma solução de estabilidade ou de neutralização, "seja o regime de pluralismo, a diversidade regional e o desenvolvimento desigual, a reforma política, ou os círculos independentes de crises".[93]

O capitalismo estaria desaparecendo por conta própria, "colapsando por contradições internas, e não menos como resultado de ter vencido seus inimigos – que, [...], muitas vezes resgataram o capitalismo de si mesmo, forçando-o a assumir uma nova forma". Para Streeck, o que se seguiria ao capitalismo, em sua forma final, não seria o socialismo ou outro bloco hegemônico. Para ele, também estaríamos num "duradouro interregno", entendido como "um prolongado período de entropia social, ou desordem (e precisamente por essa razão um período de incerteza e *indeterminação*)".[94]

Chama atenção a similaridade com o que Oliveira havia assinalado sobre a "era da indeterminação". Para Streeck, "antes de ir para o inferno", o capitalismo ficaria em um futuro imprevisível, num limbo, "morto ou prestes a morrer de uma overdose de si mesmo, mas ainda muito por aí, já que ninguém terá o poder de mover seu corpo em decomposição". Estaríamos, portanto, diante de um longo período de desintegração sistêmica, no qual as estruturas sociais se tornariam instáveis – "uma sociedade deste tipo que deixa seus membros sozinhos [...] é menos que uma sociedade". Era nesse sentido que Streeck recorria ao trecho gramsciano. Os "fenômenos mórbidos" contemporâneos teriam a ver com uma sociedade sem instituições razoavelmente coerentes e minimamente estáveis, capazes de normalizar a vida de seus membros e protegê-los de acidentes e de "monstruosidades" de todos os tipos.[95]

Considerações finais

Seguindo as pistas do pensamento político de Francisco de Oliveira, busquei mostrar neste capítulo o que chamei de "enigma hegemônico" colocado pelo neoliberalismo no Brasil. Em primeiro lugar, apresentar a interpretação da história brasileira segundo os marcos temporais propostos por Oliveira, a saber, da Revolução de 1930 até os governos FHC, quando se teria concluído a nossa revolução passiva. A partir de então, um mesmo ciclo abarcaria dois fenômenos distintos – o "totalitarismo neoliberal" e a "hegemonia às avessas". A ênfase do sociólogo brasileiro a respeito do abandono, por parte da classe dominante, de um projeto hegemônico, por um lado, e a ausência de perspectivas que buscassem superar a condição neoliberal, por outro, levaram-no a interpretar uma mudança epocal nos anos 1990. Na "era da indeterminação", a política democrática e suas instituições teriam passado a girar em falso, dada a perda de soberania nacional para o capital financeiro. Isso ocorreria mesmo no caso da "hegemonia às avessas", em que a direção moral da sociedade estava a cargo de representantes democráticos forjados na luta contra a ditadura.

Com a crise da ordem neoliberal, teóricos sociais e políticos contemporâneos têm trabalhado com a hipótese de testemunhar um "novo interregno", a exemplo do que Gramsci identificara na Itália com a crise da democracia liberal do pós-guerra. A relevância alçada à ideia do "interregno" para discutir o colapso da atual ordem capitalista talvez tenha a ver com a escassez existente na ciência política de um conceito que teorize períodos de "não hegemonia".[96] Como vimos, Francisco de Oliveira já havia enfrentado o problema nesses mesmos termos, antevendo algo do processo hoje em curso. No fundo, com a ideia de "interregno", o que todos parecem enfatizar é a possibilidade de que a crise instaurada pela "era da indeterminação" se prolongue por tempo indeterminado, sem uma clara tendência à resolução.[97] Nesse período, estaríamos à mercê de "sintomas mórbidos" de todo tipo.

Assim como Gramsci, a princípio Oliveira não considerava a "conjuntura de indeterminação" como meramente instauradora de confusão e desordem. O que definiria para ele esse *claro-escuro* seria a suspensão da relação entre economia e política. A primeira vitória de Lula, por exemplo, foi entendida por Oliveira como uma "virtualidade" daquele período, de falência da ordem neoliberal.[98] No entanto, em vez de aprofundá-la, Lula teria recomposto o sistema político que o turbilhão combinado da desregulamentação de FHC e da globalização havia implodido.[99] E isso só teria sido possível, em grande parte, pelo caráter da liderança de Lula e de seu partido, que, contraditoriamente, eram ambos resultado do momento anterior, tendo sido os principais atores do largo movimento de reinvenção da política, do final da ditadura à redemocratização. Eis a "hegemonia às avessas".

Oliveira não chegaria a interpretar, entretanto, outro dos presságios emergidos com o colapso da "era da indeterminação", dado pela ascensão eleitoral de líderes de extrema-direita no mundo. O fenômeno tem sido comumente interpretado como "sintoma mórbido" de um período incerto de transição entre o mundo neoliberal que já morreu e um novo que ainda não nasceu. Busquei relacionar esse debate contemporâneo com alguns dos aspectos antes vislumbrados por Oliveira. O prolongamento do interregno, contudo, encontra-se hoje sob escrutínio. Recentemente, pensando sobre o caso brasileiro, André Singer parece ter sugerido a existência de um fenômeno original – uma verdadeira inovação do "totalitarismo neoliberal". Para o cientista político, após quatro anos de governo Bolsonaro, e tendo ele chegado com expressiva força eleitoral ao segundo turno das eleições de 2022, ter-se-ia formado no Brasil um "bloco bolsonarista".[100]

Ao modo de Gramsci, o uso do termo "bloco" parece destacar algo além de um "estouro imprevisto", como Oliveira interpretara Collor em outra quadra histórica. Segundo Singer, seria impossível uma tamanha transitoriedade das estruturas – em suas palavras, "uma nova conjunção entre formas de produção" – sem que existisse uma "correspondente visão de mundo". Para o cientista político, estaríamos diante de um novo alinhamento, ao qual se poderia chamar de "confederação bolsonarista". O termo busca dar conta

> [...] da consolidação de uma coalizão de *base territorial, econômica e social*, cuja indignação se materializa numa espécie de sentimento político-ideológico secessionista: não queremos fazer parte do Brasil lulista, com sua típica base social (pobre, negra) e territorial (nordestina).[101]

Ou seja, um projeto de dominação que se caracteriza abertamente sob o signo da exclusão. O problema se torna ainda maior, tendo em vista que

> [...] esse modelo confederado-exportador, legitimando a xenofobia antinordestina e um certo grau de separatismo, conseguiu atrair alguns setores da classe trabalhadora. Ela se viu no bolsonarismo, cujo mote poderia ser: a sociedade não deve ser integrada, apenas hierarquizada.[102]

Contra essa poderosa plataforma, as eleições presidenciais testemunharam a histórica vitória de Lula em 2022. Se todos concordamos se tratar de um imenso alívio democrático, há pouco consenso sobre o seu significado mais profundo. Está em aberto o debate sobre se o terceiro governo de Lula veio para instaurar um novo ciclo político ou para reatualizar a plataforma da "hegemonia às avessas", para continuar a pensar com os termos de Francisco de Oliveira. É certo, no entanto, que o "bloco bolsonarista" não saiu de todo derrotado, tendo alcançado vitórias importantes em governos estaduais e grande número de parlamentares. Em face disso, vale o questionamento: permanecemos sob a "era da indeterminação" ou estaríamos diante de uma nova ofensiva hegemônica? O "bloco bolsonarista" está se consolidando como uma nova direção política que responde à crise do neoliberalismo, pela supressão da democracia? Ou trata-se de mais um dos sintomas mórbidos do nosso atual interregno?

Referências bibliográficas

BIANCHI, A. "Classe política e crise da democracia". *Gramsci entre dois mundos: política e tradução*. São Paulo, Autonomia Literária, 2020.

CARDOSO, F. H. "O regime político brasileiro". *Estudos Cebrap*, n. 2, 1972, pp. 83-118.

CHATTERJEE, P. "Struggles for hegemony have not ceased". *Res Publica – Revista de Historia de las Ideas Políticas*, 25(3), 2022, pp. 321-327.

CHAUI, M. "O totalitarismo neoliberal". *Anacronismo e Irrupción*, vol. 10, n. 18, maio-out. 2020, pp. 307-328.

CICCARELLI, R. "Guerra de posição". *In*: VOZA, P. & LIGUORI, G. *Dicionário gramsciano*. São Paulo, Boitempo, 2017, p. 360.

COSPITO, G. "Egemonia/egemonico nei 'Quaderni del carcere' (e prima)". *International Gramsci Journal*, 2(1), 2016, pp. 49-88.

FRASER, N. "O rei populista está nu" – Entrevista dada a Bhaskar Sunkara. *O velho está morrendo e o novo não pode nascer*. São Paulo, Autonomia Literária, 2020 [2019].

FRASER, N. & JAEGGI, R. *Capitalism, a conversation in critical theory*. Ed. por Brian Milstein. Cambridge, Polity Press, Ibooks, 2018.

GÓES, C. M. C. "*Presença* e a renovação frustrada: centralidade democrática e os caminhos da revolução passiva brasileira". *Gramsci e a dialética da tradução na América Latina*. Tese de doutorado em Ciência Política. Campinas, IFCH--Unicamp, 2020. Disponível em <https://repositorio.unicamp.br/acervo/detalhe/1162087>. Acesso em 20/2/2022.

GUHA, R. *Dominance without hegemony: history and power in colonial India*. Cambridge, Harvard University Press, 1997.

MOUFFE, C. *The Return of the Political*. London/New York, Verso, iBooks, 2005 [1993].

____. *Agonistics: thinking the world politically*. London/New York, Verso, 2013. Edição do Kindle.

____. "Introdução". *Por um populismo de esquerda*. São Paulo, Autonomia Literária, iBooks, 2018.

OLIVEIRA, F. "O capitalismo não volta atrás". Entrevista dada a Assis Ângelo, Folhetim. *Folha de S. Paulo*, 2/3/1980a.

____. "Emprego, um sonho em extinção". Entrevista dada a Jorge Pinheiro, Folhetim. *Folha de S. Paulo*, 13/4/1980b.

____. "Tancredando pelo socialismo". Entrevista dada a André Singer, Ilustrada. *Folha de S. Paulo*, 13/10/1984.

____. "O oitavo dia da criação". *Collor: a falsificação da ira*. Rio de Janeiro, Imago, 1992.

____. "A questão regional: a hegemonia inacabada". *Estudos avançados*, 7(18), 1993, p. 52.

____. "O surgimento do antivalor". *Os direitos do antivalor: a economia política da hegemonia imperfeita*. Rio de Janeiro, Vozes, 1998a [1988].

____. "Quem tem medo da governabilidade?". *Os direitos do antivalor: a economia política da hegemonia imperfeita*. Rio de Janeiro, Vozes, 1998b [1995].

____. "Além da hegemonia, aquém da democracia". *Os direitos do antivalor: a economia política da hegemonia imperfeita*. São Paulo, Vozes, 1998c [1997], p. 203.

____. "A quase hegemonia". Entrevista realizada por Ana Maria Mandim. *Folha de S. Paulo*, 10/2/1998d, p. 1-4.

OLIVEIRA, F. *Os direitos do antivalor: a economia política da hegemonia imperfeita*. Rio de Janeiro, Vozes, 1998e.

____. "Privatização do público, destituição da fala e anulação da política: o totalitarismo neoliberal". *In*: OLIVEIRA, F. & PAOLI, M. C. (org.). *Os sentidos da democracia: políticas do dissenso e hegemonia global*. Petrópolis, Vozes, 2000 [1997].

____. "Reforma e contrarreforma do Estado no Brasil". *In*: BOCAYUVA, P. C. C. & VEIGA, S. M. (org.). *Afinal, que país é este?*. Rio de Janeiro, DP&A, 2002a.

____. "Entre São Bernardo e a avenida Paulista?". *Folha de S. Paulo*, 2002b, p. A11.

____. *A crítica da razão dualista/O ornitorrinco*. São Paulo, Boitempo, 2003 [1972], p. 63.

____. "Há vias abertas para a América Latina?". *In*: BORON, A. *Nova hegemonia global: alternativas de mudança e movimentos sociais*. São Paulo, Clacso, 2005a [2003].

____. "O enigma de Lula: ruptura ou continuidade?". *In*: ESTANQUE, E. *et al.* (org.). *Mudanças no trabalho e ação sindical: Brasil e Portugal no contexto da transnacionalização*. São Paulo, Cortez, 2005b.

____. "Um crítico na periferia do capitalismo". *In*: CEVASCO, M. E. & OHATA, M. (org.). *Um crítico na periferia do capitalismo: reflexões sobre a obra de Roberto Schwarz*. São Paulo, Companhia das Letras, 2007a.

____. "Política numa era de indeterminação: opacidade e reencantamento". *In*: OLIVEIRA, F. & RIZEK, C. (org.). *A era da indeterminação*. São Paulo, Boitempo, 2007b.

____. "O momento Lênin". *In*: OLIVEIRA, F. & RIZEK, C. (org.). *A era da indeterminação*. São Paulo, Boitempo, 2007c.

____. *Noiva da revolução; Elegia para uma re(li)gião: Sudene, Nordeste, planejamento e conflito de classes*. São Paulo, Boitempo, 2008 [1977].

____. "Hegemonia às avessas". *In*: OLIVEIRA, F.; BRAGA, R. & RIZEK, C. (org.). *Hegemonia às avessas: economia, política e cultura na era da servidão financeira*. São Paulo, Boitempo, 2010a [2007].

____. "O avesso do avesso". *In*: OLIVEIRA, F.; BRAGA, R. & RIZEK, C. (org.). *Hegemonia às avessas: economia, política e cultura na era da servidão financeira*. São Paulo, Boitempo, 2010b.

____. "Quem canta de novo 'L' Internationale'?". *Brasil: uma biografia não autorizada*. São Paulo, Boitempo, 2018a [2005].

____. "O adeus do futuro ao país do futuro: uma biografia breve do Brasil". *Brasil: uma biografia não autorizada*. São Paulo, Boitempo, 2018b [2006], p. 49.

SANTOS, B. S. "Reinventar a democracia: do pré-contratualismo ao pós-contratualismo". *In*: OLIVEIRA, F. & PAOLI, M. C. (org.). *Os sentidos da democracia: políticas do dissenso e hegemonia global*. Petrópolis, Vozes, 2000 [1997].

SANTOS, B. S. "El nuevo interregno". *Izquierdas del mundo, ¡únanse! y otros ensayos.* Ciudad Autónoma de Buenos Aires, Clacso, 2020.

SCHWARZ, R. "Fim de século". *Sequências brasileiras.* São Paulo, Companhia das Letras, 1999 [1994].

_____. "Prefácio com perguntas". *In*: OLIVEIRA, F. *Crítica à razão dualista/O ornitorrinco.* São Paulo, Boitempo, 2003.

SINGER, A. *Os sentidos do lulismo.* São Paulo, Companhia das Letras, 2012.

_____. "Lula's return". *New Left Review*, n. 139, jan.-fev. 2023.

SINGER, A.; ARAUJO, C. & RUGITSKY, F. "Introdução: O Brasil na vanguarda do inferno global". *O Brasil no inferno global: capitalismo e democracia fora dos trilhos.* São Paulo, FFLCH/USP, 2022.

STAHL, R. M. "Ruling the Interregnum: Politics and Ideology in Nonhegemonic Times". *Politics & Society*, vol. 47(3), 2019.

STREECK, W. *How will capitalism end? Essays on a failing system.* London/New York, Verso, 2016.

_____. *Tempo comprado: a crise adiada do capitalismo democrático.* São Paulo, Boitempo, 2018.

THOMAS, P. D. "Postegemonia: um passo avanti, due passi indietro?". *In*: FROSINI, F. & GIASI, F. (org.). *Egemonia e modernità.* Roma, Viella, 2019, pp. 581-600.

_____. "After (post)hegemony". *Contemporary political Theory*, 20(2), 2021, pp. 318-340.

Notas

1 Thomas, 2019, pp. 581-600; Thomas, 2021, pp. 318-340.

2 Em 2022, a revista *Res Publica – Revista de Historia de las Ideas Políticas* (vol. 3, n. 25) organizou um dossiê sobre a contenda que apresenta, além do ensaio de Chatterjee, textos de Marcelo Starcenbaum, Giacomo Tarascio, Jorge Álvarez Yagüez, Rodrigo Castro Orellana, Alberto Moreiras, Gareth Williams e Yannis Stavrakakis.

3 Chatterjee, 2022, pp. 321-327.

4 *Idem*, p. 322.

5 Para uma pré-história do conceito, desde a origem grega, e seus futuros desenvolvimentos na Segunda Internacional e nos escritos gramscianos, ver Cospito, 2016, pp. 49-88.

6 Thomas, 2021, p. 318. Grifos meus.

7 *Idem, ibidem.*

8 *Idem*, p. 329.

9 Oliveira, 1998c [1997], p. 203.

10 Singer; Araujo & Rugitsky, 2022, p. 27.

11 Em 2016, Donald Trump é eleito presidente dos Estados Unidos. Além dele, vale mencionar o sucesso de partidos de extrema-direita e a emergência no cenário internacional de figuras como Matteo Salvini na Itália, Marine Le Pen na França, Viktor Orbán na Hungria, Rodrigo Duterte nas Filipinas, Narendra Modi na Índia e Jair Bolsonaro no Brasil.

12 C. 19, § 24, p. 2.011. Será utilizado o padrão internacional de citação da edição crítica dos *Cadernos do Cárcere*, organizada por Valentino Gerratana e publicada em 1975 na Itália. As citações serão feitas da seguinte forma: C. "X", para o número do Caderno; § "Y", para o parágrafo; e p. "Z" para a página na referida edição. Todas as traduções do italiano e do inglês neste trabalho serão realizadas pela autora.

13 Ciccarelli, 2017, p. 360.

14 Gramsci denunciaria o conteúdo reacionário e mesmo despótico veiculado por essas críticas, originalmente realizadas pelos "elitistas", tendo sido depois apropriadas pelo fascismo. Ver Bianchi, 2020.

15 Abordei esse tema em minha tese; ver Góes, 2020.

16 No final dos anos 1950, o pernambucano Oliveira trabalhou como economista na Superintendência do Desenvolvimento do Nordeste (Sudene) ao lado de Celso Furtado. A bem-sucedida carreira como burocrata seria interrompida pelo golpe de 1964, quando foi preso por dois meses, tendo depois seguido ao exílio no Chile, na Guatemala e no México, onde atuou como professor. No retorno ao Brasil, no início dos anos 1970, Oliveira passaria a integrar o Centro Brasileiro de Análise e Planejamento (Cebrap), o que marcaria a inflexão mais importante de sua trajetória intelectual.

17 Oliveira, 2003 [1972], p. 63.

18 Oliveira, 2018b [2006], p. 49.

19 *Idem*, p. 44.

20 "Neste sentido limitado de uma 'revolução econômica burguesa' que se pode pensar nas consequências revolucionárias do movimento politicamente reacionário de 1964. Ele pôs a burguesia nacional em compasso com o desenvolvimento do capitalismo internacional e subordinou a economia nacional a formas mais modernas de dominação econômica. Neste sentido modernizou a máquina estatal e lançou as bases para a implementação de um setor público da economia, que passou a integrar-se no contexto do capitalismo internacional" (Cardoso, 1972, p. 106).

21 Oliveira, 2018b [2006], p. 41.

22 *Idem*, p. 46. Grifos meus.

23 Ver Guha, 1997.

24 Ver Oliveira, 2008 [1977].

25 Oliveira, 1993, p. 52.

26 *Idem*, p. 59.

27 Oliveira, 2007b, p.17.

28 *Idem*, p. 21.

29 *Idem*, p. 16.

30 Oliveira, 1980a, p. 4.

31 Oliveira, 1980b, p. 4.

32 O período em que Oliveira permaneceu na França coincidiu com o início do primeiro mandato presidencial do socialista François Mitterrand, que havia assumido em maio de 1981.

33 Oliveira, 1984, p. 34.

34 Oliveira, 1998a [1988], p. 39.

35 *Idem*, p. 41.

36 *Idem*, p. 47.

37 Oliveira, 1992, p. 21.

38 Oliveira, 2018a [2005], p. 85.

39 Oliveira, 1998b [1995], p. 169.

[40] *Idem, ibidem.*

[41] Para Oliveira (1993, p. 54), o neoliberalismo era "o cansaço da burguesia, não mais ousadia. Quando a miséria é um pesadelo e não mais desafio, passou a hora da hegemonia".

[42] Oliveira, 1998b [1995], p. 178.

[43] *Idem*, p. 159.

[44] *Idem*, p. 162.

[45] Oliveira, 1998c [1997], p. 197.

[46] *Idem*, p. 200.

[47] *Idem*, p. 201.

[48] *Idem, ibidem.*

[49] *Idem*, pp. 202-203.

[50] *Idem*, p. 203.

[51] Termo de Roberto Schwarz. Ver "Fim de século" (1999 [1994]) e "Prefácio com perguntas" (2003). Os argumentos do crítico literário expostos em ambos os textos tiveram grande impacto na obra de Oliveira e na agenda de pesquisa do Centro de Estudos dos Direitos da Cidadania (Cenedic). Ver Oliveira, 2007a.

[52] Oliveira, 2000 [1997], p. 55.

[53] *Idem*, p. 58.

[54] *Idem*, p. 68.

[55] *Idem*, p. 69.

[56] *Idem, ibidem.* Grifos meus.

[57] *Idem*, p. 74.

[58] *Idem*, p. 81.

[59] Oliveira, 2002a, p. 96.

[60] "Entre os muitos significados de democracia, parece-me que o mais realista e concreto se possa deduzir em conexão com o conceito de hegemonia. No sistema hegemônico, existe democracia entre o grupo dirigente e os grupos dirigidos na medida em que o desenvolvimento da economia e, por conseguinte, a legislação que expressa esse desenvolvimento favorecem a passagem molecular dos grupos dirigidos para o grupo dirigente" (C. 8, § 191, p. 1.056).

[61] Agradeço ao professor Cicero Araujo por ter me chamado atenção para a interlocução de Chico de Oliveira com a filosofia política e o sentido normativo conferido à noção de hegemonia.

[62] Chaui, 2020, p. 321.

[63] Oliveira, 2005b.

[64] *Idem*, p. 96.

[65] Oliveira, 2002b, p. A11.

[66] Oliveira, 2003, p. 146.

[67] *Idem*, p. 147.

[68] *Idem*, p. 150.

[69] Oliveira, 2005a [2003], p. 114.

[70] Oliveira, 2010a [2007].

[71] *Idem*, p. 24.

[72] André Singer (2012, p. 39) já havia destacado a "encrenca" identificada por Oliveira em sua introdução ao livro *Os sentidos do lulismo*. Aproveito para agradecer ao autor, que voltou a destacar o problema em conversa comigo, incentivando-me a pesquisá-lo, no início de 2021.

[73] Oliveira, 2010a, p. 373.

74 Santos, 2000 [1997], p. 91.
75 Santos, 2020, p. 27.
76 C. 3, § 34, p. 52. Grifos meus.
77 Ver Bianchi, 2020.
78 C. 12, § 12, p. 1.547.
79 C. 13, § 23, p. 1.603.
80 Mouffe, 2005 [1993]. Grifos meus.
81 Mouffe, 2013.
82 *Idem.*
83 Mouffe, 2018.
84 *Idem.*
85 Fraser, 2020 [2019].
86 *Idem.*
87 *Idem.*
88 Fraser & Jaeggi, 2018.
89 *Idem.*
90 Fraser, 2020 [2019].
91 Streeck, 2018, p. 58.
92 *Idem*, p. 51.
93 Streeck, 2016, p. 13.
94 *Idem*, *ibidem.*
95 *Idem*, *ibidem.*
96 Stahl, 2019, pp. 333-360.
97 *Idem*, p. 336.
98 Oliveira, 2007c, pp. 261-266.
99 *Idem*, p. 266.
100 Singer, 2023, p. 6.
101 *Idem*. Grifos meus.
102 *Idem*, p. 16.

Sobre as autoras e os autores

Alexandre de Freitas Barbosa é professor associado de história econômica do Instituto de Estudos Brasileiros da Universidade de São Paulo (IEB-USP), onde coordena o núcleo temático "Repensando o desenvolvimento" do LabIEB – Laboratório Interdisciplinar.

André Singer é professor titular do Departamento de Ciência Política da Universidade de São Paulo (USP) e membro do grupo de pesquisa "Pensamento e política no Brasil" do Centro de Estudos dos Direitos da Cidadania (Cenedic).

Bernardo Ricupero é professor associado do Departamento de Ciência Política da Universidade de São Paulo (USP), diretor-presidente do Centro de Estudos de Cultura Contemporânea (Cedec) e membro do grupo de pesquisa "Pensamento e política no Brasil" do Centro de Estudos dos Direitos da Cidadania (Cenedic).

Camila Goes é pesquisadora de pós-doutorado do Departamento de Ciência Política da Universidade de São Paulo (USP) e membro do grupo de pesquisa "Pensamento e política no Brasil" do Centro de Estudos dos Direitos da Cidadania (Cenedic).

Carlos Aguiar de Medeiros é professor emérito do Instituto de Economia da Universidade Federal do Rio de Janeiro (IE-UFRJ), professor do Programa de Pós-Graduação em Economia da mesma instituição e pesquisador do Conselho Nacional de Desenvolvimento Científico e Tecnológico (CNPq).

Carlos Raul Etulain é professor associado da Faculdade de Ciências Aplicadas da Universidade Estadual de Campinas (Unicamp). Doutor em Ciências Sociais pelo Instituto de Filosofia e Ciências Humanas dessa mesma universidade (IFCH-Unicamp) e mestre em Economia, também pela Universidade Estadual de Campinas (IE-Unicamp). Pesquisador principal da Fundação de Amparo à Pesquisa do Estado de São Paulo (Fapesp) no projeto "Centro Paulista de Estudos da Transição Energética" (CPTEn, 2022-atual).

Cicero Araujo é professor titular do Departamento de Filosofia da Universidade de São Paulo (USP) e membro do grupo de pesquisa "Pensamento e política no Brasil" do Centro de Estudos dos Direitos da Cidadania (Cenedic).

Esther Majerowicz é professora adjunta do Departamento de Economia e do Programa de Pós-Graduação em Economia da Universidade Federal do Rio Grande do Norte (UFRN). É coordenadora do grupo de pesquisa "Economia política do desenvolvimento" na mesma universidade.

Fernando Rugitsky é professor de economia da University of West of England Bristol e membro do grupo de pesquisa "Pensamento e política no Brasil" do Centro de Estudos dos Direitos da Cidadania (Cenedic).

Guilherme Leite Gonçalves é professor associado da Faculdade de Direito da Universidade do Estado do Rio de Janeiro (Uerj) e docente permanente no Programa de Pós-Graduação em Sociologia do Instituto de Estudos Sociais e Políticos (Iesp-Uerj) e no Programa de Pós-Graduação em Direito (PPGD-Uerj).

Hugo Fanton é pesquisador associado do Arnold Bergstraesser Institut da Universidade de Freiburg (Alemanha), do Centro de Estudos dos Direitos da Cidadania (Cenedic) e do International Research Group on Authoritarianism and Counter-Strategies da Fundação Rosa Luxemburgo (Irgac).

Iderley Colombini é professor adjunto do Instituto de Economia da Universidade Federal do Rio de Janeiro (IE-UFRJ) e do Programa de Pós-Graduação em Economia da mesma instituição.

Isabela Nogueira é professora adjunta do Instituto de Economia da Universidade Federal do Rio de Janeiro (IE-UFRJ) e do Programa de Pós-Graduação em Economia Política Internacional da mesma universidade. Também na UFRJ, é coordenadora do Laboratório de Estudos em Economia Política da China (LabChina).

Jorge López Arévalo é professor titular da Faculdade de Ciências Sociais da Universidade Autônoma de Chiapas (Unach), México, e líder do Cuerpo Académico Estudios Interdisciplinarios en Ciencias Sociales da mesma universidade.

Leda Maria Paulani é professora titular sênior do Departamento de Economia da Faculdade de Administração, Economia e Contabilidade da Universidade de São Paulo (FEA-USP) e pesquisadora do Conselho Nacional de Desenvolvimento Científico e Tecnológico (CNPq).

Lena Lavinas é professora titular do Instituto de Economia da Universidade Federal do Rio de Janeiro (IE-UFRJ) e do Programa de Pós-Graduação em Economia da mesma instituição, pesquisadora do Conselho Nacional de Desenvolvimento

Científico e Tecnológico (CNPq) e pesquisadora associada do Departamento de Economia da Faculdade de Estudos Orientais e Africanos (Soas) da Universidade de Londres.

Leonardo Belinelli é professor adjunto do Departamento de Desenvolvimento, Agricultura e Sociedade, da Universidade Federal Rural do Rio de Janeiro (UFRRJ), e membro do grupo de pesquisa "Pensamento e política no Brasil" do Centro de Estudos dos Direitos da Cidadania (Cenedic).

Pedro Mendes Loureiro é professor associado de Latin American Studies na Universidade de Cambridge, vinculado ao Centre of Latin American Studies (Clas), Departamento de Política e Estudos Internacionais (Polis), Fitzwilliam College.

Sebastião C. Velasco e Cruz é professor titular do Departamento de Ciência Política da Universidade Estadual de Campinas (Unicamp) e do Programa San Tiago Dantas de Pós-Graduação em Relações Internacionais, Universidade Estadual Paulista/Universidade Estadual de Campinas/Pontifícia Universidade Católica de São Paulo (Unesp/Unicamp/PUC-SP), e pesquisador do Conselho Nacional de Desenvolvimento Científico e Tecnológico (CNPq).

SÉRIE DISCUTINDO O BRASIL E O MUNDO

A memória do futuro: (Chile 2019-2022)
Pierre Dardot

200 páginas

A rebeldia tornou-se de direita?
Pablo Stefanoni

176 páginas

Amazon: trabalhadores e robôs
Alessandro Delfanti

224 páginas

Linha vermelha: a guerra da Ucrânia e as relações internacionais no século XXI
Felipe Loureiro (org.)

384 páginas

Novos horizontes do Brasil na quarta transformação estrutural
Marcio Pochmann

168 páginas

O olhar ecológico: a construção de uma história da arte ecocrítica
Andrew Patrizio

272 páginas

Reinventando o estado de bem-estar
Ursula Huws

184 páginas

Título	O segundo círculo: centro e periferia em tempos de guerra
Organizadores	André Singer Bernardo Ricupero Cicero Araujo Fernando Rugitsky
Coordenador editorial	Ricardo Lima
Secretário gráfico	Ednilson Tristão
Preparação dos originais e revisão	Lúcia Helena Lahoz Morelli
Editoração eletrônica	Ednilson Tristão
Design de capa	Estúdio Bogari
Formato	16 x 23 cm
Papel	Avena 80 g/m² – miolo Cartão supremo 250 g/m² – capa
Tipologia	Minion Pro / Garamond Premier Pro
Número de páginas	464

ESTA OBRA FOI IMPRESSA NA VISÃO GRÁFICA
PARA A EDITORA DA UNICAMP EM AGOSTO DE 2024.